삶에서 마주한 일들을 반추하며 띄운 단상(斷想)들

그대들의 삶은 아름다워야 한다

박 기 영 지음

프롤로그

유대인은 저녁 식사 자리에서 아버지가 자녀에게 어떤 주제의 이야기를 해주고 그에 대해 어떻게 생각하는지 의견을 묻는데, 이런 밥상머리 교육을 '하브루타'(Chavruta)라고 한다. 하브루타에는 색다른 답은 있어도 틀린 답은 없다. 서로 질문하고 답하는 사이 공감하게 되고, 생각의 차이에 대해 이해하는 마음이 생긴다고 한다.[1)] 사회생활의 기본을 배우고 인성을 갖춘 사람으로 키우는 데는, 어렸을 때부터 가정에서의 밥상머리 교육이 중요하다. 특히, 학교생활을 통해 자신이 사회적 존재로서 다른 사람과의 상호관계를 어떻게 맺어갈 것인지를 배우는 기회인 인성교육을 제대로 받지 못하고 있는 우리의 상황에서는 더욱 그렇다.

이 시대를 살아온 기성세대로서 나는 일 핑계로 성장해가는 자녀들과 살뜰하게 소통하지 못했다. 그것은 아버지로서 회한과 아쉬움으로 늘 남는다. 이탈리아 언론인 티찌아노 테르짜니(Tiziano Terzani, 1938~2004)가 생의 끝자락에서 아들과 나눈 대화를 엮은 『네 마음껏 살아라』에는 "아버지란 '추억을 심어주는 사람'이어야 한다고 생각했지. 여러 경험을 함께 하면서 아름다움과 위대함에 관한 기억을 많이 남겨주고 싶었어"라는 말이 나온다. 나에게도 어린 시절 밭에서 김매기 할 때, 아버지가 이런저런 이야기를 많이 들려주곤 했다. 그런데 나는 아이들에게 좋은 추억거리를 남겨 놓은 게 별로 없는 것 같다.

이제 나도 언젠가 이 세상에 없고, 그들만 남겨지는 때를 염려하고 있다. 인생 이야기를 하기에 적당한 때가 오려니 하고 무작정 시간을 기다릴 수도 없다. 그게 이 글을 쓰게 된 이유다. 그럴만한 내공은 없다 해도 그들의 삶이 좀 더 성숙하게 이루어 나가는 데 도움이 되고 싶은 마음이다. 메이시(W. H. Macy)의 말처럼 세상을 살면서 부닥치게 될 장애물을 헤쳐나가는 데 "가장 훌륭한 기술, 가장 배우기 어려운 기술인 세상을 살아가는 기술"에 대해 인생 선배로서 말해 주고 싶은 거다. 『명심보감』은 "지극한 즐거움 중 책 읽는 것에 비할 것이 없고, 지극히 필요한 것 중 자식을 가르치는 일 만한 것이 없다"고 한다. 아무리 어진 자식이라도 가르치지 않으면 현명하지 못하다.

인생은 공부 이외에 인간관계, 시간 관리, 감정 조절, 소통 능력, 실행력, 판단력, 자기관리, 습관, 지혜, 인성 등에 영향을 받는 경우가 더 많다. 이것을 가르쳐 주어야 하는데, 오히려 배제되고 있다. 오늘날 젊은 세대의 학력은 높아졌지만 상식은 부족하고, 지식은 많아졌지만 생각하는 힘은 약하다고 보는 게 기성세대의 생각인 것 같다. 그들이 살아갈 세상은 경쟁이 치열하고 홀로 자립하는 것이 무척 고단한 일이 되고 있다. 그래서 이에 당당히 맞서는 삶의 자세를 요구받고 있다. 이를 위해 젊은 세대들이 효과적으로 학습하는 방법의 하나는 부모 세대로부터 경험을 전수받는 것이다. 부모 세대가 삶을 통해 평생 깨닫고 배운, 인터넷보다 더 생생한 지혜는 전수받을 필요가 있다. 영국 시인 조지 허버트(George Herbert, 1593~1633)는 "한 사람의 아버지가 백 명의 스승보다 더 낫다"고 했다.

세상사는 기술은 단기간에 터득할 수 있는 게 아니다. 인생에는 그 시기에 이르러야만 알게 되는 것들도 있기 때문이다. 젊을 때는 어떻게 살아야 할지, 어떤 일이 일어날지 몰라서 오는 막막함이 두렵다. 인생을 잘살 수 있도록 하는 매뉴얼이 따로 있는 것도 아니어서 스스로 터득하기 위해 겪어야 하는 많은 시행착오가 있다. 세월이 지나면 저절로 터득된다고 하지만, 그간에 그대들이 저지른 실수가 그대들의 평판을 결정해 버릴 수도 있다. 이 글은 사는 게 힘들고, 지치고, 어떻게 해야 할지 모르겠고, 나아가야 할 길이 보이지 않을 때, 한 번쯤 이 글을 기억해내고는 아버지와의 옛날을 회상해 보며, 삶의 어려움을 이겨내기를 바라는 마음에서 쓴 것이다. 그것이 그나마 내가 그대들에게 진 빚을 갚는 게 아닐까 한다.

그대들이 어디에 있는지도, 어디로 향해 가고 있는지도 모를 정도로 바쁘게만 삶을 살지 말라. 그러한 사실을 너무 늦게 깨닫지 않도록 삶을 배우기를 바란다. 이탈리아 속담에 "인생은 일하기 위해서가 아니라 즐기기 위해서 사는 것"이라는 말도 기억해야 한다. 아쉬움 속에 사는 것이 인생이라지만, 가급적 아쉬움을 덜 남기는 행복하고 아름다운 삶을 살라는 것이다. 즐겁고 행복한 "여유 있는 삶"을 위해서는 경제적, 시간적, 심리적 여유가 필요하다. 그러기 위해서는 미숙하더라도 자신의 인생을 전체적으로 그려보고, 숲에 나무를 능동적으로 채워나가는 삶을 계획해 보라. 결코 쉬운 일은 아니다. 그러나 사람들이 일생 동안 맞닥뜨릴 수 있는 모든 상황에서 공통적인 일들을 찾아 미리 살펴본다면, 그러한 일들에 마주쳤을 때 당황하지 않고 스트레스를 덜 받는 여유로 대처할 수 있을 것이다.

이 글은 사회생활을 앞둔 아들·딸에게 남기는 아버지가 살았던 인생 이야기다. 특별한 것 없는 보통 아버지가 살아온 삶의 경험을 돌아보고 후회와 아쉬움, 바램과 기대 등을 풀어본 것이다. 사람은 각자가 다양한 인생관과 가치관을 가지고 서로 다른 인생을 꿈꾼다. 그래서 뭔가 보편적인 해답을 제시한다거나, 성공적인 삶을 달성하는데 쉽고 빠른 비법 등을 제시하는 글이 아니다. 새삼스러운 것도 아니고, 이미 세상에 나와 있는 뻔한 이야기다. 그래서 공감되는 부분이 있으면 함께 하고, 부족한 영역에 대해서는 그대들의 지혜와 경험으로 채워가기를 바란다. 읽는 편익을 굳이 말한다면, 이 글은 인생 항로에서 부딪칠 수 있는 세상 사는 이야기에 대해 세밀한 각론이 아닌 개괄적인 총론 측면에서 윤곽을 담아본 것이다.

화가 피카소(P. Picasso, 1881~1973)가 "유능한 예술가는 모방하고, 위대한 예술가는 훔친다"고 했다. 그러나 이 글은 그대들의 인생 설계에 유용한 부분이 있기를 바라지만, 인생에 대해 감히 흉내도 내보지 못한 '한 입 컨텐트'에 불과하다. 미국 사업가 W. 클레먼트 스턴(W. Clement Stone)은 소설과 자기계발 서적의 차이점에 대해, "소설은 작가가 결론을 쓰지만, 자기계발 서적은 독자가 실천을 통해 결론을 쓴다"고 말한다.[2)]

한순간 한순간이 모여 우리의 인생이 된다. 그래서 우연에 기대어 흘러가는 대로 살 수는 없다. 아무리 좋은 충고를 들어도 깨닫기만 하고 실천을 안 하면, 깨달음이 아무 소용이 없다. 삶의 성공과 행복을 위해서는 그동안 실천하지 않았던 것들을 불러내어 이제 행동으로 옮겨야 한다. 이를 위한 지혜는 오래전부터 선현들이 발견해 다 나와 있다. "과거에 빚지지 않은 현재는 없다." 이 글도 선현들의 지혜인 속담이나 명언 등을 많이 인용하는 형태로 문장을 구성해 엮었다. 이유는 나의 짧은 문장력을 대체할 수도 있지만, 그들이 글의 주제에 가장 압축적이고 본질에 가까운 내용을 담고 있기 때문이다.

무어라고 쓰긴 썼지만, 모자람이 한참 많은 이 책을 읽어 내려갈 여러분 모두의 삶에 아름다운 행운이 함께 하길 기원한다.

2021. 11.

목차

그대들의 삶은

아름다워야 한다

01

인생에 정답이 있으면 재미없을 것이다

우주 공간에서 지구를 보다

네덜란드 출신 철학자 스피노자(B. Spinoza, 1632~1677)는 "자신의 눈으로만 세상을 바라보지 말라. 우주의 관점에서 세상을 보라"고 한다. 그런데 우주는 인간 중심적 시각으로 들여다보기에는 너무 크다. 우주에 별의 개수만 하더라도 현재까지 알려진 바에 따르면 7×10^{22}개라 한다. 이는 지구상의 전체 모래알 수의 약 10배라고 하니 상상조차 안 된다.[3] 1990년 2월 14일 인류 역사상 가장 철학적인 천체사진이 촬영됐다. 「창백한 푸른 점」(Pale Blue Dot)이라는 제목의 사진이다. 미국 천문학자 칼 세이건(Carl Sagan, 1934~1996) 박사는 당시 명왕성 부근을 지나고 있던 보이저(Voyager) 1호의 망원 카메라를 지구 쪽으로 돌려 지구의 모습을 찍어보자고 제안했다. 그래서 태양계 바깥으로 향하던 보이저 1호는 카메라를 지구 쪽으로 돌려 지구-태양 간 거리의 40배인 60억km 거리에서 지구의 모습을 잡아냈다. 그 사진 속에 담긴 우리가 사는 세상은 그저 '창백한 푸른 점'에 불과했다. 칼 세이건 박사는 "지구는 우주에 떠 있는 보잘것 없는 존재에 불과함을 사람들에게 가르쳐주고 싶었다"

는 말을 남겼다.

천문학은 흔히 사람에게 겸손을 가르치고 인격 형성을 돕는 과학이라고 한다. 인간이 이 지구상에 존재하는 몇십 년은 우주가 우리 이전에도 존재했고, 또 우리가 죽고 난 한참 뒤까지 존재할 수십억 년의 시간에 비하면 찰나에 불과하다. 이 사진은 우리가 시간과 공간 속에서 대단히 미미한 존재이며, 지구가 광대한 우주에선 티끌 같은 존재라는 사실을 보여줬다. 이 때문에 '창백한 푸른 점'은 인간에게 겸손함과 인류애를 촉구한 '수작'으로 꼽힌다.[4] 우주를 바라보듯 그런 열린 자세로 인생을 살아간다면, 실수도 훨씬 적게 하고 편견에 덜 좌우되면서 조금은 더 잘살 수 있지 않을까. 그런데 지구라는 행성의 운명도 지속할 수 없을지 모른다는 위기가 현실로 드러나고 있다.

우리의 인생은 작다. 2020년대도 몇백 년 후에 살아갈 사람들에게는 그저 21세기라는 일반적인 시간대 속에 묻혀 버릴 것이다. 전 인류의 역사에서 우리 인생은 너무나 작아서 보이지도 않을 것이다. 일상생활에 부대끼느라 우리 같은 평범한 사람들은 당면 목표 달성에 하등의 도움이 되지 않는 우주의 본질이나 우주 안에서 인간이 차지하는 위치 등의 문제에는 신경 쓸을 겨를이 없다. 그러나 우리는 모두 우주의 한 동네인 지구상에서 제한된 시간을 살아가고 있다. 비록 이 우주에서 먼지처럼 작은 존재일지라도 우리는 삶의 허무를 이겨내고 스스로의 존엄성을 지켜나가야 한다. 사는 일이 힘들고 앞날이 암담할 때는 밖으로 나가 밤하늘의 별들을 한번 보자. 천문학자들은 인류를 '별의 자녀'라고 한다. 우리 몸을 이루는 원소가 별에서 기원하기 때문이다. 인류의 기원이자 고향인 별, 우리가 별에 끌릴 수밖에 없는 이유인지 모른다.

잃어버린 마음을 찾아야 한다

우리는 평생에 걸쳐 '나는 누구인가?'라는 물음에 대한 답을 찾는다. 스위스 심리학자 칼 융(Carl G. Jung, 1875~1961)은 사람이 중년기에 들어서면 의식적 혹은 무의식적으로 공연히 쓸쓸하고, 삶이 허무하게 느껴지고, 하고 있는 일이 의미가 없어지곤 하는 증상이 생긴다고 한다. 즉, 외부를 향했던 삶의 나침판이 내면을 가리키기 시작한다는 것이다. 고대 그리스 철학자 소크라테스(Socrates, BC 470~BC 399)가 남긴 경구로 알려져 있지만, 사실은 3000년 전에 델포이(Delphoe) 아폴론 신전에 적힌 밀인 "너 자신을 알라"는 가르침은, 행복한 삶의 첫걸음은 나를 알고 다스릴 줄 아는 지혜에서 비롯된다는 것이다. 남을 아는 자는 지혜롭고, 자신을 아는 자는 현명하다고 한다.

중국 전국시대 유교 사상가 맹자(孟子, BC 372~BC 289)는 "사람이 닭이나 개를 잃어버리면 곧 찾을 줄 아나, 잃어버린 마음은 찾을 줄을 모른다"고 질책한다. 우리는 자기를 잃어버리고 사는 게 아닌가? 로마시대 신학자 성 아우구스티누스(St. Augustinus, 396~430)는 『고백록』에서 "사람들은 높은 산과 굽이쳐 흐르는 강과 바다의 거센 파도, 반짝이는 별들을 보며 경탄하지만, 정작 자신의 내면은 들여다보지 않는다"고 했다.5) 우리는 어디로 가고 있는지를 알아야 한다. 그래야 삶에서 혼돈을 줄일 수 있다. 친구들과 만나 웃고 떠들지만, 정작 스스로에게는 낯설지 않은가? 영국 소설가 사무엘 버틀러(Samuel Butler, 1835~1902)는 "눈을 감아라. 그러면 너 자신을 볼 것"이라고 말한다. 혼자 있을 때면 내면의 목소리를 경청할 수 있다. '나는 누구인가'라는 질문을 할 수 있다. 스스로 사색하고, 자신을 찾고 이해하는 과정이 선행되지 않으면 '진짜 나'로 살 수 없다. 체코 소설가 프란츠 카프카(Franz Kafka, 1883~1924)는 "모든 문제는 자신과 단둘이 마주하려고 하지 않기 때문에 발생한다"고 말한다.

자아 정립은 인생의 중요한 기초적 과제다

오늘, 인생을 묻는다. 내 인생은 정말 별로일까? 어떻게 지금의 삶을 살게 되었는지, 또 어떻게 달라질 수 있는지, 내 삶을 어떤 의미로 채울 수 있을 것인지, 마지막 순간 무엇을 남기고 싶은지는 세월이 갈수록 사람을 궁지로 몰아넣는 질문이다. 나이가 들면서 자꾸 내면을 들여다보게 되고 자신의 인생을 되짚어 보지만, 여전히 이 물음에 답을 밝힐 속 시원한 위대한 계시는 없는 것 같다.

인간이 성장하기 위해서는 자아에 대한 질문이 필요하다. 삶의 의미 있는 변화는 사람의 내면에서 시작하여 외부로 나가기 때문이다. 삶에는 자기 자신과 나누는 대화와 반성인 성찰이 필요하다. 소크라테스(Socrates)는 가치 있는 삶을 위해 성찰을 강조했다. 성찰하지 않는 삶은 가치가 없다고 했다. 만약 우리가 인생철학 없이 살아간다면, 그저 하루하루를 그때그때 대응하며 헤쳐나가는 모습이 될 것이다. 사람들은 세월이 갈수록 자신의 자아에 대해 무감각해지는 것 같다. 지금 가고 있는 길이 자신의 꿈을 향해 나아가는 길인지를 생각하지 않고 그냥 가던 길을 가는 것 같다.

삶에서 주인이 되려면 명확한 자기 인식과 자아 정립은 중요하고도 기초적인 과제가 된다. 의식주가 생존을 위해 필요한 것처럼, 정체성은 인간답게 살아가는 데 없어서는 안 될 가치다. 자아정체성의 확립은 심리적 안정을 가져오고 자존감을 심어준다. 토마스 사스(Thomas Szasz)는 "사람들은 자아를 아직 발견하지 못했다는 말을 흔히 한다. 그러나 자아는 발견하는 것이 아니라 스스로 창조하는 것"이라고 한다.

우리는 스마트폰을 들여다보는 대신 자신의 마음속을 들여야 볼 필요가 있다. 요즘 '카페인'에 중독되어 '카톡, 페이스북, 인스타그램'에서 눈을 떼지 못하는 사람이 많다. 작가 제니퍼 루덴(Jennifer Louden)은 "쾌락을 주면서도 실제로는 감각을 마비시키는 행동," 즉 불안감과 무력감을 느끼지 않기 위해 우리가 찾는 모든 중독의 대상을 '그림자 위안'(shadow comforts)이라 한다. 그림자 위안의 문제점은 삶의 진짜 문제와의 '대면'을 회피하게 하여 자기 성찰을 어렵게 한다.[6] 자신의 내면을 직시하려고 하지 않아 나를 잃고, 나로 살지 못한다.

이렇게 근본적인 문제와 직면하지 않으면 공허한 행동을 하게 될 것이다. 우리가 힘들어하는 문제의 근본 원인을 찾는 대신 내면의 불안을 감추기 위해 타인의 실수·실패와 약점을 찾는데 몰두하고, 타인의 실패와 불행을 통해 경험하는 쾌감(샤덴프로이데)을 방어기제로 사용하기도 한다. 독일어로 '샤덴프로이데'(Schadenfreude)는 뮤지컬 『애비뉴 큐』에서 등장인물 게리 콜맨이 그 뜻을 "다른 사람들의 불행이 나의 행복"이라고 정의한다.[7] 우리는 지금이라도 잊고 있었던 자신을 찾아 자신을 있는 그대로 마주해야 한다. 자신의 모습을 객관적으로 바라보고 점검하면서 나아갈 때, 강인한 내면을 가질 수 있다. 자아 정립은 인생이라는 배가 항해를 하는데, 없어서는 안 될 조타수다.[8]

가면을 쓰고 살다

프랑스 소설가 베르나르 베르베르(Bernard Werber)는 『죽음』에서 '우리가 왜 태어났을까, 죽고 나면 어떤 일들이 펼쳐질까'를 묻고 싶었다며, "이런 질문을 던지지 않는 삶은 무의미하다"고 한다. 현대문명의 큰 폐해 중 하나는 사람들이 '나는 누구인가'라는 질문을 하지 않는 것이라며, "인간은 단순히 소비자나 납세자, 회사원으로 살기 위해 존재하는 게 아니다. 육신이라는 수단을 빌려 영혼을 보다 발전시키기 위해서 살아가는 존재"라고 말한다.[9] 소유의 삶을 넘어선 존재의 삶의 목적을 찾는 내적 성장이 필요하다. 1970년 노벨문학상 수상자인 러시아 소설가 솔제니친(A. Solzhenitsyn, 1918~2008)은 "세상에 우리가 존재하는 의미는 우리가 늘 생각했던 것과는 달리 부를 축적하는 것이 아닌, 자신의 영혼을 발전시키는 데 있다"고 한다.

우리는 약한 모습을 드러내는 게 마음 내키지 않아 나의 모습을 조작하고 있는지 모른다. 다른 사람들에게 비치고 싶은 모습으로 자신을 포장하는 것이다. 행복하지도 않으면서 행복한 척한다. '나'라는 존재 자체를 세상으로부터 보호하기 위해 언제나 타인 앞에선 숨겨야 하는 가면을 써는지도 모른다. 이는 가면을 벗은 나의 모습이 그다지 아름답지 않기 때문이다. 아무도 없기에 고요한, 솔직하게 내 앞에 설 수 있는 홀로 있는 밤은 나의 고민을 분명하게 한다. 그런데 자신의 문제와 대화를 할 수 있는 좋은 기회인데도, 또 도망쳐 버린다. 물론, 자기 자신을 완전히 해부하는 일은 그리 녹록하지도 달가운 일도 아니다. 그러나 우리가 인생에서 도전해야 할 일은 자신에게 진실해지는 것이다. 우리가 솔직할 수만 있다면 문제를 해결할 수 있을 것이다. 인생이란 끊임 없이 나를 찾아가는 여정이라고 한다.

인생에서 반드시 의미를 찾아야 하는가?

현대사회를 "고도 불안의 시대"로 규정한 사회철학자 찰스 테일러(Charles Taylor)는 현대인의 불안을 목적보다 수단을 앞세움으로 인한 삶의 "목표" 상실, 도덕적 지평의 실종으로 인한 삶의 "의미" 상실, 자율성이나 자결권 약화로 인한 삶의 "권한" 상실로 설명하였다. "인생의 의미란 무엇인가?"라고 묻는다면, 선뜻 대답하기 힘들다. 우리는 이 문제에 대해 수없이 고민하였지만, 산뜻한 정의를 얻어낸 것 같지는 않다.[10)]

20세기 프랑스 실존주의 철학자 장 폴 사르트르(Jean Paul Sartre, 1905~1980)에 의하면, 인간은 사물과 달라서 '미리 정해진 본질'이 없다. 삶의 의미는 정해진 것이 아니라고 한다. 도교(道教)에서도 "정해진 것은 아무 것도 없다. 정해진 운명 또한 없다"고 한다. 독일 실존주의 철학자 마르틴 하이데거(Martin Heidegger, 1889~1976)는 인간은 존재의 의미도 모른 채 세상에 '던져진 존재'라고 본다. 여하튼 소크라테스(Socrates)는 "음미되지 않은 삶은 살 가치가 없다"고 하고, 전 미국 하버드대학교 교수 스티븐 제이 굴드(Stephen Jay Gould, 1941~2002)는 "사람은 죽을 때까지 인생의 의미에 대해 생각해야 한다"고 했다.[11)]

우리는 어떤 삶을 살아야 하는가? 좋은 삶을, 삶다운 삶을 사는 방법을 찾아야 할 것이다. 프랑스 계몽사상가 루소(J. Rousseau, 1712~1778)는 "우리가 산다는 것은 숨을 쉬는 것이 아니라 무언가 뜻있는 일을 하는 것"이라고 한다. 객관적으로 보아서는 좋은 직업을 가지고 있는 사람도 자신이 하는 일에서 의미를 발견하지 못하면 삶에 활기가 없고, 늘 우울한 기분을 느낀다는 것이다. 의미 있는 삶은 삶을 더 충만하게 만든다. 사람은 자신이 가치 있음을 느끼고 싶어 한다. 그러기 위해서는 자기 자신과 세상을 위해 의미 있는 무언가를 기여해야 한다.

'의미 있는 삶'을 살면 '주는 사람'이 되기 쉽다. 인생의 가치는 자신을 위해 무엇을 하느냐로 결정되기보다는, 주로 타인을 위해 무엇을 하느냐로 결정된다. '의미'는 즐거움을 찾기 어려운 고난의 상황에서 인간을 일으켜 세우는 강력한 힘이다. 어렵지만 가치 있는 일에 헌신할 때, 삶이 더 의미 있게 느껴지는 것이다. 연구에 따르면, 위험천만한 구조 현장에서 소방관들을 뛰어들게 만드는 가장 큰 힘도 삶의 의미이다.[12)] 자신이 하는 일이 다른 사람을 돕는 기회가 될 때, 우리의 삶과 일은 더 의미가 깊어진다. 그래서 의미는 행복보다 더 소중한 가치이다. 사람은 뭔가 쓰임이 있었을 때, 어떤 유익한 일을 했을 때 기쁨을 느낀다. 오스트리아 정신의학자 빅터 프랭클(Viktor Frankl, 1905~1997)은 『삶의 의미를 찾아서』에서 "사람의 주된 관심사는 즐거움을 얻거나 고통을 피하는 데 있는 게 아니라 삶의 의미를 찾는 데 있다"고 했다.[13)]

행복한 삶이 반드시 가치 있는 삶은 아니다

동서고금을 막론하고 사람들은 너도나도 행복하기 위해 산다고 말한다. 달라이 라마(Dalai Lama)는 "삶의 진정한 목적은 행복을 찾기 위한 것이라고 생각한다. 종교가 있는 사람이든 그렇지 않은 사람이든 우리는 모두 더 나은 삶을 찾는다. 그러므로 우리 삶의 모습은 행복을 향하고 있다고 생각한다"고 말한다.

행복의 개념은 '인생이란 무엇인가?'에 대한 답변만큼이나 어렵다. 그런데 철학자들이 수천 년간 펼친 논쟁에서 삶의 궁극적 목적은 행복이며, 이것은 의미 있는 삶을 통해 구현된다는 식의 생각은 "도덕책 버전"의 행복론이라는 것이다. 아리스토텔레스(Aristoteles)의 경우 그가 관심을 둔 것은 정확히 말해 '가치 있는 삶'(good life)이지 '행복한 삶'(happy life)이 아니었다는 것이다. 가치 있는 삶을 살 것이냐, 행복한 삶을 살 것이냐는 개인의 선택문제이다.[14)]

우리는 행복해지기 위해 많은 시간과 돈, 에너지를 사용한다. 그러나 물질과 돈, 소비만으로 인간은 행복할 수 없다. 넘치는 물건들로 온갖 욕망을 다 실현했다고 하더라도, 그것이 공허한 마음을 온전히 메워주지는 못한다. 그리고 행복을 느낀다고 해도 그것이 반드시 가치 있는 삶이라고 말할 수는 없다. 미국 작가 헬런 켈러(Helen Keller, 1880~1968)는 "진정한 행복은 자기만족에서 얻어지는 것이 아니라 가치 있는 삶의 목적을 위해 충실하게 행동함으로써 얻어진다"고 한다. 그렌펠(W. Grenfell)은 "진짜 행복을 만드는 것은 안락함이나 부유함, 타인의 칭찬이 아니다. 진짜 행복은 가치 있는 일을 하는 데서 나온다"고 한다.

행복은 삶의 이정표로서 한 시대에서 무엇을 행복이라고 했는가를 보면, 그 시대를 지배하는 세계관을 알 수 있다. 오늘의 시대를 지배하는 행복관은 감각적인 것으로 보인다. 『자유로부터의 도피』의 저자인 미국 사회철학자 에릭 프롬(Erich Fromm, 1900~1980)은 "현대인의 행복은 쇼 윈도를 들여다보며 쾌감을 느끼거나, 현금 또는 할부금으로 무언가를 구입하는 것에 있는 것 같다"고 말한다. 한편, 미국 콜로라도 대학교 교수 리프 반 보벤(Leaf van Boven)의 연구에 의하면, 항상 그런 것은 아니지만 행복한 이들은 공연이나 여행 같은 '경험'을 사기 위한 지출이 많고, 불행한 이들은 옷이나 물건 같은 '물질' 구매가 많은 것으로 나타난다. 서울대학교 행복연구센터에서 최근 발표한 논문에는 예술분야에 대하여 긍정적인 태도를 지닌 사람일수록 행복하고 건강한 것으로 나타났다.[15)]

성공이 뭔가요?

우리는 열심히 돈을 벌고 성공하는데, 삶을 바친다. 성공 신화에 매달려 치열한 경쟁의 삶을 살아온 현대인들은 스트레스를 받고, 마음에 상처를 받으면서 삶이 황폐화되고 있다. 성공의 개념은 다르더라도 누구나 경제적 여유, 의미 있는 일, 안락한 가정, 건강 그리고 세상에 기여할 수 있는 삶을 원한다. 사람들은 시간이 갈수록 부유해지고, 승진을 거듭하며 자신의 분야에서 명성을 떨치는 이를 성공한 사람으로 여긴다. 그런데 사회적으로는 성공을 거두었지만, 채워지지 않는 뭔가가 있다. 모든 것이 갖춰진 안락한 집을 소유했지만, '이게 다일까?'라는 생각을 지울 수가 없는 것이다. 회사 직위가 높아질수록 더 많은 시간과 에너지를 쏟아야 했다. 고급 사무실과 회사 차 같은 성공의 상징들은 세월이 흘렀음을 보여준다. 회사생활은 내가 가족과 함께 하는 일을 하도록 내버려 두지 않았기 때문에 가족에 할애하는 시간은 줄어들었다.

높은 지위도 재산도 없고 이름을 떨치지도 못했지만, 성공한 삶이라고 말할 수 있는 사람이 있다. 반면, 세상에 이름을 알리며 높은 지위와 재산을 가졌지만 성공했다고 말할 수 없는 사람도 있다. 겉으로는 누가 봐도 삶의 황금기를 보내고 있는 성공한 사람이지만, 속으로는 심각한 위기를 겪는 가족 문제로 괴로워할 수도 있다. 그와 함께 일했던 사람들이 함께한 시간을 불행했던 시간으로 기억한다면, 그는 성공한 사람이 아니다. 자신이 속했던 조직에서 떠난 뒤에도 자취와 영향이 남는 게 진정한 성공이다. 후대에까지 정신적 영향을 끼칠 수 있다면, 그 이상의 성공은 없다.

삶의 가치는 자신뿐만 아니라 다른 사람과 사회를 위해 어떤 물질적, 정신적 부를 창조할 수 있는가에 있다. 『좋은 기업을 넘어 위대한 기업으로』의 저자 짐 콜린스(Jim Collins)는 "삶의 의미를 찾는 것이 성공의 핵심"이라고 강조한다.[16] 「상대성 이론」으로 유명한 아인슈타인(A. Einstein, 1879~1955)은 "성공한 사람이 되려 하지 말고, 가치 있는 사람이 되려고 하라"고 했다. 결국 성공한 인생이란 사회적 성취와 개인적 행복을 어떻게 조화시키는가에 달려 있는 것 같다.

누구에게나 인생은 미완성이다

우리는 마지막 순간까지 주어진 소명을 다할 따름이다. 우리에게 주어진 삶의 시간을 알지 못해서 잔뜩 일을 벌여 놓고서는, 마무리를 짓지 못하고 떠나는 게 인생이다. 정답 인생이란 것도 없다. 모든 인간은 평등하지만, 능력과 결과는 평등하지 않다. 사람들마다 선호하는 삶의 방식과 세계관도 다르다. 인간의 삶은 복잡하고 다양해서 하나의 관점으로만 판단할 수도 없다. 그런데 우리는 인생에 특정 공식의 방정식과 정답이 존재한다고 보고, 그것을 열심히 찾고 있는 건 아닐까? 인생에 정답이 있다면 모두가 같은 길로 가게 될 것이다. 비슷한 외모에, 비슷한 개성에, 비슷한 삶을 살게 될 것이다. 그로 인해 사회는 다양성이나 독특한 개성을 찾을 수 없는 복제인간들이 모인 획일 사회가 될 것이다. 그래서 인생에 정답이 없는 것을 다행이라 생각해야 할 것이다.

수학은 정답이 있지만, 인생은 정답이 없다. 인생은 이런 식으로 살아야 한다고 누가 정해 놓은 객관적인 규범이 있는 것이 아니다. 우리는 어떻게 살아가야 하는가에 대해 정답을 찾지만, 정답은 없고 나에게 맞는 삶의 방식을 찾아내야 한다. 정답지가 있거나 답을 알려줄 사람이 있다면, 인생이 한결 수월할지 모르겠지만, 그런 건 없다. 답이란 남에게서 얻는 것이 아니라 스스로 찾아야 한다. 남이 던져준 답은 어차피 '대증요법'에 불과하다는 것이다. 미국 시인 칼 샌드버그(Carl Sandburg, 1878~1967)는 "인생은 양파와 같아 한 꺼풀씩 벗기다 보면 눈물이 난다. 인생은 늘 우리에게 수수께끼로 남는다"고 말한다.

인생은 방향이 중요하다

흔히 말하듯 인생이란 길을 걷다 보면, 평탄한 길만 있는 게 아니라 오르막길도 있고, 내리막길도 있다. 맛도 한 가지가 아니라 달콤한 맛도 쓴맛도 있다. 미국 시인 롱펠로(H. W. Longfellow, 1807~1882)는 "추녀 끝에 걸어 놓은 풍경도 바람이 불지 않으면 소리가 나지 않는다. 바람이 불어야 비로소 그윽한 소리가 난다. 인생도 평온만 하다면 즐거움이 무엇인지 모른다. 곤란한 일이 있음으로 해서 즐거움도 알게 된다. 기쁜 일이 있으면 슬픈 일이 있고, 즐거운 일이 있으면 괴로운 일도 있다. 이같이 희로애락이 오고 가고 뒤엉켜서 인생의 교향곡이 연주되는 것"이라고 말한다.

삶은 마라톤에 비유된다. 마라톤은 꼴찌를 해도 박수를 받는 종목이다. 시작하자마자 앞서간다고 1등이 되는 것도 아니다. 누가 나를 앞질러 가도 조급해하지 않고 인내와 끈기를 갖고 자기만의 페이스를 지키며 완주하는 게 중요하다. 주저앉지만 않고 계속 가면 경기장에 들어갈 것이고, 등수와 상관없이 누군가는 나를 기다렸다 박수를 쳐준다. 그건 포기하지 않고 와 준 과정에 대한 찬사이다. 그것은 인생의 경주에서 진정한 승리자가 되는 길이다.

문제는 인생을 마라톤에 비유하면서 정작 현실에서는 왜 단거리 선수처럼 현재만 생각하느냐이다. 나침반 없이 항해하고, 설계도 없이 자신의 인생 집을 짓느냐는 것이다. 인생은 눈앞의 이해득실로 살아가는 것이 아니라 장기적인 관점에서 설계하여 살아가야 한다는 것이다. 지금 당신은 정말로 가치 있는 삶을 살고 있는지, 스스로 무엇을 부여잡고 있는지 살펴보라.

인생은 녹화도, 편집도 안 되는 생방송이다. 독일 극작가 괴테(Goethe, 1749~1832)는 "인생은 속도가 아니라 방향이 중요하다"고 말한다. 빠르게 가는 것보다 중요한 것은 올바른 방향으로 가는 것이다. 요트는 돛을 조종하기에 따라 동쪽으로 가기도 하고 서쪽으로 가기도 한다. 내가 지금 어디로 가고 있는지를 모르면, 모르는 곳에 도착하게 된다. 인생은 엉뚱한 데로 갔다고 되돌아올 수 없고, 왕복 차표를 발행하지 않는다. 모든 일의 출발점은 목적을 분명히 하는 것부터 시작된다. 삶의 목표를 명확하게 정하지 않으면 올바른 방향으로 나아갈 수 없고, 제대로 가고 있는지 알기 어렵다. 스위스 작가 앙리 아미엘(Henri Amiel, 1821~1881)은 "어떻게 늙어가야 하는지 아는 것이야말로 가장 으뜸가는 지혜요, 삶이라는 위대한 예술에서 가장 어려운 장(章)"이라고 했다.[17)]

우리는 비교를 멈출 수 있는가

우리 사회에는 '이 나이면, 이 정도'는 하고 살아야 한다는 '인생 매뉴얼'이 있는 것 같다. 우리는 끊임없이 자신과 타인을 비교하는 숫자의 삶을 살고 있지는 않은가? 연봉, 집의 평수 등이 쉴 새 없이 비교되며 서열이 매겨지는 삶이다. 누군가를 앞서고, 누군가보다 부자가 되어 타인의 부러움을 받으면서 살려는 과시적 욕망이 강한 삶이다. 남에게 어떻게 보이는지가 중요하고, 남과 지나친 비교로 남보다 못하다고 느껴지는 상대적 빈곤 때문에 불행하다고 느낀다. 그러한 평가도 오늘, 지금, 현재만을 기준으로 하여, 장래의 가능성에 대한 평가는 없다. 고대 그리스의 스토아(stoa)학파 철학자들은 고통이나 불행의 근본적 원인은 외부의 환경에 있는 것이 아니라 외부의 환경을 보는 나의 마음에 있다고 말한다.[18)]

우리는 늘 자신보다 돈이 더 많고, 명예가 더 높은 이들과 비교한다. 남과 비교하지 않고 사는 것은 어려운 일이다. 그러나 이렇게 타인의 삶을 훔쳐보며 내 삶과 비교하는 것은 자신의 삶을 고단하게 하고, 상처받고, 스스로를 불행하고 비참하게 만드는 가장 쉬운 방법이다. 이러한 상향(上向) 비교는 분수에 넘치는 삶으로 우리를 내몰고, 우리 자신을 더 가난하고 무능한 사람으로 열등감을 느끼게 만든다. 행복의 요소를 지나치게 외부 환경에 두는 사람은 좀처럼 행복하기 어렵다. 영국 극작가 더글러스 제럴드(Douglas W. Jerrold, 1803~1857)는 "행복은 남의 집 정원에서 줍는 것이 아니라, 내 집 난롯가에서 얻는 것"이라고 하였다.

우리는 남이 가진 것을 부러워하지만, 남은 내가 가진 것을 부러워한다. 사람은 자신이 가진 것보다 가지지 못한 것에 더 관심을 기울인다. 『명심보감(明心寶鑑)』은 "곧 위에 비교하면 족하지 못하나, 아래에 비교하면 남음이 있다"고 하였다. 그래서 남의 이목에 신경 쓰느라 자신의 현재 행복을 놓치는 실수를 해서는 안 된다는 것이다. 프랑스 계몽사상가 몽테스키외(Montesquieu, 1689~1755)는 "만일 행복하기를 원한다면, 이것은 쉽게 성취할 수 있다. 그러나 우리는 다른 사람보다 더 행복하기를 원한다. 이것은 항상 어렵다. 왜냐하면 우리는 다른 사람들이 실제보다 더 행복하다고 믿기 때문"이라고 말한다. 남의 손에 든 떡이 더 커 보인다는 것이다. 프랑스 철학자 콩도르세(Marquis de Condorcet, 1743~1794)는 "남의 생활과 비교하지 말고, 네 자신의 생활을 즐겨라"고 한다.

오늘날 소비문화의 확산으로 남들이 다 갖는 브랜드 제품을 갖지 않으면, 뒤처지거나 소외되는 경향이 있다. 사람들은 그런 소외감을 못 견뎌한다. 오늘날 사람들이 추구하는 '잘 사는 방식'은 물질 소유로, 채워지지 않는 욕구가 있으면 소비를 한다. 우리는 결핍을 소비로 푸는 것에 익숙하다. 광고회사의 사명은 당신이 가진 것에 만족하지 못하게 하는 것이다. 그래야 그들이 팔고 싶은 것을 사게 할 수 있기 때문이다. 광고업자들의 표적은 당신의 자아다. 그중에서도 특히 비교하기 좋아하는 부분이다.[19] 프랑스 사회철학자 장 보드리야르(Jean Baudrillard, 1929~2007)는 『소비의 사회』에서 소비를 '기호(記號)의 교환'으로 재정의했다. 소비가 "나는 당신들과 다르다"는 '차이'를 표현하는 기호라는 것이다. 현대인은 상품 구입을 통해 '사물'이 아닌 '기호'를 소비한다고 한다. 미국 경제학자 소스타인 베블런(Thorstein Veblen, 1857~1929)은 "소비는 필요에 의해서가 아니라 자신의 사회적 · 경제적 지위를 과시하기 위해 소비한다"는 과시적 소비를 주장한 바 있다. 정신적인 부분은 소홀히 하면서 물질적인 부분에 너무 비중을 둠으로써 삶이 균형을 잃고 있다. 삶과 정신이 비교문화의 속박에서 벗어나야 한다.

남을 짓밟고서라도 이루려는 것이 허망하게도 결국 타인의 인정이다. 이기적으로 열심히 일해서 얻으려는 행복이, 타인의 우러름을 받는 것, 타인의 부러움을 사는 일이다. 이는 삶의 목적이 내게 있지 않고, 타인에게 있는 것이다. 자신의 인생을 스스로 결정하고 삶의 진짜 의미를 살기 위해서는 남들의 인정을 받아야 한다는 강박관념에서 벗어나야 한다. 유대교 교리는 "내가 나를 위해 내 인생을 살지 않으면, 대체 누가 나를 위해 살아준단 말인가? 우리는 궁극적으로 '나'를 생각하며 사는 것이다. 타인의 인정을 바라고 타인의 평가에만 신경을 기울이면, 끝내는 타인의 인생을 살게 된다. 늘 타인의 시선에 신경을 곤두세우고 다른 사람의 평가에 전전긍긍하느라 '나'라는 존재를 억누른다"고 말한다.[20]

판에 박힌 일상에 머물면, 판에 박힌 일만 일어난다

변화가 없는 인생은 참고 견디기 힘들고, 단조로운 세상은 권태롭다. 당신이 변하면 당신의 삶도 변한다. 프랑스 대문호 발자크(H. de Balzac, 1799~1850)는 "아무것도 변하지 않을지라도 내가 변하면 모든 것이 변한다. 나의 변화가 곧 삶의 변화이고, 세상의 변화"라고 하였다. 그래서 지금까지 살아본 적이 없는 삶을 살고 싶다면, 지금까지 해본 적이 없는 일을 해야 한다. 생각을 바꾸고 예전엔 하지 않았던 일, 행할 엄두를 내지 못했던 일에 도전해야 한다. 성공을 향한 우리의 인생은 어떻게든 의미 있는 변화를 이루겠다는 결심과 함께 시작된다. 자신의 삶을 변화시키고 지금까지 살아보지 못한 새로운 인생을 살고 싶다면, 자신을 믿고 도전하는 것이다.[21] 시도하지 않으면 얻는 것도 없다. 인도 국부 마하트마 간디(M. Gandhi, 1869~1948)는 "힘은 뼈와 근육에서 나오는 것이 아니라 불굴의 의지에서 나온다"고 했다.

다른 사람이 박수받으며 살 때, 당신은 가시밭길을 걷고 있을 수도 있다. 인생은 계획대로 되지 않는다. 예상을 벗어난 일이 생긴다. 자신이 최선을 다했어도 잘 안 풀리고, 도저히 이해할 수 없는 일에 봉착할 때도 있다. 무언가를 열심히 했는데도 썩 만족스럽지 않은 일은 살면서 얼마든지 있다. 게으름을 피우거나 대충하지 않았으며, 어리석은 실수를 저지르지도 않았는데도 잘 풀리지 않는 상황이 있다. 내 뜻과 상관없는 일이 얼마든지 벌어질 수 있다. 자신은 옳다고 믿어도 세상이 꼭 그 올바름을 인정하고 같이 움직여주지는 않는다. 특히, 20대는 인생에서 가장 좋을 때이기도 하지만, 동시에 가장 고민이 많은 힘든 시기다. 미래에 대한 불안이 본질적인 문제다. 나는 무엇을 하고 싶은가, 무엇이 되고 싶고, 어떤 인생을 살고 싶은가. 그런 그림이 잘 그려지지 않을 때는 더욱 마음이 초조해지고 어수선하다.

삶은 순풍에 돛단 듯이 순조롭지 않다. 날씨처럼 좋을 때도 있고 나쁠 때도 있다. 인생을 살면서 우리는 늘 크고 작은 실패와 좌절을 마주하고, 종종 전혀 생각지도 못했던 곤경에 빠지기도 한다. 그러나 가장 힘든 날도 언젠가는 끝이 찾아온다. "내 뜻대로 되는 게 하나도 없어"라고 투덜대기보다는 자신의 마음을 잘 다스려야 한다. 마음을 어떻게 가지느냐에 따라 상황이 변한다. 성공과 실패의 작은 차이는 당신의 태도가 긍정적이냐 부정적이냐 하는 것에서 나온다. 성공한 사람과 실패한 사람을 구분하는 하나의 특성이 긍정적인 마음가짐이다. 부정적인 태도로는 어떤 문제도 해결할 수 없고 오히려 자신을 파괴로 이끌 수 있다. 자신과의 싸움이 말처럼 쉽지 않지만, 자신을 이기는 것은 남을 이기는 것보다 더 위대하다. 미국 성공학 연구가 나폴레온 힐(Napoleon Hill, 1883~1970)은 "패배가 찾아왔을 때 가장 쉽게 취할 수 있는 조치는 포기다. 그것이 바로 대다수 사람이 평범한 사람으로 남는 이유"라고 했고, 『탈무드』는 "승자는 일곱 번 쓰러져도 여덟 번 일어서고, 패자는 쓰러진 일곱 번을 후회한다"고 했다.

가보지 않은 길에 대한 미련은 누구에게나 있다

사람의 일생은 선택의 연속이다. 선택은 쉬운 것이 아니다. 어느 하나를 선택하면, 다른 대안들을 포기해야 하기 때문이다. 자신이 가지 않은, 선택하지 않은 길에 대한 미련이 남을 수 있다. 가본 길보다는 못 가본 길이 더 아름답게 느껴질 수 있다. 못 가본 길에 대한 아쉬움은 미국 시인 프로스트(R. Frost, 1874~1963)의 시 「가지 않은 길」이 잘 표현하고 있다.

노란 단풍나무 숲속으로 두 갈래 길이 있었습니다
나는 두 길을 다 가지 못하는 것을 안타까워하면서
길이 굽어진 끝까지 오랫동안 서서 바라보았습니다

그러다가 똑같이 아름다운 다른 길을 택했습니다
그 길은 풀이 무성하고 사람이 걸은 흔적이 적어
더 나은 길일 거라고 생각했던 것입니다
그 길을 걸으므로 해서 그 길도 같은 길이 되겠지만

그날 아침 두 길은 똑같이 놓여 있었고
낙엽 위로는 아무런 발자국도 없었습니다
아, 나는 한쪽 길은 훗날을 위해 남겨 놓았습니다
길은 길로 이어져 끝이 없다는 걸 알기에
내가 다시 돌아올 수 있을까, 의심하면서

훗날에 나는 어디에선가
한숨을 쉬면서 이야기할 것입니다
숲속에 두 갈래 길이 갈라져 있었다고,
나는 사람들이 적게 다닌 길을 선택했다고
그리고 그 때문에 내 모든 것이 달라졌다고.

가보지 않은 길에 대해 상상할 때, 우리는 보통 지금보다 좋은 상황만을 마음속으로 그리면서 미련을 갖는 것 같다. 그때 다른 선택을 했다면 인생이 달라지지 않았을까 생각하는 것이다. 그러나 정작 안 가본 길로 가보니, 내가 상상했던 것과는 달리 내가 몰랐던 어려움과 기대했던 것보다 좋지 못한 결과가 나를 기다릴 수도 있다. 지금 내가 선택한 길을 가면서 당장의 상황은 그리 평탄하지 못하더라도 시간이 지나고 나서 보았을 때, 그때 그런 결정을 해서 오히려 천만다행이라고 감사하게 여길지도 모른다.

우리는 살면서 수많은 갈림길을 만나고, 그때마다 늘 선택을 내려야 한다. 어떤 회사에 들어가야 할지, 어느 곳으로 이사를 갈지, 어떤 디자인의 옷을 사야 할지 등 고심 끝에 결정한다. 그 선택이 어떠한 결과를 가져올지는 완전히 예측할 수 없다. 아무튼 선택의 갈림길에서 순간순간 내린 나의 선택이 쌓이고 쌓여 만들어지는 게 내 인생이다. 누구에게나 가지 않은 길이 있지만, 선택한 길만이 유일한 현실이다.

예방은 치료 보다 낫다

건강을 잘 유지하는 것은 자기 몸을 위해서도, 경제적으로 의료비 절감을 위해서도 좋다. 영국 대문호 세익스피어(W. Shakespeare, 1564~1616)의 4대 비극 중 하나인 『햄릿』의 유명한 대사는 "재앙은 하나씩 오지 않고 한꺼번에 무리지어 몰려온다"이다. 설상가상(雪上加霜)이다. 나도 큰 수술을 연이어 받은 적이 있다. 처음 의료진단을 받았을 때, "왜 하필 나야?" 아냐, 아닐 것이라고! 그동안 남의 일로만 여겼던 현실에 연신 고개를 저었다. 건강은 우리를 기다려주지 않는다.

누구나 건강하게 오래 살고 싶어 한다. 약보다는 잘 먹는 게 좋고, 잘 먹는 것보다는 마음 편한 게 좋다고 한다. 운동도 하고, 마음의 건강도 돌봐야 한다. 운동이 건강 관리와 스트레스 해소에 좋다는 것은 누구나 아는 사실이다. 유대교 율법 해설서 『탈무드』는 "운동이 건강한 몸을 위한 약속이라면, 독서는 건강한 정신을 위한 양식"이라고 한다. 운동은 하루를 짧게 하지만, 인생은 길게 해준다. 그러나 운동은 긴급하지 않다는 이유로 대부분 꾸준히 하지 않는다. "날을 갈 시간이 없어 무딘 톱으로 나무를 자르는 사람은 미련하다. 그러나 시간이 없다며 운동을 하지 않는 사람은 더 미련하다"고 한다.

늘 하는 이야기지만 건강을 잃기 전까지는 그것이 얼마나 소중한지를 잘 알지 못한다. 모든 행복의 기초는 건강이다. 건강을 잃으면 사업, 명예 등 모든 것이 허무하게 되고 마음의 안식까지 잃는다. 건강이 있는 곳에 자유가 있다. 독일 철학자 쇼펜하우어(A. Schopenhauer, 1788~ 1860)는 "인간이 저지를 수 있는 가장 큰 실수는 다른 것을 얻기 위해 건강을 희생하는 것"이라고 했다.

정신적 건강은 신체적 건강보다 진단하기가 어렵지만, 빼놓을 수 없는 중요한 요소다. 신체적으로 건강하려면 긍정적인 마음가짐이 필요하다. 스트레스는 신체 면역시스템을 해치고 병을 악화시킨다. 걱정이 끊이지 않으면 장기가 고장 나고, 좋은 음식도 소화할 수 없다. 부정적인 감정이 두뇌와 신체에 악영향을 미치는 것이다. "근심은 세월을 거치지 않고 백발과 노령을 가져온다"는 영국 속담도 있다. 마음이 편하면, 몸도 건강해진다. 『잠언』은 "마음이 즐거우면, 앓던 병도 낫는다"고 한다. 육체를 깨끗이 하는 것처럼 내면을 깨끗이 한다면, 병원 찾을 일도 줄어들 것이다. 긍정적인 생각을 할 수만 있다면, 그 어떤 명의(名醫)보다 낫다고 한다. 미국 작가 존 켄드릭 뱅스(John Kendrick Bangs, 1862~1922)는 "어리석은 이들은 자동차에는 정성을 쏟으면서 정작 자신의 기계 장치에는 시간을 내지 않는다"고 말한다. 자신보다 소유하고 있는 물건을 돌보는 데 더 많은 시간을 보내기보다는, 자신의 몸과 마음에 손길을 내미는 것이 더 중요하다.

자기 삶을 바치고 싶은 일을 찾아라

당신에게 주어진 이 삶으로 무엇을 하고 싶어요? 중요한 자원인 자신의 시간과 관심과 삶을 어디에 둘지 선택하는 것은 중요하다. "왜 일하는가?"라는 질문을 받으면, 많은 사람이 "먹고살기 위해"라고 답할 것이다. 우리는 눈뜨고 있는 대부분 시간을 일에 쓰고 있지만, 정작 일을 하는 근본적인 이유에 대해서는 깊이 생각하지 않는다.[22] 그 일을 통해 당신은 무엇이 되길 꿈꾸는가? 교황 요한 바오르 2세(재위 1978~2005)는 "일을 통해 사람은 더 사람다운 사람이 될 수 있다"고 했다.

"인생을 자신의 뜻대로 살 수 있는 것만이 단 하나의 성공"이라고 미국 작가 크리스토퍼 몰리(Christopher Morley, 1890~1957)는 말하지만, 현실은 녹록치 않다. "인생이란 자기 자신이 각본을 쓰고 주역을 맡은 드라마다. 어떠한 드라마를 그릴지는 본인 하기 나름이다"고 일본 교세라 그룹 창업주 이나모리 가즈오(稲盛和夫)는 말한다. 인생을 길게 보면, 물질적으로는 편해도 마음 편치 못한 일을 하는 것보다 자기가 정말 하고 싶은 일을 하는 것이 낫다고 한다. 하기 싫은 일을 평생하면서 살아야 한다는 것은 비극이다. 그래서 하루를 살더라도 자기 인생을 살라고 하지만, 현실적으로 그런 결정을 내리기란 참으로 어렵다.

산악등반 역사에 위대한 인물인 이탈리아 산악인 라인홀트 메스너(Reinhold Messner)는 "할 수 있다면 마음에 있는 쪽으로 가라. 자기 일을 찾아갈 때, 힘이 되고 방향이 되며 목표가 된다"고 말한다. 수필가 피천득(1910~2007)은 『인연』에서 "어떤 길이든 네가 가고 싶으면 그것이 옳은 길이 될 것"이라고 했다. 하고 싶은 일과 살고 싶은 삶을 뒷받침 해줄 정말로 내가 잘하는 것, 정말로 내 가슴을 뛰게 하는 것, 그것을 찾아내는 것이 인생의 기술이다.

아일랜드 극작가 조지 버나드 쇼(George Bernard Shaw, 1856~1950)는 "인생에서 진정한 기쁨은 자신이 가장 중요하다고 생각되는 목적을 위해 공헌하는 것"이라고 한다. 우리는 솔직히 이걸 하고 싶은데, 아직 때가 아니니 그때가 되면 하자라고 생각하는 경우가 많다. 결과적으로 인생을 뒤로 미루는 삶의 방식이다. 그러나 당신이 진심으로 하고 싶은 일이 있다면, 지금 시작하라는 것이다. 왜냐하면 완벽한 때란 아무리 기다려도 오지 않기 때문이다. 자기 목적을 가진 사람은 원하는 일을 하는 것 자체가 이미 보상이 되기에 물질적 수혜라든가 권력, 명예 같은 별도의 보상은 절실하지 않다.

넓게 보고 멀리 보라

시야가 넓다는 건 그 자체만으로 인생에 무기가 된다. 큰 비행기일수록 긴 활주로가 필요하다. 많은 부모들이 자녀를 명문대학에 보내기 위해 아등바등하지만, 아무리 좋은 학교를 나왔다고 해도 큰 그림을 그리지 못한다면 큰 가치를 창출하기 어렵다. 인생을 멀리 보지 못하고 장기적인 이익보다 눈앞의 이익만 생각하는 사람들이 많다. 당장의 이익과 장래의 손해를 구분하는 지혜가 필요하다. 인생을 당장의 이익이나 편리함보다는 장기적 안목으로 바라보는 자세를 잃지 않아야 한다.

사람은 미래를 그리는 사람과 과거에만 매달려 헤매는 사람으로 나눌 수 있다. 되돌릴 수 없는 과거에 매달리면, 늘 괴롭고 불만스러울 수밖에 없다. 과거는 내려놓고, 마음에서 끈질기게 고개를 드는 부정적인 생각은 억제하고, 미래를 보아야 한다. 맥스웰 맬츠(Maxwell Maltz) 박사는 『정신 인공 두뇌학』에서 "건설적으로 걱정하라"고 말한다. 걱정은 미리 잘못될 일에 대해 생각하는 것이며, 따라서 걱정이라는 고통에서 벗어나는 방법은 의식적으로 잘 될 것만 생각하는 것이라고 말한다. 프랑스 사상가 시몬 베유(Simone Weil)는 "미래는 기다리는 것이 아니라 우리 스스로 만들어야 하는 것"이라고 한다. 미국 전산학자 앨런 케이(Alan C.Kay)도 "미래를 예측하는 가장 좋은 방법은 미래를 만드는 것"이라 했다. 막연한 기대에 젖어 "내일은 해가 뜬다"라는 생각은 의미 없다. 인생에 목적이 없는 삶은 소비적인 삶이 되고, 성취감을 얻기 힘들 것이다.

달걀은 자기가 깨고 나오면 병아리가 되지만, 남이 먼저 깨면 계란프라이가 되고 만다. 능동적인 자세로 일하도록 노력한다. "모든 역경에는 그와 대등하거나 그보다 큰 이득의 씨앗이 들어 있다"고 한다.[23] 『삼국지(三國志)』 〈최염편(崔琰篇)〉에 나오는 "큰 그릇은 늦게 만들어진다"는 대기만성(大器晩成)의 속뜻은, 거대한 종(鍾)이나 큰 솥이 쉽게 만들어지지 않는 것처럼, 사람도 역시 크게 되려면 하루아침에 이루어지는 것이 아니라 오랜 기간 피땀 어린 노력이 쌓여서 이루어지는 것을 비유하는 말이다. 대부분 사람은 어려운 문제에 부딪히면 조금 노력해 보다가 그만두어 너무 일찍 포기한다. 끈기와 인내심을 가지고 살아야 한다. 세상을 일시적인 모습만 보고 판단해서는 안 되고, 원대한 안목으로 관찰하고 판단해야 한다.

02

위대한 꼰대들 엿되다

절대적 빈곤에 서서

한 세대 내에 농경사회, 산업사회, 정보화 사회를 경험한 우리나라는 민주화·세계화로 사회이동을 촉진하면서, 이 3대 사회를 융합시켜야 하는 과제가 있다. 한국은 불과 얼마 전까지만 해도 대다수 사람이 굶주리고, 글을 읽을 줄 몰랐다. 1945년 해방 당시 성인 가운데 글자를 읽을 수 없는 사람의 비율인 문맹률은 78%였다. 그런 연유로 1948년 5월 10일 총선 때는 국회의원 후보 번호를 아라비아 숫자 대신 작대기로 표시하기도 했다.[24] 1950년대까지 "이 지구상에서 가장 가난하고 가능성이 없는 나라"였다. 수십 년간 지속된 일본 식민지배로 국력은 약해졌고, 이어 한국전쟁으로 철저히 파괴되었다. 매장된 천연자원은 빈약했고, 국토는 이전까지 이어져 온 한반도의 절반만으로 시작했다.

한국전쟁 때 맥아더(D. MacArthur, 1880~1964) 장군은 "이 나라를 복구하려면 최소 100년은 걸릴 것"이라고 하였다. 한국의 1950년대 1인당 국민소득은 50~60달러로 낮았고, 당시 국민 대다수는 해외 원조,

특히 미국의 잉여농산물 원조를 받아 끼니를 때우던 시절이었다.

민초들의 고단한 삶

계속된 가난은 나아질 기미가 보이지 않았다. 여름 내내 온 가족이 매달려 농사를 짓고 가을에 수확해 봤자, 근근이 겨울을 먹고 나면 봄이 오기도 전에 식량은 동이 났다. 초여름 보리가 익을 때까지는 끼니를 잇기 어려웠으니, 이 고비를 '보릿고개'라 불렀다. 춘궁기의 어려움을 표현한 가수 진성의 「보릿고개」 노래 가사 "… 주린 배 잡고 물 한 바가지 배 채우시던 그 세월을 어찌 사셨소. … 한 많은 보릿고개여"는 당시의 시대상을 반영한다. 배고픈 가족의 밥상을 위해 흘린 곡식 몇 톨까지 줍던 어머니. 평생 뼈 빠지게 일만 했고, 늘 무거운 짐을 지고 사셨던 어머니는 노후에도 아름답게 늙지 못하셨다. "만약에 나에게도 다음 생이 있다면 한 번만 더 당신 자식이 되고 싶지만, 어머니 또 힘들게 할까 봐 바랄 수가 없어라"는 박구하(1946~2008) 시인의 「어머니」 라는 시조가 생각난다.

국민학교(초등학교) 시절 오후 수업이 있는 날은 도시락을 싸 올 형편이 안돼 점심을 물배로 때우는 친구가 많았다. 나중에 미국 원조로 점심시간에 옥수수빵 1개가 배급되었는데, 그마저도 먹지 않고 형제들과 나눠 먹기 위해 집에 가져가는 친구가 많았다. 괴테(Goethe)가 "눈물 젖은 빵을 먹어보지 않은 사람은 인생의 참다운 의미를 모른다"고 했던가. 중학교 시절은 세숫대와 삽·괭이를 들고 다 보낸 것 같다. 학교가 계단식 논에 지어져 전교생이 삽과 괭이로 운동장 평면을 고르고, 비만 오면 발이 빠져 배수를 위해 세숫대에 모래와 자갈을 담아 운동장에 뿌려야 했다. 그렇게 힘들게 고생해 만든 중학교가 이제는 입학생이 없어 폐교되었다. 교육 소멸로 고향마저 사라질까 두렵다.

1960년 우리나라는 2,500만 인구 중 1,400만 명이 농업에 종사하는 전형적인 최빈국이었다. 우리는 오랫동안 생존을 위협하는 가난 속에 살아왔기 때문에 열심히 일해서 경제적으로 풍요로운 생활을 해보자는 결의로 '잘살아 보자'는 구호를 내세웠다. 그래서 오빠 등록금 벌러 어린 나이에 공장을 다니고, 원양어선을 타고 대양으로 가거나, 월남전에 뛰어들었고, 열사의 나라 중동에서 비지땀을 흘렸으며, 머나먼 독일까지 간 광부와 간호사들은 허리띠를 동여매어 한국에 있는 형제·자녀들의 교육을 위해 월급을 송금했다. 부모들은 자녀의 등록금 마련을 위해 입고 먹는 걸 아끼고, 여의치 않으면 가족처럼 아끼던 소와 논밭도 팔았다.

때론 불나방의 열정이 필요하다

우리가 1960년대 말 포항 종합제철소 건설을 본격화할 때, 해외기관들은 기술이 선부하다는 이유로 실패를 예측하고 협조를 거부했다. 1970년 3월 조선소를 건설할 허허벌판을 찍은 사진과 사업계획서만 가지고, 영국 바클레이즈(Barclays) 은행 차관을 얻어 울산에 현대 조선소를 건립했다. 1983년 9월 삼성이 반도체 산업에 도전하겠다고 선언했을 때도 일본 미쓰비시연구소는 한국은 기술력이 없고, 내수시장이 작을 뿐만 아니라 전후방 산업이 취약하고, 사회간접자본도 형편없어 성공할 수 없을 것이라고 단정 짓는 보고서를 냈다. 그러나 POSCO, 현대조선, 삼성전자 투자 때 "송충이는 솔잎이나 먹어야지!" 하고 생각했다면, 그것은 불가능했을 것이다. 당시 재무 능력과 기술 수준에서 보면, 불 속으로 뛰어드는 불나방처럼 자멸을 자초하는 일이라 생각하는 사람이 많았지만, 결과는 오늘날 세계 정상 기업의 반열에 올려놓았다. 우리가 산업화 시대에는 뒤졌지만, 미래를 창조하기 위해 정보화시대를 열어가는 데 있어서만큼은 뒤질 수 없다는 신념으로 최선을 다했다. 이제 우리는 IT산업과 인터넷 강국이 되었다.

이런 열정으로 우리는 불과 두 세대 만에 도저히 극복할 수 없을 것 같았던 혹독한 일본 식민지배와 폐허가 된 한국전쟁과 가난을 이겨내고, 세계에서 가장 빠른 압축적 성장으로 경제발전과 민주화를 동시에 이룩해낸 '불가능한 나라'가 되었다. 노벨 경제학상 수상자 루카스(R. E. Lucas) 교수는 1993년 발표한 「Making a Miracle」 논문에서 1960년 이후 한국의 경제성장은 어떤 경제이론으로도 설명하기 어려운 기적이라고 말했다. 인도 시성(詩聖) 타고르(R. Tagore, 1861~1941)는 "일찍이 아시아의 황금 시기에 빛나는 등불의 하나였던 한국, 그 등불이 다시 켜지는 날, 너는 동방(東方)의 빛이 되리라"는 「동방의 등불」 시를 1929년 동아일보에 기고한 바 있는데, 그 염원이 성취되었다.

미래의 경고

그러나 현재 한국의 저성장과 중산층 붕괴가 이대로 가면, 동남아에도 밀린다는 충격적인 연구가 있다. 국회미래연구원과 중앙일보가 공동기획(2019.5)한 『2050년에서 온 경고』의 경제부문 예측을 보면,

"그런 시절이 있었나요. 베트남 · 말레이시아보다 우리가 더 잘 살던…. 요즘 우리 친구들은 중국 · 동남아로 일하러 갑니다. 뭐, 돈 잘 버는 특별한 일은 아니고요, 식당 아르바이트나 마사지사, 건설현장 노동자 같은 자리에요. 현지인들이 꺼리는.

요즘엔 국내에는 좋은 대학을 나와도 마땅히 일할 자리를 찾기 어려워요. 아버지 세대엔 동남아 사람들이 이런 일을 하려고 한국으로 몰려왔다지요. 그땐 제가 어릴 때라 잘 몰랐어요. 막연히, 그 시절 내가 처음 썼던 우리 스마트폰이 베트남에서 만들어졌다는 자랑스런 얘기만 들

었어요.

지금 한국이 어떻기에 그러냐고요? 뭐, 딱히 굶어 죽을 세상은 아니에요. 거리엔 '슈퍼 리치족'들이 타고 다니는 최고급 스포츠카가 즐비하고요, 나라에서 돈을 나눠주기 때문에 우리 같은 사람도 힘들지만 살아가는데 큰 지장은 없어요. 제 꿈이 뭐냐고요? 글쎄요…. 꿈이야, 우리 같은 사람이 꾸는 건 아니지 않나요. 이렇게 살면 되지, 뭐 아웅다웅 힘들게 살아가나요."

기성세대와 밀레니얼세대

전 독일 수상 빌리 브란트(Willy Brandt, 1913~1992)의 말대로, 모든 세대는 각자의 자기 시간과 자기 문제를 갖고 있다. 지금의 6070세대가 청년일 때 중요했던 것은 기본적인 먹고 사는 문제였고, 산업화라는 과제를 안고 있었다. 6070세대는 우리 사회의 성장 동력이었고 경제개발의 주역으로서, 수출의 역군으로서 밤낮없이 일과 함께 지내왔다. 그 결과 '한강의 기적'이라 불리는 한국경제의 성장을 이끌었다. 그래서 지나온 자신들의 삶에 대해 강한 자부심과 긍지를 지니고 있다. 그들이 지금의 대한민국을 만드는 데 주도적인 역할을 해왔기 때문이다.

6070세대는 국가발전과 가족의 안녕을 위해 참고 희생하는 것을 당연한 일로 여겨 자신의 모든 것을 바쳤다. 그러다 보니 정작 자신의 삶을 돌볼 틈은 없었다. 부모 부양은 의무였으나, 자식은 내 노후의 의지가 되어주지 못하는 '낀 세대'가 되었다. 커다란 자부심을 지니고 살던 6070세대의 삶이 '버려진 세대'라는 자괴감을 지닌 채 살아가고 있다. 프랑스 작가 생텍쥐페리(Saint-Exupéry, 1900~1944)는 "부모들이 우리의 어린 시절을 꾸며 주셨으니, 우리는 그들의 말년을 아름답게 꾸며 드려야 한다"고 말하지만, 독일의 격언처럼 "한 아버지는 열 아들을 기를 수 있으나, 열 아들은 한 아버지를 봉양키 어렵다"는 시대다.

밀레니얼세대는 조부모 세대가 이뤄놓은 산업화의 토양과 부모 세대가 열매 맺은 민주화를 자양분 삼아 나고 자란 세대다. 배고픔을 경험한 조부모 세대나 '민주화'가 이념의 영역에 머물던 부모 세대와 달리 이들은 결핍으로부터 벗어나고, 이념의 과잉에서 자유롭다.[25] 미국 교육학자 마크 프렌스키(Marc Prensky)는 어린 시절부터 디지털 환경, 즉 컴퓨터 · 인터넷 · 스마트폰과 함께 성장한 밀레니얼세대를 '디지털 네이티브'라고 표현한다. 이들은 디지털 기술이나 언어를 모국어처럼 익힌 세대다. 사이버 세상을 통해 글로벌과 전문성을 당연하게 여기는 세대로, 전 세계와 연결되는 것이 자연스러운 일상이다. 그들은 빛보다 빠른 속도로 연결되는 세상에서 자라 기다림과 인내는 기대하기 어려운 덕목이다.[26] 그리고 인터넷 세상에서 나이 · 직급이 생략된 수평적 의사소통 방식에 익숙한 세대다. '시키면 시키는 대로 하라'는 일방적 의사소통으로는 함께 일하기 힘들다.

밀레니얼세대는 어려서부터 경쟁이 일상화돼 역사상 최고의 스펙을 쌓은 세대로서, 입시와 취업에서 가혹한 경쟁에 내몰리고 있다. 성공은 고사하고 생존이 더 절실한 이들이기에 게임의 규칙이 불공정할 때, 분노를 표출하며 정당한 노력으로 인정받는 공정성을 중시한다. 그리고 밀레니얼세대는 부모 세대보다 못살게 될 첫 세대다. 부모 세대만큼 치열하게 일한다고 해도 그만한 보상이 따르지 못하는 시대이다. 풍족하게 지내고 싶지만, 자신의 소득은 그에 미치지 못한다. 풍요로운 어린 시절을 보냈기에 궁핍함은 참기 어렵다. 그래서 소유하기에는 경제적 능력이 충분하지 않아 누릴 건 누리기 위하여 '공유'를 택한다.

임홍택의 『90년생이 온다』는 밀레니얼세대의 특징을 간단 · 재미 · 정직,

세 가지로 표현한다. 길고 복잡한 것들을 좋아하지 않는 간단함을 추구하는 90년대생들의 언어습관에서는 축약형 언어인 '줄임말'이 자주 나타난다. '케바케'(케이스 바이 케이스), 아싸(아웃사이더), '낄끼빠빠(낄 때 끼고 빠질 때 빠져라) 등 줄임말이 진화하고 있다. 우후죽순 생겨나는 밀레니얼세대의 신조어와 은어를 바라보는 시선이 곱지만은 않다. 아름답고 소중한 한글을 파괴한다는 이유에서다.

욜로(YOLO), 소확행, 파이어(FIRE)족

밀레니얼세대는 가격 대비 성능의 '가성비', 일과 여가의 균형을 선호하는 워라밸, 인생은 한 번뿐인 '욜로'(YOLO: You only live once), 소소하지만 확실한 행복을 원하는 소확행 같은 키워드를 유행시키며 화제를 낳았다. '한 번뿐인 인생, 지금을 즐기자'는 "욜로" 트렌드는 현재의 행복과 즐거움을 가장 중요하게 여기고, 미래를 위해 허리띠를 졸라매기보다는 이에 맞춰 소비하는 생활방식이다. 그러나 이것이 과도한 소비로 연결되어 생활이 어렵게 되자 '소확행'으로 전환된다. 비오는 날을 위해 무언가 저축은 하지 않으면서 은행 계좌에서 돈을 계속 빼 쓰는 생활은 결국 파산하기 때문이다.

소확행(小確幸)은 일본 소설가 무라카미 하루키(村上春樹)의 『랑겔한스섬의 오후』라는 수필에서 나온 단어이다. 소확행이 유행한 것은 고성장 시대가 끝남에 따라 일자리는 부족하고, 취직한다 해도 대부분 비정규직이며, 이런 상황이 바뀔 가능성이 보이지 않는 현실에 있다. 그래서 미래의 불확실한 행복보다는 지금 현재 삶 속에서 어렵지 않게 찾을 수 있고, 당장 누릴 수 있는 소확행을 선택하는 것이다. 부모한테 이렇다 할 재산을 물려받지 않는 이상, 결혼과 내 집 마련 그리고 출산과 같은 장기적 인생 플랜은 세워봤자 빚더미에 오르는 지름길이라 생각한다.

하완의 『하마터면 열심히 살 뻔했다』는 외침도 아무리 아등바등 열심히 살아도 그에 걸맞은 보상을 받지 못하는 젊은 세대의 한탄이다. 아무리 일해도 내 집을 마련하거나, 자녀를 낳아 제대로 키우는 것이 어렵다는 것을 알고 좌절감을 느끼는 밀레니얼세대의 아픈 고백이다. 소확행은 '헬조선'이긴 하지만 "그래도 행복은 포기하지 않겠다"는 그들의 몸부림의 표현으로 보인다.[27)]

최근에는 욜로, 소확행과 같이 '현재의 행복을 중시하던 삶'이 퇴조하고, 미래를 준비하는 '파이어족'이 인기다. 소비하고 탕진하는 충동의 삶보다는 절약하고 저축하는 절제의 삶이 더 실속 있기 때문이다. 파이어(FIRE)족은 20·30대부터 허리띠를 졸라매고 재테크에 성공해 조기 은퇴를 꿈꾸는 미국의 2030 직장인들을 지칭하는 데서 비롯되었다. 이들은 "독립적인 삶을 위해 60대 은퇴까지 기다려서는 안 된다"는 것으로, 경제적 자립을 토대로 30대 후반 또는 40대 초반에 자발적 조기 은퇴를 목표로 하는 사람들이다. 이를 달성하기 위해 '자린 고비' 같은 극단적 절약 생활을 실천한다. 국내 파이어족은 소비 축소보다는 투자를 통해 부를 쌓는 부분에 비중을 더 두는 것 같다. 파이어 운동에 대해 『월스트리트 저널』은 "성취감을 주지 못하는 직장에 대한 불만과 전통적인 사회보장 제도의 붕괴, 불황 속에서 보다 안정된 삶에 대한 열망"이 가져온 움직임이라고 분석했다. 그러나 현재의 즐거움과 행복까지 포기하면서 확실치 않은 미래 투자에만 몰입한다면, 삶의 궁극적 목표가 무엇인지 생각해볼 필요가 있다.[28)] 그리고 돈만 좇다 보면, 회사 노예에서 재테크의 노예로 주인만 바뀔 뿐이라는 비판도 있다.

꼰대와 요즘 애들

우리 사회는 변화가 급속히 이루어진 탓에 세대 간의 이질감이 큰 편이다. 기성세대는 젊은 세대가 현실에서 겪고 있는 문제가 그들의 의지력이 박약하거나 노력을 하지 않기 때문이라고 탓한다. 젊은 세대는 가정의 관심과 사랑 속에서 온실 속의 화초처럼 자란 세대다. 기성세대가 부정적 관점에서 밀레니얼세대를 바라보는 인식은 다른 사람을 생각하지 않고 자기 것만 챙기고, 자기 권리만 찾고 의무는 다하지 않고, 싫어도 참을 줄 알고 젊은 패기로 일단 부딪쳐 볼 줄도 알아야 하는데 도전정신이 없고 근성이 없어서 쉽게 포기하고, 조금 힘들다 싶으면 회사를 그만두고 편한 직업만 찾는 것으로 보인다는 것이다.

기성세대는 '하면 된다'는 구호를 부르짖으며 일에 임했고, 그 결과로 오늘의 한국경제를 쌓아 올렸다. 기성세대라면 돈을 벌기 시작하자마자 오늘의 휴식보다 미래의 안정을 위해 적금부터 들었겠지만, 밀레니얼세대는 알 수 없는 미래를 위해 아껴서 저축하는 것보다 당장 원하는 오늘의 휴식과 즐거움에 더 큰 가치를 둔다. 그래서 가뜩이나 경제도 좋지 않아 지금부터 한 푼 두 푼 모아 적금을 들어도 부족할 판에, "티끌은 모아 봤자 티끌"이라며 돈이 모였다 싶으면 해외여행을 다녀 돈을 '탕진'하는 그들의 노후가 기성세대가 보기에는 영 걱정스럽기만 하다. 물질과 문화적 풍요로움을 누리며 살아온 오늘날 젊은 세대에게 아무리 전쟁과 가난, 극기와 인내를 이야기한들 따분한 소리로밖에 안 들린다.

젊은 세대는 오늘날의 현실이 기성세대가 제대로 된 제도와 시스템을 만들어 놓지 못했기 때문인데도, 젊은 세대에게 책임을 미루고 부담을 준다고 반발한다. 지금 젊은 세대가 겪고 있는 딜레마는 '이제까지 모두가 믿고 있던 시스템'이 작동하지 않는 데 있고, 그 시스템 외에 다른 대안이 없다는 데에 있다. 흔히 좋았던 옛 시절로 여겨지는 한국의 고도성장기에는 노력만 하면 청년들도 자신들이 번 돈으로 집도 사고, 차도 사고, 노후 계획도 세울 수 있었다. 노동 소득을 저축하고 그 저축을 기반으로 자산소득을 만들 수 있었을 때는, 많은 사람이 자본주의 경제 시스템을 긍정할 수 있었다.

요즘 젊은이들은 우리에게도 미래가 약속되어 있는지를 묻는다. 젊은 세대도 입시, 취업, 상대적 가난 문제로 엄청난 스트레스를 받고 있다. 기성세대가 굶주림과 생존, 이념의 공포와 싸우며 살았다면, 젊은 세대는 또 다른 면에서 삶의 위협을 받고 있다. 그러나 옛날에 살았던 젊은이들도 어렵고 힘든 세월을 살았으나, 오늘의 건설을 이루어 놓았다. 매사가 어렵고 힘들다고 우울해하고 불평을 해봐야 달라지는 것은 없고, 시간만 까먹고 몸과 마음만 축날 뿐이다. 어렵더라도 희망은 스스로가 만들어가야 한다.

앞으로 밀레니얼세대가 조직 중간관리자의 중추가 되면, 기성세대가 만들어 놓았던 조직의 관행적 문화는 바뀔 것이다. 관행이 통용되던 조직문화에 원칙이 더 중시될 것이다. 기성세대가 임원들의 의견이나 지시에 따라 움직인 경향이 강했다면, 밀레니얼세대는 임원 지시를 무조건 따르기보다 조직이 정해 놓은 업무의 규칙대로 움직일 것이다. 한편, 기업들은 밀레니얼세대를 소비자로서 이해하려는 노력은 많이 기울이는 데 비해, 조직구성원으로서 이해하고 조직문화를 바꾸려는 시도는 부족한 것으로 보인다.

밀레니얼세대는 직접 대면 소통보다는 SNS 등을 통한 비대면 소통에 익숙하며, 집단보다는 나를 우선시 한다. 혼자지만 인터넷을 통해 수천, 수만 명과 아주 쉽고 빠르게 협업하는 데 익숙하다. 그러나 이들의 협력은 전통적 팀 플레이어와는 다르다. 그래서 밀레니얼세대는 사람들과 얼굴을 마주 보고 의견을 표현하는 등의 기술이 부족하다. 비즈니스 예절 등을 잘 알지 못하며 조직의 역사 및 배경, 선배와 상사들이 어떤 일을 해왔고 어떤 어려움을 헤쳐왔는지 알지 못한다. 그래서 맥락 파악에 취약한 면을 갖고 있다.

기성세대들이 빠르게 변하는 현대사회에 대응하지 못하면서 예전처럼 노하우를 전수해주는 선배로서의 역할이 많이 사라지고 있다. 그래서 젊은 세대는 역할이 쇠퇴한 기성세대를 오히려 다가올 사회적 부담으로 인식하여 노인들을 비하하거나 혐오하고 있다. 우리 사회에서 노인을 공경하고 사회적 약자로서 보호해야 한다는 것은 당연한 도리로 여겨왔는데, 이제 '경로(敬老)'는 옛말이고 '혐로(嫌老, 노인혐오)'라는 말이 나온다. "누구든지 전에는 젊었을 때가 있지만, 누구나 전부터 나이가 든 것은 아니다"라는 아프리카 속담을 음미해 볼 필요가 있다.

최근 직장 내에서 '꼰대'와 '요즘 애들'은 기성세대와 밀레니얼세대 간 가치관의 차이로 나타나는 갈등의 징후다. 차이는 갈등과 마찰 비용을 일으키지만, 잘 이해하고 활용하면 성장에너지가 될 수 있다. 세대 간의 문화가 다른 것을 이해하려 들지 않고, 자기들만의 생각을 강요하고 고집하는 태도는 바람직하지 않다. 기성세대도 원숙함이 완고함으로 되지 않으려면 자기 생각을 강요하고 권위를 내세울 것이 아니라 젊은 생각을 유연하게 수용하고, 빠르게 변화하는 새 시대의 흐름을 받아들여야 한다. 모든 것이 풍족한 시대에서 배고픔보다는 다이어트에 더 신경을 쓰면서 자란 세대에게 음식을 남기지 말라는 말은 비만의 원인이 된다.

"요즘 젊은이들은 버릇없다"는 말이 자주 나온다. 메소포타미아 문명의 뿌리인 기원전 3,000년경의 수메르(Sumer) 문명의 점토판에도 '요즘 젊은이들은 버릇이 없다'는 글이 있다고 한다. 기성세대가 "우리가 이렇게 이뤄놓았으니 너희들이 잘 대접해야 한다"고 해서가 아니라 기성세대는 우리를 길러낸 선배 세대라는 인식이 필요하다. '투자의 귀재'로 불리는 미국의 워런 버핏(Warren Buffett)은 "오늘 나무 그늘에서 쉴 수 있는 이유는 예전에 나무를 심었기 때문이다. 노력 없이 결실을 이룰 수 없다. 기성세대들도 자신들은 올바르고, 젊은 세대들은 생각이 없는 사람으로 취급하면 당연히 반감이 심해진다는 것을 이해해야 한다"고 말한다.

이러한 세대 간의 갈등은 우리 사회가 워낙에 빠르게 변하여 서로 공유하거나 겹치는 영역이 적고, 그 탓에 서로를 이해할 수 있는 범위가 넓지 않았기 때문으로 보인다. 기성세대는 부모를 봉양한 마지막 세대이고, 그들이 겪었던 가난의 고통을 자식은 겪지 않게 하려고 무한 사랑으로 고투했다. 공감의 소통이 필요하다. 공감은 세대 간 갈등을 해소하고 장벽을 무너뜨리는데 기여한다. 공감이 수행하는 중요 역할 중 하나가 세대 간 이해를 도모하는 것이다.

옛사람의 시간도 함께 살아야 한다

옛사람의 시간에도 많은 것들이 들어 있다. 과거 시간으로의 회고가 퇴행적이라 여기고, 과거의 시간을 회피하거나 부정하는 사람들도 있다. 그러나 우리는 과거의 시간으로부터 오늘을 얻었다. 그러므로 우리는 옛사람의 시간도 함께 해야 한다. 나이마다 그 나이에 해당하는 영광과 아름다움, 지혜가 있다. 몇 살이 되었든 노년은 나눠줄 것이 있는 나이이다. 젊은 세대에게 충고와 안내도 해줄 수 있고, 경험과 지혜를 빌려줄 수도 있다. 젊은 사람들은 과거를 구식 또는 현실과 맞지 않는다며 무시해 버리기 쉽다. 반면에 나이 든 사람일수록 『논어(論語)』 〈위정편(爲政篇)〉에 나오는 온고지신(溫故知新), '옛것에서 새로운 것을 배운다'는 말에 겸허하다. 물론 진부해 보인다고 옛것을 거부해서도 안 되지만, 또한 추억이 있는 것이라고 무조건 붙들어서도 안 된다.[29] 그것은 젊은이들이 없다면 진보는 불가능하고, 반면에 노인들이 없었다면 문화 자체가 형성되지 않기 때문이다.

소크라테스(Socrates)는 『공화국』에서 "나는 노인들과 이야기 나누기를 좋아한다. 노인들은 우리가 걸어가야 할 인생의 길을 먼저 지나왔다. 그러므로 앞으로 겪게 될 삶이 어떠할지 그들에게서 배울 수 있다"고 말한다. 어리석은 잘못을 되풀이하지 않으려면, 노인들이 비싼 비용을 지불하고 얻은 교훈은 배워야 한다. 문제는 과거에만 사로잡혀 내 경험만이 특별하고 옳다는 생각으로 젊은이를 바라보면, 젊은 세대를 이해하고 소통하는 데 장애를 일으키고 세대 간의 살능만 만들 것이다.

어른도 아프다

아무리 일에서 만족을 얻는다하더라도 일이 인생의 전부는 아니다. "일뿐만 아니라 가정도 잘 돌보고 싶다"는 게 누구든 갖는 마음이다. 인생의 조화가 결여된 삶을 살고 싶은 사람은 없다. 우리 가슴은 늘 가족관계를 훌륭하게 유지하고, 내 아이들이 행복하고 올바로 살아가도록 기반을 마련해 주고 싶은 마음을 가지고 있다. 그래서 누구나 자기 인생에서 가장 소중한 것은 가족이라고 말한다. 그런데 그런 마음을 실천에 옮기는 게 어렵다.

성공하기 위해 자신의 일보다 조직의 일을 우선시해야만 했던 시절, 가족과 함께 하지 못해 추억을 남길 기회를 많이 잃었다. 얼굴

한번 보기 힘든 아버지, 그가 집에 돌아오는 건 자정이 지난 시간이 보통이고, 접대가 일상이던 시절에 주말도 접대 골프를 가거나 집에서 죽은 듯이 잔다. 같은 집에 살고 있어도 때로는 자식이 믿기 힘들 정도로 성장해 있어서 놀라는 경우도 있다.

그렇지만 나처럼 가족을 사랑한 사람이 또 어디 있단 말인가. 행복한 가정을 만들기 위해 모든 것을 바치지 않았던가 하며 기성세대는 억울해하기도 한다. 우리도 때로는 일에 지쳤다. 부모 세대까지 모셔야 하는 힘겨움도 있었다. 그러나 아버지가 어떤 이유로 부재(不在)하건 그 고통은 결국 남겨진 가족의 몫이기에 다른 결정을 할 수도 없었다. 경제적으로 안정된 가정생활이 없으면 아이들의 미래를 망칠까 봐 걱정이었다. 그런 일들이 삶의 질에 미치는 파괴력이 무서워서 가장으로서 일에 바빠야 했고, 세월이 갈수록 더해지는 무게감을 강한 척으로 버티고 있다. 그저 힘겹게 견디고 있을 뿐이다.

그래도 꼰대들은 위대하다

기성세대는 자신들이 이룩해 놓은 업적과 논리를 젊은 세대에게 강요하고 싶어하고, 젊은 세대들은 이러한 기성세대의 강요를 고리타분한 것으로 여긴다. '예전이는 말이야', '네가 잘 몰라서 그러는데' 이런 표현의 배경에는 너는 틀리고 내가 맞다라는 심리가 깔려 있다. 이렇게 행동하는 사람들을 보통 '꼰대'라고 지칭하고, 이들이 보이는 행동을 '갑질'이라 하기도 한다. 꼰대들이 하는 갑질의 핵심은 오직 나만이 옳고 내 판단이 중요하며, 상대방의 생각과 판단은 틀린다고 생각하는 것이다.[30] 그러나 꼭 나이 많은 사람들만 꼰대가 되는 것은 아니니, 젊은 사람들도 수시로 자신을 살펴보며 경계해야 한다.

시대의 변화를 인식하지 못하고 여전히 과거 속에 사는 꼰대처럼 '나 때는 말이야' '나도 왕년에'라는 '과거 팔이'로 훈계하지 말고, 뭔가 가르치려고 하지 말고, 젊은 세대들의 미래 불안에도 공감해야 한다.[31] 과거를 자랑하지 마라. 옛날 이야기 밖에 가진 것이 없을 때 더 처량해진다. 기성세대는 꼰대로 늙지 않는 법을 배워야 한다. 아무튼 기성세대는 한국 역사상 가장 부유한 국가를 이룬 위대한 세대다. 누구나 상사에게 갑질을 당할 때면, 울컥하다 못해 당장이라도 직장을 때려치우고 싶다. 갑질도 사회적 위치에 따라 다르다. 개발과 성장의 시대를 고달프게 살아오면서 지금의 대한민국을 일군 아버지들은 집 안팎에서 '갑'이 아니라 '을'로도 살아왔다. 설 자리가 좁아진 아버지들에게도 따뜻한 격려가 필요하다.

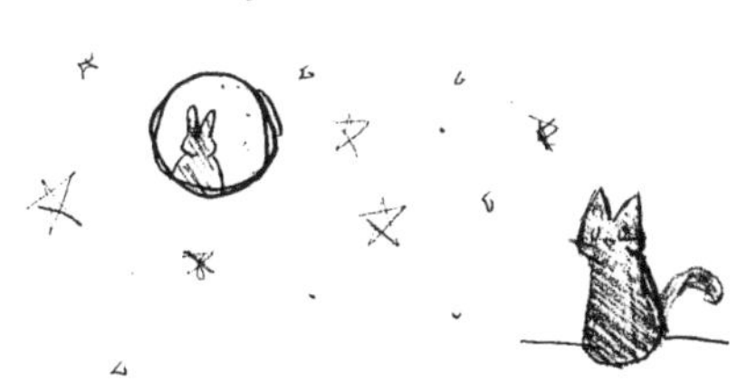

03

좋은 삶, 삶의 여유를 찾아라

세상은 권력과 돈의 전쟁터다

인간사회는 자원과 기회가 한정되어 있어, 삶은 그 누구에게도 쉬웠던 적이 없을 것이다. 미국 소설가 헤밍웨이(E. Hemingway, 1899~1961)의 『노인과 바다』에서 산티아고 노인이 바다에서 큰 고기를 잡으려고 노력한 것처럼, 사람들은 바다라는 삶의 장에서 큰 고기라는 성공을 거머쥐려고 사투를 벌인다.[32] 미국 시인 프로스트(R. Frost)는 "산다는 것, 그것은 치열한 전투"라고 했다. 그런데 그 전투에서 이룬 성공에서 당신은 자신을 '직업적 자아'와 '개인적 자아'가 분리된 느낌을 가질 수도 있다.

직장에서 승진과 성공의 사다리에 올랐다는 것은, 당신이 다른 많은 희생을 치렀음을 의미한다. 그렇게 성공에 인생을 걸고 투쟁하듯 살았지만, 평생을 바쳐 얻은 부가 행복을 가져다주지 못하는 경우가 있다. 존 맥스웰(John Maxwell)은 "돈을 많이 벌었다는 것이, 명예를 높이 쌓았다는 것이, 공부를 많이 했다는 것이 인생에서 승리를 의미하지는 않는다"고 하고, "성공은 당신 삶의 목적을 깨닫고, 당신의 잠재력을 전부 발휘하고, 남들에게 도움이 되는 씨를 뿌리는 것"이라고 한다.

기성세대는 미래를 위해 현재를 희생한 세대다. 그래서 바쁘다는 핑계로 자신과 가정을 소홀히 해 진정 소중한 것이 우리 곁에서 멀어져갔다. 앞으로도 그렇게 산다면 영원히 현재는 사라지고, 오직 미래만 존재하게 된다. 이는 현재의 즐거움뿐 아니라 앞으로 영원히 즐거움을 누릴 수 없게 된다. 결국 내 삶을 살지 못하는 것이다. 미국 아이오아대학교 교수 허니컷(B. K. Hunnicutt)은 『끝없는 노동』에서 "지난 반세기 동안 우리는 일터 밖에서 삶에 의미를 주는 가족과 문화, 공동체라는 구조를 잃어가고 있다"고 말한다.[33)]

인생 겨우 백 년인데 그마저도 빨리 간다. 속도가 지배하는 시대에서 나 혼자 바쁘다고 허둥대 봤지만, 세상은 그대로였다. 숨 막히게 열심히 산 것 같지만 소득은 별로다. 즐길 줄 모르고 앞만 보고 달린, 바쁨을 위한 바쁨일 뿐이었다. 돌아보니 인생에, 삶에 여유가 없었다. 나의 삶을 제대로 돌보지 못했고, 삶을 즐기는 법을 알지 못해서 정말로 중요한 삶의 부분들을 놓치고 산 것이다. 너무 가까이 있기에 가족의 소중함도 잊었다. 그걸 미리 좀 알았더라면 내 인생은 덜 힘들었을 것이고, 삶의 여유도 조금 찾을 수 있었을 것이라는 회한이 남는다. 인생은 마라톤이라고 하는데, 앞만 보고 달리는 단거리만 뛰고 그만둘 게 아니라면 조급한 마음을 버리고 삶의 여유를 찾아야 한다.

경쟁심은 한국을 오늘날 성공한 나라로 만들었다. 하지만 부귀와 명예를 손에 넣으려고 앞뒤 안 보고 질주함으로 인해 한국인의 정서적 생활은 황폐해졌다. 영국 출신 저널리스트 다니엘 튜더(Daniel Tudor)가 한국의 모습을 엮은 『기적을 이룬 나라 기쁨을 잃은 나라』의 책 제목처럼 기성세대는 대한민국의 기적을 이루었지만 대신 기쁨을 잃었다. 삶은 어떤 의미로 채워져야 하는가? 미국 작가 리타 메이 브라운(Rita Mae Brown)은 "살아야 할 유일한 이유를 마침내 깨닫고 보니, 그것은 바로 살아 있음을 즐기는 것"이라고 한다.

생의 마지막 순간에서 뒤돌아볼 때, 지나온 인생 여정에 의미를 주는 것은 함께 나눈 사랑의 추억들이라고 한다. 사랑은 무덤까지 가져가는 유일한 것이며, 함께한 기억들은 영원한 유산이 된다. 미국 작가 루이자 메이 올컷(Louisa May Alcott, 1832~1888)은 "사랑은 우리가 떠날 때까지 지니는 것이며, 최후의 순간을 보다 편하게 해주는 유일한 것"이라 했다. 세상을 떠날 때 '사무실에서 좀 더 오래 일할걸 …' 하고 아쉬워하는 사람은 아무도 없다. 자신의 모든 삶을 일에 맞추는 것은 어리석다. 일 이외의 다른 세계를 접하면서 삶의 여유를 찾아야 한다.

하늘이 맺어준 우주적 인연으로 만나다

사회의 근간은 결혼이고 가정이다. 미국 소설가 존 그레이(John Gray)는 "부부생활이란 화성에서 온 남자와 금성에서 온 여자가 지구에 적응하며 살아가는 것"이라고 말한다. 결혼이란 두 사람이 함께 추는 춤이라고 한다. 두 사람의 보폭이 맞지 않으면, 춤이 어우러지지 못한다. 그래서 아름다운 결혼은 현명한 어울림에서 비롯된다.[34)] 그러나 하늘이 맺어준 부부의 인연으로 만났지만, 서로의 마음을 제대로 알지도 못한 채 세상을 떠나기도 한다. 권미경의 『아랫목』에는 "눈물로 걷는 인생의 길목에서 가장 오래, 가장 멀리까지 배웅해주는 사람은 바로 우리의 가족"이라고 한다.

나는 당신들이 늘 곁에 있으리라 착각했죠. 곁에 있기에 소중함을 잊고 산 사람. 세상 속에서 꿈을 꾸며 꿋꿋하게 살아갈 수 있게 하는 이유와 힘의 원천인 가족, 하지만 언젠가는 서로 바라보며 지켜주며 마음의 의지가 되었던 이들과 이별해야 한다. 그때 가서야 당신들의 소중함을 깨닫고 싶지는 않다. 앞으로 사는 게 덜 공허하고, 살아야 할 의미를 덜 왜소하게 하려면 가장 소중한 것의 가치를 잃지 않아야 한다.

가족! 지지와 사랑이 넘치는 최후의 안식처, 이 말은 실화일까 신화일까? 우리는 가족의 사랑으로 힘을 얻는 이야기, 언제나 따뜻하게 보듬어주는 가족의 모습을 그린 수많은 가족애 이야기들에 둘러싸여 있다. 자신을 기다려주고 반갑게 맞아주는 가족이 있는 집, 힘들고 지칠 때 언제 어느 때 다시 돌아와도 마음이 푸근해지면서 위안을 받을 수 있는 집으로 말이다. 밖에서는 북풍한설이 몰아치더라도 가족의 품은 따뜻하고 안락한 거실이 되어야 한다. 위기가 닥쳤을 때, 모든 것을 잃었을 때 곁에는 가족밖에 없다는 것이다. 그러나 가족은 울타리이기도 하고 굴레이기도 한 이중성이 있다. 가족은 함께 있어 행복할 때도 있고 불행할 때도 있다. 서로 사랑할 때도 있고 미워할 때도 있다. 가족의 애증은 동전의 양면과 같다. 프랑스 소설가 앙드레 말로(André Malraux, 1901~1976)는 "등 돌린 가족은 남보다 못하다"고 했다. 『탈무드』는 "결혼은 처음 3주간은 서로 관찰하고, 다음 3개월간은 서로 미치도록 사랑하며, 그다음 3년간은 서로 싸우면서 지내고, 나머지 30년간은 서로 용서하면서 보낸다"고 한다.

행복은 도착지에 있는 것이 아니라 여정에 있다

기성세대는 직장에 뼈를 묻을 각오로 억울할 만큼 열심히 살아왔다. 삶의 토양인 가족과 함께 "행복하게 잘살아 보자"는 의지로 쉬지 않고 일해서 더 많은 것을 성취하면, 그게 행복이라고 믿으며 살아왔다. 그런데 그들은 '쓸쓸하고 소외된 은퇴자'가 되어가고 있다. 왜 행복하지 않을까? 그다지 행복하지도 않았으면서도 무엇을 위해 그렇게 살았는가에 대한 대답은 이해가 된다. 그렇다면 어떻게 살아야 했는지에 대한 대답은 궁색하지 않은가? 영국 작가 맬컴 머저리지(Malcolm Muggeridge)는 『20세기의 고백』에서 "요즘 때때로 삶을 돌이켜볼 때, 나에게 가장 큰 깨달음이 되는 것은 당시에는 가장 의미 있고 매력적으로 보였던 것들이 이제 와서는 가장 헛되고 모순된 것으로 보인다는 것이다. 여러 가지 모습을 가진 성공, 남에게 알려지고 칭찬받는 것 등이 바로 그것"이었다고 한다.

일하느라 바쁘다는 핑계로 함께 놀아준 적이 별로 없는 담벽을 쌓은 망가진 가족관계가 문제다. 퇴직 후 돌아와 보니 문득 소통에 장벽이 드리워지고, 나를 의미 있게 여기는 사람도 없는 것처럼 느껴져 인생의 성적표를 생각해본다. 미국 작가 제임스 터버(James Thurber)는 "우리 모두는 죽기 전에 우리가 어디에서 어디로 달리고 있는지, 왜 달리고 있는지 알아내려고 노력해야 한다"고 말한다.

급속한 경제발전과 함께 크게 달라져 가는 가치관과 삶의 방식 속에서 우리는 무엇을 얻었고, 무엇을 잃어버렸는지에 대해 냉정하게 생각해봐야 할 때다. 길가의 아름다운 풍경을 거의 보지 못한 채 지나쳐 질주하기만 했다. 내가 달리는 이유가 그저 그동안 계속 달려왔고 다들 달리고 있기 때문이라면, 이제 이 무한 질주는 멈춰야 하지 않을까. 목표에 집착해서 최종 목표만 바라보고 달려가느라 나머지 중요한 삶을 소홀히 하지 마라. 짐 콜린스(Jim Collins)는 "성공이란 세월이 갈수록 가족과 나의 곁에 있는 사람들이 나를 더욱 좋아하게 되는 것이다"라고 말한다.

이제 배고픔을 면하는 삶의 수단은 마련했으니, 어떻게 살 것인지를 찾아야 한다. 우리는 행복의 요소로서 가족과의 유대감을 더하고, 건강함 속에 가치 있는 일과 정말 하고 싶은 것을 선택해서 삶이 '즐거운 여행'이 되도록 인생 드라마를 만들어가야 한다. 되찾을 수 없는 게 세월이니, 쓸데없는 일로 시간 낭비하지 말고 순간순간을 후회 없이 잘 살아야 한다. 복잡한 삶을 살지 말고 단순하게 살아야 한다. 아일랜드 소설가 오스카 와일드(Oscar Wilde, 1854~1900)는 "인생은 복잡하지 않다. 다만 우리 머릿속이 복잡할 뿐"이라고 했다.

행복이란 결과뿐 아니라 과정도 중요하다. 많은 사람이 불행하다고 느끼는 이유는 과정은 소홀히 하고 결과에만 집착하기 때문이다. 기성세대는 목표를 위해 무한 질주를 했다. 그러나 멈춰야 비로소 행복이 보일 것이다. 목표는 행복해지는 데 필요하지만, 행복의 전부는 아니다. 인생은 목적지에 이르는 것만이 아니라 그 여정이 즐겁고 의미 있어야 한다. 목표 달성을 위해 최선을 다해야겠지만 그 과정에서 행복도 누릴 수 있어야 한다.

두 번 기회는 주어지지 않는다

가정은 많은 관심과 정신적 노력을 들여야 하는 생활영역으로, 삶을 나눌 수 있고 인생을 가치 있게 해주는 곳이다. 그런데 생존을 위협하는 수준의 가난한 시대에 아빠 역할은 가족에게 우선 경제문제를 해결해줘야 하는 존재였다. 이를 위해 직장에 헌신한 보상으로 물질적 욕구가 충족되면, 가정은 저절로 회전할 것으로 생각했다. 그러다 시간이 지나고서야 자신이 경쟁해서 획득한 승리가 공허한 것임을 알게 되었고, 성공의 대가로 잃은 것들이 자신에게 더 중요한 것이었음을 깨닫는다.

아일랜드 소설가 조지 무어(George Moore, 1852~1933)는 "인간은 자기가 갖고 싶은 것을 찾아서 세상을 여행하다가 결국엔 가정에 돌아와 그것을 발견한다"고 말한다. 가정은 안식의 터전이며 행복의 샘터이다. 그러기에 가정의 행복은 삶의 성공 척도가 될 수 있다. 행복하게 산다는 것이 마음의 평온함을 뜻한다면, 마른 빵 한 조각을 먹더라도 화목하게 지내는 것이, 진수성찬을 가득 차린 집에서 다투며 사는 것보다 나을 수 있다.

우리는 개인적인 야심과 회사에서의 성공보다 가족을 이루고 아이를 기르는 일의 가치를 낮게 보고 있는지 모른다. 남에게는 친절하고 상냥하게 잘 대하지만, 식구들은 '나의 일부'라고 생각해서인지 소홀히 대하고, 서운하게 하는지 모른다. 집 밖에서 사람들을 만날 때와 집에 있을 때 다른 모습을 보이는 것이다. 그렇게 곁에 있는 소중한 것들을 쉽게 스쳐 지나가게 한다. "멀리 있는 사람들을 사랑하는 것은 오히려 쉽습니다. 그러나 우리에게 가까이 있는 사람들을 항상 사랑하기란 쉽지 않습니다. 여러분의 가정에 사랑을 가져오십시오. 이곳이야말로 우리 서로를 위한 사랑이 시작되는 장소니까요"라고 말하는 테레사(Theresa, 1910~1997) 수녀의 말은 의미심장하다.

어쩌면 우리가 서로에게 바라는 것은 화려한 성공이 아닐지 모른다. 그저 가까이서 다정히 돌봐주고 따스하게 지켜주는 것이다. 시간이 흐르면서 부모와 가족들이 하나둘 세상을 떠나면 두렵다. 부모가 살아 있을 때는 부모인 줄 모르고, 부모를 여읜 뒤에야 부모인 줄 안다고 한다. 부모님은 우리를 위해 매일 희생하며 살지만, 우리는 그분들을 별로 생각하지 않는다. 반면에 타인에게서 받은 호의는 아무리 사소한 것이라도 뇌리에 깊숙이 각인한다. 모두가 생존해 있을 때 내 가족의 웰빙이 중요하다. 진정 행복한 삶은 언제나 가까이에 있었다. 시한부 환자들이 마지막 순간에 하는 후회를 모아보면, 가장 많이 하는 후회는 진짜 하고 싶었던 일을 하지 못한 것, 일에 치여 사느라 가족들과 더 많은 시간을 갖지 못한 것, 친구들과 자주 연락하지 못한 것 등이라고 한다. 행복이 높은 지위나 은행 잔고 보다는 우리의 마음에 달려 있다는 단순한 진리를 일깨워준다.[35)]

요즘 로봇이나 AI가 발달함에 따라 사람에게 요구되는 최고의 기술은 인간으로서의 감성이 되어가고 있다. 풍부한 감성은 인간관계를 통해 함양되는데 그 원천은 가족에 있다. 젊은 세대들은 부모 세대처럼 장시간 근로로 가정을 희생하고 싶어하지 않는다고 한다. 일과 가정에서 얻는 보상의 의미를 균형 있게 추구하는 것이다. 우리가 시대의 유행이나 기술의 변화에 쫓아가려 애쓰는 것처럼, 이제 가족관계도 시대의 변화에 맞게 바꾸어야 한다. 삶이 더욱 편안해질 때까지 행복을 기다리지 마라. 행복한 사람은 자신들이 지금 갖고 있는 것에 초점을 맞추지만, 불행한 사람들은 자신의 소유가 아닌 것에, 자신들이 놓친 것에 초점을 맞춘다고 한다. 그러나 더 많은 물건을 얻는다해서 마음의 평화가 찾아오지는 않는다는 것이다. 많은 것을 얻으면, 그보다 더 많은 것을 얻고 싶어하기 때문이다. 마음의 평화는 지금 가지고 있는 것들에 대해 감사하는 마음에서 시작된다.

아빠가 필요한 시기에 아빠는 직장에 있었다

자녀가 책임감 있는 어른으로 성장할 수 있도록 아이를 키우는 일은 세상에서 가장 힘든 일이면서 중요한 일이다. 부모가 된다는 것은 인생에서 가장 소중한 체험이라고 한다. 그런데 부모와 자식이 사고방식, 정서, 꿈을 공유하지 못하면 그들의 관계는 정신적 공감대 없이 물질적 욕구 충족이라는 고리로 간신히 유지되는 셈이다. 부모만이 줄 수 있는 정서적 뒷받침과 보살핌으로 아이들이 올바른 선택을 하고 목표를 성취하는데 필요한 책임감, 자신감 등을 갖도록 자녀들과 자주 대화해야 하는데, 그들의 말에 귀 기울이는 것을 소홀히 한다.

독일 교육학자 헤르바르트(J. F. Herbart, 1776~1841)는 "교육은 원래 가정에서 이루어져야 하는 것으로, 부모만큼 가장 자연스럽고 적합한 교육자는 없다"고 한다. 그러나 아이들이 한창 아빠를 필요로 할 시기에 아빠는 직장에 있었다. 밤늦게까지 야근을 하거나 상사의 술 시중을 들고 있었다. 직장에서의 계획에는 수백 시간을 사용하면서, 화목한 가정을 만들기 위해서 많은 시간을 들여 계획을 세워본 적은 별로 없다. 열심히 일만 하다가 가정에 돌아왔을 때, 내가 끼어들 자리가 없다는 사실을 발견하면, 그간 살아온 세월을 되돌아보게 된다. 미국 소설가 홀런드(J.G. Holland)는 "사람은 집에 머물 때 그의 행복에 가장 가까워지고, 밖으로 나가면 그의 행복에서 멀어지기 십상"이라고 했다.

그 어떤 성공도 가정의 실패를 보상해주지는 못하는 것 같다. 승진도 인맥도 필요하지만, 그 대가로 개인적 삶과 가정생활이 희생되었다. 그런데 아이는 기다려주지 않는다. 인생의 행복한 순간을 잃는 것이다. 괴테(Goethe)가 "왕이건 농부이건 자신의 가정에 평화를 찾아낼 수 있는 자가 가장 행복한 인간"이라고 한 말이 실감 난다. 누구나 행복해지길 바라지만, 도대체 그 행복을 어디서 배운단 말인가? 가정에서 행복에 관해서 단 한 번도 배운 적이 없다면 불행한 인생 아닌가?

일이 신격화되지 않도록 하라

당신은 지금 가족이나 친구들에게 어떤 사람으로 기억되고 있는가? 성공하면 행복할 것이라고 믿었는데, 행복하지 않다. 그러면 진정한 성공이 아니다. 다른 사람으로부터는 성공했다고 평가받을지 몰라도 자신의 삶은 피폐하다. 미국 작가 지그 지글러(Zig Ziglar, 1926~2012)는 "인류를 사랑하는 것보다는 바로 당신 곁에 있는 사람을 사랑하는 것이 더 고귀하다"고 말한다. 가정이 표류하면, 인생도 표류할 수 있다. 사실 누구도 항상 바쁠 수는 없다. 중요한 일이 사소한 일 때문에 뒤로 밀려서는 안 된다.

"일이 중요하냐, 가정생활이 더 중요하냐"라는 설문조사는 이제 식상하다. 일을 대하는 우리의 태도가 변하고 있다. 행복의 패러다임도 바뀌고 있다. 최근 혁신형 기술을 보유한 창업기업인 스타트업(Start-Up)을 중심으로 출퇴근 시간이 유연해지고 재택 · 원격 근무가 늘어 근무 형태도 바뀌고 있다. 그리고 일과 일 외의 생활 간의 경계가 명확히 구분되지 않는 시대가 오고 있다.

'마음의 평화'를 얻고 행복해지려면 일과 생활의 균형을 맞춰야 한다. 일 이외의 삶의 부분을 무시해서는 안 된다. 회사가 내 밥을, 내 꿈을 실현하는 고마운 수단이지만, 회사와 나를 동일시하는 자세에서 벗어나야 한다는 것이다. 나는 1이다. 0.9를 회사에 바치면 0.1만 퇴근한다. 회사에 나를 0.5만 주고, 나머지 0.5는 내 가족에게, 내 친구에게, 내가 사는 이 세상에 나눠주자는 것이다.[36] 일과시간 중에는 집중하여 야근 등을 줄여 가족과 함께 하는 시간을 늘려 행복한 삶을 살도록 한다.

행복은 기쁨의 강도가 아니라 빈도가 중요하다

인생에서 뭐가 중요한지, 잘사는 삶이란 어떤 것인지에 대한 생각은 제각각이다. 사람은 누구나 행복을 원하지만, 어떤 상태가 자신이 진정으로 바라는 행복인지에 대해 답을 찾는 것은 쉬운 일은 아니다. 흔히 많이 가져야 행복해질 수 있다고 생각하나, 소박하게 살던 시절을 돌이켜보면 그 시절도 행복했던 때가 있었다. 안락하고 편안한 삶을 누린다고 반드시 행복한 것도 아니다. 삶의 양이 삶의 질까지 보증하는 것은 아니다.

행복은 원대한 목표를 달성했을 때만 얻어지는 개념이 아니다. 프랭크 클라크(Frank A. Clark)는 "사람들은 삶이란 작은 것으로 이루어지는 것이라는 사실을 깨닫지 못하고, 무언가 큰 것만을 성취해 보려고 한다"고 말한다. 행복은 '한 방'으로 해결되는 것이 아니다. 모든 쾌락은 곧 소멸되기 때문에, 한 번의 커다란 기쁨보다 작은 기쁨을 여러 번 느끼는 것이 절대적이라고 한다. "기쁨의 강도가 아니라 빈도가 중요하다"는 것이다.[37] 벤자민 프랭클린(Benjamin Franklin)은 "행복은 거의 실현성 없는 큰 재산으로 만들어지기보다, 일상적으로 일어나는 사소한 혜택들로 만들어진다"고 한다.

우리의 목적은 즐거운 인생을 우선순위로 삼고, 내가 원하는 인생을 살면서 행복해지는 것이다. 행복은 평범한 인생길에 흩어진 작은 기쁨들로 이루어지지만, 우리는 크고 황홀한 기쁨을 얻으려는 욕심 때문에 그 진리를 잊기 쉽다. 미국 하버드대학교 교수 탈 벤 샤하르(Tal Ben Shahar)는 사람들이 말로는 행복한 삶을 원한다면서 실제로는 '완벽한 삶'을 추구한다고 말한다. 이것이 바로 그들이 행복하지 않은 이유라고 지적한다.[38] 삶은 원래 단순한 것이지만, 우리가 완벽해지려고 하는 순간 복잡해진다.

행복의 요건 중 하나는 내 삶의 주인이 타인이 아닌 자신이 되어야 한다는 것이다. 한국인들은 '나의 행복'보다는 '남들에게 보여지는 행복'에 관심이 많다. 남들에게 보여주기 위한 행복이 아니라 나 자신이 정말로 행복한 것이 중요하다. 나와 남을 비교하는 일을 멈추고, 밖에서 찾으려 하지 말고 내 안에서 찾고, 지금 이 순간 행복을 찾아서 느끼는 것이다. 프랑스 소설가 알베르 카뮈(Albert Camus, 1913~1960)는 "행복해지려면 다른 사람을 지나치게 신경 쓰지 마라"고 한다.

행복은 미래에 보상받는 연금 개념이 아닌, 목표를 이룬 뒤에 행복하겠다가 아니라 '지금 행복한' 현재를 즐기는 것이다. 시카고 트리뷴지 칼럼니스트 데이비드 그레싱은 말했다. "현재를 완전히 내 것으로 만들지 못하면 그 인생은 내 것이 아니다. 현재를 즐기지 못하는 그 인생은 영원히 즐길 수 없다. 현재에 현명하게 대처하지 못하는 사람은 영원히 현명하게 행동할 수 없다. 과거는 이미 지나버렸고 미래는 누구도 예측할 수 없기 때문"이라고 한다.[39)]

어제는 이미 과거가 되었고, 내일은 아직 미래일 뿐이다. 희망을 품고 미래를 준비해야 하지만, 그렇다고 현재를 등한시하면 행복에 다가설 수 없다. 세상에 황금, 소금, 지금이 있는데 그중에 제일이 '지금'이라고 한다. 실제로 우리가 사는 시간은 지금, 바로 오늘이다. 그러기 때문에 아직 오지도 않은 미래를 걱정하거나, 이미 흘러간 과거에 매달리지 말고 이 순간을 즐기는 것이다. 이 순간은 유일하며 다시 오지 않는다. 행복을 즐겨야 할 시간은 지금이고, 즐겨야 할 장소는 여기다. 프랑스 수학자 파스칼(B. Pascal, 1623~1662)은 "현재의 소소한 기쁨에 소홀히 하는 자는 절대 행복할 수 없다. 현재를 최대한 즐겨라. 선물과 같은 하루하루가 모여 최고의 인생이 된다"고 했다.

삶의 여유를 가질 방안을 찾아라

네덜란드 사회학자 요한 하위징아(Johan Huizinga, 1872~1945)는 인간의 종적(種的) 특성을 '놀이'에서 찾았다. 인간은 근본적으로 "놀이하는 동물(Homo Ludens, 호모 루덴스)"이라는 것이다. 하위징아에 따르면 인류의 문명 자체가 놀이로서, 놀이 속에서 자라 나왔다고 한다. 노동에는 춤과 노래가 따랐고, 공동체의 삶에는 축제가 필수적이었다. 그런데 오늘날 기성세대는 인간에 내재된 놀이의 욕구가 억제되어 놀지 않고, 놀 줄 모르고 오로지 일만 하는 '조직인'이 되었다. 우리 사회는 아이들마저 제대로 놀리지 않는다. 부모들이 어릴 적부터 사회 준비를 시키기 때문이다. 그러나 지금 많은 것이 놀이와 결합하고 있다. 디지털 혁명으로 삶 자체가 거대한 게임으로 변해가고 있다. 정보혁명으로 산업자본주의는 빠르게 유희자본주의(ludo-capitalism)로 진화하고 있다.[40]

행복하다고 어려움 없는 인생을 살고 있는 건 아니다. 행복한 사람들도 많은 골칫거리를 품고 있다. 지금 우리가 생각하는 대부분의 걱정이나 고민은 어제도 했던 것이다. 행복한 사람들은 그런 걱정이나 고민을 줄이고 현재에 만족하며 감사하는 마음으로 살아간다. 중국 소설가 임어당(林語堂, 1895~1976)은 "삶의 지혜란 불필요한 것들을 제거하는 데 있다"고 한다. 너무 잡다한 문제들에 얽매여 살아가는 삶의 한편에 여유와 여백의 공간을 마련하여 자신만의 삶을 살도록 해야 한다. 서양 격언에 "여가를 활용하지 못하는 사람은 항상 여가 시간이 없다고 한다." 하고 싶은 일을 하고 현재를 즐기기 위해서는 삶의 여유가 필요하다. 이러한 여유에는 경제적 여유, 시간적 여유 그리고 마음의 여유가 수반되어야 한다.

삶의 여유를 가지려면 어느 정도의 안정적인 경제적 조건이 필요하다. '여가 생활'은 소비와 관계가 깊다. 이러한 소비가 반드시 행복을 보장하지는 않지만, 소비의 질이 삶의 질로 연결되는 현실에서 소비는 중요하다. 경제적으로 양질의 소비를 위해서는 소득의 안정성이 보장되어야 한다. 지갑이 가벼우면 마음이 무겁다. 이스라엘 속담에 "무거운 돈지갑을 무겁다고 생각하는 사람은 아무도 없다"라는 말이 있다. 돈이 얼마나 많아야 경제적 여유가 있는 것인지는 가늠하기 어렵지만, 주말에 가족과 함께 시간을 보내거나, 지인과 술 한잔하거나 할 때 돈 걱정을 하지 않는 정도의 경제력으로 삶의 여유를 가졌으면 좋겠다.

삶을 즐기려면 '여유시간'이 있어야 한다. 여유시간은 모든 사람에게 행복에 이르는 길로 받아들여졌다. 여유시간을 만드는 한 방안으로 인생에서 마주치는 일의 공통분모를 찾아 그 내용을 미리 인지해 보는 것이다. 미리 지득해 놓으면 우려했던 상황이 발생해도 두렵지 않고 침착하게, 여유 있게 처리할 수 있다. 처리 방법을 알고 있다는 자신감 덕분에 심리적 불안 상태에 빠질 위험도 줄어든다. 이렇게 함으로써 자신을 위해 쓸 수 있는 자투리 시간도 확보할 수 있을 것이다.

직장인들은 늘 시간이 없다고 말하지만, 일의 우선순위를 정하고 효율성을 전제로 잡다한 시간을 줄이면 자투리 시간을 확보할 수 있다. 우리는 시간이 부족한 게 아니라 시간 관리를 제대로 하지 못해서인 경우가 더 많다. 시간을 다스리면 허둥댈 일도 없고, 어처구니 없는 일도 하지 않는다. 시간을 다스리는 사람은 긴급한 일이 많아도 자신의 시간을 즐길 줄 안다. 승자는 시간을 관리하며, 패자는 시간에 끌려산다. 사람은 자신이 주도적으로 자기 인생을 끌어가고 있다고 느낄 때 행복하다.

세상이 복잡해지면서 사람들의 머릿속 생각이 복잡하다. 그러나 알고 보면 삶은 그렇게 복잡한 것이 아니라는 것이다. 공자(孔子, BC 551~BC 479)는 "인생은 참으로 단순하다. 하지만 우리는 자꾸 삶을 복잡하게 만들려고 한다"고 하였다. 세상 문제를 처리하는 데 복잡한 것은 힘이 약하고, 오히려 단순한 것이 강하다. 불필요한 부분을 없앰으로써 필요한 부분을 강조하는 것이 단순함의 능력이다.

살기 바쁘다는 이유로 그냥 묻어 버린 마음의 여유를 챙겨야 한다. 즐길 줄 아는 여유는 상황에서 오는 것이 아니라 마음에서 온다. 프랑스 미생물학자 파스퇴르(L. Pasteur, 1822~1895)는 "행복은 마음의 준비가 되어 있는 사람에게 미소를 짓는다"고 말한다. 마음을 편하게 갖지 못하면, 시간이 아무리 많아도 여유를 갖지 못한다. 여유시간이 행복의 필요조건일 수는 있지만, 한가하다고 해서 행복을 느끼는 것은 아니기 때문에 마음의 문제가 중요하다. 당신이 말하는 모든 것, 물질의 풍요, 돈, 건강, 사랑, 재능, 권능, 명성 등이 있다 하더라도 마음속에 평화가 없으면 참된 행복은 있을 수 없다.[41] 수필집 『무소유』를 쓴 법정(法頂, 1932~2010) 스님은 "우리가 세상을 살아가면서 가장 중요한 것이 있다면, 무엇보다도 마음의 고요와 평화일 것"이라고 하였다.

오늘날 사람들은 여가조차 남들이 좋다고 하는 것을 따라 한다. 휴식 준비에도 너무 많은 에너지를 쏟은 탓에, 쉬고 난 뒤에도 피곤은 여전하다. 휴식이 오히려 스트레스가 된 격이다. 자신의 몸과 마음을 가장 편하고 즐겁게 할 방법을 찾아내는 것이 진짜 휴식이다. 우리는 아직 여유를 지혜롭게 활용하는 법을 터득하지 못한 것 같다. 마음대로 쓸 수 있는 시간이 주어졌다 하더라도, 그것을 효과적으로 쓰는 요령을 모르면 삶의 질은 올라가지 않는다. 행복하기를 원하면 즐거워하기를 배워야 한다는 말이 있다. 에디 켄터(Eddie Cantor)는 "속도를 줄이고 삶을 즐겨라. 너무 빨리 달리면 경치만 놓치는 게 아니라 어디로 가는지, 왜 가는지도 놓친다"고 한다. 『프린세스 라 브라바』의 저자 아네스 안(Aness An)은 "휴식은 인생을 살면서 놓쳤던 소중한 것들, 내 소중한 사람들과 함께 할 수 있는 황금 같은 시간이다. 때로는 여유를 즐겨야 더 나아갈 수 있는 법"이라고 말한다.

04

꿈에 한계는 두지 마라

그대들은 무엇을 향해 가고 있는가?

그대들을 지배하는 힘은 그대들의 마음 안에 들어 있다. 인간의 마음은 에너지의 보고(寶庫)이며, 정신의 힘이다. 정신은 경이로운 창조물이다. 정신력은 신체 및 역량에 큰 영향을 미친다.[42] 무엇을 생각하느냐가 사람의 미래를 결정한다. 생각을 바꾸면 운명도 달라질 수 있다. "이 세상은 마음먹기에 따라 지옥이 될 수도 있고, 천국이 될 수도 있다"는 랠프 월도 에머슨(Ralph Waldo Emerson, 1803~1882)의 말처럼, 세상을 어떻게 해석하고 어디에 초점을 맞추는지가 큰 차이를 만들어낸다.[43]

우리는 각자 그 목적지는 다르지만, 인생이란 긴 여행길을 걷고 있다. 우리는 성취하고 싶은 목표, 도달하고 싶은 꿈이 있다. 세상에서 가장 불쌍한 사람은 돈이 없는 게 아니라 꿈이 없는 사람이라고 한다. 꿈은 실패할 수도 있지만, 꿈도 꾸지 않는다는 것은 용납되기 어렵다는 것이다. 윌리엄 A. 빌리 선데이(William A. Billy Sunday)는 "인간은 재주가 없어서라기보다는 목적이 없어서 실패한다"고 말한다. 분명한 목표는 모든 성공의 출발점이다. 꿈이 없으면 나아갈 목표도 없고, 목표가 없으니 방향을 잃고 방황하여 표류하는 인생을 살게 된다. 목표를 정하기가 쉽지 않을 수도 있다. 거기엔 고통스러운 자아 성찰의 과정이 따르기 때문이다. 그러나 자신의 목표에 대해 많이 생각할수록 그만큼 적극적인 의욕과 신념을 마음속에 다져 자신을 열정적인 사람으로 만들 것이다.

꿈을 위해서는 대가를 치러야 한다. 하지만 꿈을 꾸지 않으면 더 큰 대가를 치를 수 있다. 스페인 작가 발타자르 그라시안(Baltasar Gracian, 1601~1658)은 "꿈을 품어라. 꿈이 없는 사람은 아무 생명력이 없는 인형과 같다"고 했다. 미국 소설가 마크 트웨인(Mark Twain, 1835~1910)은 "꿈을 버리지 말자. 꿈이 사라지면 당신은 존재하지만, 사는 것은 끝난 것"이라고 말한다. 가난하다고 꿈조차 가난할 수는 없다. 큰 꿈을 가지자. 희망을 높게 하자.

미국 자동차회사 '포드' 설립자 헨리 포드(Henry Ford, 1863~1947)는 "미래를 생각하지 않는 자에게 미래는 없다"고 말한다. 미래가 과거와 다른 점이라면 과거는 고정되어 있고, 미래는 얼마든지 변할 수 있다는 것이다. 오늘보다 내일이 더 낫지 않을 거라면, 내일이 왜 필요한가. 미래의 무엇을 향해 걸어가고 있는지, 어떻게 이루어 갈 것인지 그 방법을 찾는 사람에게 희망은 당연한 결과다. "소년이여, 야망을 가져라!"(Boys, be ambitious!) 이 말은 일본 홋카이도 개척의 아버지로 불리는 윌리엄 스미스 클라크(William Smith Clark, 1826~1886)가 홋카이도 대학의 전신인 삿포로농학교를 떠날 때 학생들에게 남긴 말이라고 한다. 그런데 한국의 90년대생들은 꼭 꿈이 있어야 되나요? 라고 반문한다고 한다. 큰 꿈을 꾸라는 뻔한 이야기는 기성세대, 즉 꼰대들에게 귀에 못이 박히도록 들었다는 것이다.

우리는 왜 꿈을 향해 가지 못할까

모차르트(W. A. Mozart)는 "꿈을 꾸기에 인생은 빛난다"고 한다. 먹고사니즘에 매몰되고 지쳐서 꿈을 잊은 지 오래된 사람들! 냉혹한 현실 속에서 꿈보다 안정을 선택하는 사람들이 많다. 노력해도 나아지지 않는 현실, 꿈을 이루기 힘든 세상을 보고 자란 이들은 꿈을 꾸지 않게 된다. 요즘 젊은 세대는 거창한 미래를 꿈꾸는 걸 낯설어한다. 회사에 입사하면서 '사장이 되겠다'고 생각하는 신입사원은 많지 않다고 한다. 그 회사를 몇 년이나 다닐 수 있을지도 모르는데. 그래서 오히려 하루하루의 만족감을 찾는 걸 중요하게 여긴다. 노력한다 한들 정규직 일자리, 살기 좋은 보금자리가 보장되지 않는다는 것이 현실이다. 그들의 꿈을 빼앗고 포기하게 만든 건 세상이다. "꿈을 따라가라"와 같은 말들은 자본주의가 악몽이 된 오늘날에는 거의 공허해졌다.

한국 교육은 꿈이 아닌 성공을 가르치는 획일적 입시교육에 가깝다. 공부 빼고는 다 쓸데없는 짓으로 본다. 부모들은 아이가 '어떤 사람이 될 것인가'보다는 '얼마짜리가 될 것인가'에 더 집중한다.[44] 이런 환경에서 아이들이 꿈을 꾸기는 어렵다. 한국에서 꿈을 꾸려거든 먼저 반항심을 갖고서 부모 말부터 거슬러야 한다. 부모의 선의(善意)가 오히려 그들이 살아가야 할 세상에선 걸림돌이 될 수 있기 때문이다.[45]

젊은이들이 갖는 꿈의 다양성을 요구하는 세상이다. 다양한 직업의 가치를 이해함으로써 창의적인 진로를 탐색해야 한다. IT업계의 전설적 인물로 애플 창업자인 스티브 잡스(Steve Jobs), 마이크로소프트 창설자인 빌 게이츠(Bill Gates), 페이스북을 창업한 마크 저커버그(Mark Zuckerberg)가 있다. 세 사람 모두 대학 중퇴자들이다. 우리나라 부모 같으면 엉뚱한 사업을 벌리기 위해 학교를 그만두겠다고 하면, 그 자식을 그냥 놔둘 수 있을까? 특히, 게이츠와 저커버그는 보통 대학도 아니고 하버드대학교를 그만두었다. 우리가 비범한 창의력을 원한다면 기묘한 인생들을 감싸 안는 너그러운 사회를 만들어야 한다.[46] 물론, 학력과 교육은 다르다. 학력은 풍부한 지식의 습득과 유용한 정보 수집을 가능케 해주지만, 그것만으로 교육이 이루어지는 것은 아니다. 교육은 스스로 습득하는 자아 발전을 통해 이루어지기 때문이다.[47]

꿈을 따르는 길에는 위험과 외로움도 뒤따른다. 미국 리더십 전문가 존 맥스웰(John Maxwell)은 "사람들이 꿈을 이루지 못한 한 가지 이유는 그들이 생각을 바꾸지 않으면서 결과를 바꾸고 싶어하기 때문"이라고 지적한다. 전 미국 대통령 오바마(B.Obama)는 "당신이 지금 달린다면 패배할 가능성이 있지만, 달리지 않는다면 당신은 이미 진 것"이라고 했다. 승부는 하지 않고서는 알 수 없다. 하기 전에 포기한다면, 승부는 이미 나버린 것이다. 부끄러움은 실패가 아니라 시도하지 않는데 있다. 모든 위대한 사업에도 최초에는 불가능한 일이라고 했던 것들이다. 방향을 선택하고 첫걸음을 내딛는 일은 어렵고 힘들다. 그러나 뒤로 미뤄서 '언젠가' 하겠다는 것은 아무리 시간이 지나도 오지 않는다. 레스 브라운(Les Brown)은 "시작을 위해 위대해질 필요는 없지만, 위대해지려면 시작부터 해야 한다"고 하였다. 의지를 행동으로 옮겨라.

멋있는 꿈만 그릴뿐 아무 일도 하지 않는다면?

우리는 꿈이, 열망이 이끄는 삶을 살고 싶어한다. 그래서 청년의 좌절과 분노를 해소해 주지 못하는 사회에 미래는 없다. 이어령 전 문화부장관은 "젊은이들한테만 꿈꾸라고 해서도 안 된다. 꿈을 사회가 같이 꿔줘야 이루어진다. 혼자서 꾸면 꿈으로 끝나지만, 같은 꿈을 꾸는 사람이 두 손으로 잡으면 현실이 된다"고 말한다. "청년에 대한 투자가 최고의 투자다. 아까워하지 말라"고 기성세대의 청년에 대한 인식 변화를 촉구하고 있다.

바늘귀보다 좁은 취업 전쟁, 갈수록 가팔라지는 계층 사다리, 세상에 희망이 없고 이번 생은 망했으니 그런 틈바구니에서 비롯한 작지만 확실한 행복을 찾는 청춘들의 고단한 일상이 어제오늘의 일이 아니다. 욜로(YOLO)나 소확행 등에 몰입하는 것은 좀 더 크고 의미 있는 행복을 얻을 방법이 없어서 그렇다. 이런 상태에서 벗어나기 위해서는 근거 있는 희망이 필요하다. 그 희망은 "지금의 나보다 좀 더 나은 사람이 될 수 있고, 그 결과로 좀 더 나은 세상에서 살 수 있다"는 믿음이다. 지금의 나보다 나은 자신을 현실로 만들기 위해서는 어제와는 다른 삶을 살기로 결심하고 실행에 집중해야 한다. 생생하게 꿈꾸고, 간절히 바라고, 열정을 다해 실행하면 그 꿈은 현실이 될 수 있을 것이다.

사람들은 돈, 명예, 사회적 지위를 원한다. 그러나 대부분 '그랬으면 좋겠다'는 희망 수준에 머물러 있다. 단순히 바라기만 해서는 성공할 수 없다. 행동 없는 목표는 무의미하다. 목표를 실천에 옮길 수 있는 집중력과 인내력이 필요하다. 꿈은 도망가지 않는데, 도망가는 것은 언제나 우리 자신이다. 중국 명나라 시대 처세 철학서인 『채근담(菜根譚)』에 "쉬워 보이는 일도 해보면 어렵다. 못할 것 같은 일도 시작해 놓으면 이루어진다. 쉽다고 얕볼 것이 아니고, 어렵다고 팔짱을 끼고 있을 것이 아니다. 쉬운 일은 신중히 하고, 곤란한 일도 겁내지 말고 해보아야 한다"고 말한다. 아무 것도 하지 않으면, 아무 일도 일어나지 않는다.

사람이 성장하면 꿈은 상향 조정된다

인생은 단막극이 아니다. 끝까지 틀어봐야 아는 한 편의 장편영화다. 꿈은 어디까지 품어야 하나? 정답은 없다. 다만, 당신의 능력을 미리부터 낮게 책정할 필요는 없다. 미리 한계를 만들면 더 높이 성장하기 어려울 수 있다. 그래서 스스로 꿈의 한계는 두지 말고, 차근차근 노력하여 나아간다. 더 나은 사람이 되면 또 다른 목표, 더 높은 목표를 향해 다시 전진한다. 작은 꿈이 성취되면 한 차원 높은 다른 꿈으로 전환하는 것이다. 내가 해보지 않고 나의 한계가 어디까지인지는 알 수가 없다. 한 계단씩 오르다 보면 더 높게 올라갈 것이다. 꿈이 변하는 것은 지극히 정상적인 현상이다.

꿈을 이루기 위해 우리가 취해야 할 일은 당장 실천할 수 있는 작은 단위의 일을 찾아내는 것이다. 꿈은 나를 움직이는 힘이 있다. 내가 나약해질 때 나를 붙잡고, 내가 힘들 때 나를 위로한다. 꿈을 추구하는 과정은 장거리 경주라는 사실을 이해해야 한다. 꿈을 향해 가는 길에는 온갖 유혹과 방해물도 있다. 그만두고 싶은 충동과 왜 사서 고생하는지 모르겠다는 생각이 들 때도 있다. 그래서 꿈은 유혹을 극복해 가는 과정의 연속이다. 끈기와 인내로 참고 견뎌야 한다. 꿈에 헌신해야 한다.

미국 최초 흑인 대통령인 오바마(B. Obama)가 지켜왔던 가장 큰 재산은 꿈이었다고 한다. 좌절과 고통과 방황을 극복해 가면서 오바마는 가슴 깊은 곳에 꿈을 심었다. 오바마의 힘은 어쩌면 가장 밑바닥에 서 있는 작고 힘없는 이들의 열망이 한데 모여 만들어진 꿈의 결정체이자, 거기서 뿜어져 나온 '꿈의 힘'일지도 모른다. 그를 사랑하는 사람들은 그의 꿈을 사랑하고, 그 꿈이 단지 오바마만의 꿈이 아닌 모두의 꿈이라는 것을 알았다. 꿈이 없는 사람은 인생의 승리자가 될 수 없다. 오바

마는 꿈이 없던 이들에게 꿈을 선물해주었다.[48)]

그래도 꿈을 따라가라

지금, 불과 사반세기 만에 세태가 돌변하여 청년실업률이 나날이 높아지자 청년들에게 왜 눈높이를 낮추지 않느냐며 타박한다. 이 시대는 청년들에게 야망을 버리고 더 낮아지라고 요구한다. 대기업만 집착 말고 건실한 중소기업이나 해외 취업으로 꿈을 이루란다. 어느덧 우리 사회는 청년들의 꿈을 억압하고 있다.[49)]

청년기의 직업 선택은 개인의 전체 인생에 중대한 영향을 미친다. 이 시기의 직업 선택이 평생의 개인적 발전과 수입과 삶의 형태를 상당 부분 결정한다. 그래서 청년들의 중소기업 기피가 비난받을 일인지 따져봐야 한다는 것이다. 투자는 나아질 가능성이 있는 곳에 하는 것이지, 쪼그라들 게 뻔한 데 하지는 않는다. 누구나 조금이라도 나은 직업을 갖기 위해 노력할 권리가 있다. 청년기에 최적의 일자리를 찾는 투자를 게을리하면, 평생을 후회 속에 살아야 할 수도 있기 때문이다.[50)]

사람에게 인생의 성공은 자신의 꿈이 현실로 이루어지는 것이다. 꿈을 실현하려면 수고와 정성을 들여야 한다는 것은 인류의 오랜 교훈이다. 수고가 많지 않은 자에게 인생은 혜택을 베풀지 않는다. 꿈을 이루고, 성공하고, 행복을 쟁취하는 비결은 '오늘'을 온전하게 사는 것이다. 꿈을 이루기 위해서는 성취하겠다는 결연한 의지와 간절함이 있어야 한다. 꿈은 고난을 이겨내면서 하나씩 차근차근 이루어 나가는 실행이 중요하다. 칭기즈칸(Chingiz Khan)은 "행동의 가치는 그 행동을 끝까지 이루는데 있다"고 한다. 미국 제32대 대통령 프랭클린 D. 루스벨트(Franklin D. Roosevelt, 1882~1945)는 "그대가 서 있는 곳에서, 그대가 가진 것으로,

그대가 할 수 있는 최선의 일을 하라"고 한다.

역사에 위대한 공헌을 한 사람 중 육체가 건강하지 못했던 사람들이 많다. 그렇지만 그들은 누구도 범접할 수 없는 엄청난 집중력으로 온갖 고생을 겪으면서도 자신이 해야 할 일에 매진했다.[51] 베토벤(Beethoven, 1770~1827)은 귀가 들리지 않는 상태에서 수많은 명곡을 작곡했고, 『실낙원』을 쓴 영국 시인 존 밀턴(John Milton, 1608~1674)은 시각장애인이었다. 역사상 성공한 사람들의 기록을 보면, 성공과 실패가 반반이라고 한다. 트루먼 커포티(Truman Capote)는 "실패는 성공에 맛을 더하는 양념"이라고 한다. 성공은 실패에 의해 조절되지 않으면 오히려 해로우며, 심지어 위험할 수도 있다.

05

성공에 이르는 길은 실행력이다.

이번 생은 망했다

삶의 방식에는 세 가지가 있다고 한다. 도망치거나, 방관하거나, 부딪치거나. 꿈을 이루고 성공을 쟁취하는 비결은 부딪쳐서 최선을 다해 '오늘'을 사는 것이다. 호주 작가 앤드류 매튜스(Andrew Matthews)는 "실패한 고통보다 최선을 다하지 못했음을 깨닫는 것이 몇 배 더 고통스럽다"고 하였다. 노력을 게을리했기 때문이라는 생각은 헤어나기 힘든 좌절감을 준다는 것이다. 미국 시인 에머슨((R. W. Emerson)은 "위대한 일치고 열정이 없는 것은 없다"고 말한다. 열정이 없는 세일즈맨이 아무리 물건을 사라고 떠들어봤자 사겠다는 사람은 없을 것이다.

누구나 진짜 하고 싶은 일에 열정을 쏟고 성장하며 살고 싶어 한다. 그런데 가난한 현실은 늘 그대로이고, 뭐 하나 내세울 게 없는 엉망인 내 인생이다. 세상이 원망스럽고, 내 능력이 너무 하찮게 느껴지고 내 처지가 한탄스럽기만 하다. 자신이 마음에 차지 않아 내팽개치고 싶다. 열심히 산다고 살았는데 좀처럼 상황은 나아지지 않고, 오히려 더 빈곤해지고 비참하게 느껴진다. 사는 게 흥미로운 것도 없고, 미래는 먹구름이 낀 것처럼 길이 보이지 않아 두렵고 답답하고 막막하다. 마음은 무력감과 절망과 분노로 차 있다. 요즘 젊은 세대들은 이생망(이번 생은 망했다), 쓸모없는 인생이라는 좌절감으로 절망하고 있다.

이제 과거와 달리 개인의 능력과 '노오력'만 있으면 누구라도 성공할 수 있다고 말할 수 없는 세상이 되었다. 능력과 노력은 이제 성공의 만능열쇠가 아니다. 그런데도 기성세대, 꼰대들은 여전히 성공할 수 있다고 말한다. 그들이 살아왔던 과거는 그러한 성공 신화가 가능했다. 한국이 고성장 시기였고, 모두 못살아서 개인 간 자산의 차이도 크지 않았기 때문이다. 하지만 지금은 능력주의의 전제조건인 '기회의 평등'도 제대로 지켜지지 않고 있다. 그래서 아무리 열심히 노력해도 원하는 목표를 달성할 수 없다는 데 좌절한다. 일부 성공한 소수의 예외를 전체로 대변할 수는 없다. 그래서 "하면 된다"라는 말은 한편으로는 자신감을 불어넣지만, 다른 한편으로는 모욕감을 준다는 것이다.

도피해서 도착한 곳에 낙원이란 있을 수 없다

인생을 흘러가는 대로 하루하루 되는대로 지내면 그만이라는 생각으로 현실에서 도피할 것인가. 그것은 언뜻 보기에는 걱정과 스트레스를 없애주는 것 같지만, 되는대로 살면 자신이 주체적으로 할 수 있는 건 무엇인가? 자포자기해서 좌절감 속에 자신을 방치하거나 원망만 하고 있을 수는 없지 않은가. 다른 사람과 상황 탓으로 돌리면 심리적 고통에서 일시적으로 벗어날 수는 있겠지만, 도망친다고 해결되는 일은 없다. 당신이 후회로 낭비하는 시간은 능력을 키우고, 사람들과의 관계를 구축하는 데 사용할 수 있는 소중한 자원이다. 불평과 한탄은 시간과 에너지를 낭비할 뿐이고, 상황을 오히려 더 악화시킨다. 걱정은 내일의 슬픔을 덜어주는 것이 아니라 오히려 오늘의 힘만 빼앗고 몸과 마음만 축난다. 과거는 잊어버리고 다른 일에 몰두하는 것이 고민의 해결책이다. 조계종 제7대 종정을 지낸 성철(性徹, 1912~1993) 스님의 말씀이다. "지난 시간은 다시 되돌릴 수 없으련만 쓸데없는 생각들로 마음을 괴롭히니, 세월은 흘러만 가고 인생은 짧기만 하네."

힘들지만 역경속에서 의미를 찾고 역경의 시기도 머잖아 지나가리라고 스스로를 위로해야 한다. 어떤 교육도 역경만한 것은 없다고 한다. 스스로가 형편없다고 생각하지는 마라. 그래봐야 아무것도 얻을 것이 없다. 노력하면 그래도 어떤 희망이라도 있지만, 포기해버리면 희망마저 사라진다. 포기한 사람한테 관심을 가질 사람은 없다. 잠깐의 뒤처짐에 열등감으로 가슴 아파하지 마라. 인생이란 긴 항로에서 누구에게나 아픈 과거, 아쉬운 기억, 후회가 있다. 오스트리아 정신의학자 알프레드 아들러(Alfred W. Adler, 1870~1937)는 "삶이란 끊임없이 도전을 만나는 일이다. 평생 계속되는 도전에 맞설 용기를 내는 것, 이것이야말로 삶의 본질"이라고 한다. 실패의 핑계를 찾는 사람은 비록 마음의 위안을 받을 수는 있겠지만, 그 실패를 영원히 갖고 있는 것이다. 핑계를 잘 대는 사람은 거의 좋은 일을 하나도 해내지 못한다고 한다. 데일 카네기(Dale Canneggie)는 "나는 신발이 없음을 한탄했는데, 거리에서 발이 없는 사람을 만났다"고 말한다. 아랍 속담에는 "맨발 벗은 사람은 앉은뱅이를 볼 때까지는 불평불만이 많다"는 말이 있다. 피할 수 없다면 즐기듯이 정면으로 부딪쳐라. 그렇게 한다고 해서 잃을 것도 없지 않은가? 내일의 내가 어제의 나보다 조금이라도 나아진 면이 있다면 그것으로 성공이다. 세계적인 발레리나 강수진은 "어제를 넘어선 오늘을 사는 것, 이것이 내 삶의 모토"라고 했다.

망설이는 삶은 결코 승리를 거둘 수 없다. 망설이면 두려움만 커진다. 공자(孔子)도 "어찌하면 되는가, 어찌하면 되는가 하고 고민만 하고 노력하지 않는 사람이라면, 나도 그를 어쩔 수가 없다"고 하였다. 영국 시인 사무엘 존슨(Samuel Johnson, 1709~1784)은 "아무런 투쟁 없이 인생을 산 사람은 그저 공간을 채우는 존재에 불과하다"고 한다. 페루 태생의 문화인류학자 카스타네다(C. Castaneda, 1925~1998)는 "우리는 자신을 비참하게 만들 수도 있고, 강인하게 만들 수도 있다. 그런데 드는 힘은 둘 다 똑같다"고 한다.[52] 심는 대로 거둔다. 씨를 뿌리기 전에는 추수할 수 없다. 내일의 모든 꽃은 오늘의 씨앗에 근거한 것이다.

방법은 이미 오래전에 나와 있다

우리는 연초에 새로운 결심을 많이 한다. 아침 운동을 시작해야지, 나쁜 습관을 고쳐야지와 같은 생활 속의 작은 결심에서부터 10년 후에는 사장이 되겠다는 큰 결심에 이르기까지 많은 결심을 한다. 그러나 이들 중 대부분은 작심삼일로 끝나거나 용두사미로 흐지부지되고 만다. 그러면 우리는 한숨 쉬며, 나는 왜 항상 이 모양일까? 스스로를 의지박약자라고 자책한다. 크게 생각하되 작은 것부터 실천하자. 모든 위대한 여정은 한 발자국을 내딛는 것으로 시작된다. 일단 시작해라. 나중에 완벽해지면 된다. 개인이든 조직이든 실행력이야말로 진정한 경쟁력이다. 미국 시인 롱펠로(H. W. Longfellow)는 "시작하는 재주는 위대하지만, 끝까지 해내는 재주는 더욱 위대하다"고 했다. 끝까지 해내는 실행이 핵심이다.

우리는 성공한 사람을 부러워한다. 그러면 우리는 왜 성공하지 못하는가? 능력이 없어서? 우리가 성공하는 법을 진짜 몰라서, 성공하는 방법이 너무 어렵고 복잡해서 실패하는 것인가? 인생에 정답 없다지만, 답은 이미 오래전부터 동서고금의 현자들을 통해서 아주 단순하고 간명하게, 간결하게 나와 있다. 우리는 이미 다 알고 있고, 길은 이미 다 드러나 있다. 다만, 실천하지 못했을 뿐이다. 아무리 많은 것을 알아도 자신이 실행하지 않으면 아무 소용이 없다. 행동 없는 성공이란 있을 수 없다. 말만 하지 말고, 종이 위에 그리기만 하지 말고 실행하라!" 행동으로 옮겨라. 유능한 자는 행동하고, 무능한 자는 말만 한다. 아무리 좋은 생각, 멋진 계획이 있다고 해도 실행하지 않으면 말짱 헛일이다. 행동을 초래시키지 않는 생각, 그것은 생각이 아니라 공상이다. 계획만 세우고 그것을 이런저런 핑계를 대고 실천은 미루면서, 현재의 내 모습에 불만을 쏟아내고 있지는 않은가.

매번 빈틈없는 계획을 세우는 데 시간을 보내기보다 실행에 힘을 쏟이야 한다. 야무지게 다짐은 하지만, 실제로 실천하고 습관으로 굳히는 사람은 많지 않다. 이렇게 실행하지 않는 사람들의 특징은 변명이 앞선다. 성공의 비법은 없다. 성공 뒤에 숨은 치열한 노력과 그가 치른 대가가 있을 뿐이다. 지그 지글러(Zig ziglar)는 말한다. "성공으로 가는 엘리베이터는 없다. 계단을 거쳐 올라가야만 한다." 상처 입은 굴이 진주를 만든다.

달라지고 싶다면서도 왜 변화하지 않는가?

많은 사람이 세상을 변화시키는 것에 대해서는 생각하지만, 자신을 변화시키는 것에 대해서는 별로 생각하지 않는 것 같다. 인간은 자신의 태도를 바꿈으로써 자신의 삶을 바꿀 수 있다. 지금 하나만 개선해서 엉망진창인 현재의 상황을 바로잡을 수 있다면 고치겠는가? 망가진 기계는 문제를 진단하여 고치지 않으면 영원히 돌아가지 않는다. 문제해결의 시작은, 뭔가를 바로잡으려면 결함의 근본적 원인을 알아야 하고, 무언가 되려고 하면 무언가를 해야 한다. 삶을 바꾸려면 생각과 행동을 바꾸어야 한다. 한 번도 해보지 않은 일을 성취하기 위해서는, 한 번도 되어 본 적이 없는 사람이 되어야 한다. 성장하려면 과거와 다른 현재와 미래를 만들어가야 한다. 안 된다고 생각하지 말고 되는 방향으로 생각을 바꾸고 도전하는 것이다. 현대그룹 창업자 고(故) 정주영(1915~2001) 회장은 "만사는 된다고 생각하면 안 보이던 길도 보이고, 안 된다고 생각하면 있는 길도 안 보이게 되는 법"이라고 했다.

변하지 않아 생긴 '불만'보다 변함으로써 생기는 '불안'을 선택하려면 익숙한 것을 버려야 한다. 아인슈타인(A. Einstein)은 "똑같은 일을 반복하면서 다른 결과가 나오기를 기대하는 것을 일컬어 '정신 이상'"이라고 했다. 자신의 처지를 불평하는 사람은 변하고 싶다고 말은 하지만, 그걸 실천하는 사람은 의외로 적다. 변화를 원하면서도 변화하지 못한다는 것은, 현재 상황이 그런대로 견딜 만하고 그리 절박하지 않다는 뜻이다. 고통을 겪으면서도 사람들이 달라지지 못하는 이유는 고통의 강도가 충분히 크지 않아 아직은 견딜 만하기 때문이다. 원하면서도 아직 실천하지 않는 것은 그만큼 절실하지 않기 때문이다. 한 마리 여우가 토끼를 쫓지만, 그 여우는 토끼를 잡을 수 없다. 왜일까? 여우는 한 끼의 식사를 위해 뛰었지만, 토끼는 살기 위해 뛰었기 때문이다. 이것이 간절함의 차이다. 간절함은 성공의 씨앗이다. 세상의 모든 일은 간절함 만큼 이루어진다고 한다.

변화란 고통스러운 과정을 수반한다

성공하고 싶다면, 뭔가를 이루고 싶다면 포기해야 할 부분들도 분명히 있다. 아무것도 포기하지 않은 채 이루는 성공은 불가능하다. 그런데도 남들이 누리는 건, 즐기는 건 다 하면서 성공하고 싶다. 그 마음이 성공에 대한 절실함보다 더 큰 자리를 차지하고 있지는 않은가. 변화는 두렵지만 나를 새롭게 하는 계기가 된다. 성공이란 현재 상황에서 벗어나기 위한 노력에서부터 시작한다. 뜻하는 목적과 미래를 위해 현재 원하는 것들을 양보할 수 있을 때 비로소 변화하는 것이 가능하다.

성공의 목표를 머리에만 담아두고 있는 천재가 성공하겠는가? 아니면 둔하기는 하지만 목표를 몸소 실천하는 사람이 성공하겠는가? 실천하는 측면에서 보면 천재냐? 범재냐? 그것이 문제가 아니다. 목표가 현실로 나타날 때까지 끊임없이 노력하는 것이 중요하다. 미국 제26대 대통령 시어도어 루스벨트(T. Roosevelt, 1858~1919)는 권력의 최고봉에 도달한 소회로 "한 사람을 평범한 삶 속에서 두드러지게 만드는 소질은 천재성이 아닙니다. 교육 수준은 더더욱 아니고요. 그것은 바로 '꾸준함'입니다. 꾸준하기만 하면 모든 게 가능하며, 꾸준하지 않으면 가장 단순한 목표조차 이룰 수 없습니다"라고 했다. 오랜 시간 꾸준히 노력하지 않은 사람은 결코 성공의 최고봉에 올라설 수 없다. 성공에 필요한 것을 중요 순서대로 나열하면, 인내심과 꾸준함 그리고 재능이라고 한다. 나무의 열매조차 금방 맺히지 않는데, 하물며 인생의 열매를 노력도 하지 않고 조급하게 기다리는 것은 잘못이다, 고통 없이 얻는 것은 없다.

멋진 계획과 실행은 엄연히 다르다

새로운 계획은 희망을 제공한다. 그러나 희망은 희망일 뿐 그것 자체가 현실을 바꿀 수는 없다. 계획은 실행되지 않으면 그저 좋은 의도에 지나지 않는다. 희망이 현실로 바뀌려면 한 가지 방법밖에 없다. 우리 삶에 변화를 가져오는 것은 실천이다. 그런데 우리는 변하겠다고 다짐하는 것 그 자체가 의지력이 실현된 것이라고 착각한다. 목표를 설정하는 것에서 감동받을 게 아니라, 목표를 실현하는 것에서 감동받아야 한다. 실행에 옮기지 않으면 무용지물이다.

일을 시작하는 것은 힘들다. 시작을 가로막는 이유는 항상 존재한다. 누구나 새로운 것을 시도할 때 두려움을 느낀다. 두려움 때문에 생각을 행동으로 옮기지 못해서 자기 능력만큼 성공하지 못하는 사람이 많다. 사람은 천성적으로 익숙한 것을 좋아한다. 익숙함이 주는 편안함 때문이다. "시작이 반"이라는 말이 있다. 첫걸음을 떼는 게 어렵지만, 내딛는 게 중요하다. 서툴더라도 결심한 것들을 행동으로 옮겨라. 페이스북 설립자이자 CEO인 마크 저커버그(Mark Zuckerberg)도 "작은 일도 시작해야 위대한 일도 생긴다"고 했다. 새로운 일, 새로운 출발을 두려워하지 말고 성공을 위해 용기를 내야 한다.

용기란 두려움이 없는 것이 아니라 두려움에 맞서는 것이다

호주 작가 앤드류 매튜스(Andrew Matthew)는 "재능이 없다고 말하는 사람의 대부분은 별로 시도해 본 일이 없는 사람들"이라고 말한다. 프랑스 소설가 앙드레 지드(Andre Gide, 1869~1951)는 "누구나 놀라운 잠재력을 갖고 있다. 자신의 능력과 젊음을 믿어라. 그리고 끊임없이 자신에게 말하라. '모두 다 내 하기 나름'이라고. 문제는 능력이 부족해서가 아니고 '용기'가 부족하다는 것이다. 로마시대 정치가 세네카(L. A. Seneca, BC 55~AD 39?)는 "우리가 어떤 일을 감히 하지 못하는 것은, 그 일이 너무 어렵기 때문이 아니라 어렵다는 생각에 사로잡혀 그 일을 시도하지 않기 때문"이라고 했다. 능력이 일을 실현하는 데 필요한 도구라면, 의지는 그 일을 실행하기 위한 힘이다. 전(前) P&G 회장 겸 CEO 앨런 래플리(Alan. G. Lafley)는 "넌 그냥 달아나고 싶은 거야. 문제를 해결하고 바로 잡을 만한 용기가 없는 것이지. 다른 곳에서 어려움을 만나면 너는 또 도망갈 궁리를 하게 될걸? 넌 문제를 바로잡을 힘이 있어. 만약 문제를 얘기할 수 있고 바로 잡으려는 의지만 있다면 말이지"라고

말한다.53)

뭔가를 시작해 목표를 향해 가다 보면 '내가 정말 해낼 수 있을까'라는 의심이 드는 때가 있다. 이것은 지극히 정상적인 것이다. 그리고 우리가 계획할 수 없는, 뜻하지 않은 일들도 일어나기 마련이다. 그래서 이러한 예측할 수 없는 일들을 대비하기 위해서 일정표에 틈을 만드는 것이다. 해보지도 않고 미리부터 안 될 거라고 단정하지 말고 일단 도전해 보라. 해보지 않고는 아무것도 알 수 없다. 이러한 도전에서 두려움과 마주칠 때, 제일 처음 생기는 충동은 대개 달아나려는 것이다. 사람들은 두려움이라는 감정을 피하고 싶어하고, 그 감정에서 벗어나려 한다. 두려움을 피하지 말고 직시하라. 그렇게 하는 편이 오히려 시간을 낭비하지 않고 곧바로 용기 있게 과제에 착수하는 데에 유리하다. 엘리너 루스벨트(Eleanor Roosevelt, 1884~1962)는 "당신은 두려움을 극복한 모든 체험에서 힘과 용기와 자신을 얻는다. 당신은 자신에게 이렇게 말할 수 있다. 나는 이 공포를 견뎌냈노라. 그러니 다음에 올 공포에도 맞설 수 있다"고 말하였다. 용기는 내가 원하는 바를 이루기 위해 위험을 무릅쓰는 것이다. 용기가 없는 사람에게는 어떤 좋은 것도 생기지 않는다고 한다. "아무것도 시도할 용기를 갖지 못한다면, 인생은 대체 무엇인가." 네덜란드 화가 빈센트 반 고흐(Vincent Van Gogh, 1853~1890)가 남긴 말이다.

실행력이 운명을 결정한다

꿈도 비전도 골똘히 생각만 하고 실행이 따르지 않으면 그저 환상에 불과하고, 아무리 분석력이 뛰어나도 실행하지 않으면 소용없다. 존 고다드(John Goddard)는 "꿈은 머리로 생각하는 게 아니라 가슴으로 느끼고 손으로 적고, 발로 실천하는 것이다"라고 말한다. 실행력은 결심-실천-유지라는 과정을 포함한다. 결심과 실행 사이의 간격은 좁을수록 좋다. 성공한 사람들은 결심과 실행 사이의 간격을 아주 좁게 유지하는 능력이 있다고 한다. 우리의 운명은 우리의 실행력 여부가 좌우한다. 사회 각 분야에서 뛰어난 성과를 이룬 사람들에게서 발견되는 공통적인 특징은 목표를 달성하는 실행 능력을 갖추고 있다는 점이다. 중국 전국시대 사상가 순자(荀子, BC 298~BC 238?)는 "길이 가깝다고 해도 가지 않으면 도달하지 못하며, 일이 작다고 해도 행하지 않으면 성취되지 않는다"고 한다.

포기하지 않고 끝까지 결심을 실천하는 사람들, 그래서 성공적인 삶을 살아가는 사람들, 그들의 공통점은 다른 사람들이 할 수 없는 수많은 핑계를 찾고 있을 때, 해야만 하는 한 가지 절실한 이유를 찾아낸다는 것이다. 뭔가를 간절히 원하고, 그것을 이루겠다고 결심하고, 행동으로 실천하는 것에서 성공은 시작된다. 성공에는 명확한 목표, 집중력, 인내력이 필요하다. 13세기 이탈리아 시인 단테(A. Dante, 1265~1321)가 말한 것처럼 "값진 성과를 얻으려면 한 걸음 한 걸음이 힘차고 충실하지 않으면 안 된다."

포기하지 않는 근성인 '끈기'가 필요하다

편하고 쉽게만 살려 하고, 어려운 일은 기피하고 부모에게 의지하면, 젊은 세대의 미래는 불투명해진다. 편안함은 성취의 적이다. 스스로 일어나지 않으면 인생은 완성되지 않는다. 성공한 사람들이 앞서 나가는 이유는 무엇일까? 성공한 사람과 평범한 사람을 가르는 특별한 요소라도 있는 걸까? 사실 성공한 사람과 그렇지 못한 사람의 능력 차이는 그리 대단하지 않다고 한다. 다만, 성공한 사람들은 어떤 목표를 실현하는 과정에서 부단한 노력과 집요한 열정을 지녔다는 것이다.

노마십가(駑馬十駕)는 "걸음이 느린 말도 준마(駿馬)가 하루에 갈 수 있는 길을 열흘이면 갈 수 있다"는 뜻이다. 둔한 사람이라도 꾸준하게 노력하면 재주가 뛰어난 사람을 따라갈 수 있음을 비유한 말이다. 성공이란 그만두지 않음에 있다. 티끌 모아 태산이 되고, 작은 물방울이 모이고 모여 강을 이루고 바다를 만든다. 사소한 도끼질이 거대한 참나무를 넘어뜨린다. 중국 전국시대 도가(道家) 경전 중의 하나인 『열자(列子)』 〈탕문편(湯問篇)〉에 '어리석은 노인이 산을 옮긴다'는 우공이산(愚公移山)이 나온다. 속뜻은 아무리 어려운 일이라도 끊임없이 계속하다 보면 언젠가는 뜻을 이룰 수 있음을 비유한 말이다. "천리 길도 한 걸음부터"라는 말처럼, 작은 일을 하나씩 쌓아 가는 것이 엄청난 일을 해내는 길이다. 성공과 실패는 단 한 번의 게임으로 결정되는 것이 아니다. 인생의 경주는 길다. 승부는 끝까지 가봐야 안다. 중국 알리바바그룹 회장 마윈(馬雲)은 "절대 포기하지 마세요. 오늘은 힘들고, 내일은 더 힘들지만, 모레는 해가 뜰 겁니다"라고 말한다.

"꾸준히 참는 사람에게는 성공이라는 보수가 주어진다. 잠겨진 문을 한 번 두드려서 열리지 않는다고 돌아서서는 안 된다. 오랜 시간 동안 큰 소리로 문을 두드려 보아라. 누군가 단잠에서 깨어나 문을 열어 줄 것"이라고 미국 시인 롱펠로(H. W. Longfellow)는 말한다. "사회에 나가서 언제 어디서나 일이 순조롭게 풀리고 최고의 평가를 받기를 원한다면, 하버드대학을 다니는 동안 햇볕 한 번 쬘 시간도 없어야 한다"는 말을 하버드대학교 교수들이 농담 반 진담 반으로 한다고 한다.[54] 우리는 결과만 보고 재단하지만, 모든 성공한 사람들의 뒤편에는 남몰래 흘린 땀과 눈물이 있다.

도전과 실패는 바늘과 실과 같은 존재다

탁월한 사람들은 언제나 실패와 가까운 친구였다. 초심자의 시도 횟수보다 거장(巨匠)의 실패 횟수가 더 많다. 사람은 넘어지도록 만들어져 있다. 넘어짐으로써 안전하게 걷는 법을 배운다. 넘어지지 않으면 자전거를 탈 수 없다. 실패 없이 큰 발명을 한 사람도 없다. 애플 창업자 스티브 잡스(S. Jobs, 1955~2011)는 "우리는 인간입니다. 그래서 수많은 실수를 합니다. 덕분에 우리는 새로워지고 창조적이게 됩니다. 그것이 바로 인생이죠! 실수를 빨리 알아내 고친 덕분에 애플은 세상에서 가장 사랑받는 최고의 회사가 될 수 있었습니다"라고 말한다. 일을 망쳤을 때 중요한 것은 실수 그 자체가 아니라 어떻게 사후 처리를 하는가이다.

우리는 실수를 통해서 아주 많은 것을 배울 수 있다. 성공했을 때는 떠들썩하게 자축하고 말지만, 실패했을 때는 곰곰이 그 원인을 생각하게 되기 때문이다. "실패는 성공의 어머니"라는 명언도 있는 것처럼, 인간은 실패하면서 배운다. 실패 경험은 실패가 발생한 원인, 과정, 개선 방안을 통해 문제해결 방법을 습득하고, 물러서지 않는 '끈기와 의지'를 키울 수 있다. 실패에서 얻는 경험은 성공으로 향하는 거름이 된다. 성공한 사람들을 보면, 실패했을 때 빨리 되돌아온다. 물을 길어 오다가 넘어져 쏟았을 때, 쏟아진 물을 아까워할 게 아니라 빨리 다시 물을 길으러 가야 한다. '엎질러진 우유 때문에 울지 말라'는 교훈도 마찬가지다. 아무리 걱정하고 원망해도 쏟아진 우유는 되돌아올 수 없다. 이미 늦어버린 후라면 그냥 잊어버리고, 그다음 일에 집중하는 것이 낫다.[55)] 그리고 "다른 사람의 실수에서 배운다. 그 모든 실수를 직접 경험해 볼 만큼 우리의 삶은 길지 않기 때문이다." 미국 제32대 대통령 프랭클린 루스벨트의 부인인 엘리너 루스벨트(Eleanor Roosevelt)의 말이다.

미국 아마존 최고경영자 제프 베조스(J. Bezos)는 "저는 실패와 좌절을 두려워하지 않습니다. 오히려 직원들에게 실패를 경험해야 한다고 권고하죠. 실패하지 않고 좌절하지 않았다는 것은 아무것도 시도하지 않았다는 얘기니까요. 다만, 그 경험을 통해 하나라도 더 배우고 이를 기회로 만들면 되는 겁니다"라고 말한다. "나는 항상 청년의 실패를 흥미롭게 지켜본다. 그는 실패를 어떻게 생각했는가? 그리고 어떻게 대처했는가? 낙담했는가, 물러섰는가? 아니면 더욱 용기를 북돋아 전진했는가? 이것으로 그의 생애는 결정되는 것이다." 프러시아 명장 몰트케(Moltke, 1800~1891) 원수의 어록이다. 미국 제37대 대통령 닉슨(R. Nixon)은 "인생은 실패했을 때 끝나는 게 아니라 포기할 때 끝나는 것"이라고 했다. 실패했더라도 그것은 일시적인 것이며, 결코 영구적인 것은 아니라는 사실이다. 사람들은 넘어졌더라도 다시 일어나 달리는 사람에게 박수를 보낸다.

"집이 가난해서 어린 나이에 점원이 됐고, 그 덕에 어릴 때부터 상인의 몸가짐을 익혔습니다. 저는 태어날 때부터 몸이 약했습니다. 그 덕분에 남에게 일을 부탁하는 법을 배웠지요. 학력이 모자랐기에 항상 다른 사람에게 가르침을 구했습니다." 「아사히신문」이 천년 동안 일본이 배출한 가장 뛰어난 경영자로 뽑은 마쓰시타 전기의 창업자 마쓰시타 고노스케(松下幸之助, 1894~1989)의 인터뷰 내용이다. 그는 자신의 성공 비결로 가난과 약한 몸, 낮은 학력을 꼽았다. 보통 사람들이 실패의 핑계로 삼을 만한 자신의 상황을 오히려 성공 요인으로 판단했다.

작은 실천이 원대한 계획보다 낫다

목표를 세우는 과정에서 우리가 자주 저지르는 실수는 단기간에 목표를 빨리 이루겠다는 욕심 때문에, 현재의 생활과 일에 비추어볼 때 쉽게 실행에 옮기기 어려운 일을 스스로에게 부과한다는 것이다. 우리는 자신이 해낼 수 있는 것보다 더 많은 것을 계획하는 성향이 있다. 변해야겠다고 꿈꾸는 순간 장밋빛 미래에 도취해 우리가 할 수 있는 것보다 더 많은 일을 계획한다. 그것은 중도 포기의 원인이 된다. 시작은 열정적이고 희망에 가득 차지만, 목표가 너무 힘겨워 곧장 제풀에 포기하고 말기 때문이다. 많은 것을 시작한 사람은 거의 아무 것도 끝내지 못한다. 만약 당신이 두 마리 토끼를 쫓는다면 당신은 어느 쪽도 잡지 못할 것이다.

우리는 조급함에 사로잡혀 노력에 비해 원하는 성과를 빨리 얻고자 안달한다. 그러나 한꺼번에 모든 것을 바꾸겠다는 욕심은 자제해야 한다. 운명을 변화시키고 환경을 변화시키는 것은 하루아침에 이루어지기 힘들다. 그것은 점진적인 과정이므로 단번에 성공할 수 없다. 처음부터 너무 큰 효과나 변화를 기대해서는 안 된다. 미국 작가 데일 카네기(Dale Carnegie)는 "자기의 능력이나 실력은 생각하지 않고 단숨에 몇 계단을 뛰어 올라가려는 사람은 성공하지 못한다"고 말한다.

우리가 하는 대부분의 결심은 과거 언젠가 했던 결심의 반복이다. 새해를 맞을 때 새로운 결심을 하고, 좋은 습관을 만들기 위한 시도를 한다. 그러나 매년 초 같은 계획을 세우고 같은 후회와 반성을 하는 다람쥐 쳇바퀴 같은 생활을 한다. 그러고는 '난 역시 노력해도 안 되네'라며 모처럼 생긴 의욕마저 사라지게 한다. 그래서 수많은 결심을 세우고 포기하기보다는 하나라도 제대로 실천하는 것에 초점을 맞추는 것이 중요하다. 한 가지 일을 꾸준히 지속하면, 손이 닿을 것 같지 않던 곳에 도달할 수 있다.

내가 할 수 있는 작은 일부터 시작한다. 큰 목표는 우리가 쉽게 달성할 수 있는 작은 목표들로 나눈다. 작은 목표를 하나씩 차근차근 이뤄가다 보면 큰 목표에 점점 다가가게 된다. 그때가 되면 더 높고 가치 있는 목표에 눈길이 간다. 작은 성공부터 이룸으로써 실패에 대한 공포심도 극복할 수 있다. 이소성대(以小成大)는 작은 일에서부터 비롯되어 큰일이 이루어진다는 말이다. 1% 나아지는 건 그 순간에는 큰 의미가 없어 보이지만, 그것이 쌓이는 시간이 흐르면서 믿지 못할 큰 차이로 나타난다. 작은 행동들이 가져오는 눈덩이 효과(snowball effect)다. 아무도 신경 쓰지 않고 높이 평가하지 않는 수많은 작은 성공이 모여 위대한 성공을 일궈낸다. 매일 조금씩 변화하는 것이 효과적인 변화의 시작이다. 조금씩 그리고 꾸준히. 꾸준함의 힘처럼 무서운 것도 없다. 처음의 결심을 몇 번 실천하지 못했더라도 실망하지 않고 다시 계속해 나가야 한다. 한두 번 실천하지 못했다고 해서 좌절하지 않는 것이 중요하다. 미국 포드자동차 창업자 헨리 포드(Henry Ford)는 "우리가 그것을 작은 일로 나눈다면 어떤 것도 특별히 어렵지는 않다"고 했다. 영국 작가 피터 마셜(Peter Marshall)은 "작은 실천은 원대한 계획보다 낫다"고 말한다.

파랑새 증후군을 조심하라

변해야겠다고 결심하는 순간 만족감이 생기는데, 이때 이것 자체가 목적이 되어버리면 문제다. 이 만족감은 실제로 아무것도 하지 않아도 기분을 좋게 만들고 욕구불만인 마음을 위로해 준다. 이렇게 만족감을 채우고 나면, 이전의 결심과 의지력이 약해질 수 있다. 이것이 '파랑새 증후군'이 생겨나는 과정이다.

올해 안에 책 100권을 읽겠노라, 건강을 위해 매일 일찍 일어나 운동하겠다고 결심하지만, 며칠 못 가 실패한다. 이는 대개 좀처럼 실천할 수 없는 계획을 세운 것이 원인이다. 왜냐하면 파랑새 증후군은 무엇이든 거창하면 할수록 좋기 때문이다. 목표가 원대할수록 만족감은 더욱 커진다. 그래서 다이어트 목표도 한 달에 1kg을 빼겠다는 사람은 없다. 그러나 자신의 노력이 따르지 않는 거창한 목표는 단순히 마음 상태일 뿐 결실은 기대할 수 없다. 능력 밖의 너무 높은 목표를 세워놓고 자신을 몰아가서는 안 된다. 노력을 게을리하지 않으면서 자신감을 키워나가도록 현실적인 계획을 세우고 이를 행동에 옮겨야 한다.

미루는 습관을 막아라

새로운 시작을 위해 완벽한 타이밍은 없다. 실천하기 가장 좋은 날은 '오늘'이고, 가장 좋은 시간은 '지금'이다. 삶에서 낭비적인 단어는 '나중'이고, 생산적인 단어는 '지금'이다. 누구에게나 미루는 습관이 있다. '괜찮아. 내일도 있잖아.' 실행력이 부족한 사람은 내일부터 한다고 말하며 자기 합리화에 능숙하다. 앞으로는 나아질 거야. 시간도 더 많이 생기게 될 것이라고 믿는다. 미래에 더 많은 자유시간을 가질 수 있을 것이라는 낙관주의는 일을 미루는 습관으로 이어질 수 있다.

특정한 날로 결심을 미룬다는 것은 마치 '다이어트는 내일부터'를 외치며 오늘은 포기하는 것이다. 이것은 남은 시간, 날들을 대충 보내는 부작용이 있다. 막상 실천해야 할 시간이 다가오면, 그 결심은 다시 내일, 그리고 내년으로 쉽게 미뤄진다. 늘 미루기만 하는 사람은 해내고야 말겠다는 강렬한 욕구가 없어서 인생의 낙오자가 되기 쉽다. 내일로 미루고 싶은 유혹이 변화의 가장 큰 걸림돌이다. 오늘은 넘어가고 내일부터 하자는 식의 타협을 막아야 한다. 오늘 할 수 있는 일을 내일로 미루지 마라.

'앞서 나가기 방법'이라는 것이 있다. 이는 계획을 실천할 때, 첫날에는 어떤 것도 계획에 넣지 않는 것이다. 그렇게 하고는 다음 날의 계획 분량을 하루 앞당겨 첫날에 달성하는 것이다. 그러면 목표 달성에 대한 압박 없이 일을 시작할 수 있고, 하루가 끝날 무렵에는 계획을 앞서갔다는 생각에 기분이 좋아진다. 원래 계획했던 것보다 실천이 앞서나가게 되면, 더 의욕적이게 되고 작은 성취감도 얻을 수 있다. 계획을 앞서나가 여유로워지면 일은 더 쉬워진다. 데일 카네기(Dale Carnegie)는 "작은 성공부터 시작하라. 성공에 익숙해지면 어떤 목표든지 성취할 수 있다는 자신감이 생긴다"고 말한다.

평범함을 비범함으로 바꾸는 지속의 힘

성공한 사람들을 보며 이런 생각을 할 때가 있을 것이다. 예상외로 큰일을 해낸 친구의 소식을 듣고 이렇게 자문할 때가 있다. 아니 평범했던 그 친구가 어떻게 그런 일을? 그러나 그들에게는 평범한 사람들과 구별되는 작은 차이가 있다. 남들이 생각만 하고 있는 것을 행동으로 옮겨 실천한다는 것이다.

세상의 모든 성공은 알아주는 사람 하나 없는 외로움, 참을 수 없는 고독에서 비롯된다. 고독함 속에서 강한 자는 성장하지만, 나약한 자는 시들어 버린다. 사람들은 화려한 성공 그리고 그에 따른 명예와 이익만 보지만, 그 사람들이 고독과 싸우며 꾸준히 노력한 과정은 보지 않는다. 탁월함의 수준에 올라 마침내 성공을 거둔 사람들은 아무도 주목하지 않는 고통을 참았고, 그 인고의 시간은 성공을 향한 추진력이 되었다. 그들은 혼자만의 길을 걸으면서, 길고 어두운 고독을 묵묵히 받아들였다. 고독을 품었지만 그렇다고 고립되지는 않았다. 불필요한 관계를 줄였을 뿐 혼자만의 시간에 무엇을 해야 할지 알았다. 혼자 있는 시간을 어떻게 보내느냐에 따라 우리 인생은 달라진다. 혼자 있는 시간의 가치를 이해하는 사람이야말로 더 많은 사람으로부터 인정받게 될 것이다. 그것이 혼자 있는 시간의 힘이다.[56)]

제한된 시간과 에너지를 어디에 어떻게 쓰느냐가 결국 인생사다. 평범하고 그저 성실하기만 했던 사람이 세월이 흐르면서 어느새 비범한 인재로 바뀌어 있는 경우를 보게 된다. 그렇지만 주위 사람들은 그 사람을 대개 옛날 모습으로 기억하고 짐작한다. 영리한 머리보다는 보잘것 없어 보이는 일도 끈기 있고 성실하게 해나가는 지속의 힘이 이들을 성공으로 이끌고, 인생도 가치 있게 만든 것이다. 시련 속에서도 소처럼 우직하게 한 가지 일에 매진한 시간과 노력이 성공의 씨앗을 키운 것이다. 처마 끝 낙수가 바위를 뚫은 것이다. 목적지에 도착하려면 수십만 번의 작은 걸음이 더해져야 하는데, 사람들은 단 몇 걸음 만에 에베레스트산 정상에 오르려고 한다. 비범하게 된 사람들은 그 걸음을 멈추지 않고 계속 갔기 때문이다.[57] 더디더라도 꾸준히 하는 게 결국 이긴다.

현대인들의 인터넷 중독이 집중력을 막는다

오늘날 인터넷을 사용하지 않고 살기는 어렵다. 인터넷과 스마트폰은 언제 어디서든 새로운 정보로 우리를 유혹한다. 그러한 사이버 공간은 우리에게 딴짓 거리가 가득한 세상을 제공한다. 그런데 20년 후에 유튜브나 페이스북이 나의 생산성을 높이는 데 얼마나 기여할까? 우리는 스마트폰에 너무 매달려 미래를 희생하고 있는 게 아닌가. 지하철이나 버스를 탈 때마다 거의 모든 사람이 스마트폰에 빠져 있는 광경이나, 등하굣길에는 어린이 스몸비(smombie)[58]를 보는 건 일상이 됐다. 스마트폰이 우리의 주의를 앗아가는 1순위 범인으로 보지만, 진짜 범인은 그것을 사용하는 우리다. 우리는 스마트폰을 지나치게 붙들고 있지는 않은지 주의 깊게 살펴보아야 한다.

불행하고 비참한 삶을 살고 싶지 않다면, 용기를 갖고 자기의 진정한 모습과 맞서야 한다. 자기를 분석하지 않고 얼렁뚱땅 넘어가려고 하거나 핑곗거리만 생각한다면, 누구든 자기를 성장시킬 수 없다. 앨버트 허버트는 "인간은 왜 자기의 약점을 감추려고 핑계를 대어 자신을 바보로 만드는가? 그런 일에 소비하는 시간을 자신의 약점을 개선하는 시간으로 사용한다면 좀 더 성장할 수 있을 것이고, 무엇보다도 핑계를 댈 필요가 없을 것이다"고 말한다.[59)]

성공하고 행복한 삶을 살기 위해서는 자신이 원하는 것을 파악하고, 이를 달성하는 데 에너지를 집중하는 것이 필요하다. 돋보기로 광선을 모아 물체에 맞추면, 강한 열로 그 물체를 태울 수 있다. 집중하지 못하면 노력이 분산되어 시간과 에너지를 낭비하고, 실적이 떨어져 성취 부진으로 좌절하고 최종적으로는 실패하게 된다. 미국 사업가 록펠러 3세(J. D. Rockefeller, 1906~1978)는 "행복으로 가는 길은 2가지 원칙 위에 놓여 있다. 내가 좋아하고 내가 잘할 수 있는 것을 찾은 다음, 거기에 온 힘을 다하는 것이다. 내가 가진 에너지, 야망 그리고 타고난 재주 등을 하나도 남김없이 쏟아부어야 한다"고 말한다.

최선을 다하지 않는 배우에게 돌아가는 건 관객의 야유뿐이다

서정진 셀트리온 회장에게는 '자수성가' '흙수저' '바이오 신화'라는 말이 따라다닌다. 그는 45세 나이에 자본금 5,000만원으로 설립한 벤처를 20년 만에 시가총액 60조원(2020.11.20. 기준)의 기업으로 키웠다. "그저 잠 편히 자는 게 소원이다. 창업 이후 편안한 날이 하루도 없었다. 나는 하루에 쪽잠을 세 번 잔다. 저녁 8시에 두 시간 자고 일어나 유럽시간에 맞춰 일하고, 또 두 시간 눈 붙인 후 일어나 미국 사업 챙겨야 한다(75개국에 지사가 있다). 이후 다시 눈을 붙였다가 아침에 한국 일을 본다. 이런 생활을 20년 했다.…… 나도 내가 이렇게 살 줄 몰랐고,

하다 보니 여기까지 왔다." 그는 "남들은 나에게 성공한 기업가라고 하지만 아직 실패하지 않았을 뿐"이라며, "실패하지 않으려면 끝없이 노력하고 혁신하는 기업만 살아남는다"고 말한다.[60]

꿈과 목표는 에너지를 한곳으로 모으게 하고, 이렇게 결집된 에너지는 폭발적인 힘을 발휘한다. 순간순간 최선을 다해 일하면 의지력, 인내력, 극기 등 많은 덕목을 얻게 된다. 혜민 스님은 『완벽하지 않은 것들에 대한 사랑』에서 "당신은 스스로를 감동시킬 만큼 어떤 일에 최선을 다해본 적이 있었던가? 다른 사람은 몰라도 자신은 안다. 정말로 최선을 다했는지, 그러면 눈물이 난다. 나도 모르게....."라고 적고 있다.

06

좋은 습관은 성공하는 인생을 만든다

습관은 성격을 형성하고, 성격은 운명을 만든다

변화하려면 낡은 습관을 새로운 습관으로 바꿔야 한다. 모든 변화는 저항을 받는다. 그래서 변화를 시도하는 것은 대부분 사람에게 무척 어려운 일이다. 사람 마음도 기존의 습관과 방식을 고집하는 관성의 법칙이 적용되어, 과거의 미련한 습관을 지우지 못하여 '고집쟁이'라는 오명을 쓰는 경우가 있다. 습관을 바꾸려는 이유는, 그것이 더 이상 우리에게 도움이 되지 않아 지금보다 더 나은 삶과 행복을 위해서다.

습관이 안도감과 편안함을 안겨 주는데도 불구하고, 우리는 습관에 대해 그다지 좋은 이미지를 갖고 있지 않다. 반복되는 일상에서 마치 우리가 로봇이 된 느낌이 들기 때문이다. 매일 같은 시간에 일어나 회사에 가고, 집에 돌아오고, 저녁 먹고, TV 보고, 내일을 걱정하다 잠이 든다. 다음날 또다시 같은 시각에 눈을 떠서 똑같은 일상을 되풀이한다. 그래서 습관은 익숙한 삶을 지켜주는 안전망을 제공하기도 하지만, 동시에 탈출이 힘든 철창이 되기도 해 오래된 습관을 버리기 힘들다.

아리스토텔레스(Aristoteles)는 "반복적으로 행동하는 게 우리 인간이다. 그렇다면 탁월함은 '행위'가 아닌 '습관'이다. 습관은 제2의 천성"이라고 한다. 우리가 하는 행동의 95%는 습관에 의한 것으로, 습관은 주로 무의식적 행동이다. 습관은 우리의 품성을 나타낼 뿐만 아니라 성공적인 인생을 영위할 수 있느냐 없느냐를 결정짓는다. 스위스 철학자 앙리 아미엘(H. Amiel)은 "마음이 변하면 태도가 변한다. 태도가 변하면 습관이 변한다. 습관이 변하면 인격이 변한다. 인격이 변하면 인생이 변한다"고 한다. 습관은 한 사람의 일생을 좌우하는 거대하고 완강한 힘이다.

『논어』〈양화편(陽貨篇)〉에 '성상근야 습상원야'(性相近也 習相遠也)라는 말이 나오는데, "타고난 품성은 서로 비슷하나, 습관에 의해 서로 차이가 크게 난다"는 이야기이다. 인간은 성품을 바로 세워야 인간다워진다. 처음 바르게 배우고 잘 습관화하면 모나지 않은 성품으로 일생을 살아갈 수 있다. 습관은 어떤 사람이 '되는' 일이다. 궁극적으로 습관은 내가 되고 싶어하는 사람이 될 수 있도록 돕는다는 점에서 중요하다. 어떤 생각을 하는가가 말을 만들고, 어떤 말을 하는가가 행동이 되며, 반복된 행동이 습관으로 굳어지면 그게 바로 인생이 된다. 영국 시인 존 드라이든(John Dryden, 1631~1700)은 "처음에는 우리가 습관을 만들지만 그 다음엔 습관이 우리를 만든다"고 한다.

습관의 중요성을 강조하는 요지는 습관은 양날의 칼이 될 수 있기 때문이다. 잘못된 습관은 잘못된 인생을 만들고, 좋은 습관은 성공한 인생을 만드는 바탕이 된다. 그래서 나폴레온 힐(Napoleon Hill)은 "습관은 사람을 성공시키기도, 파멸시키기도 한다"고 했다. 좋은 습관은 우리를 성장시키지만, 나쁜 습관은 우리를 쓰러뜨린다. 좋은 습관의 힘과 나쁜 습관의 대가가 현저한 차이를 드러낸다.

성공한 사람들의 습관을 내 것으로 만든다

성공하는 사람들은 대부분 좋은 습관을 갖고 있고, 그렇지 못한 사람들은 나쁜 습관을 갖고 있다. 그런데 성공한 사람들이 감동을 주고 동기를 부여할 수는 있지만, 실질적으로 새로운 습관에 대한 청사진을 제공하지는 못한다는 의견도 있다. 한두 개의 일화를 데이터라고 할 수 없고, 그들의 성공담이 단편적인 성공의 출발점을 보여 줄 수 있을지는 몰라도 구체적인 방법까지 제시하지는 못한다는 것이다. 물리적인 진행 과정, 일정표 등에 대해서는 이야기해 줄 수 있지만, 사고의 진행 과정까지 알려주지는 못하기 때문에 오히려 많은 궁금증만 안게 된다는 것이다.[61]

성공한 사람과 보통 사람의 차이는 재능의 높고 낮음이 아니라 '습관'에 달려 있다고 한다. 탁월한 시간 관리, 정확하고 빠른 의사결정과 업무처리, 규율 있는 건강관리, 훌륭한 대인관계 등으로 성공한 사람들의 습관을 내 것으로 만드는 문제다. 세계 최고의 부자들인 빌 게이츠(Bill Gates)와 워렌 버핏(Warren Buffett)은 '성공 비결'과 '부자가 되는 비결'의 하나는 "다른 사람의 좋은 습관을 내 습관으로 만드는 것"이라고 말한다. 목표가 있는 사람이라면 자기보다 뛰어난 사람들의 방법을 배우고 그들의 지식을 받아들이려고 노력할 것이다. 삶을 원하는 방향으로 변화시키려면 새로운 습관 형성이 필요하다.

습관 변화는 단거리 경주가 아니라 마라톤이다

습관을 바꾸기 위해서는 상당한 의지가 필요하다. 시기적으로 어른이 돼서도 좋은 습관을 가지기 위해서는 어릴 때부터 습관을 잘 길러야 한다. "세 살 버릇 여든까지 간다"는 속담과 프랑스의 "이미 휘어진 노목(老木)은 똑바로 잡기 어렵다"는 격언처럼, 어릴 때 길러진 나쁜 습관은 늙은 뒤에는 쉽게 고쳐지지 않는다.

습관의 변화를 이루는데 기적 같은 치유법이 있다거나, 단기간에 습관을 바꿀 수 있는 비법이 있다는 허황된 이야기에 말려들어서는 안 된다. 아주 쉬운 기적의 다이어트란 존재하지 않으며, 노력 없는 성공에 대한 약속은 매혹적이기는 하지만 도달할 수 없는 허상일 뿐이다.[62] 습관 변화는 장기간에 걸쳐 꾸준히 지속되어 생활화되어야 성과가 생긴다.

내일 아침에 눈을 떴을 때 아주 작은 변화 하나만 빼고는 오늘과 달라진 것이 없다는 사실을 인식하는 것이, 습관 변화라는 마라톤에 나서는 사람의 올바른 자세다. 꾸준한 습관을 세우기 어려운 이유는 변화는 극히 작고, 눈에 보이는 결과는 없으니 쉽게 그만두기 때문이다. 중대한 변화의 순간이 올 때까지는 작은 변화들은 별다른 차이를 만들어내지 못한다. 작은 과정들이 쌓여 강력한 결과가 나타나기까지는 시간이 걸리므로 인내력이 절대로 필요하다.

새로운 습관을 시작할 때는 가능한 한 시작이 쉬워야 한다

더 나은 습관을 만드는데 방법론적으로 유일한 방법이란 없다. 어느 한 가지 방법만이 모든 사람에게 효과가 좋은 것은 아니다. 사람마다 도움이 되는 방법이 다르고, 각 방법은 나름의 방식으로 목적을 달성하는 데 도움이 되기 때문에 방법론은 자신의 특성에 맞춰 적용하면 된다.

우리는 변해야겠다고 생각하는 순간, 작은 일에서부터 시작해야 한다는 것을 알면서도 흥분하여 문제를 단숨에 해결하려 한다. 그러나 계획을 여러 개 세우지 말고 단 하나라도 집중해야 한다. 해마다 많은 결심을 하고 포기하기보다는, 단 하나라도 제대로 실천하는 것이 중요하다.

처음에는 습관을 바꾸기가 무척 어렵다. 그러므로 처음에는 노력하고 극복해야 할 것이 적을수록 좋다. 어려운 것으로 시작하지 말고 간단하고 쉬운 것부터 시작한다. 태산을 옮길 때도 작은 돌부터 나르듯, 습관을 바꿀 때도 작은 것부터 시작한다. 시작은 미약해도 쉽게 해낼 수 있는 일부터 시작하여 성공하면 성취감을 느끼고, 나도 할 수 있다는 자신감을 가지게 된다. 그리고 성공하는 패턴을 알게 되어, 또다시 시도하고자 하는 추진력을 얻어 선순환적으로 새로운 습관을 달성하도록 돕게 된다.

습관은 반복된 행동의 실행 횟수가 중요하다

세부적인 내용은 습관의 내용에 따라 다양하겠지만, 그 어떤 아이디어도 실천할 때 비로소 결실을 맺을 수 있다. 전혀 시작하지 않는 것보다는 시원찮게라도 시작하는 것이 낫다. 어떤 습관에 익숙해지려면 가장 중요한 건 '반복'이다. 습관이 자동화되려면 얼마나 자주 반복하느냐가 중요하다. 습관은 반복된 행동을 통해 점진적으로 자동화되면서 만들어지기 때문에 실행 횟수에 기반해 형성된다. 좀 더 자주 실행하고, 일정한 간격을 둔 주기적인 반복을 하는 것이다.

습관을 만들 때 하루 중 특정한 시간대를 정하는 문제다. 새로운 습관을 익히는 것을 하루 중에서 언제 배치할 것인가? 우리가 습관을 만드는 데 실패하는 이유로 일상생활에서 벌어지는 예측 불허의 상황을 빼놓을 수 없다. 늘 똑같은 상황이 계속될 수는 없기에 계획은 그런 점을 고려해야 한다. 어떤 새로운 습관을 익히고자 하는 계획은 기존에 포화 상태에 있는 일정에 그 계획을 꿰어맞추는 것이라고 할 수 있다. 그래서 중요한 일이나 바쁜 일로 특정 시간에 새로운 습관을 실천할 기회를 놓치는 경우가 있다. 그런 경우 끈을 놓지 말고 꾸준히 해나가는 게 중요하다. 몇 번 빼먹었다고 해서 습관 형성에 큰 영향을 미치지 않으니, 자신을 가혹하게 할 필요는 없다. 상황이 완전하지 않아도 그 습관을 계속해 나가면 된다.

18세기 영국 시인 로버트 번즈(Robert Burns, 1759~1796)는 "사람이 세우는 계획 가운데 가장 정교한 것들이 엇나가기 일쑤"라고 말한다. 계획을 짤 때 시간 덩어리를 따로 떼어놓아야 하는 이유는, 예상치 못한 일이 생겼을 때 그 일을 감당할 여유시간이 되어주기 때문이다. 최근 연구에 의하면, 자기 일정표 순간순간을 꽉 채워두지 않는, 여유분을 꼭 남겨두는 경영자가 스케줄을 꽉 채워두는 경영자에 비해 훨씬 생산적이며 스트레스도 덜 받는다는 것이다.[63] 조금 헐렁해야 숨 쉴 여유가 생긴다. 숨 쉴 여유를 갖자.

07

개천에서 '용'이 아니라 '욕'이 나오다

개천의 용, 수저론에 막히다

어느 사회나 불평등이 존재한다. 인간의 삶은 유전적·환경적·운명적 요인과 개인의 노력이 혼재된 결과물이라 절대적인 평등은 존재할 수 없다. 사회가 지속해서 발전하기 위해서는 구성원 모두에게 '실질적인 기회의 평등'을 보장하는 공정한 경쟁시스템이 작동해야 한다. 그래야 저마다 타고난 역량을 최대한 개발하고, 꿈을 이루기 위해 노력할 의욕이 생긴다. 그러나 현실에서 실질적인 기회의 평등 조건을 마련하는 일이 쉽지 않다는 것이다.

한국전쟁은 모두에게 평등한 가난을 부여했다. 가난의 평등이란 바탕 위에 기회의 평등, 특히 교육을 통한 기회의 평등이 제공되어 한국경제는 압축성장과 활발한 계층 이동을 이루어 왔다. 그러나 지금은 세계화 속에 국민경제는 계속 성장하고 있으나, 근로소득 상승은 둔화되어 소득불균형의 경제 양극화와 계층 간 사회적 불평등이 위험 수위에까지 이르고 있다. 부와 빈곤이 세습화되고, 계층상승의 기회가 단절되고 있기 때문이다. 이는 최근 미국 대통령선거에서 보듯이 사회 통합을 저해하는 배경으로 작용하고 있다.

한국 역사상 가장 부유한 시대에, 가장 잘 사는 나라에서 경제성장의 혜택이 고르게 분배되지 않아 불평등 문제가 악화되고 있다. 국가는 국민의 좋은 생활을 위해서 존재하는 것이지 단순히 생존만을 위해서 존재하는 것이 아닌데, 국가 경제가 좋아져도 내 삶은 좋아진 게 없다. 소설가 김훈은 『라면을 끓이며』에서 "그날그날 벌어서 겨우 먹고살 수 있었던 서민들이 그보다 더 하층으로 추락하고 있다. 아무런 죄도 없고 책임져야 할 일도 없지만, 그들은 사회구조의 제물이 되어 나락으로 떨어진다"고 표현하고 있다.

사회적 재분배기능이 없는 체제는 빈부는 세습되고, 계층 이동의 길은 막혀버린다. 국민은 이제 '개룡인'(개천에서 난 용)이 될 가능성은 갈수록 낮아져, '가붕개'(가재 · 붕어 · 개구리)는 태어난 개천을 계속 지켜야 할 공산이 커지고 있다. 그래서 '개천에서 용이 나는 사회'가 아닌 '개천에서 욕이 나오는 사회'라는 자조적인 우스갯소리가 나온다.[64] 1980~1990년대처럼 '개천에서 용이 나기'가 점점 어려워짐에 따라 사회적 이동성 또는 계층 이동성의 감소가 부각되고 있다. 가난과 사회적 지위가 대물림되면서 빈곤의 덫에서 빠져나오지 못하고 있다. '헬조선', '흙수저', '이생망' 등의 말이 회자되는 현실이 이를 말한다.

사회적 불평등의 원인이 개인의 문제적 행동이냐, 아니면 시스템적인 요인이냐 하는 논쟁이 있다. '한국 사회에서 사회 · 경제적 지위가 높아지는 데 가장 큰 영향을 미치는 것'에 대한 질문에 '부모의 경제력과 사회적 지위'라는 응답(40.3%)이 가장 많았다. 그다음이 '본인의 능력과 노력'(36.2%)이었다.[65] 국민의 인식이 '수저계급론'으로 이어지는 양상이다.

경제적 불평등은 가진 자와 못 가진 자로 '우리'와 '그들'이라는 이분법을 만들어낸다. 세계적인 싱크 탱크 브루킹스 연구소의 리처드 리브스(Richard Reeves)는 『꿈을 쌓아두는 사람들』에서 "고학력 부모들이 최고의 학교에 자녀를 보내 사회·경제적 부를 대물림하며 구조적 장벽을 쌓고 있다"는 문제의식을 제기하였다.[66] 어느 사회든 젊은이들에게 성공으로 향하는 사다리를 더 많이 제공해야 한다. 현재 대한민국의 큰 과제는 어떻게 하면 청년들에게 희망을 불어넣느냐 하는 것이다. 독립운동가 도산 안창호(1878~1938) 선생은 "낙망은 청년의 죽음이요, 청년이 죽으면 민족이 죽는다"고 했다.

길 잃은 세대(Lost Generation)

일자리는 사람의 삶의 출발이다. 실업(失業)은 단순히 생계를 잃어버리는 것이 아니라 인간의 존엄성까지 빼앗아 간다. 단군 이래 최고의 스펙을 가졌음에도 청년취업난이 심해서 젊은이들이 희망을 잃고, 자신을 IMF 세대보다 더 불행한 세대라고 자조한다. 내일은 좋아질 거라는 희망도 기대도 없다. 꿈꿀 수 있는 게 작아졌는데 그것마저 힘들고, 월급 모아선 원하는 삶을 살 수 없으니 다들 한탕만 바라며, 영끌(영혼까지 끌어모음)과 빚투(빚내서 투자)로 집과 주식과 암호화폐에 무섭게 달려들고 있다.

IMF 세대, 88만원 세대, N포 세대는 젊은 층을 중심으로 시대의 아픔과 고단함을 반영하여 표현한 세대명이다. 지금 우리의 코로나 세대는 길 잃은 세대(Lost Generation)와 처지가 비슷해 보인다. 어쩌면 길이 사라진 세대가 맞을지도 모른다. '잃어버린 세대' '상실의 세대' 등으로 번역되는 로스트 제너레이션은 제1차 세계대전 직후 삶의 방향 감각을 상실한 젊은 세대를 일컫는 말로, 절망과 사회에 대한 불만 속에 갈 길을 찾지 못하는 세대다. 청년들이 좌절하면 사회는 활력을 잃게 된다.

태어나는 것을 마음대로 할 수는 없다. 자연적 운과 사회적 운

'흙수저' 얘기가 나오는 젊은 층은 개인적 능력이나 노력보다는 부모의 경제적 능력에 따라 개인의 사회적 계급이 결정된다는 이른바 '수저계급론'에 좌절한다. 수저계급론은 힘들게 노력해도 바뀔 것이 없으므로 모든 것을 포기한다는 청년세대의 좌절이 담겨 있다. 사람이 태어날 때 입에 물고 나오는 숟가락은 소수의 사람은 금수저를 그리고 대부분의 사람은 흙수저를 문 채 태어난다. 이것이 평생 운명을 좌우할 뿐만 아니라 죽는 날까지 별로 개선될 가망이 없다는 숙명론적 실망감이 문제다.

우리는 태어날 때 어떤 시대, 어떤 나라, 어떤 지역, 어떤 부모를 만날지를 선택한 것이 아니라 운명적으로 정해진다. 그래서 사람들은 출생의 우연의 운을 완화하여 그것을 인간적으로 좀 더 합당한 질서로, 제도로 시정·개선해 나가려고 한다. 이런 점에서 최근 우리 사회를 냉소적으로 풍자하는 수저론은, 그것이 전해주는 출생의 불평등 자체가 아니라 불평등이 제도나 정책을 통해 시정되거나 개선될 것을 기대하기 어려운 우리 사회의 구조적 경직성에 대해 실망스러움과 절망감에서 비롯된 것이다. 한번 물고 태어난 수저는 우리가 어떤 노력을 하고 발버둥 쳐도, 평생 처음 문 것 그대로 생을 마감해야 하는 숙명적인 수저가 문제라는 것이다.

사람들은 서로 다른 자연적 자질을 지닌 채 태어나, 서로 다른 사회적 여건 속에서 성장한다. 이러한 요인들은 각자의 인생에 일부는 유리하게, 다른 일부는 불리하게 영향을 미치는 원천적 불평등이 된다. 미국 정치철학자 존 롤스(John Rawls, 1921~2002)는 자연적 재능의 배분, 즉 원천적 불평등은 그 자체로서는 주어진 자연적 사실일 뿐, 그것이 부정의하다거나 불공정하다고 할 수는 없다고 한다. 존 롤스는 원천적 불평등을 설명하면서 '정의론'(A Theory of Justice)을 도입하기 위해 '운'(luck)이라는 개념을 사용한다. 존 롤스에 따르면, 운은 두 가지로 나뉜다. 하나는 태어날 때부터 본인이 타고나는 천부적 능력이나 자질과 같은 태생적인 '자연적 운'이다. 다른 하나는 좋은 부모나 가정을 만나 사회적 지위 등의 혜택을 보게 되는 '사회적 운'이다. 두 가지 운 중에서 사회제도나 정책을 통해서 조정할 수 있는 운은 '사회적 운'이다. 그런데 특정 계층 또는 가정에서 태어났다는 우연적인 사회적 변수들에서 비롯된 결과들이 인생의 성공 여부를 좌우하는 결정적인 요인이 되어서는 안 된다는 것이다. "뛰어난 재능을 타고날 자격이 있다거나, 애초부터 사회에서 유리한 출발선에 설 자격이 있다고 주장할 수 있는 사람은 아무도 없다는 것이다. 수저론의 등장 배경은 인생의 출발선이 같지 않다는 출생 문제이다.

그래서 천부적 재능이나 사회적 지위에 의해 혜택을 받은 자는, 그렇지 못한 자의 처지를 향상시킨다는 조건 아래서만 자신의 행운으로부터 이익을 얻을 수 있다는 것이다. 아무도 자신의 우수한 천부적 능력을 당연시할 수도 없고, 사회적으로 유리한 출발 지점에 서는 등의 덕을 보아서는 안 된다는 것이다. 이것이 '정의'에 대한 존 롤스의 판단이다. 모든 사람을 평등하게 대우하고 진정한 기회균등을 실현하려면, 천부적 재능이나 사회적 지위에서 불리하게 태어난 사람들을 위해 사회가 더 많이 배려해야 한다는 원칙이 도출된다. 운에 의해 발생한 편향을 평등의 방향으로 시정해야 한다는 것이 존 롤스의 주장이다.[67] 성 아우구스티누스(St. Augustinus)는 "자기보다 어리석은 사람을 만났을 때 그들을 경멸해서는 안 된다. 유전된 재능도 유산보다 더 자랑할 만한 것은 아니다. 두 가지를 다 잘 사용해야만 영예스러운 것"이라고 했다.

계층 이동성이 차단되고 있다

사회계층의 이동에는 몇 가지 사다리가 있다. "교육"은 가장 전형적인 사회적 신분의 이동수단이다. 고등교육은 신분 상승과 물질적 성공 및 사회적 존중을 얻는 길이다. '개천에서 용이 난다'는 말도 거의 교육에 의한 신분 상승을 말한다. 하지만 현재 한국 사회는 부모의 재력과 교육 수준이 자식의 교육에 영향을 미치고, 다시 취업과 사회적 신분에 이어지고 있다. 이제 용은 개천이 아니라 금수저 집안에서만 나올 상황이다. 좋은 부모를 만나지 못하면 희망이 없다는 것이다. 그래서 교육의 기회를 실질적으로 공정하게 제공해 교육 사다리가 회복되게 해야 한다는 것이다. 젊은 영혼에 상처를 준 최근 입시 비리에 대한 국민적 공분은 가난 탈출과 계층 이동의 통로인 교육이라는 공공의 우물을 더럽혔다는 데 있다.

다음, "창업을 통한 성공"이다. 과거에는 제대로 교육을 받지 못해도 좋은 아이디어와 성실성으로 사업에 성공하여 사회적 신분 변화를 이룬 사례가 많았다. 그러나 한국경제가 저성장 기조로 고착되면서 '자수성가'의 기회가 줄어들었다. 사업 성공으로 신분 상승을 이루는 사례가 많은 국가에서는 젊은이들이 계속 도전한다. 수십만의 젊은이들이 공무원 시험을 준비하는 한국과는 다른 세상이다. 청년들이 도전보다 안정을 추구하는 사회에는 미래가 없다. 채권왕이자 세계 3대 투자 귀재로 불리는 짐 로저스(Jim Rogers)는 『한국은 매력적인 투자처인가』에서 "젊은이들이 공무원 시험에 매달리는 나라엔 미래가 없다"며 "한국경제에 투자하지 않겠다"고 말했다.

끝으로, 기업에 취직하여 성공할 수 있는 길이 열려있어야 한다. 청년들이 취직해도 정규직과 비정규직, 대기업과 중소기업 사이 노동시장의 이중구조가 차별하고 있다. 한번 비정규직으로 입사하면 정규직으로 바꾸기가 거의 불가능하다. 한번 중소기업의 직원이 되면 대기업으로 이직하는 길도 어렵다.

교육이 계층 대물림을 고착시키고 있다

한국은 도덕적 · 지적 성장의 기회가 아닌 좋은 일자리를 위한 디딤돌로서의 교육열이 강한 나라이다. 부와 지위의 상승만을 위한 교육, 이를 위해 명문대 입학과 대기업 취업에만 초점이 맞춰진 교육, 그래서 '인간'은 빠져버려 개성이나 적성은 도외시되며 학생들 고민에는 관심조차 없는 교육, 그것이 우리 교육 현실의 민낯이다. 인간의 많은 능력 중의 하나에 지나지 않는 지적 능력, 그것도 정확한 지적 능력을 측정하지도 못하는 암기 시험으로 등수를 매기고, 그 성적이 평생을 결정해 버린다.

지금까지 입시에 초미의 관심을 보였던 것은 그것이 계층 이동과 직결되어 있었기 때문이다. 그런데 이제는 노력에 비례해 성적을 올리던 시대는 그마저 지났다. 어렸을 때부터 사교육에서 격차가 벌어지고 있다. 교육을 받아도 좋은 학교를 나오지 않으면 좋은 일자리를 가질 수 없고, 좋은 학교에 가려면 부모의 경제력이 뒷받침돼야 한다는 인식이 강해지고 있다. 이제 교육은 계층 이동의 사다리보다는 계층 대물림의 통로로 작용하여, 오히려 계층을 고착시키고 있다는 지적이 나온다.

입시는 능력과 재능으로 이뤄져야지 학생 스스로가 어떻게 할 수 없는 다른 요인에 좌우되어서는 안 된다. 미국 하버드대학교 교수 마이클 샌델(Michael Sandel)은 "미국 SAT나 한국의 수능 같은 표준화된 시험에서 학생의 고득점 역량은 시험과 내신 준비를 위한 과외를 시켜줄 수 있는 가족의 경제력과 밀접한 관계가 있다"며, "미국의 경우 통계적으로 가구 소득 수준이 높을수록 SAT에서 고득점할 가능성이 큰 것으로 나타났다" 고 한다. "시험이란 동등한 기회를 보장하기 위해 시작됐지만, 현실에서는 불평등한 사회의 기득권을 대물림하는 것"이라고 설명한다.[68]

부동산 블루와 벼락거지

한국사회의 쟁점에서 난이도 최고의 문제는 입시 문제와 주택문제라고 한다. 주택은 필수재와 투자재의 성격을 모두 가지고 있는데, 투자재 성격에 치우치면 사회 갈등이 커진다. 우리나라에서 주택은 거주공간 그 이상의 의미를 지녀 사람들 마음속에 오래전부터 재산 불리기에 부동산 투자만한 것이 없다는 '부동산 신화'가 있다.

2020년 대한민국에서 부동산은 '계급의 전쟁터'가 됐다. 계속 오르는 '아파트 열차'에 올라타지 않으면, 벌어질 자산 격차를 영원히 따라잡을 수 없다는 불안감 때문이다. 한국에서 아파트는 그 자체로 사회경제적 위치의 상징이 되고 있다. 천정부지로 치솟는 아파트 가격이 계층상승의 사다리를 흔들고, 부와 빈곤을 세습화하는 심화 요인이 되고 있다. 주거 안정은 국민의 기본권인데, 삶의 기본조건인 '주택'이 오늘날 한국사회에서 가장 불공정하게 배분된 자원이 되고 있다. 천문학적 금액으로 느껴지는 서울 강남지역 아파트의 가격 상승분은 노력 없이 얻은 불공정한 결과물의 결정판이라는 것이다. 주택시장의 양극화로 자산 격차가 벌어지면서 '어디에 살고, 어떻게 사는지(자가, 전세)'가 신분인 세상이 되었다. 이런 주거지로 구분되는 신분 차별의 울타리는 세습을 통해 계층 이동의 희망 사다리를 차버린다. 치솟는 주택 부담은 청년들에게 비자발적 비혼(非婚)을 강요하거나 저출산의 원인이 되고 있다.

그동안 한국 사회에서 중요한 계층 이동 수단은 교육이었다. "좋은 대학 나오면 성공한다"라는 말이 통용됐다. 지금은 한국 사회에서 계층 이동을 해줄 수 있는 수단은 부동산과 같은 자산이다. 입시나 취업보다 물려받는 자산이 계층 이동에 더 중요해졌다. 소득 대비 주택가격이 지나치게 높아 "20년 동안 먹지도 입지도 않고 숨만 쉬고 살아야 간신히 내 집을 마련"할 수 있거나, 평생 모아도 내 집 마련은 불가능해졌기 때문이다. 그런 측면에서 부모가 자산을 물려줄 수 있는 경우와 그렇지 않은 경우의 격차가 커지고 있다. 부모가 집을 마련해 준 집단과 그렇지 않은 집단은 소위 '좋은 대학을 나오냐 마냐'와 큰 상관이 없다. 그만큼 부모 자산이 중요해졌다는 것이다. 이러니 기존에 자산이 많은 '금수저'만 계층을 유지하게 된다. 부모를 조물주 위에 건물주로 모셔야 할 것 같다. 건물주 자식이 미래의 꿈이라는 것 아니냐? 저는 건물주 자식이 될 준비를 다 했는데, 아버지가 노력을 안 해요.

주택보유자는 주택가격 상승에 따른 막대한 자본이득을 취하여 주거비 부담이 늘어난 비(非)보유자 사이에 심각한 부의 편중을 가져온다. 부동산 가격상승은 개인에게는 부의 증가이지만, 사회적으로는 주거비 상승 등으로 귀결되어 개인 이익은 사회이익의 희생으로 이루어진다. 부동산 투기로 인해 불로소득을 챙기는 사람들이 많아지게 되면, 성실하게 살아가는 많은 사람이 상대적 박탈감을 갖게 되고 일할 의욕을 잃게 된다. '투자 개미'와 달리 일에만 전념한 '일 개미'들이 상실감을 호소한다. "월급을 착실히 적금했더니 더 가난해졌다"는 하소연이다. 게다가 불로소득을 챙긴 졸부들이 과시적 소비를 일삼아 서민들의 상대적 박탈감을 자극한다. 최근 LH 직원 땅투기 의혹 사태에 국민 분노가 폭발했다. 특히 2030세대는 "집 때문에 영혼까지 끌어 모을 각오(영끌)였는데, 반칙으로 손쉽게 돈 버는 모습을 보니 영혼이 털린 기분(영털)"이라고 한다. '부동산 블루'(치솟는 집값에 따른 우울증), '벼락거지'(한순간에 자신도 모르는 새 자산 격차가 벌어져 가난해진 사람) 같은 신조어가 일상용어가 되고 있다.

부모보다 가난해지는 자식 세대

전 영국 수상 윈스턴 처칠(Winston Churchill)은 "각 세대에겐 받은 것보다 더 많은 것을 다음 세대에게 물려줄 의무가 있다"고 말했다. 미국 프린스턴대학교 교수 케이스와 디턴(A. Case and Deaton)은 "소득 불평등이 점점 심해지고 사회계층 간 이동이 정체되어 있어, 지금 자식 세대는 미국 역사상 최초로 그 부모 세대보다 부유하지 못한 세대가 될 가능성이 높다"고 한다.[69] 미국 매킨지연구소의 리차드 돕스(Richard Dobbs)는 글로벌 경제의 가장 큰 위험 요소로 '부모보다 가난해지는 자식 세대' 문제를 선정했다. "부모보다 가난한 자식들이 극단적인 정치적 집단을 형성하면서 글로벌 경제와 정치에 거대한 변혁이 찾아올 것"이라고 전망했다.

2016년 통계청 조사에 따르면, 자녀의 생활 형편이 부모 세대보다 나아질 것으로 보는 한국인은 10명 중 3명에 불과했다. 2018년 퓨리서치(Pew Research) 조사는 자녀의 삶이 자신의 삶보다 좋아질 거란 응답이 미국 33%, 영국 23%, 프랑스와 일본은 15%였다.

세습자본주의로의 진행

부모의 사회경제적 계급은 그 자체로 자녀에겐 원천적 자산이다. 우월한 계급의 부모는 물질적 자산과 문화 자본을 자녀에게 투입해 출발선의 차이를 만들어낸다. 이러한 차이는 교육을 통해 강화되고, 사회적 지위는 자녀에게 대물림된다. 프랑스 정치경제학자 피케티(T. Piketty)는 『21세기 자본론』에서 소득 대비 자산 소득의 비중이 경제적으로 극단적으로 커질 때, 내가 부모한테 자산을 얼마나 물려받는지에 따라 사회적 계급이 결정되는 '세습자본주의(patrimonial capitalism)'로 이행한다고 한다. 피케티가 말하는 핵심은 오늘날 자본소득으로 증가하는 규모와 속도가 노동소득으로 부가 증가하는 것보다 훨씬 크고 빠르다는 것이다. 이로 인해 사회 전체에서 이미 많은 부를 차지한 상위 10%의 부의 비중이 급속하게 늘어난다. 이렇게 되면 계층 이동성이 거의 작동하지 않는 세습자본주의 사회가 된다는 것이다.[70]

오늘날 한국은 노력보다 태생이 중요한 수저계급론의 사회가 되어가고 있다. 부모의 재산에 따라 자녀의 경제 · 사회적 지위가 결정된다는 '수저계급론'이 심화하고 있다. 개인의 힘으로 성공하는 게 공정하고 정의로운 일인데도, 현실에서 이루어질 확률은 낮아지고 있다. "오르지 못할 나무는 아예 쳐다보지도 말라"는 것인가. 사회적 사다리의 꼭대기와 밑바닥이 서로 멀어질수록 사회는 점점 더 분열된다. 최근 지구촌 시청자들을 매료시킨 「오징어 게임」의 황동혁 감독은 드라마의 성공요인은 결국 "루저들의 얘기"라고 한다. "이 사회의 승자는 결국 패자들의 시체 위에 서 있는 것이고, 그 패자를 기억해야 한다"는 것이다.

앞으로 경제적 양극화로 치닫지 않도록 계층 이동이 용이한 자본주의 질서를 세워 가야 한다. 개인의 삶은 많은 우연에 의해 결정된다. 조금만 다르게 했더라면 다른 배우자, 다른 친구들로 완전히 다른 사람이 되었을 수도 있다. 자신의 노력으로 이룬 것이라 하더라도 그것은 운이 좋아서 갖게 된 경우도 많다. 한 해 농사를 잘 지으려면 농부의 땀과 수고뿐만 아니라 날씨에서 하늘과 계약을 잘 맺어야 하는 운도 필요하다. 그런데 성공한 사람은 성공에서 이러한 우연이 차지하는 부분들을 쉽게 지나친다. 성공한 자, 가진 자들은 사회적 책임을 생각해야 한다. 운 좋은 자들은 가장 운 없이 태어난 자들을 배려해야 한다.

과연 "하면 된다"가 맞나?

기성세대들은 젊은이들이 벗어나고픈 현재의 사회시스템 환경을 개선하려 하기보다, 극소수 사람들의 영웅적인 성공 사례에 고무되어 다른 사람들도 역경을 헤쳐나갈 수 있다고 여길지도 모른다. 그런데 젊은이들의 입장은 나는 죽어라 노력하는 데 고작 이 정도고, 누구는 아무런 노력을 안 하고도 많은 걸 가져가는 것을 본다. 이제 노력하라는 말은 설득력이 떨어지는 세상이다. 부모 재력이 스펙이고, 탯줄 이기는 '노오력'은 없더라는 것이다. 젊은이들은 자신들의 삶을 주도적으로 선택할 수 있는 권리가 박탈됐다는, 선택권이 없다는 무력감에 빠져 있다. 잘사는 금수저 부모 밑에서 태어나지 않은 이상, 그들을 기다리는 미래는 불확실 그 자체라는 것이다. 그런데도 기성세대는 더욱더 노력하라고만 하니 답답하다는 게 젊은 세대의 생각이다. '노오력'이라는 단어도 무작정 노력만 하라는 꼰대들의 잔소리를 비꼬는 의도로 생겨났다고 한다.

"성공은 1%의 재능과 99%의 돈과 빽만 있으면 된다"는 조롱이 있다. 그런데 "가난하게 태어난 것은 당신의 잘못이 아니지만, 가난하게 죽는 것은 당신 책임"이라는 말도 있다. 미국 정신과 의사 에메트 밀러는 "내 경험에 의하면 성공하고, 풍요롭고, 가치 있고, 만족과 성취를 이룬 삶을 산 사람들은 인생의 극도의 좌절을 맛본 사람들이다. 입에 은수저를 달고 태어나서 한 번도 그걸 떼보지 못한 사람들은 메마르고 무력한 사람들이었다"고 한다.[71] 결국 현실이 어떠한 여건이든지 간에 인생에 대한 책임은 자신에게 있다. 삶에서 도망칠 수 없다면, 부딪쳐서 극복하려고 노력할 수밖에 없다. 중국 진나라 시인 도연명(陶淵明, 365~427)은 "청춘은 다시 돌아오지 않고, 하루에 새벽은 한 번 뿐이다. 좋은 때에 부지런히 힘쓸지니, 세월은 사람을 기다리지 않는다"고 한다.

08

세상에 절대적인 공평이 존재한 적은 없다

능력대로 보상하는 시스템은 공정하다

공정한 경쟁에서도 승자와 패자는 나온다. 문제는 모두가 같은 지점에서 출발했는지, 얼마나 공정한 규칙이 적용되었는지, 구성원들 간에 기회는 공평했는지 등에 따라 그 경쟁의 정당성이 인정된다. 이를 판단하는 척도는 능력과 노력이다. 이는 성공이 우리 손안에 있고, 우리가 통제할 수 없는 힘에 좌우되지 않으며, 오직 우리 하기 나름이라는 생각과 연결된다. '일만 열심히 하면 성공으로 갈 수 있다'는 믿음은 우리가 우리 운명의 주재자이며, 재능과 노력에 따라 얼마든지 높이 오르고 꿈을 이룰 수 있는 존재가 될 수 있다는 것이다.

불행하게도 인생은 공평하지 않다. 운명만큼 불공평한 것도 없다. 어떤 사람은 입에 풀칠하기도 힘든 가정에서 설상가상으로 선천성 장애를 안고 태어나는가 하면, 어떤 사람은 아주 부잣집에서 준수한 외모에 건강한 신체를 가지고 태어난다. 뛰어난 외모 · 재능 · 가문 등을 타고나 한평생 대우받고 사는 인생도 있고, 평생 궂은일만 하고 사는 고달픈 인생도 있다. 미국 마이크로소프트 창업자 빌 게이츠(Bill Gates)도 "삶은 불공정한 경쟁이다. 이 사실에 익숙해지고 받아들일 수밖에 없다"고 말한다. 세상이 불공평하다고 투덜거려도 불공평은 언제나 존재해왔으니 아무리 원망해봤자 소용없는 일이다. 미국의 헨리 워드 비처(Henry Ward Beecher, 1817~1887) 목사는 "태어난다는 것은 신의 섭리요, 선택의 여지가 없는 것. 선택할 수 있는 것은 오직 어떻게 사느냐 하는 것일 뿐"이라고 하였다.

공정한 경쟁을 위한 '운동장 고르기'가 필요하다

한국 사회는 어떨까? 성공을 얻는데 대가를 치르려고 하기보다는 지름길을 선택하려고 한다. KTX와 같이 목적지에 빠르게 도착하기만을 원한다. 그런데 목적지에 도달하기 위한 게임의 규칙이 불공정하다. 그래서 누군가 먼저 목적지에 도착하더라도 상대의 성취를 인정하지 않는다. 자격 없는 사람이 무언가를 얻는 부당한 지름길이었다고 생각하기 때문이다.

국민 대다수는 대한민국에 정의가 없다고 생각하고 정의를 갈구하고 있다. 정의는 '공정'을 지향한다. 미국 하버드대학교 교수 마이클 샌델(Michael Sandel)은 『정의란 무엇인가』에서 "어떤 사회가 정의로운지 알려면 우리가 소중히 여기는 것들(소득과 부, 권리와 의무, 권력과 기회, 공직과 명예)을 어떻게 배분하고 있는지 살펴보아야 한다. 정의로운 사회는 이것들을 각각 자격 있는 사람에게 배분한다"고 말한다. 자격 있는 사람들, 즉 열심히 노력하고 치열하게 경쟁해서 마침내 얻어내는 사람들에게 배분되어야 한다. 반칙으로 중간에 누가 끼어들거나, 특혜를 받아 정당한 노력 없이 관문을 통과하는 건 불공정하다.[72]

우리가 공정사회를 기대하는 것은 개인의 타고난 운(運)이 일생을 좌우하지 않도록 관리해주는 것이다. 개인이 선택할 수 없는 부모, 가정환경, 지역, 성별 같은 운이 결정적 장애요소로 작용하지 않는 사회, 그것이 사회의 공정 과제다. 이를 관리하지 않으면 출발선의 격차가 일생의 격차로 고착된다. 이는 평등사회, 민주사회가 아니라 전형적인 차별사회, 신분사회의 모습이다. 정치가 할 일은 출발선상에 있는 사람들이 공정하게 뛸 수 있도록 경기장을 만들어주는 것이다.

능력주의도 신분 세습으로 가는가?

능력주의는 처음에 고무적인 주장으로 출발했다. 능력주의는 기회를 공평하게 제공하고, 능력을 마음껏 발휘하게 하며, 능력에 따라 성과를 배분한다. 이러한 능력주의는 평등하고 공정한 사회를 여는 세기로 인정받았었다. 혈통이 신분을 결정짓는 세습 귀족제의 부당함에 맞선 능력주의 옹호론의 하나는 자수성가로 성공한 사람은 자기 능력만으로 성취했으니, 그 능력에 따른 보상을 받을 자격이 있다는 것이다. 능력주의는 성취와 자격에 대해 재능 있고 성공한 사람은 명예와 인정을 받아 마땅하다는 공적 판정으로 귀결된다. 혈통이라는 선천적 불평등 요소가 신분 세습의 근거가 되었던 전근대적 질서에서 벗어나, 개인의 재능과 노력이 지위를 만든다는 능력주의는 평등사회를 여는 보증수표로 인식됐다.

그런데 능력주의는 정말 모두에게 같은 기회를 제공하는가? 능력주의 신화에 주목한다. 재능과 노력만으로 누구나 상류층으로 올라갈 수 있다는 믿음은 더 이상 현실과 맞지 않는다. 능력주의는 신분 획득을 위한 무한경쟁 사회를 열었고, 그 경쟁에는 엘리트 신분을 획득했던 자들만이 오르고 있다. 사회의 상류층은 자식들에게 엘리트 신분을 만들어주기 위해 자녀의 능력 향상을 도모하고 있는데, 부유한 부모가 자녀에게 주는 이러한 유리함을 차단하기가 쉽지 않다.

미국 하버드대학교 교수 마이클 샌델(Michael Sandel)의 저서 『공정하다는 착각』에 의하면, 부유하고 유력한 사람들은 능력주의를 이용해 자신들의 특권을 영구화하고, 자신들의 유리함을 자녀에게 물려줄 방법을 찾아낸다. 그리하여 능력주의를 세습귀족제로 탈바꿈시킨다. 이런 불평등에 따르면 능력주의는 신화이며, 아직 실현되지 못한 공허한 약속이다.[73] 사회적 계층 상승의 담론은 그런 신분이 아닌 이들에게는 약속이라기보다는 조롱이고, 신이 나기보다는 화가 나는 말장난이다. 그래서 기회균등에 대한 담론이 과거와 같은 반응을 얻지 못하고 있다.

능력주의는 시험 성적을 공정의 잣대로 여긴다. 수능시험은 모든 응시생이 같은 장소에서, 같은 문제를, 같은 시간에 푸는 시험이다. 조건이 같으니 공정한 경쟁이라고 여기지만 과연 그런가. 무늬만 공정한 시험 아닌가. 수능 시험 전날까지 어떤 교육, 어떤 훈련을 받아왔는지 거슬러 올라가 보면, 거기서 어떤 공정성을 발견할 수 있나? 아이들 사이에선 출생 당시부터 성적 향상에 영향을 끼치는 격차가 존재한다. 학창시절에 과외를 받고, 선행학습 코스를 밟고, 어학연수를 다녀온 아이는 시험에 유리하다. 방학이 되면 유복한 집 자녀들은 해외로 인턴을 하러 가지만, 가난한 집 학생들은 동네 레스토랑에서 배추를 썬다. 부모의 경제력 순으로 학점이 나온다고 믿는 이들은 부모의 얼굴도 마주하기 싫어지는 상황이다.

빈익빈 부익부로 양극화된 사회에서 개인의 출발선은 다르다. 부유층 자녀는 사교육과 부모 지원으로, 그렇지 않은 자녀보다 훨씬 앞서 출발한다. 이를 무시한 채 능력에 따라 대우를 받아야 한다면, 불평등을 더욱 심화시킬 뿐이다. 미국 예일대학교 교수 대니얼 마코비츠(Daniel Markovits)는 『엘리트 세습』에서 현대사회가 '능력주의 덫'에 빠졌다고 주장한다. "엘리트 계층은 과거 귀족처럼 자신의 지위나 권력을 활용해 계급을 자식에게 물려주려 하고, 결과적으로 능력주의가 오히려 사회이동을 억제하는 요소로 변질됐다"고 지적한다.[74]

2016년 미국 대통령선거에서 공화당 후보였던 트럼프(D. Trump) 전 대통령이 당선된 데는, 엘리트들의 승자독식 사회에 좌절한 백인 저소득층이 민주당 후보 힐러리 클린턴(Hillary Clinton)으로 대변되는 엘리트들에게 좌절했기 때문이라고 마코비츠 교수는 분석한다. 미국 정치철학자 존 롤스(John Rawls)는 『정의론』에서 '기회 균등'을 중심으로 수행되는 '절차주의적 과정'의 부족한 측면을, '공정 분배'라는 '결과주의적 조정'으로 보완함으로써 정의가 완성되는 것으로 본다.[75]

집단의 권력화가 목적을 벗어나는 순간 위험해진다

어린 시절부터 시험과 경쟁에 익숙한 밀레니얼세대는 개인화된 공정 개념을 가지고 있다. 시험문제 하나를 더 맞추면 입학 대학이 달라지는 환경에서 자랐다. 그래서 자신들의 개인 이해관계를 직접 침해하는 이슈 즉, 입시, 취업, 공정, 갑질 등은 예민하게 반응하는 영역이다.

최근 공공부문 비정규직의 정규직화 문제는 친인척의 정규직화로 변질해 고용세습 비리로 얼룩졌다. 이에 대해 대학생들 사이에선 "힘들게 공부해도 취업이 안 되는 이유가 있었네, 하마터면 열심히 살 뻔했다"는 자조 섞인 농담이 유행했었다. 고용세습에 분노하는 건 채용의 공정성이 훼손됐기 때문이다. '빽'이 있어야 취직한다는 '유빽유직 무빽무직'의 현대판 음서제, 즉 언제부터 대한민국이 씨족사회, 골품제로 후퇴했느냐는 한탄이다. 독일 경제학자 발트 오이켄(Walter Eucken)은 『질서자유주의 창안』에서 "누군가에게 하나의 특권이 부여되면 그는 이 특권을 기반으로 두 번째의 특권을 요구하고, 두 번째의 특권도 주어지면 그는 세 번째의 특권을 요구한다"고 했는데, 집단의 권력화가 목적(目的)을 벗어나는 순간 위험하다는 것이다.

공공기관의 드러난 채용 비리 행태에서 채용 절차의 생명인 공정성에 구멍이 뚫렸다. 누구는 태생적 환경 덕분에 좋은 일자리를 얻고, 그렇지 못한 다른 누구는 채용시장에 들러리를 선 것이다. 채용 비리는 사회 진출을 위해 출발선에 선 청년들의 기회를 박탈해 한 사람의 인생을 망치는 범죄행위이다. 따라서 무임승차와 꼼수를 거부하는 기회의 공정이 이루어져야 한다. 국가적 행사란 이유로 정부가 평창 동계올림픽 여자 아이스하키 남북 단일팀을 일방적으로 결정한 데 대한 분노도, 개인의 희생을 강요하며 땀 흘린 노력이 물거품이 되는 게 공정하지 못하다고 보았기 때문이다. 2,500년 전 공자(孔子)도 『논어』 〈계씨편(季氏篇)〉에서 제자 염유에게 "적은 것을 걱정하지 않고 고르지 못한 것을 걱정하며, 가난한 것을 걱정하지 않고 편안하지 못한 것을 걱정한다(不患寡而患不均 不患貧而患不安)"고 했다.

운의 중립화와 겸손

돈 많은 부모에게서 태어나는 것도 실력이라고? 어느 집안에서 태어났는가가 삶을 결정해 버리는 사회가 되어가고 있다. 인턴 채용부터 각종 정규직 채용에까지 영향을 미치는 '부모 찬스'의 힘에 슬픈 세상이 되어가고 있다. 정의롭지 못하고 공정성이 결여된 세상에 삶의 의욕이 꺾이는 것이다. 오늘날 한국 사회는 공정한 경쟁에 대한 믿음과 노력에 대한 보상의 가치가 흔들리고 있다.

모두 똑같은 출발선에서 경기할 때라야 승자도 명예를 받을 자격이 있다. 그런데 애초에 출발선이 다르다면, 그 경기는 공정하다고 보기 힘들다. 그러니 자연적 운과 사회적 운을 온전히 실력으로 착각해서는 안 된다. 전 미국 하버드대학교 교수 존 롤스(John Rawls)는 공정성의 핵심은 '운의 중립화'(neutralizing luck)라고 한다. 어디에서 태어났는지, 남자인지 여자인지, 부자인지 가난한지 등 우연하게 나타날 수 있는 자연적·사회적 조건을 없애야 한다. 그래야만 공정한 사회를 만들 수 있다고 한다. 불평등이 깡그리 없어지면 더할 나위 없이 좋겠지만, 그것은 현실적으로 불가능하다. 불평등의 수위를 조절하여 승자독식이 아니라 공정한 경쟁을 통해 사람들이 더 나은 삶으로 올라갈 수 있는 여지를 충분히 주는 것을 목표로 해야 한다.[76)]

내가 가진 재능과 사회로부터 받은 대가는 과연 온전히 내 몫인가, 아니면 행운의 산물인가? 가령 행운이나 공동체의 지원 덕분에 그 자리에 섰다면, 나의 성공은 내가 잘해서가 아니라 운이 좋았기 때문이므로 그런 행운은 남들과 나누어야 하고, 겸손해져야 한다. 세계 최고 부자의 한 사람인 워렌 버핏(Warren Buffett)은 한 자선행사에서 "그동안 저를 포함한 제 가족들은 이 사회에서 특별한 대우를 받고 살아왔습니다. 한마디로 행운아들이죠! 제가 만약 다른 시대에 태어났더라면 맹수의 점심거리가 되었을지도 모를 일입니다. 또 제가 만약 미국이 아닌 다른 먼 곳에, 다른 먼 장소에 떨어졌더라면 그야말로 하찮은 존재로 살아왔을지도 모를 일입니다. 제가 이 자리에 서게 된 것은 저를 둘러싸고 있는 이 위대한 사회 덕분이며, 그 속의 한 부분에 제가 잘 적응했기 때문입니다"라고 말했다. 그는 자신의 성공 이유를 사회시스템 덕택으로 돌렸다.[77)] 중국 경서(經書) 『주역(周易)』은 "이익을 얻으면 그 이익은 누군가의 은혜에 의한 것이니, 나 또한 은혜를 베풀어야 한다"고 한다.

능력주의 경쟁에서 비롯된 불평등은 정당한가?

능력주의는 얼핏 보면 공정한 것 같지만, 실제론 불공정을 심화하고 사회를 양극화한다. 능력주의가 공정하다는 주장은 자칫 '속임수'가 될 수 있다. 능력주의의 이상은 이동성에 있지, 평등에 있지 않다. 능력주의는 불평등을 치유하는 것이 아니라 오히려 정당화한다. 능력주의로 유자격자와 무자격자를 가른 결과가 가혹한데도, 능력이 없는 사람이 겪는 고통을 간과하고 있다. 능력주의에 따르면, 사회의 상층부에 속하지 못한 사람들은 그것이 자기 잘못에 따른 것이기에 자괴감에 시달리고, 자신들은 끝장났다는 절망에 빠져들게 한다. 사회적 이동성이 가로막힌 상황에서 그들을 불행하게 만드는 것은, 경제적 곤경만이 아니라 그들이 하는 일의 존엄성마저 짓밟는다는 것이다.

한편, 기성세대가 생각하는 공정의 가치는 "기회와 결과"에서 평등을 지향하는 반면, 젊은이들은 결과적 공정보다 "절차적 공정"을 원한다. '결과의 평등'을 제외한 '기회의 평등'에 초점을 둔다. 그러니 경쟁의 공정성만은 지켜달라는 것이다. 그러나 과정만 공정하다고 될 일이 아니다. 금수저 문 사람과 흙수저 문 사람이 공정하게 경쟁한들 결과는 뻔하다. 경쟁이 공정했다고 승자가 결실을 독식하는 것도 바람직하지 않다. 이것이 능력주의의 한계다.[78] 능력주의가 공동체 의식을 약화시키는 기능을 하면, 민주주의가 요구하는 사회적 연대와 시민의식의 강화에 이바지하지 못한다. 따라서 개인의 실패가 아닌 시스템의 실패로 생긴 불평등을 해소하여, 능력주의가 풀어헤친 사회적 연대의 끈을 다시 매는 방안을 찾아야 한다. 능력주의에 따른 불평등을 보완하는 것이 과제다.

09

독서는 인생에서 큰 차이를 만든다

빈 머릿속도 채워야 한다

내 직장 경험상 조직 전체의 개혁 프로젝트에 연속 3번 정도 불려가면 머리는 깡통이 된다. 조직혁신 아이디어를 제안하는 것이 핵심인 데, 머리가 텅 비어 할 수 있는 게 없었다. 영국 시인 바이런(G. G. Byron, 1788~1824)은 "내 자신의 무식을 아는 것은 지식으로의 첫걸음이다"고 한다. 내가 무엇을 아는가? 그때 절실하게 느낀 것이 두뇌 세탁을 위해서 책을 많이 읽자는 것이었다. 책을 읽는 것은 새로운 것을 알아가는 과정이다.

오늘날 인터넷 사용과 함께 볼거리 · 즐길 거리가 많은 요즘, 인쇄된 출판물을 읽는데 투자하는 시간은 많이 줄어든 것 같다. 스마트폰이 생긴 후 인터넷 정보의 홍수 속을 유영하느라 책장 넘긴 지가 오래됐다는 것이다. 그동안 인터넷은 더 빠르고, 더 많은 뉴스를 생산 · 소비시키기 위해 정보의 품질은 간과되어 온 측면이 있다. 자극적이고, 파편화된 정보가 쏟아지고 있다. 고든 맥도날드(Gordon MacDonald)는 "오늘날 젊은

이들이 독서 훈련을 점점 어려워하고 있는데, 이는 우리 시대의 가장 큰 손실 중의 하나"라고 말한다.

배를 채우기 위해 먹을 것을 챙기는 것처럼, 비어 있는 머릿속도 채워야 한다. 세상은 아는 만큼 보이고, 사람은 자신이 아는 것만을 말할 수 있다. 새로운 나를 만들고 싶다면 책을 펴라고 한다. "책은 펼치기만 해도 유익하다(開卷有益)"는 말도 있다. 근대철학의 아버지로 불리는 데카르트(R. Descartes, 1596~1650)는 "좋은 책을 읽는다는 것은 과거의 가장 훌륭한 사람들과 대화를 나누는 것과 같다"고 하였다. 수천 년 동안 문명국에서 선택된 가장 현명한 사람들의 지혜의 소산이 잘 정리된 책 속엔 인생을 이해하는데 있어서 통찰이 가득하다.

리차드 베리(Richard Berry)는 "신이 인간에게 책이라는 구원의 손을 주지 않았더라면, 지상의 모든 영광은 망각 속에 묻히고 말았을 것"이라고 했다. 책은 인간에게 소중한 역사의 기록이자 인류의 발자취다. 미국 발명가 에디슨(T. Edison, 1847~1931)은 "책은 위대한 천재가 인류에게 남겨주는 유산이며, 그것은 아직 태어나지 않은 자손들에게 주는 선물로서 한 세대에서 다른 세대로 전달된다"고 말한다.

모르는 세계에 가지 않으면 아무것도 배울 수 없다

사람은 음식물로 체력을 배양하듯, 독서로 정신력을 배양해야 한다. 경험론의 시조인 베이컨(F. Bacon, 1561~1626)은 "지식은 곧 힘"이라고 말한다. 엄밀히 말하면, 그건 반쪽짜리 진리에 불과하다는 지적이 있다. 지식이란 잠재력을 말하는 것으로, 지식은 활용하여 가치 있는 결과를 만들어낼 때 의미가 있고, 힘이 될 수 있다는 것이다. 독서는 내 생각과 다른 글을 접하게 하여 의식의 지평을 넓히고, 자신의 세계를 확장시키는 최고의 수단이다. 독서는 하면 할수록 내가 가진 지식의 범위가 얼마나 협소한지, 내가 모르는 세계가 얼마나 드넓은지를 깨닫게 해준다. 오래된 책들은 오늘을 사는 지혜가 담겨 있어 인생에서 고비를 맞을 때, 책에 길을 묻을 수 있다. 젊은이에게는 인생을 항해하는데 안내자로서 "책 속에 길이 있다"는 것이다. 1달러를 주고 산 책 한 권이 그 사람의 인생을 바꿀 수도 있다. 독서만큼 값이 싸면서도 오랫동안 즐거움을 누릴 수 있는 것도 드물다.

독서는 인간에게 깊은 사유를 가르치고, 세상을 이해하는데 필요한 지식을 얻을 수 있다. 누구나 당시에 출판된 책을 읽어야 함은 자기가 그 속에 살고 있는 세계를 알아야 할 필요성이 있기 때문이다. 책으로 젊은 피를 수혈하면, 정신을 젊게 유지하고 의사소통 능력을 연마하는데 도움을 준다. 지식과 지혜를 통해 시대 흐름을 파악하고 닥쳐올 문제를 해결하거나 자기 향상을 꾀하거나, 자신을 위로하고 격려하는 자기만족을 추구할 수 있다. 영국 소설가 올더스 헉슬리(Aldous Huxley)는 "책 읽는 법을 아는 사람은 자기 자신을 확대하고 자신의 존재를 확대할, 또는 자신의 인생을 풍부하고 우수하게 그리고 재미있게 만들 수 있는 힘을 가지고 있다"고 말한다.

독서는 전공에 대한 지식뿐만 아니라 새로운 주제와 새로운 시각에 대해 개방적인 자세를 취할 수 있게 해준다. 독서는 사람의 정신을 건강하게 하고, 정서 함양과 삶을 풍요롭게 한다. 독서는 주관성을 배제하고 객관적인 안목을 키우고 스트레스를 전환하여 마음을 진정시키는 데 도움이 된다. 독서는 잘못된 편견을 드러나게 해서 고집불통이 되는 것을 방지하고, 입장을 바꿔 이해할 수 있게 해준다. 독서광으로 소문난 버락 오바마(B. Obama)는 미국 대통령 시절 "매일 잠들기 전 한 시간씩 책을 읽었다"고 한다. 그는 "너무 많은 정보가 오갈 때 독서는 시간을 늦추고 통찰력을 얻게 해주며, 다른 사람의 입장에서 이해하게 해준다"며, "독서가 지난 8년간 내 안의 균형을 찾게 해줬다"고 말한다.

독서는 영역을 확장하는 좋은 방안이다

책을 읽는다는 것은 이전에 가보지 못한 새로운 세계를 여행하는 것과 같다. 내 안의 경계를 발견하고, 잘못 그어진 경계를 지우고, 새로운 경계를 그리기 위해 우리는 책을 읽어야 한다.[79] "독서는 약 처방처럼 당장 효과가 나타나거나 행복을 만들어주지 않는다. 그러나 한 권 한 권 읽어가는 동안에 내가 무엇을 알고, 무엇을 모르고 있는지를 깨닫게 하는 데 도움이 됨에 틀림없다"고 앤 패디먼(Anne Fadiman)은 말한다. 어디까지 알면 될까? 안다는 것에는 끝이 없는 법이다. 몇 권의 책을 읽어야 할까? 세상에 읽어야 할 책은 너무 많다. 중국 당나라 시인 두보(杜甫, 712~770)는 "모름지기 남자는 다섯 수레의 책을 읽어야 한다(男兒須讀五車書)"고 했다.

독서 경영으로 유명한 김종훈 한미글로벌 회장은 "책을 많이 읽는 사람과 일 년에 한 권도 제대로 안 보는 사람은 1, 2년 단위로 보면 별 차이가 안 날 수도 있다. 그러나 10년이고 20년이고 축척의 기간이 가게 되면 많이 차이 난다. 내공의 차이가 난다. 내공이 중요하다"고 말한다. 생계에 쫓기는 사람이 책을 손에 잡는 것은 쉬운 일이 아니다. 그러나 매일 조금씩 읽으면 연말에는 변화가 느껴질 것이다. 독서의 시작은 어려울지라도 한 권의 책이 쌓이고 쌓이면, 지금까지의 당신과는 전혀 다른 세상을 볼 수 있게 만들어 줄 것이다. 오마하의 현인으로 불리는 투자의 귀재 워런 버핏(W. Buffett)은 "지식은 복리로 쌓인다"고 했다.

인공지능과 경쟁하며 살아가기 위해서는 독서를 습관화해야 한다

사실 독서 습관을 몸에 익히고자 결심했어도 지속하기가 쉽지 않다. 광범위한 독서로 여러 정보를 얻거나 마음을 넓히는데, 규칙적으로 좋은 책을 읽는 습관보다 좋은 방법은 없다. 책을 읽지 않는 사람은 문맹(文盲)보다 나을 바가 없다. 성공한 사람들을 보면, 공통적으로 독서 습관이 있다. 빌 게이츠(Bill Gates)는 "오늘날의 나를 있게 한 것은 우리 동네 도서관이었다. 하버드대학 졸업장보다 소중한 것이 독서하는 습관"이라고 했다.

독서는 여가나 취미가 아니라 24시간 중 시간을 할애해야 할 중요한 활동이다. 일류(一流)는 독서를 취미라고 하지 않는다. 독서의 일상화는 스스로 즐기면서 동시에 생산적으로 시간을 보내는 중요한 습관이다. 자신의 생활환경, 기호 등에 걸맞게 언제, 어디서, 어떻게 읽으면 좋을지 정해서 독서 습관을 몸에 익힌다. 미래사회에서 인공지능과 경쟁하며 살아가야 할 젊은이들에게 중요한 기초체력은 책을 읽는 습관에서 쌓을 수 있다. 앞으로 자신의 가치를 유지하고 싶다면, 인공지능이 모방하기 어려운 능력에 초점을 맞춰야 할 것이다.

성공한 사람일수록 바쁜데도 책을 읽는다

성공한 사람은 바쁘다. 그런데도 책 읽기를 소홀히 하지 않는 이유는 책의 유용성을 알기 때문이다. 현대인들은 책을 읽지 못하는 이유에 대해 바빠서 책 읽을 시간이 없다고 한다. 어떻게든 읽으려고 해보지만, 일이 바쁘니 마음이 어수선하여 독서에 오롯이 집중할 수 없다고 한다. 하지만 아무리 바쁘다고 해도 나름의 시간을 확보할 수 있다. 목표와 의지만 있다면 숨은 시간을 찾아낼 수 있다. 생활 속에 숨겨져 있는 자투리 시간을 유용하게 활용하는 것은 독서 습관에 큰 도움이 된다.

일본 작가 아카바 유지(赤羽雄二)는 『세계 최고 인재들은 어떻게 읽는가』에서 "시간이 없어도 필요한 책을 직접 고르고, 바빠도 책 읽을 시간을 확보하고, 책을 읽은 다음 자신의 일과 생활에 적절하게 활용한다. 시간을 헛되이 보내는 일 없이 틈틈이 책을 읽은 후, 내용을 확실하게 자신의 것으로 만든다. 시간이 없어서 읽지 못한다거나 책을 읽어도 도움이 되지 않는다고 말하는 사람은, 읽은 것을 자신의 일과 생활에 활용하는 방법을 제대로 알지 못하는 사람"이라고 한다. 그는 "단 한 권을 읽더라도 자신을 바꾸는 계기로 삼은 사람은, 백 권을 읽고도 무엇 하나 바뀌지 않은 사람보다 낫다"는 말을 신조로 삼는다고 한다.

휴대폰 검색에서 독서로 가는 길이 경쟁력이다

지하철이나 버스를 탈 때마다 보면, 거의 모든 사람이 스마트폰에 빠져 있는 광경을 쉽게 볼 수 있다. 스마트폰 덕분에 생활은 편리하지만, 그와 동시에 카카오톡 · 페이스북 · 트위터 · 유튜브 등에 집중력과 시간을 뺏기고 있다. 온라인 소통에 집중하다 보니 독서는 순위가 밀려서 책을 읽는 사람이 드물다. 사람들은 인터넷에서 기술 · 기업 · 산업뉴스 등을 얻는 데 익숙해져서 차분히 책을 읽으며 정보를 얻으려 하지 않는다.

사람들은 이제 신문 기사도 길어서 못 읽겠다고 한다. 인터넷은 새로운 정보를 얻는데 편리한 매체다. 하지만 짧은 시간에 피상적인 지식으로 작성한 정보가 대다수여서 읽어도 체계적인 식견을 갖추기 어렵다. 인터넷은 정보의 양은 많지만, 사물의 본질에 가까운 깊은 지식을 얻기에는 한계가 있다. 인터넷의 정보가 그 질을 반드시 확보하는 것은 아니기 때문이다.

지위가 상승할수록 주어지는 업무 수준도 나날이 높아진다. 그리고 때때로 자신이 잘 모르는 분야에 봉착하는 일도 발생한다. 그때 물어볼 상대가 있으면 다행이지만, 없을 때가 많다. 또 있다고 해도 다들 업무로 바빠서 하나부터 열까지 물어볼 수도 없다. 이때 책이 정답이다. 독서는 내가 학교에 가서 배우거나 다른 사람의 시간을 빼앗거나 하는, 누군가에게 아쉬운 소리를 하지 않고도 혼자서 원하는 만큼 지식을 쌓을 수 있게 한다.

현대인들은 바쁘다 해도 마음만큼은 직장일, 독서, 개인적인 일, 오락 등 모두 다 놓치지 않으려고 한다. 독서를 자신의 목적을 이루는 수단으로 활용하기 위해서는 인터넷 뉴스는 정해 놓은 시간에만 읽고, 몇몇 인터넷 사이트는 아예 가지 않도록 하여 시간을 확보하는 것이다. 무의미한 웹서핑을 하기보다는 손에 책을 잡는 습관을 들이는 것이다. 트위터 공동창업자 에반 윌리엄스(Evan Williams)가 두 아들에게 전자책 대신 종이책을 읽도록 한다는 것은 시사하는 바가 있다.

인간의 지식은 독서를 먹고 자란다

사람은 책을 만들고 책은 사람을 만든다고 한다. 책이라는 좋은 수단을 삶에 적극적으로 이용하려고 하는 사람은 많지 않다. 책을 읽는다는 것은 자신의 미래를 만드는 것과 같다. 치열한 무한경쟁 속에서 살아남고 발전하기 위해서는 역량을 키워야 한다. 독서는 소양을 위해서뿐만 아니라 자신의 일이나 꿈을 실현하는 수단이 될 수 있다. 취미나 수동적인 독서가 아니라 성장을 위한 발판이 되는 독서를 하려면, 일이나 인생에 도움이 되는 전략적인 독서를 할 필요가 있다. 책을 읽어도 일에 도움이 되지 못한다면, 목적을 분명히 하지 않은 채 독서를 했기 때문이다. 무언가를 배울 때는 그것을 적절히 활용하겠다는 생각으로 배워야 지식의 활용도가 높아질 것이다.

정보화 시대에 지식의 문제는 그 생명이 짧다는 것이다. 항상 새로운 정보를 접하지 않으면, 즉시 시대에 뒤떨어지게 된다는 위기감을 안고 있다. 급속도로 변화하는 현대사회에서 제자리에서 똑같은 일을 반복해서는 살아남기 힘들다. 책을 읽고 매일 쏟아지는 새로운 지식을 손에 넣어 자신을 개선해야 한다. 독서는 정보의 샘이라고 할 수 있다. 책을 읽는 사람은 어제와 똑같은 오늘을 보내는 사람보다 삶이 생산적이다. 성장을 위한 독서, 자신에게도 조직에도 좋은 독서를 하려면 생활 습관을 개선하여 독서 시간을 마련해야 한다.

시야가 넓으면 일에 도움이 된다

항아리에 물이 가득 담겨 있어야 여러 그릇을 퍼낼 수 있듯이, 다양하고 유연한 대화를 위해선 앎과 사유가 깊어야 한다.[80] 책은 세상을 바라보는 눈을 깊고 넓게 해주며 다양한 간접 경험을 하게 한다. 책을 읽으면 시야가 넓어져 전체를 볼 수 있는 안목이 생겨 사물을 균형 있게 볼 수 있다. 똑같은 상황에 직면해도 시야가 좁은 사람과 넓은 사람은 대처 능력이 다르다. 일할 때뿐 아니라 어떤 정보를 접하거나 문제점에 봉착했을 때 파악하는 방식, 해결책, 대안의 종류 등에서 차이를 보인다.

시야가 넓은 사람은 상사의 방침을 듣고서 자신의 일을 조직 전체에 최적인 관점으로 설정한다. 앞을 내다보고 가장 효과적인 수단을 선택한다. 반면, 시야가 좁은 사람은 눈앞의 것만 본다. 상사가 아무리 멀리 내다보고 이야기해도 자신이 이해하는 범위 이상은 받아들이지 못한다. 시야가 좁은 사람은 조정이 힘들다. 그래서 시야가 넓은 사람은 성공하는 사람이 될 가능성이 크다.

미국 애플(Apple) 창업자 스티브 잡스(Steve Jobs)는 기술만으로는 탁월한 제품을 만들 수 없다고 말한다. 그의 표현에 따르면, 기술과 인문학을 결합해야만 '가슴을 뛰게' 만들 수 있다. 이제는 틀에 얽매이지 않고 여러 분야를 자유롭게 넘나드는 사람들이 필요한 시대다. 지금까지 이과(理科) 계통은 정치 · 경제 · 사회과학 분야, 문과 계통은 과학 · 기술 · 공학 분야에 그다지 관심이 없었다. 그러나 이제는 기술적 기본을 갖추었다면 철학, 사회학, 심리학, 경영학 등 인문사회 분야의 책을 읽어야 한다. 전공 서적도 중요하지만, 전공 외의 서적도 읽어야 한다. 사실 인문정신이 없는 과학기술적 사유와 과학의 논리를 결여한 인문적 사유는 인간의 삶과 생태를 독단성과 맹목적 진보에 매몰시킬 위험이 있다. 세계적인 명성을 얻고 있는 석학 중에는 역사와 철학 등을 외면하고 자신의 연구분야에만 매달리는 사람은 별로 없다고 한다.

디지털 시대의 인간은 산만하다. 정보의 홍수가 머릿속을 휘젓는 상태이다. 이 상황에서 최근의 "한 입 콘텐트"는 모바일 시대 콘텐트의 존재론을 보여 준다. 글은 길지 않고 간략하게, 심심할 때 부담 없이, 가볍게 읽을 수 있도록 쓰인다. 한 입 콘텐트의 유형으로는 '지식 또는 상식을 얻기 위해 읽는 정리형 콘텐트,' '공부 또는 독서 습관을 쌓기 위해 읽는 분절형 콘텐트,' '지적 대화를 위해 읽는 과시형 콘텐트' 등이 있다. 정보량이 늘어날수록 콘텐트 소비자는 한눈에 알기 쉬운 정보, 즉 정리된 정보에 목마른 것 같다.[81)]

10

읽은 것을 정리해 놓으면 힘이 된다

정보 감성을 키워라

직장생활을 하다 보면 내 업무거나 아니거나 상관없이 갑자기 어떤 사안에 대해 보고하라는 지시가 떨어지거나, 당장 1시간 안에 보고하라거나 하는 당황스러운 일이 생긴다. 그땐 사안의 핵심을 파악하는데도 시간이 부족한데, 의외로 보고서의 문언 표현이 난관이 될 때도 있다. 보고내용이 핵심을 담되 쉽게 이해할 수 있고, 간결하고, 산뜻하고 신선함이 드러난 표현이면 좋다. 이때 보고서 작성이 잘 안 풀릴 때 해결책의 하나로 평상시 수집한 자료 등을 정리한 파일이 있다면, 그것을 유용하게 활용할 수 있다. 정보 감성을 키워야 한다. '정보 감성'이란 정보를 수집하고 분류하여 자신의 인생에 도움이 되는 정보로 활용하는 능력이다. 전 미국 인텔 회장 앤드류 S. 그로브(Andrew S. Grove, 1936~2016)는 "정보수집은 모든 경영기술의 기본"이라고 했다. 정보수집은 편견을 줄이는 방안이 되기도 한다.

중국 상고시대(上古時代)의 정치를 기록한 책인 『서경(書經)』은 "편안하게 지낼 때는 항상 장차 있을 수 있는 위태로움을 생각하고(居安思危), 위태로움을 생각하게 되면 항상 준비가 있어야 하며(思危則有備), 충분한 준비가 되어 있으면 근심과 재난이 없을 것(有備無患)"이라고 한다. 미리 준비하면 형편없는 결과를 막을 수 있다. 영국 철학자 베이컨(F. Bacon)은 "독서는 완성된 사람을 만들고, 담론은 재치 있는 사람을 만들고, 필기는 정확한 사람을 만든다"고 말한다. 우리가 단순히 읽는 것이 아닌 기억해 둘 목적으로 배우는 것이라면 '자료정리'는 의미가 있다. 체계화하지 못한 지식은 쓸모가 없다. 머릿속에 알고 있는 것도 중요하지만, 지식을 얼마만큼 이용하느냐도 중요하다.

현대사회는 정보 포화의 시대다. 유익한 정보를 활용하고 싶어도 정보의 과부하에 걸려 있다. 이제 사람들에게 중요한 것은 정보를 수집하는 능력이 아니라 판단하고 분류하는 능력이다. 과거에는 의사결정을 할 때 좋은 의사결정을 위한 정보가 부족했다. 그러나 이제는 정보의 양이나 정보를 수집하는 능력이 아니라 그 많은 데이터를 분석·분류하고 판단하는 능력이 요구되고 있다. 유능한 사람은 선택할 정보와 버릴 정보의 구별을 잘하는 사람 그리고 그런 판단을 빨리하는 사람이다. "세상의 정보를 정리하여 누구나 유용하게 활용할 수 있도록 만든다"는 구글(Google)의 선언은 상당한 의의를 지닌다.82)

정리는 단순하지만, 누구나 하고 있지는 않다

책 읽을 시간도 부족한데 정리하는 시간에 차라리 다른 책을 한 권 더 읽는 게 좋지 않을까? 하고 고민하게 된다. 그러나 좋은 책을 읽어도 금방 기억에서 사라지니 별로 도움이 되지 않는다. 눈으로만 읽는 독서의 문제는 기억이 오래가지 않는다는 것이다. 이러한 효과 없는 독서에서 생산적인 독서로 만들기 위해 자료 창고를 만드는 것이다. 이 단순한 행위가 데이터를 축적시켜 일과 판단력을 향상시켜 준다.

인간은 "기록하는 동물"(Homo Scriptus, 호모 스크립투스)로 불린다. 이하윤(1906~1974)의 수필 『메모광(狂)』은 "쇠퇴해가는 기억력을 보좌하기 위하여, 나는 뇌수의 분실(分室)을 내지 않을 수 없었던 것이다"라는 메모의 변(辯)이 나온다. 좋은 책을 많이 읽는 것도 좋지만, 많이 읽기만 하는 것보다 읽은 책의 내용을 가능한 한 잘 정리하는 것도 중요하다. 정리라는 목적의식을 가지고 책을 읽으면, 좀 더 책의 내용에 집중할 수 있다. 독서 목표에 내용 정리를 추가하면, 관련 정보가 사방에서 보이기 시작한다. 정리의 핵심은 정보의 '양'이 아니라 '질'이다.

인간은 망각의 동물이기 때문에 머릿속으로 기억할 수 있는 것은 한계가 있다. 독일 심리학자 헤르만 에빙하우스(Hermann Ebbinghaus, 1850~1909)의 '망각 곡선' 연구에 따르면, 학습 후 10분 후부터 망각이 시작되며, 1시간 뒤에는 50%, 하루 뒤에는 70%, 한 달 뒤에는 80%를 망각하게 된다고 한다. 그래서 기억의 유한성을 기록으로 보완하는 것이다. 배운다는 것을 책을 읽는 것으로 끝내 버리는, 읽는 것에 만족하는 경우가 많다. 그러나 그동안 무언가를 열심히 읽었지만, 무언가를 읽으면서도 제대로 써먹지 못한다면, 지금은 거의 잊어버렸다면 제대로 성과를 내기가 어렵다. 지식을 습득하는 과정에서 괜찮다고 생각되는 내용이 있을 때, 그것을 정리한 지식을 일에 적용할 수 있으면 더 가치가 생길 것이다.

책을 읽긴 읽었는데 시간이 흐를수록 잊어버린 내용을 다시 생각해 내려면, 에너지가 몇 배는 더 소모된다. 지금은 모든 게 분명하다고 생각되더라도 미래를 위해 기록을 작성한다. 나중에 일에 활용할 수 있는 지식과 정보를 축적해 놓는다. 읽은 것을 계속해서 입력하는 능동적인 정리를 하는 것이다. 몇 주, 몇 달이 지나 더는 잘 기억이 나지 않을 때, 그런 정리가 큰 도움이 된다. 일단 정리 습관을 만들어 놓으면, 인생에 변화를 가져올 수 있는 도구로서 당신만의 귀중한 재산이 될 수 있다.

체계화되지 못한 지식은 쓸모가 없다

일을 하다 보면 딱 떠오르는 아이디어가 없어 고생한 적이 한 번쯤은 있을 것이다. 예를 들면, 기획서를 준비하는데 핵심이 잘 표현되지 않는다든지, 보고서가 결론에서 막혀 진도가 안 나간다든지, 곧 회의에 들어가야 하는데 머릿속이 뒤죽박죽이라든지..., 이런 답답한 상황들은 쉽게 해결되지 않는다. 게다가 속도가 생명인 오늘날에는 빨리 판단하고 결정해야 하는 일들이 많아지고 있어 마음은 더 조급해진다.

조직에서 혁신업무를 담당하는 직원에게는 자료정리 파일이 중요한 지식창고이다. 사소해 보이는 정리 습관이 일과 삶에 미치는 영향은 생각보다 크다. 소위 '예능의 대부'라고 불리는 최고의 자리에 오른 개그맨은 자신만의 '아이디어 노트'를 가지고 다닌다고 한다. 매번 새로운 개그를 선보이는 그들을 보면 '저 사람, 천재 아냐?' 하는 생각이 드는데, 그 이면에는 늘 아이디어를 메모해 두는 노력이 숨어 있다. 그들에게 아이디어 노트는 성공과 직결되는 소중한 자산이다.[83)]

각각의 지식이 정리된 파일 안에서 서로 충돌하고 연결되어 하나의 새로운 창조물로 합성되는 경험을 때때로 하게 된다. 이전엔 생각지도 못했던 방식으로 그 지식을 일에 적용할 수 있게 된 것이다. 오스트리아 태생의 영국 철학자 비트겐슈타인(L. Wittgenstein, 1889~1951)은 "문제를 해결하는 힘은 새로운 정보를 얻는 데서 오는 것이 아니라 이미 오래

전부터 알고 있던 것을 체계적으로 정리하는 데서 온다"고 한다. 스티브 잡스(Steve Jobs)는 "창의성은 연결하는 것"이라고 했다. 창의적인 아이디어는 어느 날 갑자기 번뜩 떠오르는 것이라고 생각하는 사람들이 많지만, 평상시 정리와 깊이 있는 생각들이 차곡차곡 쌓여 쓸 만한 아이디어로 발전하는 것이다. 제임스 패터슨(James Patterson)은 "신선한 아이디어가 난데없이 떠오르는 경우는 드물다. 대개는 누구도 한데 모은 적이 없는 이질적 요소들을 한데 모으는 데서 신선한 아이디어가 생긴다"고 한다.

예전에는 아는 것이 힘이었다. 인터넷 시대에는 어디 있는지 아는 것이 힘이다. 그러나 지금도 변함없는 것은 메모하는 것이 힘이다. "총명한 머리가 둔한 연필만 못하다(聰明不如鈍筆)"는 말이 있다. "기억력이 좋은 머리보다 무딘 연필이 더 낫다"란 독일 격언도 있다. 기억보다 희미한 연필 자국이 더 오래간다는 것이다. 일러스트레이터 밥장(장석원)은 『밥장, 몰스킨에 쓰고 그리다』에서 기록의 진짜 매력은 잊지 않는 데 있는 게 아니라 기록해두면, 마치 땅 밑에 묻힌 원유처럼 시간이 흐를수록 가치 있는 무언가로 바뀐다. 적을 때는 별것 아닐지 몰라도 1년, 10년, 30년이 지나면 전혀 다른 이야기가 된다고 말한다. 사카토 케지는 "기록하고 잊으라. 잊을 수 있는 기쁨을 만끽하면서. 항상 머리를 창의적으로 쓰는 사람이 성공한다. 그 비결은 바로 메모 습관에 있다"고 한다.

평생 써먹는 인생의 무기

일에서 중요한 것은 속도와 질이다. 상당히 귀찮기는 하지만 정리 습관은 일의 질을 높일 수 있는 수단이 된다. 정보란 필요할 때 언제든지 꺼내 쓸 수도 있어야 한다. 미리 준비된 다양한 자료가 있으면 속도가 필요한 일에서 나름 창의적인 사고력을 펼칠 수 있고, 스트레스 가득한 환경에서도 무너지지 않을 수 있다. 10년간 메모를 하지 않는 사람과 메모를 잘한 사람은 사회적 위치에서 차이가 난다는 것이다. 보이지 않는 성공의 발판이다. 미즈키 아키코는 "퍼스트 클래스에서 근무할 때는 펜을 빌려달라는 부탁을 받은 적이 단 한 번도 없다. 퍼스트 클래스 승객들은 항상 메모를 하는 습관이 있기 때문에 모두 자신의 필기구를 지니고 다녔다"고 말한다. 내가 품고 있는 관심사나 해결하고 싶은 문제에 연결되는 내용, 어떻게 이런 표현을 했을까 감탄이 나오는 문장, 나중에 인용하고 싶은 문장 등을 메모하고 스크랩해 두면, 일이나 글을 쓰거나 강의 자료 등을 만들 때도 도움이 된다.

수집 정리된 자료가 쌓여 갈수록 그 두께는 일에 대한 스트레스 감소와 자신감으로 이어지는 힘이 된다. 정리를 통해 나만의 해법을 쌓아가다 보면, 어떤 문제를 만나도 이성적으로 대처할 수 있다. 역사적 측면에서 보면 기록은 생명이다. 관 뚜껑이 덮일지라도 기록이 있으면 영생한다. 요즘은 사진이 없던 과거와 달리 사진이 펜보다 강한 시대가 되었다. 문자와 글의 기억은 흐릿해지지만, 사진은 쉽사리 뇌리를 떠나지 않는다. 한 장의 사진 힘이 크다. 자료수집에 이러한 변화의 흐름에 관한 인식도 필요하다.

11

트렌드(Trend)를 살펴라

우주의 근본법칙은 변화이다

삶의 속도가 빛의 속도로 변하고 있다. 원하든 원하지 않든 세상과 우리의 삶은 계속 변한다. 시대의 흐름에 맞춰 새로운 지식을 쌓고, 세상이 어떻게 발전하고 있는지 변화의 흐름을 이해하고 파악하는 것은 중요한 일이다. 자기의 직업을 선택하거나 이직하는 경우에도 시대의 흐름을 알고서 해야 한다. 변화를 수용하고 거기에 적응하는 것은 평생 동안 배워야 할 기술이기에 변화를 두려워하지 말고 변화하지 못함을 두려워해야 한다.

살아가는 환경이 급격하게 바뀔 때, 생명체는 떠나거나 적응하거나 둘 중 하나를 선택해야 한다. 떠날 수 없다면 적응해야 한다. 적응하는 조건은 변화하는 세상을 인정하고 적합한 대응법을 찾아야 한다. 고정관념을 버리고 생각을 새롭게 해서 문제를 해결해야 한다. 변화에 적응하는 개방적 태도와 도전정신을 정비해야 한다. 영국 생물학자 찰스 다윈(Charles Darwin, 1809~1882)은 "변화에 살아남는 것은 종 가운데 가장 강한 것도 아니고, 가장 지능이 높은 것도 아니다. 변화에 가장 민감한 종이 살아남는다"고 했다.

영국 풍자작가 스위프트(J. Swift, 1667~1745)는 "세상에 변하지 않는 것은 없다. 모든 것이 변한다는 사실 외에는"이라고 말했다. 오늘날도 변하지 않는 사실은 "모든 것이 계속 변하고 있다"는 것이다. 특히, 대전환의 시기에는 과거의 규칙이 더는 통용되지 않는 전략적 변곡점을 빠르게 인식해야 한다.[84] 그래서 자신의 선택이 사회의 요구에 적응할 수 있어야 도태되지 않는다. 시대의 발전 추세를 이해하고 그것의 미래상을 고려해야만 보다 정확한 판단도 내릴 수 있다. 책을 통해 세상의 흐름을 알아가는 습관을 들이면, 그 어떤 자산보다도 값진 지혜와 통찰력을 얻을 수 있을 것이다.

"망하는 가장 빠른 방법은 바로 변하지 않는 것"이라고 한다. 고인 물은 썩고, 흐르는 물은 썩지 않는다. 시대를 보는 안목, 끊임없는 쇄신을 위해 트렌드를 읽어라. 기술이 발달하고 지식은 날마다 새로워지고 있다. 정체는 죽음이다. 혁신하고 또 혁신하지 않으면 안 되는 것이 현대의 존재 속성이다. 기술의 발전 속도가 빠른 만큼 트렌드도 빠르게 변하고 있다. 변화의 양상, 속도, 내용에 끊임없이 관심을 가지고 동시에 내가 발 딛고 있는 조직과 산업의 현재 상황, 최신의 유행과 소비자의 경향 등을 포착해야 한다.

과학과 기술의 발전으로, 어제는 진리로 평가받던 것이 오늘에는 거짓으로 판명되기도 한다. 예전에 배운 지식, 예전의 성공 경험에 비춰 그것을 계속 고집한다면 시대의 흐름에 뒤처질 수 있다. 세상의 흐름에, 사람들의 인식 변화에 지속적으로 관심을 가져야 한다. 미국 기업인 레이 노다(Ray Noorda, 1924~2006)는 "변화를 일으키면 리더가 되고, 변화를 받아들이면 생존자가 되지만, 변화를 거부하면 죽음을 맞이하게 될 뿐이다"고 말한다.

시간 차(差)가 국가와 기업의 운명을 좌우하다

사회이동의 조류 파악은 매우 중요하다. 시대의 변화에 대응하지 못한 사례로, 농경사회의 패자인 중국과 산업사회의 패자인 영국 간의 격돌에서 중국의 몰락은 사회이동의 시간 차가 국가 운명을 좌우했다는 것이다. 조선(朝鮮)의 몰락은 세계의 흐름을 읽지 못한 채, 시대변화에 대비하지 못하여 '총'이라는 신무기 앞에서 '칼'만 열심히 휘둘러 대는 뒤처진 국가가 되어 19세기 서세동점(西勢東漸)에 적응하지 못하고, 결국엔 일본의 식민지로 전락하고 말았다. 열린 사회와 닫힌 사회의 관점에서 보면, 칸막이는 사회와 사회, 문명과 문명 간의 소통을 차단시킨다. 구한말(舊韓末) 위정척사(쇄국정책)를 외치는 것이 카타르시스(catharsis)를 제공할 수는 있었을지 몰라도 실제 조선을 구하는 데는 도움이 되지 않았다. 낡은 틀에 갇혀 변화를 읽지 못한 결과다.85)

미국 미래학자 앨빈 토플러(Alvin Toffler, 1928~2016)는 『부의 미래』에서 사회에는 시간에 맞춰 달리는 제도가 필요하다는 것이다. 그런데 선두인 시속 100마일 기업과 시속 25마일 관료조직, 시속 3마일 정치조직, 시속 1마일 법 사이에 속도의 격차가 심하여 충돌이 일어난다는 것이다. 한쪽은 가속 페달을 밟고 있는데, 다른 부분은 브레이크를 밟고 있다는 것이다. 기업의 창업자는 창업 당시 경제환경을 정확하고 예리하게 파악해서 회사를 설립한다. 하지만 시간이 흐르면서 변화하는 환경에 제대로 적응하지 못해 기업의 존속이 대개 30년을 넘기지 못하고 있다. 위기가 닥칠 때마다, 시장이 변할 때마다 재창업하듯 변화를 시도해야 한다. 그렇지 않으면 아무리 큰 회사라도 살아날 길이 없다. 미국

경영학자 피터 드러커(Peter Drucker)는 "기업이 망하는 이유는 뭔가를 잘못했기 때문이 아니라 비즈니스의 근본적인 변화를 이해하지 못했기 때문"이라고 말한 바 있다.

고령화, 백년을 사는 축복받은 시대의 비극

지금 한국경제는 성장과 분배 양쪽 모두에 위기가 나타나고 있다. 한국은 이제 낮은 출생률로 인한 생산인구감소, 가족형태나 가족제도의 변화로 인한 자녀양육 부담, 급속한 고령화로 인한 복지수요의 증가와 같은 어두운 전망이 지난날의 "압축적 성장"에 비견되는 "압축적 불안" 상태로 몰아가는 요인이 나타나고 있다. 한국은 세계 최고 속도로 고령화가 진행되고 있지만, 국가와 개인 모두 준비가 안 돼 있어 어려움을 겪고 있다. 고령화는 평균 생활수준 하락, 내수시장 규모 축소, 사회 활력 저하, 저축율 하락으로 말미암은 경제 펀더멘털의 약화 문제를 양산한다. 이는 잠재성장률 저하와 노인 의료비의 건강보험과 연금지출의 증가 등 사회보장 재정부담을 급증시키고, 세입 기반의 약화로 국가재정의 악화 등을 초래하는 '새로운 사회적 위험'(new social risk) 요소가 될 수 있다.

현재 노인시대의 삶에서 안정을 찾을 수 있는 사람이 소수에 불과하다는 것은, '한 세기를 사는 축복받은 시대'의 비극이다. 노인세대는 OECD 국가 중 노인빈곤율 1위, 노인자살율 1위로 대표되는 열악한 삶의 질이 계속되고 있다. 고령 은퇴자의 증가로 건강문제 해결과 은퇴 후 소득 부족 현상으로 인한 빈곤 문제 해결을 위해 사회복지 지출이 증가하고 있다. 그러나 국가복지에만 의지하는 '일없는 긴 휴식'보다는 노동을 통해 소득 일부를 보전하고, 삶의 활력도 찾는 것이 고령 시대를 행복하게 보내는 지혜가 될 수 있다. 이에 젊은 노인(욜드, YOLD :

Young Old)의 생산력과 소비력을 끌어올려, 이들에 맞춘 사업을 새로운 성장 엔진으로 창출하는 것이다. 인구의 '양'이 아닌 '질'에 초점을 맞추는 것이다.

저출산, 공동체가 무너지고 있다

전 국제통화기금(IMF) 총재 크리스틴 라가르드(Christine Lagarde)는 전 세계 꼴찌 수준인 한국의 출산율에 대해 '집단 자살'이라는 표현을 썼다. 공동체가 무너지고 있다는 미래 발전에 최고의 경고다. 2019년 노벨 경제학상 수상자 마이클 크레이머(Michael Kremer) 하버드대학교 교수는 가장 시급한 한국사회의 과제로 저출산을 꼽았다. 그는 "한국은 인재 육성으로 성장한 경제인데, 저출산으로 새로운 인재가 더는 유입되지 않는다면, 한국경제에 가장 큰 위협이 될 수 있다"고 강조했다. 인구는 단순히 수의 문제가 아니다. 교육에서는 학생, 시장에서는 소비자, 국방에서는 병력 등 다양한 분야에 영향을 미치는 사회 존립의 문제이다. 지방은 동네 가로등 수보다 적게 불 켜진 집들로 마을이 사라지고 있다.

세계 최저 수준의 출산율은 한국을 인구절벽으로 내몰고 있다. 인구학에서 출산율이 2.1명보다 낮으면 '저출산', 1.3명보다 낮으면 '초저출산', 1.0명보다 낮으면 '극저출산(ultra low fertility)'이라고 한다. 한국은 1970년 4.53명이었던 출산율이 2020년 0.84명으로 계속 감소 추세다. 전쟁이나 대재난을 제외하면, 어느 나라도 겪어 보지 않은 아주 특별하고 심각한 상황이다. 요즘 2030세대는 연애 · 결혼 · 출산이 필수가 아닌 선택이다. 비연애 · 비결혼 · 비출산의 '3비 문화'가 점점 당연시 되고 있다. 교육 · 고용 · 주거 · 양육에 대한 불안이 '불임 사회'를 만들고 있다.

젊은 세대는 희박해진 계층 이동성, 부모세대보다 더 가난한 자식세대라는 사회구조, 불안정한 근로 등으로 고통을 겪고 있다. "집값은 하늘이고, 일자리는 바닥인데 뭔 결혼, 애 타령이냐. 집과 돈 가진 당신들이 더 낳던가. 노인들 연금 짐까지 힘든 건 우리"라고 말한다. 청년들은 혼자 살기도 힘든데, 헬조선에서 아이까지 키우는 부모로서의 의무를 다해야 하는 것에 회의를 느낀다. '출산'보다 '생존'이 우선이다. 매 순간의 치열한 삶을 자식에게 대물림하느니 차라리 나 자신이나 행복하고 싶다는 생각이다. 일자리가 없어서, 교육비가 너무 많이 들어서, 살 집을 구하기 어려워서, 믿고 맡길 보육시설이 없어서, 여성의 독박 육아 부담 등이 출산 기피 이유로 제시된다. "짐승도 먹이 상황 보고 새끼를 낳는다"는데, 열악한 경제 · 사회환경이 짐이 되고 있는 것이다.

덜 태어나고 더 늙어가는 인구 구조는 한국 사회의 지속 가능성을 위협한다. 문제는 앞으로 적은 수의 경제활동인구가 예전보다 더 많은 노인을 먹여 살릴 여력이 있느냐는 점이다. 저출산 문제해결은 미래의 생산인구를 늘리고, 근본적으로 사회의 지속가능성을 높이기 위해 필수적이다. 정부가 밑 빠진 독에 물 붓듯 출산 재정지원을 했지만, 출산율은 계속 하향곡선이다. 앞으로 일자리 확대, 교육제도 개선, 일하는 여성에 대한 배려, 출산휴가 개선, 육아 혜택 확대, 여성의 경력단절 문제 개선 등 사회 전반적인 분위기 쇄신이 필요하다.

세상은 복잡한 것에서 단순화 쪽으로 진화한다

복잡한 것은 스스로의 복잡함에 얽매여 힘이 없다. 복잡성은 스트레스를 불러올 뿐이다. 복잡한 것은 단순화 쪽으로 진화해야 살아남는다는 것이 역사의 대세이다. 인간이 사용하는 문자와 숫자도 처음에는 복잡했으나, 단순화하면서 문명의 발전이 가속화되었다. 인류 문명의 발상지에서 처음 나타난 쐐기문자와 상형문자 등은 글자 수가 수천 개에 달하여 왕실에서 일하는 전문가들의 전유물이었다. 그러던 것이 20~30개 수준으로 간결화되면서 문맹이 퇴치되었고 현대문명이 개화했다.

숫자도 마찬가지다. 동양에서는 사람의 생년월일을 갑자(甲子) 을축(乙丑) 등 60진법으로 표시했었다. 그러다가 십진법 숫자가 나왔고, 가장 간단한 0과 1만을 사용하는 이진법이 개발되면서 디지털 컴퓨터 문명이 탄생할 수 있었다. 이진법이 없었으면 오늘의 디지털 문명은 나올 수 없었을 것이다. 숫자 체계 단순화의 위력이다.[86)] 기업 경영에서도 전 미국 GE 회장 잭 웰치(Jack Welch, 1935~2020)는 “큰 기업을 효과적으로 운영하기 위해서는 단순화해야 한다. 단순화는 기업을 더 효율적이고 신속하게 만들어 경쟁우위를 달성하게 해준다”고 말한다.

경제권력의 핵심이 “무형자원”으로 이동하다

앨빈 토플러(Alvin Toffler)는 『부의 미래』에서 이제 전처럼 “경제학은 희소자원을 배분하는 과학”이라고 정의할 수 없게 되었다고 한다. 예를 들어, 석유와 지식의 근본적 차이점에서 무엇보다도 석유는 쓰면 쓸수록 줄어들지만, 지식은 사용할수록 더 많이 창조된다는 것이다. 이 차이 하나만으로도 주류경제학의 많은 부문을 무용지물로 만들고 있다는 것이다. 어떤 경제이론이 아무리 위대해도 그것은 특정 시간과 공간에서만 유효하다는 것이다. 이제는 보이는 자산보다는 보이지 않는 자산(무형자산)이 중요한 시대가 되었다.

경제권력의 핵심이 과거의 “유형자원”에서 “두뇌산출형 무형자원”으로 이동하는 변화를 겪고 있다. 최근 새로운 소프트웨어 기반의 플랫폼 비즈니스 모델을 기반으로 산업구조가 재편되어, 기존 전통산업의 강자들과 자리를 바꾸고 있다. 아이폰이 등장하기 전인 2007년에 GE, Exxon

Mobil 등 전통 제조업, 에너지 기업이 시가총액 상위를 차지했던 반면, 2017년 이후에는 애플, 구글, 페이스북, 아마존 등 소프트웨어 기업이 시가총액 상위를 차지하고 있다. 이러한 변화에 대해 미국의 벤처 투자자인 마크 안드리센(Marc Andreessen)은 "소프트웨어가 세상을 먹어치우고 있다"고 표현했다.

열심히 노력했는데도 갈수록 살기 힘들어지는 상황이 되고 있다. 생산 수단과 양식이 바뀌는 전환의 시대에는, 지금까지 해오던 걸 더 열심히 하고 최선을 다한다고 해서 위기가 해결되지 않는다. 일하는 방식, 살아가는 방식이 바뀌어야 한다. 새로운 방식의 역량을 갖추어 살아남느냐, 그렇지 않고 사라지느냐 하는 기로에 있다. "소매업의 몰락"이라는 현상은 소매점의 포화 상태도 문제이나, 아마존으로 대표되는 "온라인 쇼핑" 때문이기도 하다. "길거리 상점의 시대가 저물고 있으니 옷을 팔더라도 길거리 상점이 아닌 인터넷 쇼핑몰을 하라"고 권해야 하는 상황이다. 최근 코로나19 사태로 많은 상점이 온라인 판매로 생존을 모색하고 있는 것도 같은 의미다. '대형마트 대 전통시장' 구도도 '온라인 대 오프라인'으로 바뀐 현실을 이해해야 한다. 잘나가던 대형마트들이 점포를 매각하면서까지 구조조정에 속도를 내는 이유도 온라인 시장의 급성장으로 실적이 나빠졌기 때문이다.

손과 발이 하는 일에서 머리와 마음을 쓰는 일로

최근 사회변화의 큰 흐름인 4차 산업혁명은 정보통신기술을 중심으로 산업 간의 융합을 통한 생산성 증대를 목적으로 한다. 5G, 인공지능, 사물인터넷 등 첨단기술의 융합이 이루어지고 있다. 정보통신기술을 통해 실시간으로 수집된 정보는 빅데이터가 되고, 이를 인공지능으로 분석하여 생산의 효율성을 높이는 방식이다. 빅데이터는 '21세기의 원유, 산업의 쌀'이라고 불린다. 인공지능(AI)은 물론 스마트시티 · 자율주행차를 구현하려면 데이터가 필수적이기 때문이다. 전통제조업을 밀어내고 글로벌 시가총액 상위권을 장악한 '팡 4형제'(FANG, 페이스북 · 아마존 · 넷플릭스 · 구글)가 21세기 디지털 경제를 주도하고 있는 원동력도 빅데이터 기술이다. 이들은 고객이 무엇을 원하는지, 어느 제품이 잘 팔리는지 실시간으로 파악해 고객에게 최상의 제품과 서비스를 제공하고 있다.

변화의 속도가 기하급수적으로 빨라지면서 바뀌는 세상을 접하는 사람들은 불안과 두려움을 느낀다. 그들은 하나의 직업군이 완전히 사라지고 새로운 직업군이 생기는 것을 본다. 미국 하버드대학교 교수 데이비드 데밍(David Deming)은 "많은 사람들은 자동화, 빅데이터, 인공지능, 머신 런닝이 여러 분야에서 인간을 대체할 것이라고 두려워한다. 그러나 이런 우려가 지나치다고 말한다. 그가 제시하는 하나의 이유는 아직 컴퓨터가 인간적 교류를 모방하는 데 대단히 서툴기 때문"이라고 한다.

중국 알리바바그룹 회장인 마윈(馬雲)은 뉴욕에서 열린 블룸버그 콘퍼런스에서 "자동화와 인공지능의 시대에 생존하고 성공하려면, 높은 IQ뿐만 아니라 EQ(정서지능)와 자신이 고안한 개념인 LQ(애정지수)를 갖춰야 한다"고 주장한다. 인류가 존중받으려면 LQ(love quotient)가 높아야 하는데, LQ는 기계가 절대 가질 수 없는 자질이기 때문이라고 한다.[87]

보다 편안한 삶을 살기 위해 만들었던 기계가 오히려 삶을 힘들게 만든다. 혁명이라 불릴 만큼 기술 혁신이 진행되는데, 왜 노동시간은 줄지 않고 일자리만 줄어드는가. 산업의 발전과정은 혁신적 신기술로 무장한 새로운 산업이 낡은 산업을 밀어내는 창조적 파괴가 핵심이다. 신기술의 등장으로 새로운 일자리로 옮겨가지 못한 사람들은 실업으로 내몰린다.

산업 이동이 있게 되면 동시에 이루어지는 것이 노동력 이동이다. 산업의 중심이 1차산업에서 2차산업으로 이동하면서 농사를 짓던 많은 인구가 자연스럽게 도시의 공장으로 흡수되었다. 그리고 3차산업 비중이 커지면서 많은 노동력이 제조업에서 서비스산업으로 이동하였다. 노동력의 퇴출과 흡수가 서로 맞물려 무난하게 해결되었다. 그런데 4차산업혁명의 새로운 사회 흐름에 의해 창출되는 고용 기회는 제조 및 서비스산업의 자동화에 의해 퇴출되는 인력을 흡수하기에는 턱없이 부족한 상황이다. 소비자와 대면하는 현장이 자동화되면, 사람들이 할 수 있는 나머지 영역은 손발을 움직이는 일이 아닌 머리와 마음을 쓰는 일만 남게 된다. 사람의 손과 발이 할 일은 모두 기계가 대신한다. 그래서 다른 사람을 만나서 협의하고, 무언가를 창의적으로 생각해 내는 일만이 사람이 하게 된다.[88]

단순 기억과 연산력, 체력 등 기능적인 면에서 인간은 AI 로봇을 따라갈 수 없다. 인간의 편익을 돕는 역할로 어렵고 힘든 단순 반복적 · 기능적 분야의 일자리는 AI 로봇이 대체할 것이다. AI가 수행하기 어려운 더 복잡한 능력이 필요한 창의적 · 감성적 업무의 일자리를 찾을 수 있게 준비해야 할 것이다. 우리가 혁신기업을 지지하는 이유는 새 기술 때문이 아니라 새로운 일터와 삶의 질을 높여줄 것이라는 기대 때문이다.

다국적 컨설팅 회사인 맥킨지(McKinsey)의 『코로나19 이후 일자리의 미래』에 따르면, 코로나19에 따른 일자리 충격의 이유로 첫째, 사람들의 일하는 방식이 달라졌다는 것이다. 앞으로 선진국 근로자의 20~25%는 주 3~5일 재택근무를 할 수 있다. 이로 인해 다국적 기업의 도심 사무실은 30% 가량 축소되어, 이런 변화는 도심 상점 · 호텔 · 식당 등에서 일자리 감소를 초래한다. 둘째, 온라인 쇼핑과 거래의 성장은 저

소득 일자리가 많은 오프라인 소매 매장을 위축시킨다. 대신 배달 서비스와 공유경제의 확산으로 배달원·택배기사와 차량 공유서비스 운전자 같은 '긱워커(gig worker)'는 늘고 있다. 셋째, 업무 자동화 기기의 보급과 인공지능(AI)의 적용은 더욱 빨라질 것이라고 한다.[89)]

'기업 수명 15년 혹은 30년'이라는 말에서 알 수 있듯이, 오늘날 좋은 실적을 오랫동안 지속적으로 유지할 수 있는 기업은 드문 실정이다. 우리나라 산업 라이프 사이클(life cycle)에서도 대기업 지도가 바뀌고 있다. 그동안 한국경제를 지탱해온 굴뚝 산업이 쇠퇴하고, 그 자리를 특별한 고정자본 없이 무형의 발상만으로 이룬 정보기술 공룡기업(카카오, 넷마블, 넥슨, 네이버)이 차지하고 있다. 이러한 상황에서 새로운 일자리가 창출되더라도 새로운 노동시장이 요구하는 지식이나 기술의 역량을 갖추고 있지 못하면 실업문제를 해결할 수 없다. 이제 일자리 문제는 단순히 정량적(定量的)인 것이 아니라 정성적(定性的) 문제가 되었다.

모방형 인적자본에서 창조형 인적자본으로

선진 지식을 외워서 활용하는 '모방형 인적자본'의 가치는 우리나라에서 1960년 이후 30년 동안이 최적인 시기였다. 그 결과 고도성장을 달성할 수 있었다. 그러나 1990년대부터 '모방형 인적자본'의 가치는 급속히 저하되기 시작했다. 기술이 고도로 발달하면서 특허로 보호받는 선진기술을 모방하는 것이 어려워지게 되었기 때문이다. 그리고 컴퓨터·인터넷 및 인공지능(AI) 기술의 발달로 굳이 사람들 머릿속에 암기를 통해 지식을 넣어 저장해 둘 필요가 없는 시대가 도래했다.

이런 급격한 시대적 변화에 대응하기 위해서는 새로운 것을 생각하거나 만들어내는 능력인 '창조형 인적자본'으로 성장의 엔진을 교체해야 한다. 창조형 입시제도로의 전환은 한국 교육의 고질적 문제인 사교육 문제도 근원적으로 해결하고, 교육 불평등 문제까지 해결하는 해법이 될 수도 있다. 앨빈 토플러(Alvin Toffler)는 『부의 미래』에서 "10마일로 기어가는 교육 시스템이 100마일로 달리는 기업에 취업하려는 학생들을 준비시킬 수 있겠는가?"라는 화두를 던졌다. 그렇다면 오늘날 우리 교육은 시장의 새로운 요구에 잘 부응하고 있는가?

미래의 중심은 '좌뇌형' 시대에서 '우뇌형' 시대로?

인간의 두뇌는 2개의 반구로 나누어진다. 왼쪽 반구(좌뇌)는 논리적, 분석적, 합리적이며 문제해결 위주의 기능을 담당한다. 우뇌는 비선형적, 직관적, 전체론적이고 상상의 정서적 기능을 담당하고 있다. 즉, 좌뇌의 기능은 IQ로, 우뇌의 기능은 EQ로 이해된다. 기술의 힘은 우리가 원하든 원하지 않든 간에 세상을 새롭게 재편한다. 인간의 육체적 능력 위에 세워진 경제에서 지난 150년 동안 인간의 좌뇌에 기반을 둔 경제로 옮겨왔고, 오늘날은 인간의 우뇌에 의존하는 경제로 이동하기 시작했다. 좌뇌형 사고의 중요성을 상대적으로 감소시키는 대신, 우뇌형 사고의 중요성이 상대적으로 증가되고 있다. 좌뇌적 사고가 여전히 유효하지만, 그것만으로는 충분하지 않은 세상 속에서 우뇌적 사고를 배양할 필요성이 제기되고 있다.

지난 세기는 기계가 인간의 물리적 힘을 대신했고, 21세기 새로운 과학기술은 기계가 인간의 좌뇌를 대체할 수 있음을 보여주고 있다. 자동화는 과거 블루칼라 세대가 그랬던 것처럼 오늘날 화이트칼라에게도 변화를 요구하고 있다. 일상적인 좌뇌형 업무들은 상당 부분 체계화·정형화가 되었기 때문에 컴퓨터나 저임금의 좌뇌형 인력들에게 넘어갔다. 좌뇌가 쌓아 올린 물질적 풍요시대에는 이성적이고 논리적이며 기능적인 면에 호소하는 것이었다. 그러나 오늘날 상품들은 좌뇌적 효용에서 우뇌적 의미로 그 중요성이 옮겨가고 있다. 미국 하버드대학교 교수 하워드 가드너(Howard Gardner)는 "무엇을 살 때 정보를 수집하는 건 이성적으로 하지만, 구매 결정은 감성에 의해서 한다. 감성은 우뇌의 영향을 받는다"고 한다.

이제 아름다움과 인간의 감정에 대한 중요성이 높아졌고, 사람들에게 정신적 의미를 찾도록 하고 있다. 좌뇌 중심적 사고에서 우뇌 중심적 사고로 이동하는 데 있어, 즉 논리와 분석적 사고에 예술과 감정을 불어넣는 일이 쉽지는 않다. 그러나 이제는 단순한 업무능력보다는 창의적인 새로운 기회를 탐색하는 일을 해야 하며, 단일 요소를 분석하는 업무보다는 큰 그림을 합성하는 일과 같은 우뇌형 능력을 발휘할 수 있어야 한다. 좀 더 아름답고 감각적인 우뇌적 가치를 요구하는 세상이 되어 가고 있다.[90]

은둔형 경제의 대두

"전 지구에서 인간의 지속적인 지배를 가장 위협하는 것은 바이러스다." 대장균과 살모넬라균 관련 연구로 1958년 노벨 생리·의학상을 받은 미국 유전학자 조슈아 레더버그(Joshua Lederberg, 1925~2008) 박사의 경고다. 빌 게이츠(Bill Gates)는 5년 전에 미국 테드(TED) 토크에서 전염병 대유행을 경고한 바 있는데, 그 발언이 코로나19로 현실이 되었다. 그는 오늘날 인류에게 가장 두려운 재난은 핵무기도 기후변화도 아닌 전염성이 강한 인플루엔자(influenza) 바이러스라고 강조한다. 독감처럼 퍼지는 신종 바이러스는 언제든지 수천만 명을 사망케 할 수 있다는 것이다.

최근 코로나19 사태는 충격과 공포로 우리 삶을 바꿔놓고 있다. 코로나 이전에 세상을 주도하던 참여 · 개방 · 혁신의 세계화 흐름이 순식간에 거리두기 · 언택트 · 봉쇄 · 재택의 개인화로 변했다. 세계화를 강조하던 나라들이 자국이 위급해지자 감염병 확산을 막기 위해 입국 제한과 국경 봉쇄라는 성벽을 쌓는 국가주의로 돌아서는 모습을 보였다. 팬데믹(pandemic : 세계적 대유행) 속에 등장한 자국 우선주의와 배타주의의 퇴행적 흐름이다.

빛의 속도로 돈과 정보가 오가는 21세기에 국경의 의미는 희미하다. 돌궐제국 명장 톤유쿠크(阿史德元珍, 645~725) 유훈(비문)에는 "성을 쌓고 사는 자는 반드시 망할 것이며, 끊임없이 이동하는 자만이 살아남을 것"이라는 말이 있다.[91] 각국 지도자들은 이번 코로나19 위기를 국가 단위에서 접근하고 있지만, 정작 바이러스는 국경을 인식하지 않아 개별 국가의 노력만으로는 한계가 있다. 코로나19를 이기려면 개별 국가나 특정 지역이 아니라 전 세계가 함께 집단면역을 확보해야 하기 때문이다.

'은둔형 경제(Shut-in economy)'라는 용어가 처음 등장한 것은 2015년이다. 이즈음 음식 배달뿐 아니라 각종 잡무와 심부름 · 청소 등 많은 일을 대행해주는 업체가 생겼다. 원격근무가 보편화된 테크기업이 많은 미국 샌프란시스코를 중심으로 사람들이 집밖으로 나가지 않고도 스마트폰 하나로 많은 일을 해결하는 양상이 나타나기 시작한 것이다. 그렇게 서서히 확산하던 은둔형 경제는 2020년 코로나19 사태를 맞으면서 폭발적으로 성장하고 있다.

코로나19 사태는 배달원들, 방문 의료서비스 담당자들 그 밖의 매우 중요한 역할을 맡고 있으면서도 박봉에 시달리는 사람들의 일이 얼마나 중요한지 깨닫게 해주었다. 이런 은둔형 경제를 지탱하는 노동자들은 의료 · 경찰 등과 같이 생활에 필수적인 서비스를 제공하지만, 다른 노동자들과 달리 비정규직인 경우가 대부분이다. 따라서 위험한 상황에 노출돼 있으면서도 보호받지 못하고 있는 문제를 해결해야 하는 과제가 대두된다.

외향성 지향에서 내향성 지향의 세상?

분석심리학의 기초를 세운 스위스 정신의학자 칼 융(Carl Jung)은 처음으로 인간의 정신을 내향형과 외향형으로 구분하였다. 미국 사회학자 데이비드 리즈먼(David Riesman, 1909~2002)은 인간의 성격이 역사적으로 내부지향형에서 외부지향형으로 변해 왔다고 한다. 지금까지의 연구에 의하면 활달하고 외향적인 사람이 내향적인 사람보다 더 명랑하며 스트레스를 덜 받고, 다른 사람들과 원만한 관계를 유지하면서 살아간다는 결과가 나오고 있다.

내향적인 사람들은 왜 외향적인 사람들만큼 타인과 어울리지 않는가? 그 이유는 싫어서가 아니라 불편해서라고 한다.[92] 내향적인 사람은 이른바 무대 체질이 아니어서 외향적인 사람들처럼 나서지 못하고 주저한다. 내향적인 사람은 자신이 뭔가를 했다고 드러내는 걸 꺼린다. 욕심이 없는 게 아니라 이걸 꼭 말해야 하나?, 굳이 티를 내야 하나?라고 생각한다. 생각만 해도 닭살이 돋는 자기 마음을 바깥으로 표현하는 걸 선호하지 않는다. 그런데 내향적인 성격만으로는 이 세상을 살아갈 수 없다. 사회생활을 하는 데는 쾌활한 성격이 중요하다. 어색함을 극복하고 새로운 사람도 만나볼 필요가 있다. 스스로 자신의 존재를 드러내는 법을 익혀야 한다. 친화력이 있는 사람치고 인생에서 성공하지 못한 사람은 드물다고 한다. 그래서 '교제'가 중요하다. 세상에서 살아가려면 많은 사람들과 사귈 줄 알아야 한다.

우리는 절대적으로 외향적인 것도 내향적인 것도 아니다. 살아가는 과정에서 두 가지 특성을 다 보여준다. 세상은 내가 하고 싶은 것만 하며 살 수는 없다. 생존의 절박함 앞에서는 내성적 성격을 운운하는 것은 사치다. 현장에서 적극적인 영업활동을 위해서는 내성적인 성격을 극복해야 하는 게 현실이다. 성공하려면 가능한 자신의 존재감을 강화하고, 남들 눈에 띄도록 행동하는 것이 중요하다. 남들 앞에 나서는 것을 별로 좋아하지 않거나, 성격 자체가 남들 눈에 띄는 것을 부끄럽게 여기는 사람이라면, 드러내놓고 눈에 띄지는 않지만 '쟤가 없으면 일이 안 돼'라는 평가를 들을 정도의 존재는 되도록 노력해야 한다.[93] 그런데 이제껏 외향성의 세상에서 소외된 삶을 살아야 했던 내향성의 사람이 코로나19로 인해 살 만한 세상이 되었는가? '사회적 거리 좁히기'의 외향성 규칙에 '사회적 거리 두기'의 새로운 규칙이 등장했다.[94]

'환상'이 아니라 '환장'의 재택근무?

코로나19로 원격근무가 일상이 되면서 재택근무를 넘어 '어디서든 일하는(Work-From-Anywhere) 시대'가 막을 올리고 있다. 집과 일하는 공간이 분리되어, 아침에 집을 나오고 저녁에 돌아가는 행위가 나온 것은 산업혁명 이후이니, 출퇴근도 그리 오래된 관습은 아니다. 요즘 코로나19 사태로 집에서 일하거나 공유 사무실을 빌려 쓰는 등 근무가 다양한 방식으로 바뀌고 있다. 어떤 회사들은 집안에 사무용 환경을 만들도록 직원들에게 비용을 지불하고 있고, 앞으로 영구적으로 재택근무 방식으로 일할 것이라고 선언하는 기업도 늘고 있다.

우스갯소리로 "흩어지면 살고 뭉치면 죽는다"는 코로나19 사태는 재택근무를 '뉴노멀(새로운 정상)'로 변화시킬 것인가? 요즘 세계적인 기업들의 화두가 되고 있는 디지털 전환은, '몸'이 출근하는 게 아니라 '머리'가 출근하는 방식이다.[95] 출퇴근과 사무실로 대표되는 전통적인 근무 방식을 고집할 필요가 없다는 생각에 대해서는 대체로 동의하는 분위기다.

재택근무는 '관계 지향'보다는 '업무 지향'을 강조해 능력주의를 확산시킨다. 출퇴근과 같은 불필요한 시간 · 비용을 줄이고, 불필요한 회의나 대면 접촉을 줄여 생산성을 높이고, 값비싼 사무실 임대 비용을 줄인다. 구직 때 직장 · 주거 근접의 지리적 위치를 고려하지 않아도 된다. 본사가 서울에 있다고 굳이 집값 비싼 서울에 살 필요도 없다. 전 세계 어디서든 일할 수 있게 해주면, 세계 곳곳에서 인재를 수혈할 수도 있다.

재택근무가 좋은 일만 있는 건 아니다. 깊이 있는 집중 토론, 상호교류에서 오는 창의성과 혁신, 협력적 팀 작업, 표정과 목소리 같은 비언어적 소통 등 대면 회의 · 접촉이 갖는 장점이 축소되기 때문이다. 개인의 창작이 아닌 여러 사람이 협업해서 개발 작업을 하는 경우엔 비대면은 비효율적이고 소통에 어려움이 많다. 그리고 접촉이 줄어도 접속은 확대되고, '보이는 관리'는 줄어도 '디지털 통제'는 더 강화될 수 있다.[96] 직장 내에서 자연스럽게 쌓이던 관계가 형성되지 않으면, 회사와 근로자는 계약 관계만 남는다. 그래서 원격 근무자들이 소외감을 느낄 수 있다. 또한 재택근무로 인해 가족 · 부부간 갈등이 증가하고 있다. 재택근무를 하는 바람에 항상 직장에 있다고 느끼고, 집에서조차 편히 쉬지를 못하는 돌아갈 휴식 장소를 잃게 되는 문제도 있다. 준비도 없는 상태에서 시작된 재택근무는 회사 업무, 집안일, 육아까지 해야 하는 '환장의 쓰리 캄보' 발생으로 차라리 회사에 가는 게 백번 낫다는 재택근무의 환상을 깨는 문제도 해결해야 한다.[97]

근무 방식과 임금 체계를 고민 중인 구글·마이크로소프트·페이스북·트위터 등 빅테크 기업은 재택근무자의 거주지 물가에 기반을 둔 임금 체계 개편을 추진하고 있다고 한다. 뉴욕처럼 물가가 높은 곳에 사는 재택근무자는 임금을 그대로, 물가가 낮은 지역에 사는 재택근무자는 임금을 낮추는 식의 '새로운 계산법'이다.[98)]

한국은행은 2020년 『코로나19 사태로 인한 재택근무 확산, 쟁점과 평가』라는 보고서를 냈다. 한국은행은 코로나19가 언젠가 종식되더라도 재택근무는 계속 늘어날 것으로 전망했다. 재택근무 확산은 부분적으로 대도시 공간 구조의 변화로 이어질 가능성도 있다고 본다. 재택근무에서는 근무시간보다는 '성과'를 중시하는 문화도 자리 잡을 전망이라고 예측했다.[99)]

12
입력(Input)이 있어야 출력(Output)이 있다

능력 개선을 위한 투자가 필요하다

학교를 졸업하고 사회에 나오면 자기 직업이 맞는 길인지, 과연 이 일을 잘 할 수 있을 것인지, 내 미래는 앞으로 어떻게 될지 등 자신의 앞날에 대해 이런저런 고민을 한다. 그나마 학창 시절엔 열심히 공부했지만, 취업한 뒤엔 자신의 역량 갱신에 소홀하다. 경쟁력 있는 사람이 되기 위해서는 자신이 맡은 일에 대해 새로운 자세로 공부할 필요성이 있지만, 자발적으로 꾸준히 무언가를 공부하는 것이 생각보다 쉽지 않다. 그러다 일을 하다 보면, 어느 순간에 한계에 부딪히거나 이직에 대한 고민을 한다.

이제 회사만 들어갔다고 해서 정년이 보장되는 시대도 지났다. 그 업무에서 조금이라도 밀리게 되면 언제든 그 자리를 채워줄 사람은 많이 있다. 최근 코로나19로 많은 기업이 재택근무를 도입하고, 회식이나 각종 모임이 줄면서 강제적으로나마 '저녁이 있는 삶'이 생겨 공부하는 직장인이 늘고 있다. '언택트(Untact: 비대면)' 활동이 일상화하면서 디지털 러닝(Digital Learning)이 교육에서 주류로 부상하고 있다.

코로나19 사태 이전부터 직장인(Salaryman)과 학생(Student)의 합성어인 '샐러던트(Saladent)'는 있었지만, 과거엔 어학 공부나 학위를 위한 야간 대학원, E-MBA(온라인 경영전문석사) 등이 인기였다. 최근엔 20~30대 직장인들을 중심으로 실무 능력을 키울 수 있는 소소하지만 유용한 강의에 대한 수요가 늘고 있다. 직장인들의 '실사구시'형 자기 계발 붐 이면에는 한 층 커진 불안감도 자리 잡고 있다. 경쟁자들은 점점 젊어지고, 내 디지털 능력은 부족하다 보니 취업준비생 못지않게 불안감이 크다. 정규직이란 개념은 이제 특수한 형태가 돼 버렸고, 생애주기 동안 최소한 2개 이상의 직업을 가져야 하는 시대가 도래함에 따라 직장인들이 느끼는 압박이 강하다.

실리콘밸리의 유명 벤처펀드 GSV의 최고경영자 마이클 모(Michael Moe)는 『디지털 러닝 시대의 새벽』에서 "학위 하나만으론 더는 커리어 기회를 잡을 수 없다. 원격근무 등 업무 자동화가 가속할수록 직장인들은 새로운 지식과 기술 재교육 필요를 더 많이 느끼게 될 것"이라고 말한다.[100] 당신이 팔려고 내놓은 물건 중 가장 중요한 것은 바로 당신 자신일 것이다. 자신의 능력을 개선하기 위해 계속해서 투자하지 않는다면, 앞으로 자신이 할 수 있는 활동 범위는 줄게 될 것이다. 지식에 투자하는 것이 가장 이윤이 높다고 한다. 뛰어난 실력을 쌓을 수 있게 자신에게 투자하라. 자신의 능력을 키우되 과신하지는 마라.

계속 전진하지 않으면 결국 퇴보한다(不進則退)

인터넷은 '정보의 바다'지만, 한편으로는 '정보의 쓰레기통'이다. 컴퓨터 프로그래머에겐 GIGO(Garbage In, Garbage Out: 쓰레기를 입력하면 쓰레기가 나온다)라는 원칙이 있다. 컴퓨터에 잘못된 자료를 집어넣으면 결국 잘못된 정보가 나온다는 것이다. 하루에도 엄청나게 쏟아지는 정보 속에서 내게 필요한 옥석을 가리는 안목이 필요하다. 그런데 지식이 제자리 걸음인데도 모르는 것을 배우지 않는다. 미래학자 앨빈 토플러(Alvin Toffler)는 "21세기의 문맹자는 읽고 쓸 줄을 모르는 사람이 아니라 자기 학습을 게을리하는 사람"이라고 했다. 시대가 계속 발전하고 새로 배워야 할 것들이 늘어나고 있기 때문에 현실에 안주해서는 안 된다. 일생을 통하여 공부하는 자세를 가져야 한다.

우리 사회는 지식노동자 시대로 전환하고 있다. 인간의 평균 수명은 길어지고 있지만, 지식과 기술의 수명 주기는 짧아져만 간다. 한두 가지 전공 지식을 갖고 평생 우려먹을 수 있는 시대가 아니다. 평생학습이 요구되고 있다. 치열한 경쟁과 기술 변화는 우리가 앞으로 지속적으로 재교육 받고, 우리 자신을 재창조해야 하는 현실에 살고 있다. 내일의 성공을 가져오는 능력에 투자할 필요성을 가진 오늘날의 요구를 피할 수 없다. 아무리 훌륭한 자질을 타고났다 해도 가만히 서 있는 자는 결코 성공할 수 없다. 끊임없이 학습하고, 적응하고, 혁신하는 것을 삶의 방식으로 채택해야 한다. 현재 알고 있는 것에 만족하지 말고 모르는 것과 친해져야 한다.

빛을 감추고 어둠 속에서 실력을 길러라

삶이란 꾸준히 준비해야 하는 과정이다. 능력을 몰래 길러두면 언제든 능력을 발휘할 수 있다. 우리는 하고 싶은 일, 해야 할 일을 더 잘하기 위해 지식이 필요하다. 아리스토텔레스(Aristoteles)는 "고통 없이는 배울 수 없다"고 했다. 자신을 꾸준히 갈고 닦아서 자신의 가치를 높여야 한다. 지식을 기르고 사고 능력을 향상시켜야 한다. 청년 시절은 인생의 경쟁력을 축적해야 하는 시기이고, 직장인이라면 '자기 계발'에 투자해야 한다. 괴테(Goethe)는 "생존을 위해 공부하고 미래를 위해 투자하라. 유능한 사람은 언제나 배우는 사람"이라고 했다. 실력의 탄탄한 기초는 자신 있는 행동의 밑바탕이 된다.

많은 사람이 딱딱하고 답답한 정치사회 이슈보다는 연예나 오락, 스포츠 뉴스에 관심이 많다. 연예인 커플의 만남과 헤어짐의 과정은 친구들에게 브리핑을 해줄 정도로 소상히 알면서도, 정작 자신에게 중요한 정보에 대해서는 잘 모른다는 게 문제다. 인간사회는 '더 많이 가진 자'와 '덜 가진 자'로 나누어진다. 오늘날에는 '더 많이 아는 자'와 '덜 아는 자'도 주요 논제로 부각되고 있다. 당신이 더 많은 걸 알게 되면, 당신 인생이 더 많은 걸 얻게 된다.[101] 갈수록 디지털 기술이 발전함에 따라 우리를 향해 더 많은 정보와 요구 사항이 더 빠르게 몰려오고 있다. 필요한 지식을 찾아 활용할 수 있는 능력을 키워야 한다. 어떤 지식이 필요하고 유익한 지식인지를 인식하고 판단하는 능력이 중요하다.

나 자신을 효과적인 사람, 계속 성장할 수 있는 사람, 경쟁력을 갖춘 사람으로 만들어줄 핵심 요소는 전문성 확보다. 전문가로서 당연히 갖추어야 할 실력과 지식을 습득하기 위해서는 많은 노력을 기울여야 한다. 가장 위대한 예술가도 한때는 초심자였다. 가지고 있는 지식에 새로운 지식과 기술을 쌓아야만 문제를 보다 효율적으로 해결할 수 있으며, 창의적인 해결방법을 찾아낼 수 있다. 일에 적용할 수 있는 지식의 출력을 위해서는 입력하는 것이 있어야 한다. 상승을 위해서는 점차 높은 수준에 있는 것을 학습해야 한다. 똑같은 이야기만 반복할 게 아니라 지식과 말할 수 있는 화제의 폭을 넓혀가며 질리지 않는 사람이 되려고 노력해야 한다. 오늘의 요구를 충족시켜야 함은 물론 내일의 성공에 필요한 능력을 키우는 데 투자해야 한다.

전문가들이 가지고 있는 위험성은 자기도 모르는 사이에 기능적 고착에 빠져 틀에 사로잡히게 되는 점이다. 전문능력이 있다고 해도 교양 없는 전문가는 오히려 우리 문명을 위협하는 '위험한 존재'가 될 수 있다. 그래서 깊이를 가지되 매몰되지 않고, 세상을 읽고 시대를 통찰하며 공동체가 나아갈 방향을 알려주는 지식인이 필요하다. 부분에 대한 전문성과 함께 전체를 조망할 능력이 있는 창의적인 인재가 필요하다.

얕고, 도덕이 없는 지식은 위험하다

『논어(論語)』는 "지식이 좁은 사람은 자기의 좁은 생각에 얽매여 아집에 사로잡히기 쉽게 된다. 학문에 의해 지식과 견문을 넓혀 유연한 정신상태를 지니게 해야 할 것"이라고 한다. 중국 명나라 시인 매지환(梅之渙)의 시에 '노반(魯班)의 문전에서 도끼질을 자랑하다'라는 반문농부(班門弄斧)라는 말이 있다. 속뜻은 전문가 앞에서 하찮은 재주를 믿고 뽐내는 사람을 빗대서 하는 말로 '공자 앞에서 문자를 쓴다'는 속담과 같은 뜻이다. 번데기 앞에서 주름잡고, 교황 앞에서 기도하기다.

18세기 영국 시인 포프(A. Pope, 1688~1744)는 "얕은 지식만큼 위험한 것은 없다"고 했다. 아인슈타인(A. Einstein)은 "지능을 우리의 신으로 받드는 일이 없도록 주의하십시오. 지능에는 강한 근육이 있지만, 인격은 없습니다. 그것은 우리를 인도할 수 없습니다. 그것은 우리에게 그저 봉사를 할 수 있을 뿐입니다"라고 말했다.[102] 지능을 제대로 다루지 못하면 위험한 용도로 쓰일 수 있다. 인간을 지력(知力)으로만 교육시키고 도덕으로 교육시키지 않는다면, 사회에 대하여 위험을 기르는 것이 될 수 있다.

지식인과 지성인은 다르다. 지식인은 기술적인 실행만 하고, 근본적인 문제에 관해 이야기 하지 않는다. 그래서 생각하는 힘을 키워주는 인문학이 필요하고, 지성인의 면모를 갖추는 것이 중요하다. 독일의 정치철학자 한나 아렌트(Hannah Arendt, 1906~1975)는 "생각하지 않는 인간은 악인이 될 가능성이 있다"고 경고하였다.

지금은 하이브리드(Hybrid), 통섭과 융합의 시대이다. 자신의 분야에 대한 깊이 있는 지식은 물론, 다방면에 걸쳐 폭넓은 지식을 가져야 한다. 그래야 통찰의 힘이 생긴다.

평생학습은 사치품이 아니라 필수품이다

변화하는 시대를 살아가기 위해서는 배우는 습관을 들여야 한다. 끊임없이 나를 새롭게 해야 나를 발전시킬 수 있다. 그래서 끊임없이 배우고, 느끼고, 깨닫고, 실천해야 한다. 일반적으로 리더들은 배우는 것을 멈추지 않기 때문에 발전한다고 한다.

세계은행 보고서(2019.7.)는 "평생학습은 사치품이 아니라 필수품"이라고 했다. '배움에는 끝이 없다'는 말처럼, 우리가 살아가는 시간만큼 배워야 하는 것도 비례한다. 사람으로 태어나서 일생을 살아가는 바른 길은 죽는 날까지 배움으로써 자기를 다듬는 데에 있다. 그래서 진정한 승자는 세월이 지나가 봐야 드러난다. 지속적으로 배우고 현재의 지식을 늘리면, 당신이 가진 자원을 더 개선할 수 있을 것이고 생산성이나 효율성이 증가할 것이다.

미국 존스홉킨스대학교 교수 프랜시스 후쿠야마(Francis Fukuyama)는 "세계는 빠르게 변하고 있으며 평생직업이라는 개념이 사라진 지 이미 오래다. 20대까지의 교육으로 평생을 버티는 것은 불가능하며, 전 생애를 아우르는 지속적인 재교육 프로그램을 마련해야 한다"며, 평생교육의 중요성을 강조한다. 보상은 결코 공짜로 얻을 수 없고, 계속 노력해야만 얻을 수 있다.

13
시간을 능동적으로 지배하라

돈 만큼 시간에 대해서도 인색하라

고대 그리스 철학자 디오게네스(Diogenes)는 "시간은 인간이 쓸 수 있는 것 중에서 가장 소중하다"고 한다. 우리는 의미 없는 딴짓을 하는데 생각보다 많은 시간을 허비한다. 삶은 아무것도 하지 않아도 낭비고, 옳지 않은 일을 해도 낭비다.[103] 시간을 의식하지 않는 사람에겐 시간이 영원한 것처럼 인식되고, 미래에는 지금보다 더 많이 있을 거라고 기대한다. 그래서 시간이 마치 무한정 있는 것처럼 행동한다. 그러다 허비한 시간을 후회하며 한탄한다. 『수상록』으로 문학사에 수필이라는 형식을 창안한 프랑스 철학자 몽테뉴(M. de Montaigne)는 "우리는 한 푼의 돈에는 인색하면서도 시간은 한없이 낭비하고 살아간다. 돈에 인색한 만큼 시간에 대해서도 인색하다면, 그것은 성공을 향해 가는 바른길"이라고 했다.

"인생을 사랑하는가 그렇다면 시간을 낭비하지 말라. 시간은 인생을 이루는 요소"라고 벤자민 프랭클린(B. Franklin)은 말했다. 영국 시인 사무엘 존슨(S. Johnson)은 "인생은 그렇지 않아도 짧은데, 시간의 낭비에 의해 더욱 짧아진다"고 한다. 이탈리아 시인 단테(A. Dante)는 "현명한 자는 시간의 손실을 가장 슬퍼한다"고 하였다. 오늘날 100세 시대라 하더라도 흔히들 인생은 짧다고 한다. 그리고 현대인들은 시간이 없다는 말을 입에 달고 산다. 로마시대 정치가 세네카(L.A. Seneca, BC 55~AD 39?)는 『인생이 왜 짧은가』에서 그 이유를 '낭비'에서 찾았다. "인생이 짧은 것이 아니라 많은 시간을 낭비하고 있다. 인생은 충분히 길다. 잘 쓰기만 한다면 큰일을 해내기에도 충분하다"고 한다. 인간은 항상 시간이 모자란다고 불평하면서, 마치 시간이 무한정 있는 것처럼 행동한다.

애플 창업자 스티브 잡스(Steve Jobs)는 2005년 미국 스탠퍼드대학교 졸업 연설에서 "… 죽음은 인생이 만들어낸 것 중 단연 최고의 발명품입니다. 죽음은 변화의 기폭제입니다. 죽음은 낡은 것을 치워 새로운 것을 위한 자리를 마련합니다. 지금은 여러분이 새로운 것입니다. 하지만 머지않은 미래의 어느 날, 여러분은 낡은 것이 되어 길에서 치워지겠죠. …… 여러분의 시간은 한정되어 있습니다. 그러니 다른 사람의 인생을 사느라 시간을 낭비하지 마십시오"라고 하였다. 인생에서 특히, 젊은 시절의 시간의 가치는 헛되이 보낸 시간만큼 여생을 수고롭고 고단하게 만들 수 있을 만큼 중요하다. 괴테(J. W. Goethe)는 "젊은 시절에 열심히 찾고 구한 사람은 늙어서 풍성하다"고 했다. 영원히 살 것처럼 생각하여 젊음을 낭비해서는 안 된다.

삶의 중심에 있는 "시간이란 무엇인가?"

우리의 삶은 선과 면, 부피를 가지는 3차원의 공간에 시간을 더한 4차원에서 펼쳐진다. 아무런 느낌도 실체도 없는 시간에 은유를 더하여 흐르는 것으로 물질화시키고, 과거와 미래로 이어지는 수평적 선형구조로 공간화시킨다.[104] 로마시대 신학자 성(聖) 아우구스티누스(St.

Augustinus)는 "나에게 물어보는 사람이 없을 땐 그것이 무엇인지 안다. 그러나 시간이 무엇이냐고 누군가 내게 물어온다면 도저히 설명할 수가 없다"고 했다. 그리스 엘레아학파 철학자 파르메니데스(Parmenides, BC 510~BC 450)는 "시간이란 논리적으로 성립되지 않는 개념"이라고 한다.[105] 아인슈타인(A. Einstein)은 "시간은 실재하는 물질이 아니고, 단지 사람의 주관적인 관념에 존재하는 것일 뿐"이라고 한다.

시간은 자연치유력을 갖고 있어 치욕도 잊게 한다. 독일 속담에 "시간은 분노를 치료하는 약재(藥材)"라고 한 것처럼, 분노는 시간의 날개를 타고 날아간다. 옛말에 "세월이 약"이라 하여 시간은 실연(失戀)의 상처를 치료하는 묘약이 되기도 한다. 시간은 절대적이지만, 시간을 느끼는 것은 상대적이다. 시간의 인식에는 감정이 작용하여 시간은 우리가 두려움·불안감을 느끼거나 따분함을 느낄 때는 고통스러울 정도로 느리게 흘러가고, 무언가에 몰두하거나 즐겁거나 행복한 시간을 보낼 때는 더 빨리 지나가고, 더 짧게 느껴진다. 이는 우리 마음이 감정과 관련하여 시간의 주관적 관점을 형성하기 때문이다.

고대 스토아 철학(Stoicism)의 스토아주의자들은 우리가 언젠가 죽는다는 사실이 행운이라고까지 말한다. 만약 우리가 불멸의 존재이고 그런 사실을 알고 있다면, 우리는 인생의 나날들이 그저 당연히 주어진다고 여기기 쉽다. 그리고 오늘 하루를 낭비했다고 해서 걱정할 필요가 없다. 왜냐하면 불멸의 존재인 우리에게는 언제든 내일이 있으니까. 하지만 우리는 유한한 존재이므로 우리가 사는 하루는 우리 인생의 총 일수가 저축된 인생 은행에서 인출된 하루이다. 그리고 우리는 그 은행에 내 인생이 며칠 저축되어 있는지 알지 못한다. 잔고가 단 하루밖에 안 남았다면 오늘은 내가 살아있는 마지막 날이다.[106]

목표가 없다면, 시간은 정처 없이 흐를 것이다

시간에 대해서는 동서고금의 많은 현자(賢者)들이 언급하였다. 중세 이탈리아 언어학자 존 플로리오(J. Florio, 1553~1625)는 "시간을 갖는 사람이 인생을 갖는다"고 하였다. 독일 중세 궁정시인 에센바흐(W. Eschenbach, 1170~1220)는 "시간을 지배할 줄 아는 사람은 인생을 지배할 줄 아는 사람"이라고 하였다." 또한, 독일 염세주의 철학자 쇼펜하우어(A. Schopenhauer)는 "평범한 사람들은 단지 시간을 어떻게 소비할까 생각하지만, 지성인은 시간을 어떻게 사용할까 궁리한다"고 말한다. 전 영국 수상 처칠(W. Churchill)은 "우리가 어느 날 마주칠 재난은 우리가 소홀히 보낸 어느 시간에 대한 보복"이라고 말하였다.

시간을 소중히 하는 것은 삶을 소중히 하는 것이다. 우리에게 생명을 주는 그 시간은, 그 생명을 빼앗기 시작한다. 세월은 사람을 기다리지 않는다. 시간이 기다려 주는 것도 아니고 세월 가면 늙음이며 죽음이다. 『젊은 세대와 나누고 싶은 100세 철학자의 인생, 희망이야기』에서 김형석 전 교수는 "우리는 오래 살 욕심만 가졌지, 많이 살아야겠다는 뜻을 가져 보지 못했다. 오래 살았다고 많이 산 것이 아니고, 짧게 산다고 적게 사는 것이 아니다"고 한다. 프랑스 사상가 몽테뉴(M. de Montaigne)는 "삶의 가치는 그 기간에 있는 것이 아니라 그것을 어떻게 사용하는가에 달려 있다. 어떤 사람은 오래 살지만 실제로는 적게 산다. 충분히 살았는지는 살아온 햇수가 아니라 당신의 의지에 달려 있다"고 말한다.

가장 장수한 사람이란 가장 많은 세월을 살아온 사람이 아니라 가장 뜻깊은 인생을 체험한 사람이라고 한다. 인생의 가치는 몇 년을 살았다는 삶의 길이에 있지 않고 그 삶을 무엇으로 채웠느냐에 있기 때문이다. 인생은 한 편의 연극이나 영화라고도 한다. 중요한 것은 길이가 아니라 질(質) 또는 연기의 탁월함이다.

시간에 모든 의미와 가치가 있다

시간은 장소를 담고, 장소안에는 사람이 존재한다. 시간은 모든 사람에게 평등하게 주어진 자산이다. 천재라고 해서 하루에 시간을 더 받는 것도 아니고, 바보라고 해서 덜 받는 것도 아니다. 부자에게도 가난한 자에게도 공평하게 하루는 24시간으로 정해져 있다. 미래의 시간을 앞당겨 빌려 쓸 수도 없다. 시간은 돈이라고 하지만, 돈으로 시간을 살 수도 없다. 그런데 이 공평한 시간은 모두의 인생 여정에서 그 가치가 같지 않다. 시간을 어떻게 이용하느냐에 따라 다른 사람과 차별화되는 경쟁력을 갖게 된다. 시간을 얼마나 효과적으로 사용했는지에 따라 삶의 수준이 결정된다. 특히, 가진 자본이 없는 자에겐 시간이 무기이고 자원이다. 우리가 가진 진짜 자산은 자신의 시간, 자기 삶에 주어진 시간이다. 그래서 시간을 어리석게 쓰는 일은 가장 좋지 못한 일이다.

영국 정치가 체스터필드 경(Lord Chesterfield)은 "시간의 가치는 모든 사람의 입속에 있으나, 실천하는 사람은 별로 없다"고 한다. 1925년 노벨문학상을 수상한 아일랜드 극작가 버나드 쇼(G.B. Shaw)의 묘비에는 "내 인생, 우물쭈물하다가 이렇게 끝날 줄 알았지"라는 글자가 새겨 있다. 우리가 쓸 수 있는 시간은 지금도 계속 줄어들고 있다. 『논어(論語)』 〈자한편(子罕篇)〉에는 공자(孔子)가 "흐르는 시간이 물과 같구나. 밤낮을 쉬지 않네(逝者如斯夫 不舍晝夜)"라고 말한 구절이 있다. 시간은 강물과 같아서 흘러갈 뿐 돌아올 수 없다. 어릴 적에 질척대던 시간이 "10대는 시속 10킬로, 20대는 20킬로, 60대가 되면 쏜살같은 60킬로미터의 속도로 느껴진다"는 우스갯소리가 절실하게 다가온다. 인생은 내일을 기약할 수 없으므로 죽음이 가까운 것처럼 시간을 관리해야 한다. 오늘은 돌아오지 못할 먼 길을 떠난 사람들이 다시는 맞이할 수 없는, 그토록 살고 싶어 했던 날이다.

자투리 시간을 '기회의 시간'으로 만들어라

시간 관리를 잘하는 사람이 성공한다는 것은 진리로 통한다. 시간을 잘 관리하는 삶을 통해 얻을 수 있는 혜택은 스트레스는 줄이고 자신감은 높이는 것, 좌절감은 줄이고 성취감은 높이는 것이다. 성공한 사람들은 일각천금(一刻千金)의 말처럼 짧은 자투리 시간도 천금과 같이 소중하게 사용한다. 시간의 쓰임에 낭비가 없다. '만유인력 법칙'을 발견한 영국 물리학자 뉴턴(I. Newton)은 "오늘 할 수 있는 일에 전력을 다하라. 그러면 내일에는 한 걸음 더 진보한다"고 하였다. 아무렇게나 보낸 어제에 대해 후회하지 않기 위해서는 지금 순간에 최선을 다하여 충실해야 한다. 낭비한 시간에 대한 후회는 더 큰 시간 낭비이다.

현대인은 시간 관리에 관심이 많다. 업무 관리는 시간 관리에서 시작된다. 시간을 제대로 관리하면 업무 스트레스도 낮추고, 높은 목표를 추구하는 데 필요한 여유도 생긴다. 시간에 쫓기는 사람이 될 것인가, 시간을 지배하는 사람이 될 것인가. 시간의 지배는 시간 자체가 아니라 '일의 중요성과 우선순위'를 결정·관리하는 것이다. 하루 24시간을 어떻게 배분하고 얼마만큼 투자할지, 어떻게 생산적으로 사용할지를 결정하는 것은 누구에게나 중요하다. 일의 목적을 확실히 하여 우선순위를 설정하고 중요하지 않은 일로 시간을 허비하는 일이 없도록 자기관리를 하는 지혜가 필요하다. 우선순위를 부여하는 데 있어 중요한 일인가, 급한 일인가를 구분짓는 것은 시간의 문제다. '급한' 일은 즉시 끝내야 하는 일을 말한다. '중요한' 일에 비하면 일 자체의 중요성은 떨어질 수 있지만, 시간의 압박 측면에서 중요성이 커진다. 급한 일은 먼저 일정에 넣는다.[107)]

해야 할 일은 하지 않고 빈둥거릴 때 무엇을 하는가? 동료나 상사를 욕하며 수다를 떨거나, 인터넷 쇼핑사이트나 게임사이트를 들락거리는가? 불필요한 정보의 과소비에 시간을 낭비하지 않는가? 누리소통망이라고 불리는 SNS(social network service) 방문도 잠깐으로 끝나지 않을 때가 많은가? 앱과 소셜미디어에 대해 새로운 소식을 찾고자 하는 욕구가 점점 커지면서 이 욕구를 통제하는 일이 매우 어려워졌다. 그러나 우리 삶에서 얼마나 많은 시간이 새고, '죽은 시간'이 늘어나고 있는지를 돌아보라.

현대사회는 이용 가능한 큰 덩어리의 시간은 귀하고 틈새의 자투리 시간만 있는 게 대부분이다. 시간 관리의 본질은 시간을 확보하는 것이다. 시간 관리란 결국 자투리 시간을 관리하는 것이고, 이를 어떻게 이용하느냐에 따라 인생이 달라진다. 틈틈이 나는 시간을 덧없이 보내지 말고 최대한 끌어모아 시간을 만들어야 한다. 자투리 시간을 의미 있게 활용하면 삶은 보다 풍요로울 것이다. 미국 시인 에머슨(R. W. Emerson, 1803~1882)은 "자투리 시간을 잘 챙겨라. 자투리 시간은 다이아몬드 광석과 같아, 버리면 그 가치가 영영 묻혀버린다. 그 대신 잘 닦아 가꾸면 유용하게 쓸 수 있는 가장 빛나는 보석이 된다"고 하였다.[108)]

지금까지 우리 시간의 상당 부분을 빼앗아 간 것들에 대해 단호해지면, 당신의 삶은 좀 더 의미 있게 될 것이다. 주의를 딴 데로 돌리는 것, 당신을 산만하게 하는 생활 영역은 정리되어야 한다. 각종 전자기기와는 건강한 관계를 형성하여 시간을 관리함으로써 자신의 삶에 대해 투자되도록 해야 한다. 시간은 돈과 달라서 저축할 수 없다. 그 순간을 가장 잘 쓰는 것 외에 시간을 살리는 길은 없다. 시간을 낭비하지 않는 사람이 인생의 승자가 된다. 인생은 큰 승부를 해야 하는 날이 계속되는 것은 아니다. 평소에 후회 없는 생활을 하기 위해 얼마나 노력하는지가 인생의 성공과 실패를 결정지을 것이다. 결국 시간 사용 문제는 자투리 시간을 어떻게 보내는가가 관건이다. 노동시간이나 수면시간은 일상적으로 되풀이되는 일이어서, 자투리 시간에 기회의 씨를 뿌리고, 자라게 해야 한다.

14

리더는 태어나는가, 만들어지는가

오늘날의 리더십은 '소통'이다

직장에서 부하 직원은 리더와 불편할 수밖에 없는 위치에 있다. 리더는 나의 행동과 성과를 관리하고 통제하는 위치에 있으며, 연말이 되면 나에게 고과(考課)를 부여하는 사람이기 때문이다. 직장인의 스트레스 원인을 조사하면 1위 자리는 항상 '상사'이며, 가장 힘든 일이 '상사와의 갈등'이다. 동시에 부하 직원들을 가장 행복하게 해줄 수 있는 존재도 상사이다. 왜냐하면 그들이 가장 원하고 바라는 업무상의 인정과 칭찬 그리고 이를 통한 자기 존중감 향상이나 일에 대한 보람과 자부심 등 고차적인 심리적 만족을 가장 잘 제공해줄 수 있기 때문이다.

리더십과 관련해서는 많은 이론이 있지만, 제2차 세계대전 때 영국 야전군 총사령관 버나드 몽고메리(Bernard Montgomery, 1887~1976) 장군은 "리더십이란 사람들을 하나의 공통된 목표에 규합시키는 능력과 의지, 그리고 신뢰감을 심어주는 성품"이라고 말한다. 리더가 신뢰를 쌓으려면 능력, 관계 그리고 성품을 보여줘야 한다. 신뢰가 바탕에 깔리지 않은 위대한 리더십은 있을 수 없다.

진정한 리더로 이미 만들어진 사람은 없다. 모든 집단이나 상황을 초월한 이상적 리더십 유형은 존재하지 않고 가변적·동태적 성격을 띠고 있다. 리더란 끊임없이 비판적인 자기 성찰, 자기 학습 그리고 부하들과 열린 대화를 하면서 리더로서 만들어지는 존재다. 적절한 리더십의 유형은 리더·부하·상황 등의 변수, 리더와 피(被)지도집단과의 상호관계, 집단구성원의 특징과 능력, 조직의 목표와 활동의 성질 등 여러 복합적 요인에 의하여 결정된다. 리더는 원만한 인간관계를 바탕으로 조직의 비전을 제시하고, 구성원을 조직화하며, 목적을 향해 동기화하고, 결정사항을 효율적으로 추진할 뿐 아니라 실행과정에서 빚어지는 다양한 이해관계도 능동적으로 관리할 수 있어야 한다.

우리나라는 오랜 세월에 걸쳐 가부장적, 혈연적, 제1차 집단 중심적, 귀속적 사회구조가 지배되어 온 전통 때문에 리더십의 성격도 권위주의적, 하향적, 통제적, 지도자 중심적 성격이 강하였다. 이는 오늘날 민주주의가 진전된 사회에서 상향적 의사소통이나 하급자의 창의적 활동이 위축되는 비능률을 초래한다는 지적을 받고 있다. 이탈리아의 마키아벨리(N. Machiavelli, 1469~1527)가 쓴 『군주론』이 등장한 시대의 리더십이 '군림'이라면, 오늘날의 리더십은 '소통'이다. 리더의 생각과 의견을 내외부의 이해관계자들에게 전달해 그들을 움직일 수 있게 하는 소통과 관계의 능력이 필요하다. 일과 대인관계를 성공으로 이끌어감에 있어서 소통은 큰 비중을 차지한다. 리더는 위에서 군림하는 것이 아니라 앞에 서는 사람이고, 구성원의 지혜와 힘을 끌어내는 게 자신의 역할이다.

관리자는 넘치지만, 리더가 없다

미국 임상심리학자 윌리엄 글래서(William Glasser 1925~2013) 박사는 『퀄

리티 스쿨(Quality School)』에서 보스와 리더의 차이에 관하여, "보스는 부추기고, 리더는 이끌고 간다. 보스는 권위에 의존하고, 리더는 협력에 의존한다. 보스는 '나'라고 말하고, 리더는 '우리'라고 말한다. 보스는 두려움을 이끌어내고, 리더는 확신을 육성한다. 보스는 원한을 만들어내고, 리더는 열정을 만들어낸다. 보스는 꾸짖고, 리더는 잘못을 바로잡는다. 보스는 일을 단순화하고, 리더는 일을 흥미롭게 만든다"고 설명한다.[109)]

피터 드러커(Peter Drucker)와 워런 베니스(Warren Bennis)는 "관리하는 것은 어떤 일을 바르게 하는 것이지만, 리더십은 바른 일을 하는 것"이라고 했다. 그래서 먼저 리더십이 요구되고 그다음 관리가 요구된다. 효과적인 리더십이 뒷받침되지 않은 효율적인 관리란, 침몰하는 배 위에서 갑판 의자를 정돈하고 있는 것과 같다. 이는 리더십이 제대로 기능을 발휘하지 못하면, 어떤 경영관리도 실패를 막을 수 없다는 것을 뜻한다. 관리에는 능하지만, 사람을 이끌 수 있는 능력을 지닌 리더가 부족한 것이 우리의 현실이다. 높은 자리는 많으나, 그 자리가 요구하는 리더십을 갖춘 사람들이 많지 않다.

중간관리자의 역할도 중요하다. 조직의 버팀목으로서 중간관리자는 리더십도 필요하고 업무능력도 있어야 한다. 리더와 실무자 사이에서 의사소통의 창구 역할도 해야 하기 때문에 누가 중간관리자인가에 따라 성과는 물론 조직문화도 영향을 받게 된다. 요즘처럼 경영진과 직원 사이가 세대 격차라는 이름으로 멀어지면 멀어질수록 이 괴리를 감당해야 하는 중간관리자의 어려움은 가중된다. 위에서는 '이것도 못 하느냐'라 하고, 아래에서는 '왜 이걸 해야 하느냐'고 한다. 한편, 스티브 잡스(Steve Jobs)는 조직 구성원의 좋은 아이디어들이 무능한 중간관리자의 결재단계에서 사라지는 것을 막기 위해 5단계 결재를 2단계로 축

소하기도 했다.[110)]

리더라고 생각하는데 따라오는 사람이 없다면

"리더십에 대한 토론은 능력과 경쟁에 대한 이야기로 시작되지만, 결국은 인격과 성실에 대한 이야기로 끝을 맺는다"고 HR 전문가인 론 시몬스(Ron P. Simmons)는 말한다. 성공하는 사람들의 공통점은 천재성이 아니라 훌륭한 인격이다. 천재성은 감탄을 자아낼 뿐이지만, 인격은 끊임없는 존경심을 불러일으킨다. 워런 버핏(Warren Buffett)은 "인격은 정교한 그릇과도 같다. 좋은 그릇을 얻으려면 평생이 걸리지만, 깨지는 데는 5초면 된다"고 했다. 오늘날 조직원들은 친구 같고 동료 같은 인간적인 리더에 더 주목하는 것으로 보인다.

미국 리더십 전문가 마셜 골드스미스(Marshall Goldsmith)는 『트리거(Triggers)』에서 똑똑한 리더들이 직면한 4가지 도전과제로, 얼마나 똑똑한지 증명하려 들지 않기, 얼마나 옳은지 증명하려 들지 않기, 이미 알고 있는 것임을 말하지 않기, 모두가 나와 같지는 않음을 생각하기를 제시하고 있다. 리더는 스스로가 뛰어나다는 점을 굳이 입증하려 할 필요가 없다는 것이다. 출중한 부하들에게 능력을 마음껏 펼칠 수 있도록 기회만 만들어주면 된다. 유능한 부하들과 일한다는 것 자체가 뛰어난 리더라는 점을 증명하고 있다는 것이다.[111)] 데니스 피어(Denise A. Peer)는 "리더십을 진단하는 방법 중 하나가 자신을 따르는 사람들이 얼마나 우수한 사람인지를 살펴보는 것"이라고 한다. 혼자만 앞장서 나가고 아무도 따르지 않는다면, 결국 그 길을 홀로 걷게 될 것이다.

리더들은 일이 많다. 게다가 구성원 관리에 대한 책임까지도 져야 한다. 업무의 중요성이나 부담감을 고려한다면, 그들의 심리적 압박감이나 스트레스는 매우 심하다. 리더는 업무에 대한 이해와 상황을 정확히 파악하고 있어야 한다. 직원들의 니즈(needs)와 사내 인간관계에 대해서도 알고 있어야 한다. 핵심이 무엇인지 알고, 중요한 일과 시급한 일을 나누고, 우선순위를 정해 일을 할 수 있도록 도와주어야 한다. 누구도 혼자서는 성공할 수 없다. 탱고를 추려면 둘이 필요하다. 재능은 경기를 승리로 이끌 수 있지만, 진정한 챔피언십을 얻게 하는 것은 팀워크에 달려 있다.

리더는 조직을 이끌다 보면 속상한 일, 화나는 일이 발생하기 마련이다. 부하의 힘든 처지를 헤아리고, 속이 타도 분노가 끓어도 웃어야 한다. 리더는 내색할 수 없다. 부하의 충성은 뿌리지 않으면 열매도 없다. 미국 스타벅스 회장 슐츠(H. Schultz)는 "좋은 리더가 되는 가장 좋은 길은 아침에 출근하면서 집을 나오기 전에 당신의 자존심을 두고 나오는 겁니다"라고 말한다. 나폴레옹(B. Napoléon)은 "인내하는 데서 운명이 좌우되고 성공이 따르게 된다"고 했다. 원래 높은 산꼭대기에는 바람이 더 세게 불지 않는가? 큰 나무도 많은 바람을 맞는다.

책임 전가 행위만큼 리더십을 파괴하는 것도 없다

책임감은 리더십의 출발점이자 종착역이다. 3,800여년 전 바빌론 광장 비석에 새겨진 함무라비법의 중심 원칙은 '자신의 행동에 책임지라'는 것이었다. 독일 정치철학자 막스 베버(Max Weber, 1864~1920)는 『직업으로서의 정치』에서 정치가는 선과 악을 둘러싼 '신념윤리'뿐 아니라 결과에 책임을 지는 '책임윤리'를 갖춰야 한다고 말한다. 민생을 책임지는 정치를 하라는 얘기다. 지도자는 국민이 좋아하는 것만을 좇지 않고, 필요한 것을 위해 일해야 한다.

현재 한국의 정치구조와 정치제도, 이와 연관된 정치문화는 정치가 변화의 선두에 서서 역사의 진보를 주도하거나 발전의 원동력이 되기보다는, 변화를 가로막거나 발목을 잡고 있다. 뉴스를 보면 사회지도자들이 자신의 행동에 책임을 지는 사람이 많지 않다. 정책의 판단 실수는 누군가의 삶을 붕괴시킬 수도 있다. 자신이 내린 판단의 오류 가능성을 엄정하게 점검하는 것은 리더의 기본자세이다. 우리나라는 1997년 IMF 외환위기 당시 어떠한 책임을 질 만한 일을 하지 않은 사람들이 그들의 직장과 재산을 잃고, 문제의 본질에 무관한 대다수 국민이 자신의 호주머니를 털어서 공적자금이라는 비용을 지불하였다. 피터 드러커(Peter Drucker)는 "인기는 리더십이 아니다. 리더십은 성과"라고 말한다. 조직에서 성과가 없는 리더는 의미가 없다. 리더십의 존재 이유는 결과를 얻는 것이고, 리더에 대한 평가는 실적을 근거로 한다.

민주주의의 근본인 다수결은 '양'을 의미하는 것이지 '질'을 의미하는 것이 아니다. 민주주의에서 양은 '좋다(like)고 하는 사람의 숫자'를 말하며, 질은 '옳음(right)의 정도'를 말한다. 많은 사람이 좋다고 하는 것과 질적으로 옳다는 것은 별개의 차원이다. 민주주의의 위기는 의사결정에 대한 권리와 책임이 동일 집단에 주어지지 않고, 권리는 자신이 속한 집단에, 책임은 다른 집단으로 전가되는 데 있다. '옳음'을 추구하지 않는 민주주의는 제도의 의의를 상실하게 된다.[112)]

미래를 바라보고 집단을 결속시켜야 한다

위대한 리더들은 순조로운 상황에서도 최악의 순간을 대비하는 습성을 보유하고 있다고 한다. 미래를 내다보고 부단하게 변화하지 않으면 도태되는 것은 개인이나 기업이나 국가나 마찬가지다. 국가 지도자가 어떤 비전과 노선을 가지고 국가를 운영하는가, 또 그런 비전과 노선을 추구하는데 시장과 시민사회의 다양한 세력과 얼마나 잘 협력할 수 있고, 그로써 사회적 에너지를 얼마나 잘 동원할 수 있느냐가 국가의 성패를 좌우하는 중요한 요인이다. 리더가 오늘을 보는가, 내일을 보는가에 따라 국가의 흥망이 달렸다. 리더십의 도전과제는 현재를 경영하는 동시에 미래를 개발하는 것이다.

프랑스 인류학자 레비-스트로스(Claude Lévi-Strauss, 1908~2009)는 『슬픈 열대』에서 남미 아마존 지역을 현지 연구할 때 만난 남비콰라족에게서 족장을 뜻하는 '우일리칸데'(Uilikande)가 집단을 결속시키는 사람이라는 걸 발견했다고 한다. 권력을 많이 가진 사람이 아니라 집단을 하나로 만드는 사람이 족장, 그러니까 진정한 리더라는 말이었다.[113] 전 남아프리카공화국 대통령 넬슨 만델라(Nelson Mandela 1918~2013)가 전 세계인의 존경을 받은 것은, 뛰어난 지시이나 목숨 걸고 백인 정권에 저항한 투쟁이 아니라 국가를 위한 용서와 화해, 통합의 리더십이었다.[114]

국가의 비전을 제시하고 최선의 경제·사회정책을 채택하고 국민의 역량을 하나로 모아 목표를 달성하는 지도자의 리더십이 중요하다. "제일 잘하는 정치는 국민의 마음을 따라가고, 그다음이 국민을 이익으로 이끄는 정치다. 세 번째는 도덕으로 설교하고, 네 번째는 아주 못난 정치가 형벌로 겁을 주며, 다섯 번째 최악의 정치는 국민과 다툰다." 2,000년 전 사마천(史馬遷, BC 145~BC 86)이 그때까지 1,000년간 중국 왕국들의 흥망성쇠를 두루 살핀 뒤 내린 결론이다.

원불교 좌산 이광정 상사는 "역사는 딱딱하게 굳어 있는 게 아니라 살아서 움직이며 늘 변용한다. 그런데도 한국 사회는 소위 '믿음 병'으로 두 가지 병을 앓고 있다. "하나는 자기 진영에 대해 무조건 믿는 맹신 병이고, 다른 하나는 상대 진영에 대해 무조건 안 믿는 불신 병"이라고 했다.[115] 비판적 사고가 체계성이 없으면 맹신으로 이어질 수 있다. 오늘날 한국 사회는 미국 흑인해방운동 지도자 마틴 루터 킹(Martin Luther King Jr.) 목사가 "도덕적 목적을 달성하기 위해 비(非)도덕적 수단을 이용하는 것은 나쁘다. 더 나쁜 것은 비(非)도덕적 목적을 보전하기 위하여 도덕적 수단을 이용하는 것"이라고 말한 것을 되새겨 볼 필요가 있다.

리더의 방향 전환 장애

리더들의 '방향 전환 장애'를 분석한 영국의 롭 무어(Rob Moore)는 리더가 정책 전환을 꾸물거리는 이유는 "자부심과 자존감 등 권위의 상처, 번복에 따르는 재실패의 불안감, 주목과 판단의 대상이 되는 것의 우려" 때문이라고 한다. 콩코드 오류는 "잘못된 결정을 인정하지 않고 오히려 정당화해 밀고 나가는 행동"을 말한다. 콩코드(Concorde)는 영국과 프랑스가 개발한 세계 최초의 초음속 여객기로서 경제성과 연비가 떨어졌지만, 두 나라는 막대한 재정을 쏟아부으며 지원을 계속하였다. 정부의 자존심이 구겨지고 실패를 인정해야 하는 부담감 때문이었다. 결국 2000년 폭발사고로 탑승자 전원이 사망한 뒤 2003년에야 운항이 중단되었다.

『논어』 〈위령공편(衛靈公篇)〉에서 공자는 "잘못을 저지르고도 고치지 않으면 그것이 곧 잘못"(過而不改是謂過矣)이라고 하였다. 프랑스 계몽사상가 루소(J. Rousseau)는 "잘못이 부끄러운 것이 아니라 잘못을 고치지 못하는 것이 부끄러운 것"이라고 한다. 터키 속담처럼 "아무리 멀리 갔어도 잘못된 길이라면 빨리 돌아오라"는 것이다.

공감받지 못할 일에 집착하면 조직원의 신뢰를 잃는다

조직이 어디로 가고 있는지, 목표에 도달하면 어떤 모습을 볼 수 있는지를 명확히 하고 자세히 설명해 이해와 공감을 얻는 노력을 했을 때, 조직의 힘은 폭발적으로 증가한다. 최근 리더십의 중요한 덕목으로 '공감 능력'이 부각되고 있다. 리더의 생각은 부하 직원 전체가 희망하거나 그들의 편익이 증가하는 방향과 같아야 한다. 리더는 맨 앞에서 솔선수범하며 앞날을 도모하기 위해 힘을 모으고, 상황에 따라서는 인내와 절제, 합심과 땀을 요구한다. 이때 필요한 것이 공감 능력이다. 리더는 공감을 촉진할 수 있는 방향으로 조직을 이끌어나가야 한다.

공감형 리더는 경청과 겸손의 태도를 갖추고 직원들을 단순히 일만 하는 사람으로 보지 않고, 인격체로서 그 사람을 이해하고 그의 삶에도 관심을 보인다. 성공하는 리더는 사소한 사항도 주목하는 습관이 배어 있다고 한다. 모든 비즈니스는 세부 사항의 합성물이다. 미국 방송인 오프라 윈프리(Ophra Winfrey)는 "리더십은 공감하는 능력과 관련이 깊다. 공감은 타인을 격려하고 그들의 삶에 활력을 불어넣어 주기 위해 타인과 관계를 맺고 연대하는 능력"이라고 한다.[116] 훌륭한 지도력은 말만이 아니라 행동으로 보여주고, 또 함께 공감함으로써 그 힘을 발휘한다. 감성 지능이 부족하여 직원들을 주눅 들게 만드는 리더라면, 직원들은 강압적인 태도에 순응할지 몰라도 헌신하지는 않을 것이다.

리더십은 머리가 아니라 마음에서 시작된다

리더의 자리에 서 있는 사람이라면 누구나 상황에 따라 환영받지 못하는 결정이나 부하에게 상처를 주는 결단을 내릴 수밖에 없는 상황이 있다. 직원에게 듣기 좋은 말만 한다고 해서 유능한 리더는 아니다. 그리고 원칙도 중요하지만, 인정을 살펴야 할 때도 있다. 전 일본항공 회장 이나모리 가즈오(稲盛和夫)는 "누군들 냉혹한 인간이 되고 싶으랴. 리더란 냉혹함과 인자함, 이 모순된 양극을 함께 지니고 있어야 한다"고 한다. 리더는 강인함과 따뜻함의 두 특성을 동시에 발휘하여 존중과 사랑을 받도록 노력해야 한다. 그러나 강인함은 어떤 조직에서도 효율적인 리더십을 위한 필수조건이지만, 강인함만으로는 사람들을 복종시킬 수는 있지만 이끌 수는 없다. 사람을 다스리는 도리 가운데 제일은 인심을 얻는 것이다. 으르고 협박하는 것은 순간적인 복종밖에 이끌어내지 못하지만, 진심으로 감동시키는 것은 그 효과가 영원히 지속된다.

문명화된 현대사회에서 사람들이 서로를 평가할 때, 가장 중요하게 생각하는 기준은 따뜻함이라고 한다. 머리가 아닌 가슴으로 하는 리더십이 필요하다는 것이다. 미국 심리학자 다니엘 골먼(Daniel Goleman) 교수는 "감성 지능(Emotional Intelligence)은 고위직으로 올라갈수록 중요하다"고 한다. 감성이 지능보다 더 강력한 힘을 갖고 있기 때문이다. 중국 명나라 말기 홍자성(洪自誠)의 어록인 『채근담』에 나오는 '대인춘풍 지기추상(待人春風 持己秋霜)'의 경구처럼, 남을 대할 때는 봄바람처럼 부드럽고, 자신을 대할 때는 가을 서리처럼 엄격해야 한다. 사장이 가진 것은 직함이지만, 리더가 가진 것은 사람이다. 리더는 일이 아니라 일을 하는 사람들을 책임지는 자리다.[117)]

나는 다시 함께 일하고 싶은 사람인가?

공(功)은 자기가 차지하고, 허물은 아랫사람에게 미루는가. 이탈리아 정치인 주세페 마치니(Giuseppe Mazzini, 1805~1872)는 "부하의 잘못을 자신의 책임으로 돌리는 사람은 훌륭한 지도자다. 어리석은 지도자는 자신의 잘못까지 부하의 책임으로 돌린다"고 했다. 아랫사람을 밀치고 자신을 내세우는 리더는 부하 직원의 마음을 사냥할 수 없다. 컴캐스트

CEO 브라이언 로버츠(Brian Roberts)는 "어떤 일의 결과가 좋았을 때 자신에게 공을 돌리지 말고 다른 사람을 칭찬해라. 그러면 사람들은 자신의 능력이 특별하다고 느끼게 되고, 더 열심히 일하게 된다"고 한다.

미국 하버드대학교 교수 아마빌(T. Amabile)은 "일상 업무 중에 상사가 던진 사소한 말과 행동이 직원들의 창의성과 업무성과에 큰 영향을 미친다"고 한다. 리더가 질책하는 경우 질책할 사안에 대해서만 언급하고 인격 무시 발언과 상대의 약점 언급은 금한다. 짧게 핵심만 지적하고, 피드백을 즉시 요구하지 마라. 비판받은 상대방은 감정이 격앙되어 있으므로 즉시 피드백을 달라는 것은 무리다. 누구나 지적보다 칭찬과 격려와 인정을 받고 싶어한다. 인정은 모든 상황에서 사람들에게 동기를 부여하는 강력한 힘이다. 리더란 자신이 좌절하고 상처받기 쉽지만, 그럼에도 직원을 격려하고 칭찬하는 일을 게을리해서는 안 된다. 리더는 존경을 받는 자리이지 호강을 받는 자리가 아니다.

피터 드러커(Peter Drucker)가 말한 것처럼 "당신 자녀를 당신 같은 상사 밑에서 일하게 하고 싶습니까?" 그렇다면 직원으로서만이 아니라 한 인격체로서 대하려고 노력해야 한다. 직원들을 대할 때 당신이 직원일 경우 대우받기를 원하는 것과 똑같이 해야 한다. 홍콩 청쿵(長江)그룹 회장 리자청(李嘉誠)은 "세상에 형편없는 직원은 없다. 단지 제대로 쓸 줄 모르는 형편없는 리더만 있을 뿐"이라고 했다.

리더가 피해야 할 일은 자신의 능력, 과거 성공 경험을 과신하여 다른 사람들의 의견을 무시하거나, 본인의 생각을 지나치게 주장하거나 강요하지 말아야 한다. 힘으로 누르는 것은 쉽다. 하지만 오래가지 못한다. 권한과 지위에 의한 강제를 좋아할 직원은 없다. 조직을 병들게 하는 불같이 화내는 버럭 리더들은 자신만 옳다고 믿거나, 자신이 직급이 높고 나이가 많으니 우월하다고 여기는 '갓(god) 콤플렉스'에 걸린 경우가 많다. 직원을 무시한 자기만족은 초라한 자기 위안일 뿐이다. 리더십 유형에서 권위주의적 접근방식은 "당신은 내 방식대로 따라와야 한다"는 것이다. 이런 사람은 자기 방식대로 하기 위해 지위나 권력 등을 동원하는 경향이 있다. 영국 시인 사무엘 버틀러(Samuel Butler)는 "자신의 의지에 반하여 동의한 사람은 여전히 똑같은 의견을 간직하고 있을 것"이라고 하였다.

조직의 모든 일을 한 손에 잡고 흔들지 마라. 잡무까지 일일이 관리하거나 사소한 실수를 지적하지 마라. 잡무는 과감히 이양하고, 본질적인 일에 집중하라. 조급하게 목표 · 성과에만 집중하여 조직원 모두를 지치게 하지 마라. 권오현 삼성전자 종합연구원 회장은 "내 임기에 모든 것을 해치운다"는 태도는 매우 위험하다고 강조한다. 리더가 그런 태도를 보이면, 모든 구성원이 늘 짧은 호흡으로 단기 성과만 바라보게 된다는 것이다. 길게 보는 사람, 미래를 준비하는 사람이 진정한 리더라는 지적이다. 리더는 현실에 발을 딛고 있으면서도, 시선은 미래를 향하고 있어야 한다는 것이다.

존중과 배려에 의한 자율을 싫어하는 직원은 없다. 누구든 자신이 존중받는다고 느낄 때, 책임 의식도 생기고 일의 성과도 오르게 마련이다. 상사에게 리더십과 권위가 있다고 느끼는 건 전적으로 직원의 몫이다. 리더십의 본질은 사람을 움직이도록 만드는 것이다. 신뢰를 잃은 사람에게 설득당할 사람은 없다. "지위는 영원한 것이 아니다." 윗사람은 아랫사람들을 항상 잘 살펴야 함을 강조하는 말이다.

15

직장에 목숨 거는 시대는 지났다

•

•

•

이젠 직장인이 아니라 '직업인'이 되어야 한다

직원이 조직의 규범, 문화, 업무수행방식을 습득하고 조직에 융화되어 가는 과정인 조직사회화(Organizational Socialization)는 직장마다 달라 직장 이야기를 단정적으로 할 수 없다. 직업은 다른 사람과의 관계를 전제로 성립되기 때문에, 사막 한가운데에서는 가질 수 없다. 어떤 직업을 선택해서 어떤 일을 하며 살아갈지, 그것은 자신의 선택에 달렸다. 이는 누구에게나 중요한 결정이다. 그러나 직장 동료는 내가 선택할 수 있는 관계가 아니라 주어진 관계이다. 나와 맞든 안 맞든 어떻게든 함께 지내야 한다. 그런데 가치관이 서로 다른 사람을 맞춰주는 일은 어렵다. 그럼에도 결혼 외의 관계에서 직업상 같이 일하는 사람들과의 관계만큼 중요한 것도 없다.

우리는 하루의 3분의 1 이상을 직장에서 보내는데, 갈등과 스트레스뿐이라면 불행한 일이다. 한 사람의 삶에서 직업이 차지하는 비중이 막중하므로, 사람은 직장생활에서 즐거움을 얻고 보람을 느낄 수 있어야 한다. 동료 간에 암투가 벌어지고, 상사와 부하직원 사이에 대화가 단절될 때, 직장은 지옥으로 변한다. 그러니 일에서 즐거움을 찾을 수 있는 행복한 직장을 만들어나가는 것은 중요한 일이다. 직장에서 좋은 업무 환경을 만드는 근본적인 요소로는 뛰어난 리더십, 공정한 시스템, 열린 소통 등이 있다. 이상적인 사내 문화를 만들려면 공감 능력을 활용해 서로 경청하고 이해하고 효과적으로 협업하는 것이 중요하다. 한 사람이 모두 할 수 있는 일이라면, 굳이 조직을 만들 이유가 없다. 우리가 분업이라는 위대한 발견을 이룰 수 있었던 것은, 인간이 협동하는 것을 배웠기 때문이다.[118)]

기성세대에게 취업은 평생직장을 선택하는 것이었다. 당연히 정년퇴직할 걸로 알고 취업했고, 그런 직장에 목숨도 걸었다. 그런데 1997년 IMF 외환위기는 구조조정을 보편화하고 명예퇴직을 일상으로 만들었다. 또한, 길어진 기대수명이 더 이상 직장이 최후의 보루가 되지 못함을 보여준다. 사람의 평균수명은 길어지는데, 사회적 수명은 오히려 짧아지고 있다. 이제는 직장에 목숨 거는 시대는 지났다. 직장에 목숨 걸지 말라는 것이 일을 게을리하거나 성과를 내지 말라는 의미는 아니다. 요즘 직장 유머로 "헌신하면 헌 신짝 된다," "고생 끝에 낙이 오는 게 아니라 골병든다"는 말이 유행한다. 최근 조사에 따르면, 직장은 더 이상 인생의 1순위가 아니었다. 응답자 중 직장을 인생에서 2순위라고 답한 사람이 가장 많았다. 요즘 젊은 세대는 직장을 평생 몸담을 곳으로 생각하지 않고, 거쳐 지나가는 정류소쯤으로 여긴다.

현대 직장인은 프리랜서(freelancer)가 될 수 있다

종신 고용 시절에는 고용주와 피고용인 사이에 암묵적인 계약이 존재했다. 고용주는 안정적인 직장을 제공하고, 그 대가로 피고용인은 회사에서 일하는 동안 충성했다. 종신 고용이 사라진 오늘날의 직장인은 누구나 프리랜서가 될 상황이다. 자기 능력을 계속 팔고 또 팔지 않으면, 눈 깜작할 사이에 실직자 신세가 되고 말기 때문이다.[119)]

평생직장 개념이 무너지고, 고령화의 진행에 따라 인생과 경력 관리의 패러다임이 달라지고 있다. 평생직장을 평생직업으로 바꾸라는 의미다. 직장은 30년 정도 다니면 끝이지만, 직업은 나이가 들어서도 계속할 수 있다. 전 미국 GE 회장 잭 웰치(Jack Welch)는 "종신 고용 대신 종신 취업능력(employability)을 보장해야 한다"고 말한다. 이제 '평생직장'을 보장받기는 어려워지고 있다. 그래서 평생직장을 대신할 '평생 커리어'를 쌓아야 한다.

직장은 사회화의 무대다

일본 사회학자 가토 히데토시(加藤秀俊)는 『인생에서 조직이란 무엇인가』에서 "일생 중 조직인으로서 살아갈 기회를 가진다는 것은 좋은 일이다. 조직은 인간을 단련시키고 성장시키고 많은 것을 가르쳐주기 때문이다. 다양한 인간이 있다는 것, 그리고 그 개성으로 가득한 다양한 사람들과 어떻게 관계를 맺고, 어떻게 협력하면 좋은지를 학습하는 장으로서 조직은 인생 공부를 도와준다. 한마디로 개인에게 조직이란 사회화의 무대"라고 말한다.[120)] 그런데 조직에 몸담고 있으면서 '조직인'을 목표로 하지 않는 풍조가 최근 짙게 나타나고 있다.

채용 후 직장생활이 시작된다. 직장은 비슷한 경쟁력을 가진 사람들끼리 모여 있는 집단이다. 시작은 같으나, 끝은 다르다. 동일한 잣대로 사람을 선발하여 동일하게 출발시켜도 그 과정에 따라 결과는 천차만별 차이가 난다. 직장생활에서 지위와 권력을 위해 경쟁하는 것은 피할 수 없는 일이다. 그리고 나의 장점을 살리고 단점을 줄여 남들과의 경쟁에서 앞서가려는 것은 인지상정이다.

직장생활을 하는 동안은 기본수칙에 충실해야 한다. 출근, 회의 등 모든 시간 약속은 지켜야 한다. 일은 상사가 고객이기 때문에 지시한 상사 입장에서 처리되도록 해야 하고, 상사가 원하는 결과에 집중해야 한다. 신입 사원의 우선 과제는 맡은 업무에 능숙해지는 것이다. 시키는 것만 하거나 마지못해 억지로 하지 말고, 능동적으로 일하려고 노력해야 한다. 직장은 학교가 아니라서 가르쳐줄 선생님이 없다. 스스로 일 잘하는 법을 배워야 한다. 많은 사람이 자기는 공부 잘하고 스펙 좋으니 직장생활에 문제없을 거라고 생각한다. 그러나 직장에서 일 잘하는 것은 학교 다닐 때 공부 잘했던 것과는 그다지 상관없다는 것을 직장 선배들은 다 안다. 순발력을 갖춰라. 순발력 있는 사람은 좋은 정보나 자료가 있으면, 그때그때 메모하고 모아두는 습관이 있다. 이런 습관이 쌓이면, 어느 순간 어떤 주문에도 대응할 수 있는 방대한 자료를 가지게 된다.

기본예의가 중요하다. 성인이 되면서 공부만 잘하면 되는 시기는 끝난다. 이때부터는 공부 빼고 나머지 것에서 승부가 나는 시기가 시작된다. 사람들 사이에서 일어나는 모든 일은 '주고받는' 것에서 생겨난다. "가는 말이 고우면, 사람을 얕본다"는 말이 있지만, 공손하고 다정한 말씨를 사용한다. 말투를 어떻게 하느냐에 따라 결과가 완전히 달라질 때가 많다. 바른 태도를 유지하고 밝은 표정을 짓는다. 웃는 얼굴에 침 못 뱉는다. 그리고 항상 겸손하라. 가장 중요한 덕목이다. 겸손한 당신 곁에는 적(敵)은 사라지고 아군만 남을 것이다.

직장에서 가장 받고 싶은 복은 '상사 복'이다

어느 회사에서 일하느냐 만큼 누구와 일하느냐도 중요하다. 갤럽(Gallup) 부사장 마커스 버킹엄(Marcus Buckingham)은 "사람들은 회사를 보고 입사해서, 상사들 때문에 퇴사한다"고 말한다. 직장생활을 가장 힘들게 만드는 존재는 대개 상사다. 상사가 힘든 건 내 직장생활의 성패를 좌우하는 최대 변수이기 때문이다. 그래서 힘들고 더러워도 참는다. 마음에 없는 사탕발림도 한다. 그 사람은 인정하지 못해도 그 자리는 인정해야 하기 때문이다. 상사는 어렵고 마주하기도 싫다. 상사와의 대화는 힘들다. 상사와 밥 먹기 좋아하는 직원도 많지 않다. 상사와 같이 있는 그 자체가 불편하다.

2020년 11월 중앙일보와 모바일 애플리케이션(앱) 블라인드가 국내 직장인을 대상으로 『대한민국 직장인 행복지수』를 설문 조사한 결과, 직장인의 직무 만족도에 가장 큰 영향을 미치는 두 가지 요소는 '업무 의미감'과 '상사와의 관계'였다. 업무 의미감은 회사 일이 본인에게도 의미가 있고 일을 통해 본인이 성장하는 느낌을 갖는 것이다. 직장인은 업무 의미감이 높고 상사에게서 필요한 직무 지식을 전수받으면 스트레스 상황을 잘 견디고 회사에 소속감을 갖는 것으로 나타났다. 반면, 직장인의 행복도를 낮추는 요소는 번아웃과 '낮은 업무 중요도'였다. 번아웃(burnout syndrome)은 만성적인 업무 스트레스로 무기력증·냉소에 빠지고 업무 효율성이 낮아지는 증상이다.

좋은 상사를 선택할 수는 없다. 그러나 상사와의 관계를 어떻게 만들어갈지는 내가 선택할 수 있다. 좋은 상사를 만나는 건 복이다. 상사를 통해 배우고 성장할 수 있기 때문이다. 지금 상사를 피해 달아날 수 없다면 상사와 친해져야 한다. 일단 밥부터 자주 먹고 마음을 열고 다가

가야 한다. 함께 밥을 먹는다는 것은 서로의 거리를 좁히는 데 있어서 상당히 효과적인 기술이다. 상사도 사람이기 때문에 다가오는 부하를 뿌리치지는 않는다. 밥 먹는 일은 어찌 보면 아무것도 아닌 일이다. 그런데 아무것도 아닌 일이 결국 아무것이 된다. 그게 직장이고, 그게 사람 사는 세상이다. 그리고 상사와 일하는 시간이 일시적이라는 사실도 기억해야 한다. 결국 시간은 간다.[121)]

알아서 좀 못하냐 vs 상세한 설명 필수 '내비 세대'

요즘 일하는 의미와 목적을 잃은 채 하루하루를 살아가는 이들이 많은 것 같다. 죽을힘을 다해 일하기보다는 주식 투자처럼 편하게 돈 버는 삶을 동경하거나, 하루빨리 벤처기업을 세워 상장한 후 일확천금을 거머쥐고서 이른 나이에 은퇴해 여유롭게 사는 것이 인생의 목표라고 당당하게 선언하기도 한다.

자신이 좋아하는 분야를 선택해 평생직업으로 삼을 수 있는 사람이 과연 얼마나 될까? 그래서 우선 자신에게 주어진 일을 천직이라 생각하고 좋아하려는 마음부터 가져야 한다는 것이다. 직장의 최대 목적은 업무성과를 내는 일인데, 업무를 둘러싼 세대간 갈등이 심각하다. 상사들은 요즘 애들 일 시키기가 참 어렵다. 일일이 떠먹여 줘야 한다. 회의 때 보고서를 만들라고 하면 언제까지 해야 하느냐는 기본이고, 구성은 어떻게 해야 하느냐, 글자 크기는 어떻게 맞춰야 하느냐 질문이 넘쳐난다고 말한다. 기성세대가 '눈치껏' 일하는 데 익숙하다면, 밀레니얼세대는 '명확한' 지시나 설명을 요구한다. 대한상공회의소는 이런 밀레니얼세대를 '내비게이션 세대'라고 규정하며, 다소 두루뭉술하더라도 직접 부닥쳐가며 업무를 체득한 '맵(지도)세대'와 다르다고 설명한다. 맞춤형 사교육에 익숙한 밀레니얼세대는 마치 과외처럼 기승전결이 뚜렷한 구체적인 지침과 설명을 필수라고 여긴다는 것이다.

젊은 세대들은 업무지시가 명확하지 않다며 힘들어한다. 모호하게 지시해 놓고 질문하면 짜증 내고…. 기왕 하는 거 처음부터 확실히 알아내서 두 번 일 안 하는 게 효율적이지 않나라고 말한다. 『90년대생이 온다』의 임홍택 작가는 "밀레니얼세대에게 일의 맥락을 알아서 읽어낼 것을 요구하는 건 내비게이션에 익숙한 사람에게 지도를 던져주는 것과 같은 일"이라고 말한다. 일의 시작은 정확하게 지시받는 것이다. 시작점이 확실하지 못하면 고생은 고생대로 하고, 혼은 혼대로 나는 일이 생긴다.

지시받기 전에 준비하라

희망에 부풀어 회사에 입사한 직원은 처음에는 업무에 열심히 참여하면서 조직 발전을 위해 기존의 시스템을 개선하려고 애쓴다. 의욕에 가득 차 상사가 시키지 않은 일도 스스로 해내려고 노력한다. 그런데 어느 순간부터는 달라진다. 인사고과에 반영되는 업무, 인센티브가 주어지는 업무에만 흥미를 보이고, 보상이 주어지지 않는 업무에 대해서는 시큰둥한 태도를 보인다. 그래서 '일을 향한 열정'은 입사 당일에 최고점을 찍은 후 근속연수가 길어질수록 하향세를 그린다는 농담이 있다.[122)]

임난주병(臨難鑄兵)은 "전쟁이 임박해서 급하게 병장기를 만든다"는 뜻으로, 사전에 준비가 전혀 없다가 일을 당하고 나서야 급하게 서두르는 것을 비유하는 말이다. 일이든 인간관계든 성과를 내기 위해서는 그에 상응하는 준비가 필요하다. 정보를 수집하고 환경을 살펴보는 등 준비 작업을 해야 한다. 누군가가 물어보면 설명할 수 있도록 준비해야 한다. 당신이 만약 10분의 준비시간을 소홀히 한다면, 앞으로 10년이라는 시간을 후회하며 보낼 것이라는 말에 교훈을 얻어야 한다. 인생에서 발전하지 못하는 사람으로 두 가지 유형이 있다고 한다. 하나는 시키는 일을 제대로 하지 않는 사람이고, 다른 하나는 시키기 전에는 아무 일도 하지 않는 사람이라고 한다.[123)]

사서(四書)의 하나인 『중용(中庸)』은 상사와의 대면을 위한 부하의 준비 자세에 대해 다음과 같이 말한다. "모든 일은 미리 준비하면 제대로 이루어지고, 미리 준비하지 않으면 제대로 이루어질 수 없다. 할 말을 미리 정해 놓으면 차질이 발생하지 않고, 할 일을 미리 정해 놓으면 곤란을 겪지 않게 되고, 할 행동을 미리 정해 놓으면 잘못될 수가 없고, 할 방법을 미리 정해 놓으면 궁할 일이 없다. 말이든, 일이든, 행동이든 그 무엇이든 간에 미리 준비해 놓으면, 일이 잘못되거나 어긋나지 않는다"고 말한다.

뒷담화는 세 사람을 죽인다

"사람들은 원래 누가 있는 데서나 없는 데서 욕하고 흉보면서 살아요. 옛날부터 빨래터에서 빨랫방망이 두들기며 남편 흉보고, 시어머니 흉보며 그렇게 살아왔다"고 법륜 스님은 이야기한다. 예나 지금이나 변하지 않는 최고의 잡담거리는 남의 험담이다. 그곳에 없는 누군가를 공통의 표적으로 삼아 험담을 늘어놓으면 잡담은 쉽게 무르익는다. 그러나 뒷맛은 개운하지 않다. 유대 경전 『미드라쉬(Midrash)』에는 "남을 헐뜯는 험담은 살인보다도 위험하다. 살인은 한 사람만을 죽이지만, 험담은 반드시 세 사람을 죽이기 때문이다. 험담을 퍼뜨리는 사람 자신, 그것을 반대하지 않고 듣고 있는 사람, 그리고 그 험담의 대상이 되고 있는 사람"이다.

직원들이 열띤 이야기를 할 때는 반드시 공공의 적이 있는데, 대부분이 상사다. 업무에서 오는 스트레스를 해소하고, 누적된 불만을 분출하기 위해 상사를 단죄하듯 험담을 늘어놓는다. 직원이 상사를 면전에서 비난하기란 불가능에 가깝기 때문에, 상사에 대한 비난은 대부분 뒷담화다. 특히, 잔소리 많은 상사는 직원들 뒷담화의 안주가 된다. 그러나 아무리 화제가 궁할지라도 남의 험담이나 뒷담화 등을 꺼내는 일은 삼가야 한다. "너나 잘하세요." 다른 사람의 뒷담화를 하는 순간, 당신도 그 대상이 된다. 당신은 나에 대해서도 앞에서는 좋은 말을 하지만, 돌아서면 악담을 늘어놓을 사람이라고 인식하게 한다.

중국 송나라의 유자징(劉子澄)이 편찬한 『소학』에는 "자신의 나쁜 점은 책망해도 좋으나, 남의 결점을 책망해서는 안 된다"고 말한다. 미국 흑인 교육자 부커 T. 워싱톤(Booker T. Washington)은 "남을 시궁창에 붙잡아 두려면, 자기도 시궁창 속에 있어야 한다"고 말한다. 중요한 것은 뒷담화를 스스로 하지 않는 것이다. 상대방과 대면한 자리에서 할 수 없는 이야기라면, 없는 자리에서도 하지 않도록 한다. 그 자리에 없는 사람에 대해 이야기할 때도, 마치 그가 자리에 있는 것처럼 하라. '우리끼리 얘기인데'의 비밀이란 세상에 없다. 세상에는 없는 게 3가지가 있다고 한다. 세상에 공짜 없고, 세상에 비밀 없고, 세상에 정답 없다. 내가 뱉은 말이 부메랑이 되어 결국 그 사람 귀에 들어가게 되어 있다. 나쁜 소식은 빨리 퍼진다. 칭찬에 발이 달려 있다면, 험담에는 날개가 달려 있다.

한편, 상사가 뒷담화에 대해 일일이 신경 쓰고 대응하는 것은 리더답지 못하다. 뒷담화가 들리면 모든 언어는 2차적 성질이 있다는 것을 기억하고, 전달자의 의도를 생각해 본다. 뒷담화를 수집은 해보되 그대로 믿지는 않는다. 중대 사안이라면 당사자에게 사실 확인을 하고, 가능하면 못 들은 척하는 게 상책이다. 고려시대 추적(秋適)이 저작한 『명심보감(明心寶鑑)』은 "직접 눈으로 본 일도 오히려 참인지 아닌지 염려스러운

데, 더구나 등 뒤에서 남이 말하는 것이야 어찌 이것을 깊이 믿을 수 있으랴"하고 반문한다.

뒷담화를 많이 하는 사람은 해결책을 제시하지는 못하면서, 남의 잘못을 찾아내는 데만 골몰하는 사람이다. 미국 포드 자동차회사 창업자 헨리 포드(Henry Ford)는 "잘못을 찾지말고 해결책을 찾아라. 불평은 누구나 할 수 있다"고 한다. 벤자민 플랭클린(Benjamin Franklin)은 "비판 · 비난, 불평만 하는 것은 어떤 바보라도 할 수 있고, 대다수의 바보가 그렇게 한다"고 말한다. 프란치스코 교황(Pope Francis)은 "뒷담화만 하지 않아도 성인이 될 수 있다"고 했다.

상사가 갖춰야 할 덕목은?

상사와 부하 직원은 공생관계다. 부하 직원이 원하는 상사는 시간, 정보, 칭찬에 후하고 일을 잘 처리하는 데 유용한 조언을 베푸는 상사이다. 상사는 직원들이 협력하여 집중적으로 일할 수 있도록 한다. 혼자서 할 수 있는 일은 작다. 함께 할 때 큰일을 할 수 있다. 머리 둘이 하나보다 낫고, "개미 천 마리가 모이면 맷돌도 돈다." 그런데 팀원의 장점을 극대화시키지 않고 단점에 집착하여 그것을 집요하게 고치려는 상사가 있다. 그들은 자기의 권한을 과시하고 강화하려는 목적으로 쓸데없는 규제와 절차를 만들어낸다. 그런 부당함 때문에 주변 사람들은 고통을 받는다.

상사는 부하가 알아듣기 쉽게 지시를 분명하고 명확하게 해야 한다. 부하와 상사 간의 경험과 지식의 차이를 이해하며 지시해야 한다. 직장생활을 하다 보면 불합리하다고 생각되는 상사의 지시를 받게 된다. 그런데 즉각 "아니오"라고 말하기는 쉽지 않다. 자신의 지시를 면전에서 거절하는 부하를 너그럽게 받아줄 상사는 없기 때문이다. 나의 거절은 언젠가 비수가 되어 내게 돌아올 확률이 높다. 그러니 우선 수용하고 자리로 돌아와 거절 이유와 논리적 근거를 찾고, 다른 대안이 있는지도 탐색한다. 상사의 지시에 따르려고 고민했던 노력이 있었음을 보여주는 것이다. 상사는 많은 사람 앞에서 자신의 권위 붕괴를 원치 않기 때문에 더 적극적으로 방어할 가능성이 있다. 그러므로 상사를 부정적으로 몰아가지 않도록 주의해야 한다.

가끔 지나치게 의사결정을 미루는 상사가 있다. 산더미 같은 추가 자료를 요구하거나, 수시로 회의를 통해 확인하면서 너무 신중해 타이밍을 놓치는 경우가 있다. 조직의 의사결정에 대한 최종적인 책임은 상사에게 있다. 자신의 생각과 상사의 생각이 일치되지 않거나, 합리적으로 조정이 되지 않는 경우가 있을 수 있다. 끝까지 의견이 조정되지 않을 경우, 결국 최종 결정은 상사의 의견대로 할 수밖에 없다. 그것이 조직 원리상 정당하다.

그러나 상사는 항상 자신의 생각이 완벽하지 않다는 것을, 잘못된 의사결정을 할 가능성이 있다는 것을 염두에 두어야 한다. 부하 직원도 상사가 되기 전에는 윗사람들이 다 성질 더럽고, 쫀쫀하고, 판단력도 흐리고, 우유부단하고, 영혼 없이 눈치나 보고, 실력도 없다고 말한다. 그러나 막상 자신이 그 위치가 되면 상사의 행동이 이해될 때도 있을 것이다. 상사는 인격 향상을 위해 노력해야 한다. 직장에서의 성공이라는 명분 때문에 삶 속에서 가장 소중한 인간관계를 소홀히 할 수 있다. 재직 중에 어떤 지위에 올랐을 때 자기 조절을 잘해야 한다. 그래야 퇴직 후에도 사회에서 소외되지 않고 새로운 일도 시작할 수 있다. 지위는 언제라도 잃을 수 있다. 그러나 인격은 어디에서나 당신과 함께 산다.

구글(Google)에서 시행한 상사에 대한 상향식 평가의 설문지를 보면,

"상사는 내가 성과를 개선하는 데 도움이 되는 실행 가능한 피드백을 제공한다. 개입하지 않아도 되는 문제까지 시시콜콜 지나치게 간섭하지 않는다. 나를 하나의 인격체로 대하여 배려한다. 팀원들이 팀에 우선적으로 중요한 일에 집중하도록 한다. 자신의 상사 및 고위 경영진에게서 얻은 정보를 적절하게 나와 공유한다. 지난 6개월간 경력 개발과 관련해 나와 의미 있는 대화를 나눈 적이 있다. 팀원들과 소통하면서 팀의 목표를 명확하게 제시한다. 나를 효과적으로 관리하는 데 필요한 직무 전문성을 갖고 있다. 나는 나의 상사를 다른 직원에게 추천할 것이다"로 구성되어 있는데, 상사의 올바른 역할을 제시하고 있다.[124)]

상사의 '요구 뒤의 욕구'를 읽어라

모바일 장비 덕분에 우리는 언제 어디서나 항상 '스위치가 켜진' 삶을 살고 있다. 기술이 인간의 휴식을 침범하여, 일과 삶의 경계가 모호해지고 있다. 요즘은 스마트폰 때문에 업무가 끝나도 끝난 게 아닌 경우가 흔한 일이다. '업무 단톡방'이 있어 퇴근 후에도 수시로 카톡이 날아온다. 상사는 모바일 기기를 통해 끊임없이 업무에 대한 질문을 던진다.

직장생활 동안 늘 함께 일하고 싶고, 떠나더라도 누구에게나 추천하고 싶은 부하 직원이 있다. 그런데 일 잘하는 사람에게 돌아오는 상(償)은 그가 더 많은 일을 떠맡는 게 문제다. 부하 직원의 유형을 보면 우선, 스스로 알아서 하는 직원이다. 윗사람의 지시에 2~3개의 대안까지 찾거나, 전혀 새로운 방면에서 해법을 모색하는 유형이다. 다음은 시키는 것만 꼬박꼬박하는 유형과 시키는 것을 마지 못해 할 수 없이 하는 유형이다. 조직의 성장과 발전에는 관심 없고, 개인의 이익에만 관심을 가진다. 이런 유형은 직장에서 퇴출 대상이 될 것이다.[125)]

부하 직원의 행태를 보면, 일을 미루는 직원은 변명거리를 찾아내는

데 시간을 허비한다. 습관적인 불평자는 끊임없이 부정적인 일들을 찾아내 자신의 불만을 늘어놓고 책임을 떠넘기며 문제 해결에는 소극적이다. 그의 일이 제대로 처리되지 못해 늦어짐에 따라 다른 팀원이 그의 업무까지 해야 하는 짐이 된다. 따지기 좋아하는 직원은 논리적인 생각과 현실적인 생각이 조화를 이루어야 현실에서 직면하는 문제를 슬기롭게 해결할 수 있는데, 비판하고 따지는 데만 에너지를 소비한다.

유능한 직원의 일 처리를 보면, 우선 일 처리가 빠르다. 상사가 지시한 일은 기한을 넘기지 않는다. 늦어질 경우 사전에 허락을 얻는다. 보고서의 내용이 중언부언하지 않고 간결하다. 상황에 따라서는 자기주장도 굽힐 줄 알아 적을 만들지 않는다. 소통에도 능해 '소통의 벽'을 만드는 대화를 하지 않는다. 『CEO 리더십 연구소』 김성희 소장은 "상사는 부하가 지시의 기대를 뛰어넘는 일을 해낼 때, 전폭적인 신뢰를 보낸다"고 말한다. 그러기 위해선 상사의 '요구 뒤의 욕구'를 읽을 줄 알아야 한다. 부하들은 '시키는 대로 다 했는데, 왜 야단이야' 하며 불평한다. 하지만 바로 그것 때문에 상사들이 불평하는 것이다. 상사들은 부하들이 시키는 것 이상으로 해내지 못하는 것이 성에 안 차는 것이다. '요구'가 필요로 하는 것이라면, '욕구'는 원하는 것이다.

직장인들이 호감을 갖는 동료로는 예의 바르고 성실한 동료, 상황에 따라 융통성 있게 일하는 동료, 자신의 일은 스스로 하고 타인의 일에는 간섭하지 않는 동료, 업무능력이 뛰어나 배울 점이 많은 동료, 의사소통이 잘 되는 동료, 유머 감각이 있고 에너지 넘치는 동료, 누구에게나 친절하고 매너 있는 동료, 어렵고 힘든 일이 있을 때 먼저 나서는 동료 순으로 조사되었다.126) 반면, 직장인들이 피하고 싶은 동료로는 다른 사람의 노력과 성과에 은근슬쩍 숟가락 얹는 동료, 불평 · 불만이 심한 동료, 개인주의적인 동료, 눈치 없는 동료, 티 나게 사내 정치하는 동료, 감정 기복이 심한 동료, 지나치게 원리원칙을 따지는 동료, 사생활에 관심이 너무 많은 동료, 말 많은 동료, 꼼꼼하지만 업무 속도가 지나치게 느린 동료 순으로 조사되었다.

질책은 사람이 아닌 '사실'에 초점을 둔다

상대방이 잘못했을 때 우리가 할 수 있는 반응은 3가지 정도다. 먼저, 잘못을 혼내고 내가 피해받은 바를 감정적으로 드러내며 화를 내는 것이다. 다음, 말을 하지 않고 마음속에 쌓아두고 넘어가는 것이다. 주로 아랫사람이 선택하게 되는 방법인데, 점차 소통의 길이 막혀버린다. 끝으로, 칭찬과 지적을 섞어가며 상대방의 감정이 상하지 않게끔 의사전달을 하는 것이다.[127] '샌드위치식 비평'은 비평하는 말의 중간에 상대방이 잘한 일이나 장점 등을 인정하는 말을 끼워 넣는 방식이다.[128] "N자 그리기"는 먼저 상대방의 감정을 긍정적인 상태로 이끈 후에 솔직한 말을 하고, 다시 감정을 긍정적으로 이끄는 방식이다.

꾸짖을 때 조심해야 할 것은 '사람'이 아니고 잘못을 했다는 '사실'에 초점을 맞추는 것이다. 질책의 대상은 '행위'가 되어야 한다. 당신의 인격은 존중하지만, 행위가 만족스럽지 않다는 것이다. 상사가 아닌 멘토의 입장으로 다가가 직원에게 상사는 동료이지, 적이 아님을 보여주어야 한다. 꾸짖을 때는 비공개적인 장소에서 인신공격이 아닌 우회적 또는 비유적 표현으로 세심하게 배려해야 한다.

모자란 상사는 꾸짖는 것과 화내는 것을 구별하지 못한다. 상사는 자신이 꾸짖는 것인지, 화를 내는 것인지를 잘 살펴야 한다. 꾸짖는 것은 공적인 처지에서 상사가 부하에 대한 애정을 바탕에 깔고, 부하에게 숨어 있는 잠재능력을 끌어내려는 의도로 엄격한 태도로 대하는 것이다.

반면, 화를 내는 것은 사사로운 감정으로 분노의 감정을 노골적으로 드러내서 상대방을 응징하는 것이다. 미국 캘리포니아대학교 교수 케빈 람데브(Kevin Ramdev)가 165명의 사원을 대상으로 조사한 바에 따르면, 상사들은 자신이 관심을 두지 않는 사람에게는 엄하게 대하지 않는다고 한다.[129)]

자녀들의 훈육에 대해 부모들은 고민이 많다. 요즘 부모들이 매를 아껴 사회생활을 시작하기 전까지 제대로 혼나 본 경험이 별로 없는 밀레니얼세대에게 혼나는 건 보통 일이 아니다. 젊은 세대들이 대처법을 모르는 바람에 작게 넘길 수도 있는 일에, 마음의 상처를 입고 회사를 떠나는 일까지 발생한다. 한편, 혼나는 과정에서의 몸짓도 중요하지만, 끝난 후도 중요하다. 바람처럼 휙 돌아선다거나 불만 가득한 느낌을 주는 뒷모습을 보이면, 혼은 혼대로 나고 개운치 않은 뒷맛까지 남긴다. 사실 상사의 꾸지람과 지적이 항상 옳은 게 아니기에 억울할 수 있지만, 직장은 옳은 말이 언제나 받아들여지는 곳이 아니다. 조직을 위해 일하기보다 상사가 원하는 방향으로 일을 하도록 요구받기도 한다.

신세대 직원은 별에서 온 외계인인가?

기성세대가 바라본 밀레니얼세대 직원은 별에서 온 외계인 같다. 상사와 스테이크를 먹느니 차라리 우리끼리 라면을 먹겠다는 인식을 가질 만큼 세대 간의 간격이 있다. 자기주장은 똑 부러지게 하지만, 뒷감당은 잘 못하는 편인 직장 새내기들을 어떻게 하면 조직에 빠르게 융화시키느냐 하는 것이 중요 과제가 되고 있다.

기성세대들은 점심시간에 회사 근처 식당에서 만나면 밥값을 내주기도 했다. 이사를 하게 되면, 다 같이 가서 짐을 날라주고 집들이도 하였다. 이렇게 돈독해진 관계들은 이후 돌잔치부터 시작해서 부모님 칠순 등 경조사를 기억했다가 성의를 보이곤 했다. 직장 동료가 단순히 직장에서만의 동료가 아니라 삶을 같이 공유하는 관계였다. 그런데 최근 회사 동료와의 관계에 대한 조사에 의하면, '공적인 관계만 유지하면 된다'(39%), '회사에서만 친하고 밖에서는 굳이 연락할 필요 없다'(33%), '친구처럼 사귀는 게 바람직하다'(15%) 순으로 나타났다.[130]

밀레니얼세대에게 대화는 인터넷 채팅이다. 사람과 사람이 서로 만나 얼굴을 보면서 말하는 것을 제대로 된 대화로 보는 것은 기성세대의 개념이다. 요즘은 개인적 생활을 존중하고, 개인적 영역들을 인정하고자 하는 추세로 세상이 바뀌고 있다. 특히 밀레니얼세대에게는 그런 현상이 뚜렷하다. 밀레니얼세대는 어린 시절부터 전 세계 네티즌과 열린 소통을 하면서 자랐다. 온라인에서 나이나 직책 등을 전혀 상관하지 않고 수평적인 소통을 하는 데 익숙하다. 그런데 어느 날 갑자기 회사에 들어가 최하위층에 위치하면서 직급과 나이 등에 따른 위계질서에 편입될 때, 수직적 의사소통을 잘 해낼 것이라고 기대하기는 어렵다. 속도와 혁신의 디지털 시대에 수직적 위계질서와 관료적 체계는 어울리지 않는다.

밀레니얼세대는 짧은 시간 내에 기술이 업데이트되고, 제품이 업그레이드되는 것에 익숙하다. 그들은 자신보다 디지털 기술의 역량이 떨어지고, 세상 돌아가는 상황에 대한 업데이트도 안 되어 있는 기성세대로부터 아이 취급을 받으면서 절망한다. 직장에는 비합리적인 문화가 관행이라는 명목으로 존재하고, 더 쉬운 방법이 있는데도 어렵게 일하는 모습을 보면서 문제가 있다고 판단하지만, 기성세대는 이런 문제를 개선할 마음도 없고 가르쳐줘도 모를 것 같다. 그런 기성세대가 자신들에게 지시하고 훈계하며 야단까지 치니 마음을 닫아버린다. 꼰대라는 용어가 밀레니얼 직장인들 사이에서 공감을 얻는 이유다. 기성세대는 젊은이들의 의견을 쓸데없는 요구로 보지 말고, 회사에 대한 제안으로 보아 주의 깊게 듣고 생각해 보는 배려를 해야 한다. 기존 직원과의 동질화를 유도하면, 신세대만의 관점과 잠재력 발휘는 불가능하다.

일과 삶의 균형이 중요한 밀레니얼세대에게 승진과 높은 직책은 사생활을 희생하고 조직에 온전히 충성함으로써 얻을 수 있는 자리라고 판단되기에 그렇게 매력적이지 않다. 밀레니얼세대에게 직장은 헌신해야 할 대상이 아니라 대등한 계약관계다. 자신의 삶과 직장은 동등하게 존중되어야 한다고 생각한다. 기성세대가 조직의 사다리를 한 단계씩 밟고 올라가면서 기쁨을 느끼고, 부하가 생기면서 권위가 부여되는 것을 즐겼다면 지금은 다르다.

직장 휴가에 대한 세대별 인식도 70년대생은 휴가를 다 쓰는 것은 눈치가 보이는 행동이다. 80년대생은 적절히 눈치를 봐서 연차를 사용하여 전략적인 휴가를 떠난다. 90년대생은 연차 사용은 나의 자유이고, 휴가 사유 또한 알릴 필요가 없다. 그리고 기성세대는 취미생활을 일하고 남는 시간에 즐기는 것으로 생각하지만, 요즘 신세대는 일과 취미생활을 거의 동등하게 여긴다. 밀레니얼세대들이 재수까지 해가면서 공기업에 입사하는 이유는 안정된 직장을 다니면서 자신의 개인 생활, 취미생활을 누릴 수 있기 때문이란다. 그들에게 취미는 그냥 남는 시간에 하는 것이 아니다. 자신의 존재를 증명하는 또 하나의 가치 있는 영역이다. 취향으로 자신의 존재감을 드러내는 것이다. 밀레니얼세대의 직업 만족도를 높여주는 요소는 단순한 급여 인상이나 화려한 타이틀이 아니라 업무의 자율성, 충분한 휴가, 인정 등이다.[131)]

16

인사는 인간관계의 시작이다

함께 사는 세상에서 가장 기본적인 것이 인사다

인간사회에는 서로 편안하고 사이좋게 살아가기 위한 규칙이 있다. 그 규칙이 바로 예절이다. 예절이란 상대를 배려하기 위해 만들어진 관습이다. 기본적인 예의는 지켜야 남에게 피해를 주지 않으며, 무례하다는 소리를 듣지 않는다. 예의를 통해 서로에 대한 존중과 가벼운 친분을 형성하고, 나아가 더 깊이 있는 배려를 통해 강한 친밀감으로 발전하게 되는 것이다.

세상 어느 곳에나 인사가 있다는 건 그만큼 필요하다는 뜻이다. 인사는 우리가 생각하는 이상으로 중요하다. 인사를 가볍게 여겨서는 안 된다. 남을 축하하거나 위로할 때 적재적소에 인사하는 일을 소홀히 하면 안 된다. 그런데 요즘 젊은 세대는 인사의 중요성을 잘 모르는 것 같다. 대가족 시대에는 가정에서 배우기라도 했지만, 핵가족 시대에는 배울 곳이 없다. 이들은 어릴 적부터 온라인 세상에서 살아왔기에 오프라인에서의 만남과 경험은 낯설고 두려워한다.

인사는 사람들이 만나거나 헤어질 때 하는 말이나 행동이다. 그런데 가벼운 인사와 성의 없는 인사는 다르다. '성의 없는 인사'는 인사는 인사대로 하고, 욕은 욕대로 얻어먹는다. 우리는 입으로만 뜻을 전하는 게 아니라 몸으로도 전한다. 인사할 때 몸은 말보다 훨씬 강하게 전달되고, 자신도 모르게 특정 정보를 상대에게 전달할 수 있기에 조심해야 한다. 인사는 만났을 때 인사하는 것뿐 아니라 어떤 도움을 받았다면 반드시 감사 인사를 이른 시간 안에, 직접, 성의를 담아 표현하는 것도 내포한다.

인사하면서 짓는 미소는 사회적 상호작용에서 중요한 기능을 담당한다. 인사할 때 미소는 주는 사람이 아무리 주어도 절대로 줄지 않고 손해 보지 않으면서, 받는 사람을 풍요롭게 한다. 데일 카네기(Dale Carnegie)는 "미소는 인간이 표현할 수 있는 가장 아름다운 예술이고 밑천이 하나도 들지 않지만, 소득은 크다"고 말한다. 일본 속담에는 "웃는 얼굴은 화살도 피해 간다"라는 말이 있고, 유태인 속담에는 "미소 짓지 않으려거든 가게 문을 닫아라" 하고, 중국 속담에는 "웃는 얼굴이 없는 남자는 상점을 개설해선 안 된다"고 한다.

인사는 인간관계를 구축하는 첫걸음이다

인사는 사람과 사람 사이를 이어주는 연결고리 역할을 한다. 인사는 무관심의 장벽을 허문다. 인사를 통해 상대방을 연결하고 세상과 연결한다. 인사는 단순히 친해지거나 당신과 적대적인 관계가 되고 싶지 않다거나, 우호를 증진하거나 존중의 표시를 하는 것에 그치지 않고 인간관계의 시작이다. 만약 당신이 다른 사람과 인사하는 방법을 제대로 알지 못한다면, 인사를 하지 않는다는 것은 당신에게는 친해지기 어려운 사람이라는, 인간관계를 맺을 필요가 없다는 부정적 이미지를 줄 수 있다.

신입사원 중에는 잘 모르는 직장 상사에게 인사하지 않았다는 이유로 업무에서 부정적 평가를 받는 것에 대해 불만을 토로하는 것 같다. 그런데 신입사원이 다른 사무실에 갔는데, 그곳 직원들이 무관심하다면 서로 부담스럽지 않아서 좋을까? 왜 영업사원들이 고객에게 인사하는 걸 최우선으로 할까? 인사는 둘을 연결하는 무형의 선으로, 그게 관계의 시작이 되기 때문이다. 상대에게 호감을 얻지 못하면, 자신이 무엇인가 전달할 것이 있다고 해도 아무도 귀를 기울여주지 않는다. 인사는 호감도를 높이는 첫 번째 기준이다. 상사들이 가장 싫어하는 후배는 예의 없는 후배라고 한다. 인사를 하지 않아서 실제 당사자에게 상당한 불이익이 가해져, 어렵게 들어온 회사를 떠나야 하는 일까지 생길 수도 있다.

인사를 먼저 건네는 것이 모험적일 수 있다

오늘날 기성세대가 볼 때, 사회 경험이 적은 젊은 직원들의 태도가 "버릇없다, 건방지다, 기본이 안 되어 있다"로 예의 없게 느껴질 때가 있다. 인사성이 없다는 것이다. 기본적인 예절에 무감각한 직원이 되어서는 안 된다. 기성세대들은 '모르는 상사에게도 무조건 인사하는 게 사회생활의 기본'이라고 생각한다. 인사 잘해서 손해 보는 것은 없으므로, 인사는 습관적으로 나오도록 하는 게 좋다. 인간은 인정받고 싶은 욕구가 있고, 지위는 대우받고 싶은 속성이 있다. 직장에서 내가 누구인지를 알아봐 주고 인사해주고 말을 건네주는 많은 사람 덕분에, 우리는 자기가 누구인지에 대해 확고한 의식을 가지고 살아갈 수 있다. 말단 사원도, 젊은 세대도 앞으로 지위를 가지게 되면 대우를 원하게 될 것이다.

누군가와 처음 만나게 될 때, 대부분 사람은 어느 정도의 불안을 느끼게 된다. 많은 사람이 인사하는 것을 어려운 일로 생각한다. 행여 인사를 거절당하는 경우, 어색해지는 분위기를 마주하기가 두렵기 때문이다. 인사하는 일 때문에 심리적 부담을 느끼고, 말문이 막힐까 봐 두려워한다. 인사를 통해 다른 사람에게 좋은 인상을 남기고 싶다면, 먼저 '말 걸기'부터 시작해야 한다.[132] 말을 잘하는 사람이 되기 위한 요건도 자신이 먼저 밝게 인사를 하는 것이다. 성공하고 싶다면, 먼저 다가가 웃음으로 인사하라. 인사는 돈 안 들이고 좋은 점수를 얻을 수 있는 성공 비결이다. 인사를 잘해 불가능한 일도 성공으로 만들 수 있다. 훌륭한 예절과 부드러운 언행은 많은 난제를 해결해 주기도 한다.

인사만 잘해도 관계는 생각보다 좋아진다. 불편한 사람에게는 더더욱 인사가 필수다. 자신이 껄끄럽게 생각하는 사람일수록 적극적으로 다가가서 예의 바른 인사를 한다. 아무리 마음을 닫고 있는 상대라도 "인사하지 마"라고는 하지 않는다. 미운 사람일수록 잘해 주고, 감정을 쌓지 않아야 한다. 싫어하는 사람을 상대하는 것도 하나의 지혜다. 최악의 관계는 피해야 한다. 친절하고 예의 바른 행동 앞에서는 빗장이 걸려 있던 문들이 열린다. 그것은 모든 이의 마음으로 들어갈 수 있는 출입증이다.[133]

의전(儀典)이 성하는 것은, 의전을 통해 자신의 힘을 인정받고 싶은 것이다. 기성세대에게는 의전 감각이 얼마나 있는가가 직장 내의 능력으로 평가되기도 한다. 밀레니얼세대는 '잘 보이고 싶은 사람에게만 하는 것'은 의전, '조직 성과에 도움이 되기 때문에 선배든 후배든 모두에게 똑같이 해줄 의향이 있는 것'은 에티켓으로 본다고 한다. 일례로 상사의 식사 장소를 알아보는 건 의전, 상사에게 협력사와의 미팅 일시를 상기시키는 건 에티켓이라고 한다. 그래서 밀레니얼세대는 의전은 싫고, 에티켓은 OK라고 한다.[134]

인사는 소통의 장애물을 없앨 수 있다

스페인 철학자 발타자르 그라시안(B. Gracián)은 『7가지 인생 조언』에서 "적게 노력하고 많이 얻는 가장 쉬운 방법은 그저 예의를 지키는 것"이라고 한다. 프레이어 스타크는 "예의범절이란 마치 수학의 0과 같은 것이다. 그 자체로는 가치가 없는 것이지만, 다른 것에 붙여지면 가치를 크게 더해주니까"라고 말한다. 예절의 기술은 모든 인간관계를 향상시킨다. 예절은 조용하고 보이지 않는 밑바탕이 되는 힘이다. 미국의 유머작가 조쉬 빌링스(Josh Billings)는 "남을 이기는 방법의 하나는 예의범절로 이기는 것"이라고 했다. 예절은 아무리 많이 사용해도 바닥나지 않는다. 누구에게나 인사 잘하는 사람이 돼라. 자신의 평판은 인사에서 시작된다. 그라시안은 "예의 바른 몸가짐은 그 하나만으로도 사랑을 받는다. 예절이 갖는 힘을 체득하라. 몇 배의 가치가 돌아온다"고 한다. 고대 그리스 철학자 에픽테토스(Epictetos, 50~135?)는 "예절과 타인에 대한 배려는 동전을 투자해 지폐로 돌려받는 것"이라고 했다.

인사는 소통의 첫걸음이다. 다른 사람과 막힘없이 소통하는 데 중요한 역할을 담당한다. 인사는 서로의 관계 맺음을 뜻하는 의미도 있다. 관계를 맺음에는 소통이 필요하고, 그 소통 수단으로서 인사는 우리가 실천할 수 있는 것 중 가장 쉬운 비결이 될 수 있다. 만약 엘리베이터를 누군가와 함께 타게 된다면, 당신은 가볍게 "좋은 아침입니다"라고 인사를 건넬 수 있다. 간단한 인사지만 어색한 분위기를 풀어낼 수 있고, 상대방에게도 좋은 인상을 남길 수 있는 수단이다. 반면, 짧은 시간이지만 중요한 사람과 인사를 나누지 못하거나, 엘리베이터와 같이 협소한 공간에서 상대방과 빠르게 교류하지 못하는 것은 단점이 될 수 있다.

17

일보다 사람이 힘들다

일은 경제인 동시에 삶의 의미다

인간은 일해야 살 수 있는 존재이므로, 인간의 일생은 일의 일생이다. 일은 삶의 중요한 요소로 삶을 의미 있게 하고, 사회적 인정과 명망을 얻는 원천이다. 『탈무드』는 "나무는 그 열매에 의해서 알려지고, 사람은 일에 의해서 평가된다"고 한다. 일은 사람에게 정체성과 가치를 부여하는 중요한 원천이다. 그리고 시간을 의미 있게 보낼 수 있는 일자리를 주고, 사회에 기여하고, 가족을 부양할 생계 수단의 기회를 준다. 일은 물질적·경제적인 기능과 자기 삶에서 목표를 달성하기 위한 지적·심리적 기능이 있다. 청장년기에는 모르지만, 늙어서 가장 아쉬운 것이 일이다.

사람은 '호모 라보란스'(Homo Laborans), 즉 '일하는 동물'이다. 우선 내가 하고 싶어하는 일, 잘 할 수 있는 일이 무엇인가를 파악한다. 자기 일에 긍정적일 수 있는 방법은 최선을 다하는 것이다. 당신이 최선을 다하면 스스로에 대해 더 긍정적으로 생각하게 된다. 일반 직장인들의 희망은 "일은 적게, 대신에 월급은 많이!" 일 것이다. 보통 직장인들은 받은 급여 내에서 너무 스트레스받지 않고, '나의 워라밸'이 지켜지는 가운데에서의 "열정과 몰입"을 원한다. 요즘 밀레니얼세대는 주인의식을 가지고 회사에 몰입하기보다는 개인이 함께 성장하고 만족할 수 있는 회사를 원한다고 한다.

일의 의미가 모두에게 같은 것은 아니다. 미국의 사회학자 로버트 벨라(Robert N. bellah, 1927~2013)는 사람이 일을 대하는 방식을, 일함으로써 얻는 물질적 보상에 관심을 가진 직업(job), 사회적 지위와 권력, 명성, 수입의 최대화를 목표로 하는 경력(career) 그리고 일 자체가 곧 삶으로서 일을 통해 얻을 수 있는 성취감의 소명(calling)으로 구분했다.[135] 돈이 인간의 가장 보편적인 동기부여 요인이라는 이론은 "돈도 안 되는 일에 왜 그 많은 시간과 열정을 쏟을까?"라는 질문에는 답하지 못한다. 미국 뉴욕대학교 교수 클레이 셔키(Clay Shirky)는 그 요인을 내적 욕구에서 찾는다. 관심 있는 일을 스스로 할 때 힘이 생기고, 그 일을 잘한다고 느낄 때 힘은 더 커진다는 것이다.[136]

지나친 일 중독은 인생의 낭비다

한국인들은 불과 한 세기 전까지만 해도 게으르다는 소리를 들었다. 영국의 유명한 여행가이자 작가였던 이사벨라 버드 비숍(Isabella Bird Bishop, 1831~1904)은 1897년 한국을 방문하고 "서울은 지루하고 지저분하며 죽은 도시다. 사람들은 게으르고 나태하다"는 기록을 남겼다. 『야성의 부름』을 쓴 미국 작가 잭 런던(Jack London, 1876~1916)은 한국에서 넉 달을 체류한 바 있는데, 1904년 한국인은 "나약하고 게으르다"고 기록했다.[137]

일벌레는 일에만 미쳐서 다른 목표는 안중에 없는 사람에게 붙이는 표현이다. 야근은 선택이 아닌 필수고, 미친 듯이 밤을 새워 일하면서 다른 것들은 무시해 버린다. 토요일과 일요일 근무는 당연하고 크리스마스, 설·추석 연휴도 대부분 회사에서 보낸다. 퇴근은 밤 12시가 넘어야 가능해 가족들의 얼굴은 잠들어 있는 모습만 볼 수밖에 없다. 앞만 보고 달리기에 가정을 돌볼 여유도 없이 일만 하고 일에 치여 사느라, 세상의 아름다운 것들을 볼 새가 없다. 그래서 자신의 존재 가치가 일에서 시작해 일로 끝나는 로봇형 인간이 되어 삶을 풍요롭게 만드는 소중한 기회를 잃고, 인생을 초라하게 마감하게 한다.

한국 사람은 일터에서 보내는 시간이 많지만, 근로 강도와 업무 몰입도는 느슨하다. 그래서 일 중독은 겉보기보다 비생산적이다. 필요한 일은 꼭 해야 하는 것이다. 필요한 일은 성공에 있어 필수적인 것이다. 쓸데없는 일에 에너지를 쏟는 대신, 필요한 일에 초점을 맞추고 필요한 정보를 모으거나 검증한다. 그리고 중요한 일과 그렇지 않은 일을 구분해야 한다. 그렇지 않으면 자신이 일하고 있다고 착각하지만, 그의 성과 중 쓸 만한 것은 거의 없다. 피터 드러커(Peter Drucker)의 말을 빌리면, "성공하는 사람은 당면 문제 위주가 아니라 미래 기회 위주로 생각한다. 이들은 기회를 증가시키고, 문제는 감소시킨다. 또 예방 위주로 생각한다. 이러한 것들은 매우 중요하지만, 급하지 않기 때문에 잘 실행되지 않는다"고 한다.

직장에서 시간을 허비하면 가족과의 시간이 줄어든다. 직장에서는 시간의 '질'이, 가정에서는 시간의 '양'이 중요하다. 시간의 질은 일할 때 시간을 가장 가치 있게 쓰는 데에 집중하는 것이다. 이제 가정은 뒷전이고 일만 하는 '일벌레'도 점차 사라지고 있다. 일과 가정생활의 균형을 중요시하는 사회로 변화하고 있다. 인간은 마음에도 신체에도 적절한 휴식이 필요하다.

조직과 팀워크는 떼려야 뗄 수 없는 관계이다

인생 문제는 그것이 해결되기 위해서는 협동 능력을 요구한다. 큰 업적은 단 한 사람의 노력으로 이루어지는 것은 거의 없다. 대부분은 여러 사람의 노력으로 이루어진다. 개인의 성공이라도 그 개인의 능력뿐만 아니라 동료, 친구, 가족의 뒷받침이 있어야 가능하다. 직급이 낮을 때는 혼자만 잘해도 성과를 낼 수 있다. 그러나 직급이 높아지면 상황이 달라진다. 팀원들과 협력해야 한다. 미국 야구 메이저리그의 전설적 홈런왕인 베이브 루스(Babe Ruth, 1895~1948)는 "팀이 하나로 뭉쳐 플레이하는 것이 승리를 결정한다. 세상에서 가장 뛰어난 스타 플레이어들을 모두 확보하고 있더라도 그들이 팀워크를 이루어 함께 플레이하지 못하면, 그 팀은 한 푼의 가치도 없다"고 말한다.

일은 조직이 감당하는 것이다. 조직에 속한 사람은 팀워크를 중시해야 한다. "백지장도 맞들면 낫다"는 우리 속담과 "거미줄도 모이면 사자를 잡을 수 있다"는 아프리카 속담이 있다. 팀워크가 없는 조직은 제대로 운영되지 않는다. 칼리 피오나(Carly Fiona)는 "팀워크는 개인의 총합보다 더 큰 일을 할 수 있다"고 말한다. 개인이 감당하기 불가능한 난관도 팀으로 대응하면, 다른 사람의 능력과 상승 효과를 일으켜 놀라운 힘이 발휘되어 해결될 수 있는 문제가 된다. 그래서 팀은 같이 일하는 사람들 이상이다. 스포츠의 장점은 팀워크를 배운다는 것이다. 요즘은 다원화 시대이다. 다분야 간 협업·협력으로 새로운 창의력을 발휘하여 더 큰 시너지 효과를 얻기 위해 노력하고 있다.

매뉴얼과 다음 날 업무계획

사회에 나오면 누군가 옆에서 친절하게 알려 주는 사람도 없고, 무엇이 중요한 내용이고 우선순위에 놓이는지 가르쳐 주는 친절한 환경을 기대하기 어렵다. 어떤 일을 시작할 때 업무에 대한 매뉴얼이 있으면, 그 매뉴얼을 참고하면서 계획을 세우고 문제에 대처해 가면 되기 때문에 출발이 훨씬 수월해진다. 매뉴얼이 있으면 부서나 직위 이동이 있을 때 업무 인수인계도 수월해진다. 여기에 전임자가 업무를 보면서 깨달은 내용이나 주의 사항을 메모해 두었다가 후임자에게 건네준다면 이상적이다. 실무자가 업무 현장에서 느낀 문제의식에는 중요한 가치가 있다. 각자의 문제의식이 쌓인 매뉴얼은 그 직원의 고유한 노하우가 되어, 무엇으로도 대신할 수 없는 자산이 된다. 이것을 후임자에게 전달하느냐 안 하느냐에 따라 큰 차이가 발생한다.

오늘 일이 끝나고 나면, 했던 일들에 대해 생각해 본다. 그리고 내일의 일은 우선순위를 정하고, 처리하고자 하는 일을 모아 목록을 작성한다. 내일 해야 할 일이 무엇인지를 미리 점검하면, 출근해서 곧바로 그날의 가장 중요한 업무로 하루를 시작할 수 있고, 해야 할 일에서 중요한 것을 놓칠 확률이 줄어든다. 계획은 당일 아침보다 전날 저녁에 하는 것이 좋을 것이다.

어떤 사람은 시간에 겨우 맞춰 출근하면서도 느긋하게 커피를 마시면서 신문을 읽거나 웹서핑을 하거나, 동료들과 수다를 떠는 것으로 하루를 시작한다. 그것이 단기적으로 보면 즐거운 일이지만, 장기적으로는 가치 있는 일이 아니다. 주어진 업무시간에 할 수 있는 일인데도 불구하고 일과시간엔 딴 일 하다가, 퇴근 시간이 지나서 저녁 먹고 일을 시작한다. 그리고 자정이 다 돼서야 메일을 날리고 퇴근한다. 이는 업무에 열중하지 않으면서도 출근해서 자리를 지키는 현상인 프레젠티즘(presenteeism)에 가깝다.

노력에는 보상하지만, 변명에는 보상이 없다

일을 하다가 실수를 저질렀으면 가능한 한 피해를 최소화하면서 다음 단계로 넘어가는 대처 능력이 중요하다. 사회생활을 하다 보면, '어떻게 일이 이렇게 커졌지? 싶을 정도로 사소한 실수가 걷잡을 수 없이 악화되는 일이 종종 발생한다. 이는 대부분 소통 부재에서 비롯되는 경우가 많다. 현재 상태를 정직하게 보고하지 않고, 정확한 정보를 공개하지 않는 태도가 상황을 악화시키는 큰 원인이다. 실수에 대한 해결방법은 실수를 즉시 인정하고 그로부터 교훈을 얻는 것이다.

잘못했다면 핑계 대지 말고 인정한다. 핑계는 자기 기만적인 편안함을 가져올 뿐이다. 영국 시인 알렉산더 포프(Alexander Pope, 1688~1744)는 "변명은 포장을 한 거짓말일 뿐이다"고 한다. 실수를 변명하려고 하면 할수록 낭패는 오히려 더 커진다. 프랑스 속담에 "잘못을 정당화하다 보면, 잘못이 갑절로 늘어난다"는 말이 있다. '내가 잘못했다'고 속 시원하게 털어 내면, 시간과 에너지를 낭비하지 않을 뿐만 아니라 그럴수록 사람들은 당신에게 호감을 가질 것이다. 미국 초대 대통령 조지 워싱톤(George Washington)은 "나쁜 변명을 할 바에는 아예 변명을 하지 않는 게 낫다"고 말한다.

변명은 당신에 대한 신뢰에 틈을 만든다. 한 번 틈이 생기면 신뢰를 다시 회복하기가 쉽지 않다. 스위스 철학자 앙리 아미엘(Henri Amiel)은 "신뢰는 거울의 유리와 같다. 한 번 금이 가면 원래대로 하나가 되지 않는다"고 말한다. 핑계를 잘 대는 사람은 좋은 일을 해내지 못한다. 미국의 식물학자 조지 워싱톤 카버(George Washington Carver, 1860년대~1943)는 "실패하는 사람의 99%는 변명하는 것이 습관화되어있는 사람들"이라고 했다.[138] 변명 뒤에서 자신을 보호하는 것이다. "성공하고자 하는 사람은 길을 찾을 것이고, 그렇지 않은 사람은 변명을 구할 것"이라는 레오 아길라(Leo Aguila)의 말을 음미해 볼 필요가 있다.

사람이 일보다 힘들다

직장인들에게 일이 힘든가, 사람이 힘든가? 둘 중에서 어느 것이 힘든지 묻는다면, 당연히 사람이 힘들다고 답할 것으로 예상된다. 그런데 리더는 일도 잘하고, 사람 관계도 잘해야 하는 두 명제에 부딪힌다. 일은 실력으로 풀어야 하고, 사람은 잘 이끄는 것으로 해결해야 한다.[139] 삶의 질에 영향을 미치는 중요한 영역이 일 외에 우리가 남들과 맺어야 하는 인간관계다. 사회생활에서 가장 힘든 것은 일이 아니라 인간관계일 때가 많다. 직종·직급은 다양하지만, 직장인의 최대 고민은 결국 인간관계이다. 직장에서 상사, 동료, 후배와의 갈등은 일에 대한 부담보다 더 크게 작용한다. 직장인들이 극단적인 선택을 하거나, 이직을 심각하게 고려하는 이유는 일보다는 사람 때문인 경우가 대부분이다. 수많은 고민 끝에 퇴사를 실행하는 가장 큰 이유가 대개 상사로 인한 인간관계에서 비롯된다.

다양한 사람이 모여 일하는 직장에서는 서로 다르다는 것을 받아들이는 게 중요하다. 사람과 사람 사이의 갈등은 서로 다르다는 것을 인정하지 않는 것에서 시작된다. 우리는 흔히 자기와 다른 경우에 그것을 차이로 인정하지 않고, 나쁜 것으로 간주해 버리기 때문에 갈등을 일으킨다. 상사는 자기 기준에 부하 직원들이 맞추기를 원하는 경향이 있다. 기성세대의 관리자에게서 흔히 보이는 'BLM 증후군'(Behave Like Me)

은 남도 나와 같아야 하고, 나처럼 행동해야 한다고 믿는 태도이다. 자신의 성공 경험을 맹신하여 BLM 증후군에 빠질 경우, 자신의 성공방정식을 불신하는 사람을 이해하지 못한다. 누군가 조언하면, 자기 권위에 도전한다고 불같이 화를 낸다. 결국 나와 같은 생각을 가진 사람은 내 편이고, 다른 생각을 가진 사람은 적으로 간주하여 갈등과 분열을 야기한다.

학교 졸업 후 직업 세계의 정글로 들어서면 인간관계, 의사소통, 감정이입과 같은 것들이 정말 중요하다는 사실을 깨닫게 된다. 직장인은 일정한 시간이 지나면 자신의 업무에 대한 기술은 갖추게 된다. 그 이후에는 인간관계에서 성패가 판가름 나는 경우가 많다. 사람의 노동력인 손은 살 수 있지만, 직원의 마음까지 살 수는 없다. 신뢰는 사람을 하나로 묶어주는 감성적 접착제다. 마음을 얻지 않고서는 진정으로 일할 수 없다. 마음에서 열성과 충성이 나오기 때문이다. "사람이 일보다 중요하다"는 사실을 늘 유념해야 한다.

젊은이는 자기를 영리하다고 생각하기 쉽다

험난한 취업난을 뚫고 어렵게 취업에 성공했는데도, 입사 1년도 안 되어 퇴사 또는 이직하는 경우가 많다. 퇴사 이유는 적성에 안 맞는 직무, 상사와의 갈등, 잦은 야근과 주말 출근 강요, 회사의 상명하복 문화 부적응, 연봉 불만 등으로 다양하다. 일반적으로 직장 일을 고충으로 받아들이는 데는 먼저, 하나 마나 한 일, 지겨운 일을 밥 먹듯이 되풀이해야 한다는 데서 오는 불만이다. 참신한 맛도 없고, 도전 의욕을 불러일으키지도 않고, 성장한다는 느낌보다는 정체하고 퇴보한다는 불안감이 있다. 다음으로, 직장 일이 엄청난 스트레스를 준다는 점이다. 세상에 어느 정도의 스트레스나 압박이 따르지 않는 일은 없다. 하지만 상사가 너무 과도한 요구를 하거나 자신이 하는 일을 제대로 알아주지 않으면, 그 스트레스가 감당하기 어렵다. 르네상스 시대의 이탈리아 미술가 레오나르도 다빈치(Leonardo da Vinci)는 "일을 즐겁게 하는 자는 세상이 천국이요, 일을 의무로 하는 자는 세상이 지옥"이라고 했다.

힘들게 취업했으니 보람을 느낄 만한 일을 하고 싶은데, 회사에서 내가 할 수 있는 일에 한계가 뚜렷하고 불필요한 절차의 부속품일 뿐이라는 느낌이 든다면, 의욕이 줄어들 수밖에 없다. 요즘 신입사원들은 숙련공이 되기 전에도 자신이 회사나 팀 내에서 중요한 역할을 하길 원하며, 직접 참여를 통해 주목받기를 갈망하고, 조직이 그들을 필요로 한다는 느낌을 얻기를 원한다. 회사 업무에의 참여는 이들에게 일종의 '인정'의 의미이고, 이는 그들의 직무와 회사에 대한 만족도를 높일 수 있는 방안의 하나이다.

하지만 실제 현장에서는 그들의 일이 한정되거나, 보조적인 역할을 부여받음으로써 이상과 현실의 부조화를 겪는다. 특히, 밀레니얼세대는 실행보다는 '계획'이 중시되고, 알맹이 보다는 '형식'을 중시하는 조직문화에 환멸을 느낀다고 한다. 그리고 자신처럼 능력 있는 사람이 중용되지 않는 것은 상사들이 모두 멍청하기 때문이라고 불평한다. 반면, 기성세대는 아직 충분히 성숙되지 않은 사고방식의 젊은 사원이 자기주장만 하는, 제 능력을 과신하는 덜 익은 사람일 뿐이라고 평가한다.[140)]

조직에서 신입 사원에게 일이 흥미 있고, 의미 있고, 균형 잡힌 일을 부여하는 것은 이상론에 가깝다. 신입사원들을 상대해본 관리자들은 밀레니얼세대들이 인내가 부족해 업무가 일정 수준에 오를 때까지 참지 못하고 제풀에 지치거나, 회사를 쉽게 그만둔다고 평가한다. 사실 어떤 조직의 정서와 생리를 단기간에 간파해 내기는 쉽지 않다. 한 사람이

며칠 근무하고서 '내가 보니까 말이야' 하며 쉽게 단정 지을 수 있을 만큼 직장이 가볍지 않다는 것이다.

영국 정치가 체스터필드 경(Lord Chesterfield)은 "술 취한 사람이 자기는 똑바로 가고 있다고 생각하는 것처럼, 젊은이는 자기를 영리하다고 생각하기 쉽다"고 한다. 미국 코넬대학교 심리학자 카르멘 산체스(Carmen Sanchez)와 미시건대학교 교수 데이비드 더닝(David Dunning)의 실험에 따르면, "신입사원처럼 대부분의 참가자는 어느 정도의 지식을 축적하고 첫 단계를 마치자마자 자신의 성과를 부분적으로 매우 과대평가했다. 경험이 좀 더 쌓이면서 오만함이 비로소 다소 약해지고, 실제 성과와 허세 사이의 간격이 점점 줄어들었다"고 한다.141)

우리는 직장을 옮기면 당장 핵심 업무를 맡게 되고, 지금까지 느껴보지 못했던 업무에 대한 열정까지 생길 것이라고 생각한다. 지금의 쫀쫀한 상사와는 비교도 안 되는 포용력 있는 진짜 상사를 만날 것이라고 기대한다. 그러나 모든 업계는 생각보다 넓지 않다. 사장들은 대부분 서로 알기 때문에 당신이 이전 회사에서 어떻게 하고 나왔는지가 새로운 회사의 사장 귀에 들어갈 확률이 높다. 요즘 시대에 당신에 대한 세평 정보를 얻는 것은 어렵지 않다. 비즈니스 세계에 몸담고 있는 한 이전 직장에서의 평판은 항상 당신을 따라다닐 것이다. 재취업을 해도 이전 회사와 협력해야 할 일이 있을 수 있다. 책임감 없는 사람을 반기는 회사는 없다. 직원을 채용하는 회사는 능력도 능력이지만, 인품도 중요하게 생각한다는 것을 염두에 두어야 한다.142)

18

전체의 눈으로 부분을 보라

일 못하는 사람은 부분이 전체인 줄 안다

부분과 전체의 관계는 논란이 있다. 일반적으로 전체의 목적 · 질서를 살펴야 부분의 위치가 올바로 보인다. 전체에 내재하는 통일성과 체계성을 통해 부분의 역할과 가치가 드러난다. 부분은 전체를 형성하며, 전체를 온전케 한다. 부분이 간과되고 손상될 때, 전체의 온전함도 상실된다. "나무만 보고 숲을 보지 못한다"라는 말이 있다. 한 그루의 나무만 보고 숲을 보지 못하면 숲속에서 길을 잃을 수도 있다. 그런데 숲밖에 보지 못하는 것도 바람직하지 않다. 우리가 해결해야 하는 일들의 대부분이 동시 병행적으로 진행되고 있기 때문이다.143)

일 잘하는 사람은 처음부터 전체를 보는 데 반해, 일 못하는 사람은 부분이 전체인 줄 안다. 불교경전 『열반경(涅槃經)』에 나오는 '장님이 코끼리를 만진다'는 맹인모상(盲人摸象)의 속뜻은 사물의 전체를 보지 못하고, 자기가 알고 있는 부분만 가지고 고집스럽게 주장하는 것을 비유하는 말이다. 중국 후한의 반고(班固, 32~92)가 지은 『한서(漢書)』 〈마원전

(馬援傳)〉에 나오는 '우물 안의 개구리'라는 뜻인 정저지와(井底之蛙)나 '대롱 속으로 표범을 엿본다'는 관중규표(管中窺豹) 모두 시야가 좁음을 뜻한다. 중국 전국시대의 장자(莊子, BC 369~BC 289)는 "우물 안 개구리와는 바다를 논할 수 없다"고 했다.

스스로 쌓은 편견의 감옥에 갇혀 지내는 사람들이 있다. 자신의 주관에서 한 걸음만 물러나 전체를 보면, 무엇에 집중하고 무엇을 중요시해야 할지 볼 수 있다. 전체를 알고 이해할 때, 부분의 가치와 역할이 분명해진다. 숲이 먼저 그려지고 그다음에 나무를 배치해야 한다. 바로 전체적인 구조를 꿰뚫어 보고 정리할 수 있는 능력이다. 리더는 전체를 내다볼 줄 아는 관점이 필요하다. 좁은 시야로 나와 관련 있는 일만 바라보는 게 아니라 전체를 바라봐야 한다. 부분으로 전체를 평가하는 단편적인 사고를 버리고, 나무가 아니라 숲을 보는 법을 배워 문제의 핵심을 파악해야 한다. 전체적인 것을 보지 못하고 단편적으로만 사고하고, 큰 그림을 보지 못하고 작은 항목들에만 초점을 맞추고, 눈앞의 단기적이고 작은 이익에 집착하면 큰 것을 잃을 수 있다.

신입사원일 때는 자기 업무에 집중하는 것이 중요하고, 현장에서 주어진 일을 잘해야 하지만, 전체를 보는 관점도 함께 길러야 관리자로서 필요한 역량을 갖출 수 있고, 일에서의 성공도 보장된다. 알아야 할 전체 범위가 무엇인지 모르는 사람은 자신의 좁은 시야를 전체로 착각한다. 게다가 이들은 자신이 알아야 할 모든 것을 다 알고 있다는 망상에 빠져 개선에 도움이 되는 남들의 의견도 수용하지 않는다

부분이 전체를 규정하다

어떤 사과가 1%는 썩고 나머지 99%는 성하다고 하면, 사람들은 이

사과를 썩은 사과로 볼까? 아니면 성한 사과로 볼까? 단 1%만 썩었다 하더라도 사람들은 그것을 썩은 사과로 보지, 결코 성한 사과로 보지 않는다. 가장 열악한 부분이 전체를 규정해 버리는 것이다.[144] 중국 기업컨설턴트 왕중추(汪中求)는 『디테일의 힘』에서 100에서 1이 빠지면 99가 아니라 0이 된다고 한다. 1%에 불과한 실수가 전체(100%)의 실패를 초래한다는 의미이다. 모든 제품을 만드는 데는 99%의 노력도 부족하다. 마지막 1%의 노력을 게을리해 불량품이 발생하면 재료비, 전기료는 말할 것 없고 그때까지 쏟아부은 시간과 노력 등 모든 것이 허사가 되고 만다.

우리나라에서 KTX 열차가 너트 하나 때문에 사고를 일으켰던 사례가 있었던 것처럼, 사소한 디테일 때문에 커다란 정책실패가 올 수도 있다. 『한비자(韓非子)』 〈유노(喩老)〉 에 나오는 제궤의혈(堤潰蟻穴)은 "개미굴에 의해 제방이 무너진다"는 뜻으로, 사소한 부주의가 큰일을 망칠 수 있음을 비유하는 말이다. 영국 속담의 "작은 구멍이 큰 배를 가라앉힌다"는 말도 마찬가지다. "신은 디테일 속에 있다"라는 독일의 격언처럼 일의 본질은 세세하고 단순한 데 있다는 것이다. 일의 성과는 세세한 작업을 소홀히 하지 않는 자세에서 비롯된다.[145] 미국 기업광고의 거장(巨匠) 브루스 바턴(Bruce Barton)은 "때때로 사소한 일이 위대한 결과를 가져옴을 볼 때, 나는 사소한 일이란 없다는 생각이 든다"고 하였다. 작은 일을 잘해야 큰일도 잘할 수 있음은 당연한 일이다.

부분의 합이 전체인지는 "때에 따라 다르다"

조직은 기본적으로 목적을 가지고, 두 사람 이상으로 구성되고 유기적인 관계를 맺고 있다. 그런데 조직은 부분의 최적화가 모여서 전체의 최적화가 되지 못하는 경우가 많다는 것이 문제다. 왜냐하면 구성원 간의 협력이 없으면 공동의 목적에 도달할 수 없기 때문이다.

전체는 부분의 총합인가, 그 이상인가? 수학에서는 부분의 합이 곧 전체이다. 그러나 인간 세상은 수학 문제를 풀 듯이 정답이 하나만 있는 것도 아니고, 또 문제 해결방법도 자연과학과는 달리 단선적이지 않다.[146] 인간사회로 넘어오면, 종종 전체는 부분의 합보다 크다. 1900년대 초 독일에서 발전된 형태심리학으로 불리는 게슈탈트(Gestalt) 심리학을 이론화한 베르트하이머(M. Wertheimer 1880~1943)는 정지된 장면들을 연속적으로 제시하면, 정지된 화면들의 단순 조합으로는 설명할 수 없는 영화의 움직임이 나타나게 된다. 이러한 지각 현상을 토대로 "전체는 부분의 단순한 합이 아니다"라는 유명한 명제를 내놓았다.

오늘날은 통섭·융합의 시대다

요즘 통섭 · 융합이 화두가 되고 있다. 과학기술과 문화예술이 만나고, 인문학과 자연과학이 협동하고 접점을 찾고 있는 추세다. 통섭(統攝)은 '서로 다른 것을 한데 묶어 새로운 것을 잡는다'는 의미이다. 영어로는 consilience인데, 영국 자연철학자 윌리엄 휴얼(William Whewell, 1794~1866)이 1840년에 출간한 『귀납적 과학의 철학』에서 처음 사용한 말이다. 이를 유행시킨 사람이 1998년에 『통섭: 지식의 대통합(Consilience: The Unity of Knowledge)』을 출간한 미국 생물학자 에드워드 윌슨(Edward O. Wilson)이다. '통섭'의 적용에 대해서는 적지 않은 비판이 있다.

르네상스 시대 이탈리아의 천재적 예술가 레오나르도 다빈치(Leonardo da Vinci)의 지성은 예술, 과학, 공학, 인문학을 넘나들었다고 한다. 그는 과학과 예술을 구분하지 않았다. 그가 역사상 가장 창의적인 천재가 될 수 있었던 이유는 모든 것이 연결되어 있음을 알았기 때문이라고 한다.

미국 인지심리학자 스티븐 슬로먼(Steven Sloman)과 필립 펀바크(Philip Fernbach)는 "오늘날 지식의 상호 의존성은 그 어느 때보다 두드러진다. 많은 과학 분야는 통섭적 성격이 대단히 강하다. 그 지식의 폭은 너무나 넓어서 연구에 필요한 지식을 모두 습득하기가 불가능하다. 그래서 과학자들은 그 어느 때보다 더 서로에게 의존해야 한다"고 말한다.[147)]

스티브 잡스(Steve Jobs)도 "다양한 아이디어를 잇는 데서 탁월성이 나온다"고 하고, 피터 드러커(Peter Druker)는 "최근 현대 직장인에게 분야의 뚜렷한 구분이 무의미해지는 것 같다. 경영지원팀도 영업에 대한 이해가 있어야 되고, 회계팀도 생산부서의 업무를 알아야 하고, 영업부서도 R&D 부서의 니즈(needs)를 알아야 되는 시대라고 생각한다"고 말한다. 아날로그 시대에는 특정 분야의 지식이 풍부한 사람이 중심이었지만, 디지털과 빅데이터 환경에 접어들면서 융합의 시대가 되었다. 폭넓은 관점을 가진 사람이 점점 힘이 강해지고 있다. 시대가 특정 분야의 시야에 국한된 사람으로는 더 이상 트렌드에 맞출 수 없게 되었다.

19

보고는 상대방이 알고 싶어하는 정보를 담는다

왜 사람들은 실제 일하는 것보다 보고서에 더 매달릴까?

조직의 탄생과 함께 생겨난 도구가 '보고와 회의'다. 보고는 위계와 관리의 상징이다. 직장생활을 갓 시작한 신입사원에게 직면하는 문제가 보고서 작성이다. 요즘 대학을 졸업한 사람들이 보고서 하나 작성할 정도의 문장력이 안 된다는 이야기가 있다. 온라인 취업포털 「사람인」이 기업체 인사담당자를 대상으로 "신입사원에게 가장 부족한 국어 관련 업무능력"에 대한 조사 결과에 따르면, 응답자의 40%가 '기획안 및 보고서 작성 능력'을 꼽은 것으로 나타났다. 특히, 이공계 교육은 기술적 능력에 집중하고 있는데, 어떤 전공을 하든 글 쓰는 역량을 키워야 한다.

직장에서 보고서는 왜 중요할까? 왜 사람들은 실제 일하는 것보다 문서의 완성도에 더 매달릴까? 이유는 회사는 모든 사람을 일일이 지켜보고 확인할 수가 없다. 말단 사원 모두가 사장을 직접 대면하여 보고할 수도 없어서 일의 결과를 의미하는 보고서를 통해 확인하고 인정하는 것이다.[148] 그런데 일하다 보면 필요하지도 않은 보고서를 급하게 제출

하라든지, 이미 다른 부서에서 똑같은 정보를 제공했는 데도 중복되는 보고서를 작성하게 하거나, 그토록 힘들게 만든 보고서가 상사의 책상 위에 놓인 채 방치되는 경우도 있다.

중국 화웨이(華爲) CEO 에릭 위는 "보고서로 상사에게 칭찬받으려 하지 말고, 모든 관심을 고객 니즈에 집중하라"고 말한다. 고객 요구 등 현업에 몰두하기보다 상사를 위한 보고를 우선시하는 내부 지향성에 대해 우려를 표하고 있다. 직원의 실제 업무에서 보고서 작성보다 '고객우선주의'가 더 중요하다는 것이다.

보고를 위해 너무 많은 시간을 보내지 않는가? 다국적 컨설팅 전문회사 매킨지(McKinsey) 글로벌연구소에 따르면, 일부 기업의 관리자들은 업무시간의 40%를 보고서 작성에 보낸다고 한다. 물론 보고서를 통해 다른 사람들과 소통하고 협업하는 일이 중요할 수도 있지만, 새로운 통찰력을 계발하거나 좋은 아이디어를 만들어낼 시간이 없는 사람이 작성한 보고서에 무슨 가치가 있느냐는 비판도 있다.[149] 보고를 위한 보고서가 아니라 문제해결을 위한 보고서를 만들어야 할 것이다.

보고 능력이 직장에서의 평가를 좌우하다

직장에서 보고는 직속 상사와 마주 앉아 자료를 앞에 놓고 보고하는 경우와 간부나 경영진이 다 모인 자리에서 화면에 파워포인트 자료를 띄워서 프레젠테이션 형식으로 보고하는 경우가 있다. 보고서는 일하는 목적과 결과를 논리적으로 표현한 것이다. 보고서는 업무의 기본이고, 보고서 작성은 직장인의 핵심 역량이자 성공으로 가는 지름길이다. 말이나 글로 전달하는 보고 능력은 조직에서 지위가 올라갈수록 중요하다. 그런데 말은 그렇게 잘할 수가 없는데, 보고서 작성에는 주요 논점을 제대로 포착하지 못하여 쓴 글이 논리적이지 못한 경우가 있다.

대개 직장에서 업무의 50%는 글쓰기다. 이공계 분야보다는 인문계 계통의 업무는 대부분이 문서작성으로 시작된다. 이공계의 경우 처음 보고서를 작성할 때 상당한 어려움을 겪는 것으로 보인다. 글을 못 쓰면 결재받기도 어렵다. 그래서 직장에서 글을 잘 쓰는 자는 성공할 가능성이 크다. 보고서 작성에 대한 연습이 필요하다. 상사는 보고서 작성 능력을 중요하게 생각하고, 부하 직원의 역량 평가 때 이를 중시한다.

보고서는 어떻게 쓸 것인가?

보고의 종류는 신년업무 보고, 취임 업무보고, 현안 보고, 출장 보고 등 다양하다. 이호철의 『맥킨지式 문서력』은 상사가 문서에 대해 불만족한 이유로, 주장하는 결론이 명확하지 않고, 문제 · 원인 · 결과의 인과관계가 불분명하고, 상사의 의도나 취지를 반영하지 못하는 것을 제시하고 있다. 기본을 넘어 상사가 인정하는 보고가 되기 위해서는 보고서의 가치를 끌어올려야 한다. 이왕 쓰는 보고서, 잘 팔리는 보고서가 되도록 하는 것이다.

보고서 작성에서 고려할 사항은 첫째, "읽는 사람"이다. 보고서는 상대에게 필요한 정보를 알리기 위한 것으로, 항상 읽을 사람부터 생각해야 한다. 결재권자의 의도에 정조준한다. 업무를 지시한 상사의 의도를 정확히 파악해야 한다. "아마추어는 자신의 시각을 적지만, 프로는 상대가 알고 싶어하는 정보를 담는다." 보고내용은 보고자의 중요도가 아니라 '보고받는 사람'이 중요하다고 생각하는 것, 궁금해하는 순서로 보고한다. 보고의 종착역이 어디인지를 파악한다. 읽는 사람의 지위에 따라 관심사가 달라 거기에 눈높이를 맞추어야 하고, 읽는 사람의 지식의 배경이나 개인적 성향에 따라서도 글이 바뀌어야 한다.

둘째, “작성내용”이다. 보고하려는 목적이 분명하게 드러나면서도 전체 내용이 목적과 취지에 잘 부합해야 한다. 보고내용이 데이터 인용과 출처 명시 등의 근거를 제공하여 신뢰할 수 있어야 한다. 반대 입장의 정보출처도 담는다. 내용은 무엇에 대한 사안인지, 결재하면 어떤 결과를 가져오는지, 실제로 행동에 옮길 수 있는 수준인지, 그다음 후속 과정(next steps)은 무엇인지 등 필요한 행동과 권고사항을 기술한다.[150]

보고서의 내용은 경중을 가려 중요한 것과 그렇지 않은 것으로 구분하여, 쓸데없는 군더더기를 제거하여 장황한 설명이 되지 않도록 한다. 내용이나 구성이 논리적으로 연계되어야 한다. 이를 위해 주장이 명확하고 구체적이고 일관되어야 한다. 보고사항을 설득력 있게 표현하기 위해 비교나 대조를 동원하기도 한다. 주장과 근거가 일치하고 타당성이 있어야 한다. 근거로서 숫자는 내용을 이해하기 쉽게 전달하는 데 효과적이며, 객관적이고 논리적인 지표다. 숫자는 비계량적인 것을 계량적으로, 불명확한 것을 명확하게 만들어주는 위력이 있다. 복잡한 것도 단순하고 명료하게 만들어준다. 그리고 작성자를 불러 묻지 않아도 결재 또는 외부 전송이 가능한 완결성을 갖춰야 한다.

셋째, “작성시간”이다. 보고서 작성에 무제한의 시간을 주는 건 아니다. 중요한 사안일수록 시간을 다툰다. 특히, 조직의 최고위층에서 내려오는 지시는 할 수 있는 한 최대한 빨리 보고해야 하는 사안들이 많다. 신속히 보고하기 위해 보고 목적이 무엇인지, 누가 읽게 되고, 어디에 사용되는 것인지 전체적인 밑그림을 그린 설계도를 그려놓고, 그것을 논리적으로 연계된 해결책 또는 대안을 찾아 제시해야 한다. 이때 평상시 정보수집을 습관화하여 정리해 놓은 정보 창고는 보고서 작성의 시간 절약에 큰 도움이 된다.

넷째, "보고서 형식"이다. 시간에 쫓기며 의사결정을 해야 하는 상사 입장에서 알고 싶은 것들만 간단·명료하게 정리한다. 이를 위해 제목과 소제목에 핵심 내용을 담아 간결하게 표현한다. 포괄적이고 일반적인 것은 좋은 제목이 아니다. 영국의 대문호 세익스피어(W. Shakespeare)도 "말은 간결함을 으뜸으로 친다"고 말한다. 아인슈타인(A. Einstein)은 만약 보고자가 "간결하게 설명할 수 없다면 제대로 이해한 것이 아니다"고 말한다. 화려함보다는 쉽게 서술되어 따로 설명하지 않아도 이해할 수 있게 작성되어야 한다. 보고 받는 사람에게 같은 비중을 갖는 내용이 아니라면 과감하게 생략하고, 글의 산뜻함(글자 크기, 여백, 색깔의 수 등)은 살린다. 쉽고 빠르게 설명하기 위해 "비유"를 쓰는 것도 좋은 방안이다. 상세한 설명이 필요한 일이나, 복잡한 문제를 멋지게 해결할 수 있기 때문이다.

형식을 사소하고 가볍게 생각하는 경우가 있다. 우리 속담에 "보기 좋은 떡이 먹기도 좋다"라는 말처럼 보고서의 첫인상은 중요하다. 세계 최고의 인재들이 왜 기본에 집중하는지를 기억할 필요가 있다. 당연히 보기 좋고, 읽기 쉽고, 호감도가 높은 보고서가 되기 위해서는 기본적으로 틀린 통계치 등이 없어야 하고, 용어의 일관성 등으로 구조적인 짜임새를 갖춰야 한다. 특히, 오·탈자를 소홀히 하는 직원이 많다. 포털사이트 네이버를 창업한 이해진 GIO는 한 외부 강연에서 "저는 큰 기획을 못하는 건 용서해도 사용자가 보는 페이지에 오타를 내는 건 용서하지 않습니다. (……) 저를 쫀쫀하다고 해도 이게 제가 만들고 싶은 우리 회사문화"라고 했다.[151] 그동안 보고서를 만들기 위해 투자했던 노력 이상으로 보고서 완성 마지막에 반드시 점검해야 한다.

보고서의 완성도가 떨어지면, 내용을 확인하기 전에 자료에 대한 기대치가 낮아져 보고서에 대한 신뢰를 떨어뜨릴 수 있다. 사소한 오류는 작성자의 허술함과 집중도 부족을 그대로 보여준다. 용어 구사도 주의해야 한다. 보고 현장에서는 의외로 봉변당하는 경우가 많다. 전문 분야라고 해서 어려운 용어나 예고 없이 새로운 단어를 등장시키지 마라. 이에 대한 설명 없이 보고서가 작성되어 보고받는 사람이 그 용어를 물어볼 때, 보고자가 곤혹스런 상황에 처하는 경우가 의외로 흔하다. 전문용어, 어려운 한자, 약어 등의 사용을 지양하고, 필요한 경우에는 각주나 미주, 괄호로 설명을 덧붙이는 것이 좋다.

다섯째, "보고서 분량"이다. 보고서의 중요한 덕목은 핵심을 정확하게 전하는 '간결함'이다. '한 페이지로 정리하지 못하는 보고는 실패'라는 말은 그런 이유에서 나왔다. 도표 · 그림 · 그래프를 적절히 활용하면 많은 내용을 담을 수 있고, 서술식 표현과 조화를 이루면 보기에도 좋고 핵심 내용 전달에 효과적이다. 핵심적인 의견은 가능한 한 1페이지에 모두 기술하고, 기타 부연 설명은 별첨 참고자료로 만든다. 전 영국 수상 윈스턴 처칠(W. Churchill)은 "보고서는 한 장으로 족하다. 더 긴 것은 비서가 곧장 쓰레기통으로 보낼 것"이라고 말했다.

보고 방법은 결론부터 말한다

사람은 결론을 이해한 상태에서 이야기를 듣는 경우와 결론을 모르는 상태에서 이야기를 듣는 경우 반응이 전혀 다르다. 보고할 때 간단명료하게 하되, 먼저 결론부터 말한다. 결론을 보고한 다음 그 결론을 맺게 된 이유, 그 후에 일 처리 과정을 설명하고, 이 문제에 대한 의견이나 문제점을 지적하는 것이 보고의 순서이다.

보고에서 결론부터 말하는 이유는 첫째, 학교에서는 서론으로 시작해 결론으로 끝을 맺으라고 배운다. 그러나 직장 세계에서는 누구도 이야기가 전개되기를 찬찬히 기다릴 시간이 없다. 의사결정 속도가 중요한 상사는 결론을 보고받은 후, 부연 설명을 들을 것인지 말 것인지를 결정한다. 그래서 바쁜 상사의 시간을 줄여 줄 수 있을 뿐만 아니라 효과적인 의견 전달이 가능하다.

둘째, 실무자, 중간관리자, 결재권자는 각기 관심 사항이 다르다. 높은 관리자일수록 결론, 전체적인 경향, 민심 등에 관심이 많다. 추가적인 이유와 논거가 필요하면, 결재권자가 직접 보고서를 보든가 추가로 보고해달라고 할 것이다. 결론의 근거 제시는 정확한 데이터, 법적 이슈, 비상대책 또는 대안 등을 제시한다. 관련 부서 또는 기관 조정까지 완료한 보고서라면 금상첨화다.

셋째, 보고가 중단되거나 상사가 보고를 끝까지 듣지 못해도 가장 중요한 결론은 전달됐다. 늘 바쁜 상사는 언제든지 자리를 뜰 수 있다. 하지만 일단 결론이 전달되면 이유와 근거는 차후에 전달할 수 있다.

실무자는 몇 달 가까이 밤샘하다시피 해서 작성한 보고서 내용을 짧게 보고하라고 하면, 전후좌우 배경 설명도 필요하여 짧게 보고하라는 걸 불가사의하게 여긴다. 그래서 실무자 보고는 몇 가지 특징이 있다. 시간순으로 나열하고, 자신의 노력과 보고량이 비례한다고 생각하고 보고서는 두꺼워야 설득력이 있다고 여긴다. 본인에게 익숙한 전문용어와 편리한 약어를 많이 쓴다. 반면, 상사가 원하는 보고는 중요 사항 순으로 나열되기를 바라고, 결론을 먼저 듣고 싶어하고, 문제보다는 해결방안에 관심이 많다. 보고서는 얇을수록 경쟁력이 있으며, 사안의 중요성과 보고량이 비례한다고 생각한다. 또한, 알아들을 수 있는 일반 용어를 선호한다.

한편, 요즘 밀레니얼세대는 불필요한 절차를 생략하고, 핵심적인 내용을 자유롭고 즉각적으로 소통하는 것을 원한다. 업무 용건을 주고받을 때, 굳이 얼굴을 보고 회의를 하거나 서론 · 본론 · 결론으로 구성된 보고서를 전달하기보다 메신저를 통해 간단하게 지시하고 피드백하는 게 그들에게 더 익숙한 소통 방법이다. 그래서 요즘은 상사에게 보고할 때도 직접 가지 않고 메일이나 메신저로 간단하게 끝내버리는 사람들도 많다. 이것은 그다지 좋지 않은 자세로, 이런 시대이기 때문에 더더욱 대면 교류를 신경 써야 한다는 의견도 있다.152)

보고의 기본은 타이밍이다

보고는 '받는 사람' 기준으로 시간과 상황을 판단해야 한다. 보고는 적절한 시점에 보고돼야 좋은 보고다. 아무리 가치 있는 정보와 좋은 내용을 담고 있더라도 시기를 놓쳐 뒤늦게 보고하는 것은 효용가치가 떨어진다. 상사가 보고를 원할 때를 예상해 적시에, 즉각적인 보고가 가능하도록 준비하는 것은 기본이다. 보고의 기본은 상사의 말이 나오기 전에 하는 것이다. 상사의 재촉이 있고 난 후에 하는 보고는 이미 늦은 것이다. 보고의 생명인 스피드에 대해 이윤석의 『최강의 보고법』은 "보고는 90%의 품질에 110%의 속도가 필요하다"고 말한다.

보고는 고민하느라 최적의 타이밍을 놓쳐서는 안 된다. 바쁜 상사일수록 스케줄 사이로 비집고 들어가서 보고해야 한다. 그렇지 않을 경우 반드시 결재를 받아야 하는 시한(時限)이 있는 보고의 경우 낭패를 당할 수 있다. 기관장의 경우 외부행사, 참석해야 할 회의 등으로 가야 할 곳이 많아 집무실에 머무는 시간이 짧은 경우가 많다. 상사의 상황에 따라 보고의 타이밍을 달리해야 한다는 것이 이른바 '상사 일기예보'이다. 뇌과학 연구에 따르면, 의사결정에 감정이 미치는 영향력이 70~80%나

될 정도로 막대하다. 그래서 기분이 좋을 때는 아무래도 부정적 자세가 덜할 것이다.

중간보고를 일상화하라

상사가 보고받을 때 부하 직원에게 실망을 느낄 때는 내용보다 타이밍에서 발생하는 경우가 많다. 보고 유형을 보면, 우선 찾지도 않았는데 먼저 와서 보고하는 경우이다. 상사 입장에서는 보고서의 질이 낮더라도 부하 직원이 예뻐 보인다. 대부분 상사는 '열심히 챙기고 있구나'라고 느끼며 친절하게 보고서를 봐주고 조언도 잘해 주는 편이다. 다음, 상사가 불러서 부랴부랴 보고서를 내미는 경우이다. 이는 50%는 지고 들어가는 것이다. 상사의 머릿속에는 벌써 '보고서가 이렇게 저렇게 돼 있어야 한다'고 자신의 답을 생각해 놓은 상태이기 때문에 설득하기가 더 어렵다. 끝으로, 기한이 지나서 보고하는 경우는 더 이상 언급할 필요가 없다. 게임 끝이다.

진행 과정이 오래 걸리거나 예정보다 지체될 것 같으면, 반드시 중간보고를 해야 한다. 보고 날자를 미리 지정하지 않은 경우에도 상사가 생각한 보고 예상 기일이 경과했는 데도, 부하 직원의 보고가 없으면 일 처리 능력을 의심하게 된다. 따라서 예정일이 경과하기 전에 그때까지의 진행 상황을 보고하고, 별도의 지시를 받는 것이 좋다. 처리 기간이 오래 걸리는 일은 상사의 요청이 없어도 스스로 중간보고를 자주해서 정보를 공유하도록 한다. 상사에게 자신이 계속 노력하는 모습을 보여줄 수 있을 뿐 아니라 상사의 궁금증을 풀어줄 수 있다. 보고하지 않고 혼자 처리하다 일이 크게 벌어질 수도 있다.

식사하러 가는 길이나 함께 회의실로 이동하면서 보고하는 사람이 있다. 엘리베이터를 탔을 때, 1분 이내의 시간을 활용한 '엘리베이터 스피치'(Elevator Speech) 역시 효과적인 중간보고다. 『무엇이 임원의 승패를 결정하는가』의 저자 스콧 에블린(Scott Eblin)은 '엘리베이터 스피치'를 엘리베이터를 타고 가는 동안 상대방의 관심을 끌 수 있는 짧은 브리핑으로 정의한다.

보고 전에 내용 정리는 필수다

간결하고 깔끔한 보고를 위해서 보고 받는 상사가 무엇을 궁금해 하는지, 그가 보고를 통해 얻을 것이 무엇인지를 먼저 생각하고, 그에 대한 시나리오를 미리 작성해 보는 것도 중요하다. 보고하기 전에 자기 생각을 체계적으로 정리해서 문제점보다 향후 계획이나 해결책을 보고한다. 숫자를 활용한 보고는 자신의 보고에 전문성과 확신을 부여하여 신뢰도를 높여준다. 보고하기 전에 제안할 새로운 아이디어나 예상 질문 및 그에 대한 답변 준비 그리고 지난번 지시에 대한 경과보고 등이 미리 준비되어 있다면, 짧은 시간이라도 내서 간단하게 예행 연습을 해 본다.

보고받는 상사가 반론을 펴는 경우, 반론을 잘 듣고 조심스럽게 의견을 피력한다. 상사에게 무조건 틀렸다고 하거나, 상사의 말을 중간에 끊거나 하면 보고가 원활히 진행되지 못할 수 있다. 우선 상사의 의견을 충분히 듣고, 적절한 사례를 들어가면서 설득해야 성공할 확률이 높아진다.

20
기획하는 그대, 세상을 바꿔라

새로운 세상에 새로운 길을 찾다

자기 의사와 상관없이 기획 업무에 호출이 오면, 구성원으로부터 괜한 비난을 받고 싶지 않아 거절하게 된다. 자의가 아닌 타의로 강제 차출되어 일하는데도 선후배들은 뒤에서 "왜 저렇게 일벌리기를 좋아하는 거야! 자기가 무슨 조직의 중심이라도 되는 줄 아나?"라며 수군거린다. 뭐가 문제야. 잘 되고 있잖아? 괜한 풍파 일으키지 마. 가만있으면 중간은 하는데, 왜 변화를 줘서 고생을 사서 하는가 말이다. 조직을 뒤흔들 수 있는 기획은 당연히 많은 저항을 불러온다. 새로운 기획은 보편적이지 않다는 이유만으로 의심받고 반대에 부닥친다. 또 바꾼다고 성공할 수 있을지 없을지 모르기 때문에 미래 기획은 무시당하고 알아주지도 않는다.

현대는 지적자본의 시대로 기획의 중요성이 커지고 있다. 당신이 직장생활을 시작했을 무렵의 조직은 오늘날의 모습과는 많이 달랐을 것이고, 기관장의 역할도 그때와 비교하면 지금은 다를 것이다. 역사를 보면, 지금 당연시하는 것들이 과거에는 그렇지 않았음을 알게 된다. 그럴 때 현재 체제의 견고함에 금이 가고, 현재를 바꿀 가능성이 열린다. 보통 다수파가 선택한 의견이 보편적인 경향을 대변하는 것은 사실이지만, 다수파의 판단이 반드시 맞는 것이라고 할 수도 없다. 미국 인류학자 마거릿 미드(Margaret Mead, 1901~1978)는 "소수의 신경 쓰는 사람들만으로는 세상을 바꿀 수 없다고 믿지 마라. 사실 그들이 세상을 바꿨던 사람들이다"고 말한다. 역사에서 인류의 미래를 만들고, 사회를 변혁으로 이끈 사람들은 소수파였다.[153] 그들은 전통에 도전하는 용기가 있었고, 구시대적 사상에 굴복하지 않고 완전히 새로운 세상을 만들어냈다.

스페인 마드리드대학교 교수 마르가리타 마요(Margarita Mayo)는 "현재의 변화 속도를 감안할 때, 일관성은 때로 당신과 기업의 성장과 성공을 가로막을 수 있다. 핵심 가치를 버리라는 뜻이 아니라 끊임없이 진화하고 유연하게 대응하며 자신의 목표와 기업의 비전을 재검토해야 한다"고 말한다. 조직이 변화하는 환경 속에서 사회적 요구에 부응하는 선제적이고 지속적인 변화를 추구할 때, 그 조직의 동태적 안정성과 지속적 생존 가능성을 높일 수 있다.

혁신은 사치품이 아닌 필수품이다

윤종용 전 삼성전자 부회장은 『초인류로 가는 생각』에서 "기업경영은 혁신의 연속이며, 혁신은 희생에 따르는 고통을 극복하는 인내력을 요구한다"고 하였다. 2006년 공군본부 특강에서는 "일류조직이 되기 위해서는 기존의 가치관과 사고방식, 일하는 방법의 혁신이 필요합니다. 꿈과 비전을 갖고 변화하고 혁신한다면 일류가 될 수 있습니다. 혁신의 과정은 매우 쓰지만, 성공한 혁신의 열매는 달다"고 말했다.

오늘날 혁신은 생존의 문제다. 변화는 어렵고, 변화에는 성장통이 수반된다. 변화가 없다면 아무 일도 일어나지 않을 것이다. 창조적 기업, 혁신기업에는 파괴의 DNA가 있다. 미국 경제학자 조지프 슘페터(Joseph Schumpeter, 1883~1950)는 혁신을 '창조적 파괴'라고 했다. 미국 정보기술혁신재단(ITIF) 회장 로버트 앳킨슨(Robert Atkinson)은 "한국은 파괴 없는 창조를 소망하는 것 같다"며, "안타깝지만 이는 불가능하다"고 했다. 혁신에는 갈등과 저항이 따르기 마련이다. 혁신은 낡은 산업이 쪼그라들고, 신산업의 비중이 커지는 격렬한 진통이다.

시작은 요란하지만, 결과는 보잘 것 없는 기획이 많다

2003년 전국경제인연합회가 206개 기업을 대상으로 대학에 개설되길 희망하는 교과과정에 대한 설문조사에서 기획문서 작성이 42%로 나타났다. 일반적으로 기획은 사고혁신, 조직혁신, 인재혁신을 추진하는 업무혁신을 주도한다. 기획은 아이디어를 씨앗으로 하여 이것을 키워 꽃피게 하는 기술이다. 잘된 기획 하나가 조직을 살릴 수도 있고 반면, 미래를 대비하는 기획 능력이 없는 조직은 앞을 내다볼 수 없다.

기획안은 책상 위에서 태어나 현장에서 생을 마감해야 한다. 아무리 훌륭한 기획을 세웠더라도 실천에 옮기지 않으면 소용이 없다. 그래서 기획은 실행력이 반드시 수반되어야 한다. 기획은 먼저 시급성, 중요성, 실현 가능성, 경제적 비용 규모 등의 기준을 설정하고, 그 기준에 맞게 아이디어를 평가하고 정리해야 한다. 그렇게 하여 기획을 실행함으로써 얻을 수 있는 결과 등으로 그 필요성을 역설하는 기획은 읽는 이의 마음을 움직여야 한다. 예산 등 자원에 한계가 있을 수 있으므로, 현실적으로 가능하다는 사실도 확인해야 한다. 새롭고 좋은 아이디어를 떠올렸다고 해도 사람들을 설득하지 못하면 의미가 없다. 기획만으로 끝나는 기획에는 대체로 도달 목표가 지나치게 높거나, 행동으로 옮길 때의 상황을 고려하지 않았거나, 수단이나 자원을 사용할 수 없는 경우이다. 실행은 기획을 행동으로 표현하는 중요한 과정이다. 합리적인 실행 없이는 아무리 좋은 기획도 공허할 뿐이다.

정보수집과 분석 능력을 향상시켜라

일반적으로 보고서를 잘 쓴다고 인정받으면, 곧 기획력을 인정받은 것과 마찬가지다. 기획자에게 필요한 역량에 대해서는 창의력, 분석력, 전략적 사고 등이 필요하다거나, 통찰력과 분석력 그리고 소통 능력이 필요하다는 등 여러 견해가 있다. 그런데 조직에서는 아이디어를 내면 그 일이 아이디어를 낸 사람의 일로 되는 것이 문제다.

어떤 일을 하기 위해서는 기술적 타당성, 경제적 타당성 그리고 사회적 타당성이 요구된다. 기획 업무 중 상당수가 정보를 찾아 재가공하는 일이 많아 정확한 정보를 빠르게 접하는 것이 중요하다. 자료 수집과 분석을 토대로 목표에 맞게 기획하기 위해서는 창의적인 아이디어와 다양한 사고방식이 요구된다. 창의적인 아이디어가 빛을 발하기 위해서는 이를 뒷받침할 논리적이고 전문적인 자료가 필요하다.

기획을 뒷받침할 정보를 얻거나 기획 중간에 초기의 영감이 바닥나 자신의 지식창고가 빈 상황이 될 때, 유용한 도구가 책이다. 책은 지식이나 정보를 얻는 창구이기도 하지만, 창의적인 사고력을 기르는 데 큰 역할을 한다. 책에는 저자가 오랜 기간에 걸쳐 생각한 과정이나 경험이 담겨 있기 때문이다. 기획 정보는 신선해야 한다. 신선함이 없는 정보는 가치가 없고 시간 낭비일 뿐 선택의 여지도 없다.

연결은 창조를 얻는 열쇠다

창의성에 대해서는 논란이 있다. 한쪽은 전통이나 관습 등에 얽매여서는 새로운 선택지를 생각해 낼 수 없으므로, 전혀 새로운 관점에서 바라보는 것이 필요하다는 견해다. 다른 쪽은 창의성을 기르려면 현존하는 것들의 단점과 특징을 발판 삼아 발전을 꾀하는 것이 더 효율적이고, 새로움은 단절이 아니라는 것이다. 그래서 창의성에 대한 가장 큰 오해는 기존과 무조건 달라야 한다는, 완전한 단절만이 창의적이라고 생각하는 것이다. 하지만 창의성은 그러한 방식으로 탄생하지 않는다는 것이다.[154)]

스티브 잡스(Steve Jobs)는 "창의성이란 사물들을 연결하는 것"이고, 창의적 연결을 잘하는 법은 다양한 분야에서 힌트를 얻고, 유연한 생각을 가지고 자기가 종사하는 산업 외의 분야에도 관심과 지식을 확장하는 것이라고 한다. 좋은 아이디어는 연결, 융합, 재결합을 필요로 한다. 미국 시카고대학교 교수 미하이 칙센트미하이(Mihalyi Csikszentmihalyi)는 "창의성은 일반적으로 여러 분야의 경계를 넘나드는 것과 관련이 있다"고 말한다. 창의적인 사람들은 다른 사람들이 미처 깨닫지 못하는 관계에 주목한다. 그런데 기성세대는 신입사원에게 창의력과 아이디어를 요구하면서도, 막상 새로운 것을 제안하면 현실을 모르기 때문에 하는 말이라고 무시하여 받아들여 주지 않는 경우가 많다는 것이다. 신입사원들의 생각을 경청하고, 참신함과 다름을 최대한 존중해야 한다.

개혁은 원래 인기가 없지만, 누군가는 반드시 해야 하는 일이다

새로운 시대에는 새로운 방식이 필요한데, 사람들은 자신들에게 익숙한 방식을 고수하려고 해서 변화시키기가 힘이 든다. 언제나 하던 대로 하고 싶어 하여 관성을 깨고 변화를 추진하기 위해서는 강력한 동인이 필요하다. 모두 이대로는 안 된다며 변해야 한다고 이구동성으로 말하고 한목소리를 내는 데도 말만 무성할 뿐 변하는 것도, 나서는 사람도 없다. 러시아 대문호 톨스토이(L. N. Tolstoy)는 "모든 사람이 세상을 바꾸겠다고 생각하지만, 어느 누구도 자기 자신을 바꿀 생각은 하지 않는다"고 한다.

오늘날 세계 랭킹 1위 대학인 하버드대학교의 성장 견인차 역할을 한 제21대 총장 찰스 엘리엇(Charles W. Eliot, 1834~1926)은 비판의 중요성을 강조한다. "좋은 말만 듣고 다른 의견을 듣지 않으려는 태도는 개인의 성장과 사회 개혁에 아무런 도움이 안 된다. 조용한 세상을 위해 사실에 눈을 감는다면, 어떠한 개혁도 성공할 수 없다. 도리어 개혁의 위험도만 더 높일 뿐"이라고 말한다.[155)]

조직구성원이 리더의 새로운 비전에 대해 비난하는 이유를 보면, 먼저 조직원들이 변화를 불편하게 여기기 때문이다. 변화가 자신의 현 위치를 위협한다고 생각한다. 현재 기준으로 판단하여 유·불리를 따지니 부정적인 공감대가 형성되어 보이지 않는 심리적 저항을 하게 된다. 창의성은 표준에서 벗어나는 일로서, 현재 상태를 유지하려는 인간적 편향을 뛰어넘어야만 한다.

다음, 비전은 미래를 기준으로 한다. 지금 상황에서는 이해할 수 없는 일로, 불안한 미래에 대한 준비이다. 리더는 미래에 대해 민감하게 반응하는 반면, 조직원들은 리더가 아니기에 리더가 갖는 미래의 불안을 느끼지 못한다. 그 간격이 비전에 대한 비난을 유발한다. 그러나 기획은 현재를 위한 것이 아니라 앞으로의 행동을 위해서 세우는 것이다.

다음, 비전 자체가 대개 어려운 일이라 그 일을 이루어가는 과정에는 리더도 예상치 못한 문제점들이 자꾸 도출된다. 이때 비난의 화살이 쏟

아진다. 마지막으로, 사람들은 대안을 말하기보다는 문제를 찾는데 더 익숙하기 때문이다.[156]

기획은 큰 그림을 잘 그려야 한다

기획은 현실을 정확히 인식하는 데서 출발한다. 기획이 제대로 되어야 좋은 기획서가 나오므로, 기획서를 쓰는 것보다 '기획'을 하는데 더 많은 시간을 투자해야 한다. 이는 "나에게 나무를 자를 여섯 시간을 준다면, 나는 먼저 네 시간을 도끼를 날카롭게 하는 데에 쓰겠다"는 전 미국 대통령 링컨(A. Lincoln)의 말에 비유할 수 있다.

일본 작가 나카노 아키오의 『기획서 잘 쓰는 법』은 목차를 잡는 방법으로 5W 2H 1T를 제시한다. 즉, Why(왜 이 기획을 입안하는가?), What(이 기획으로 무엇을 하려 하는가?), Target(무엇에 대해 이 기획을 실시하는가?), How(이 기획을 어떻게 추진하려 하는가?), When(언제 어떠한 일정으로 추진하는가?), Who(누가 하는가?), Where(어디에서 실시하는가?), How much(비용과 이익은 어떠한가?)이다.

기획서를 작성할 때는 보고서와 마찬가지로 군더더기가 없어야 한다. 『어린 왕자』의 저자 생텍쥐페리(Saint-Exupéry)가 "완벽하다는 건 무엇 하나 덧붙일 수 없는 상태가 아니라 더 이상 뺄 것이 없을 때 이루어진다"고 말한 것처럼, 기획서에는 주요 핵심만을 담아야 한다. 문제해결을 위한 대안을 최선안과 차선안 등 2개 이상의 대안을 준비하는 것도 좋은 방안이다. 철혈재상(鐵血宰相)으로 불리는 독일의 비스마르크(Bismarck, 1815~1898)는 자신의 서랍에 '비스마르크 계획'이라 불리는 차선책을 준비해 둔 것으로 유명하다. 그는 늘 자신의 첫 번째 계획이 틀어졌을 경우를 대비했다.[157]

기획서 작성방법은 보고서 작성방법과 유사하다. 기획할 때는 자료, 사진, 그림 등을 활용하여 기획에 대한 내용을 설명한다. 서브 타이틀은 '읽어 보고 싶다'는 생각이 들게 만든다. 기획서 작성 때 단어 선택을 가볍게 생각해서는 안 된다. 미국 소설가 마크 트웨인(Mark Twain)은 "거의 맞는 단어와 확실히 맞는 단어의 차이는 크다. 그것은 번개와 개똥벌레의 차이다"라고 말한다.

변화 피로를 막아라

기획에서 늘 새로운 돌파구를 찾는 것은 쉬운 일이 아니다. 같은 이야기를 반복하거나 소재에 한계를 느낀다. 기획이 너무 잦으면 직원들은 혁신에서 활기를 얻지 못하고, 그것에 관심도 기울이지 않고, 오히려 그 단어를 경멸한다. 한때 혁신은 자랑스럽고 강력한 표현이었지만, 좋은 일을 하기보다는 좋게 보이는데 더 관심을 갖는 사람들이 사용하면서 그런 태도를 나타내는 단어가 되어버렸다.[158)]

그래서 변화와 새로운 방향은 오히려 혼란, 낙담, 피로를 초래할 수 있다. 혁신은 어떤 것이든 뜻할 수 있는 단어이기 때문이다. 직원들은 '변화 피로' 상태에 이르고, 조직의 쉼 없는 변화에 지쳐 동기를 상실하며, 일상 업무를 해야 할지 장기 프로젝트에 시간을 할애해야 할지 판단에 애로를 겪을 수 있다. 조직이 어디로 향하고 있는지 이해하는 것도 어려워진다.

21

회의는 할 때마다 회의(懷疑)가 든다

회의는 집단의 지성이 발휘되어야 하는 시간이다

회의란 서로의 생각을 교환하여 최상의 결론을 내보자는 목적으로 진행하는 것이다. 회의 공간의 존재 이유는 더 다양한 의견을 나누고, 협의하고 좋은 결정을 실행할 수 있도록 동기부여하는 것이다. 회의 전에는 '이 회의는 정말 유용한가?'에 대해 질문해야 한다. 그래서 회의 계획 단계에 꼭 포함되어야 하는 것은 올바른 참석자 선정과 아젠다 설정이다. 꼭 필요한 사람만 불러 올바르게 회의 참여자를 선정하는 것은 회의 생산성과도 직결되는 문제이다. 미국 IT기업 아마존(Amazon)의 「피자 두 판의 규칙」은 피자 두 판을 먹을 수 있는 인원으로 팀을 구성하고 회의 참석인원을 제한하는 것이다. 회의는 모든 사람이 같은 수준의 정보를 공유한 상태에서 논의가 시작되어야 한다. 많은 조직이 회의 시간을 단축하기 위해 회의 시작 전에 사전 자료를 공유하는 것을 강조하지만, 현실적으로 직원들은 사전 자료를 공유받았지만, 읽거나 숙지하지 못하고 회의에 참석하는 경우가 빈번하다.

피터 드러커(Peter Drucker)는 "아무에게도 도움이 되지 않는 회의는 회의가 아니다"고 했다. 온라인 취업사이트 『사람인』과 헤드헌팅 회사의 조사에 따르면, 응답자의 54%가 회의문화에 불만이 있다고 한다(진행 및 구성의 비효율, 결론 없는 회의, 잦은 회의, 장시간 회의). 회의는 하되 논의는 없고, 논의는 하되 결정은 없으며, 결정은 하되 실행과 책임이 없다. 이러한 회의는 집단지성을 살리지 못하고, 개인과 개인이 모였지만 개인일 때보다 못한 상황이 되어버린다. 형편없는 회의에서 혁신은 생겨나지 않는다. 조직의 미래 경쟁력을 확보하기 위해 회의문화를 혁신하기 위한 조직 차원의 노력이 필요하다. 회의문화를 개선하기 위해 회의 시간과 횟수 줄이기, 회의 시 소통 활성화, 회의 형식 변경 등이 필요하다.[159)]

아무것도 배울 것이 없는 회의는 회의하게 된다

요즘 기관마다 하루가 회의로 가득 찬 회의 중독증에 시달리고 있다. 어떤 날은 중간에 한숨 돌릴 틈도 없이 연달아 잡혀 있다. 조찬회의, 오전 간부회의, 오찬회의, 워크숍, 화상회의 등에 직위가 높을수록 소비하는 시간이 많다. 특별한 내용도 없는 정보전달 회의는 매번 반복되고, 회의자료는 회의 종류만 다를 뿐 내용은 늘 같다. 회의할 때마다 드는 생각은 과연 효율성이 있는 건지 회의(懷疑)가 들 때가 많다. 회의가 끝나면 무엇을 얻게 된다는 결과로서의 목표가 명확히 제시되지 않기 때문이다. 영국 런던비즈니스스쿨 교수 게리 하멜(Gary Hamel)은 "관료주의는 직원의 시간과 에너지를 좀 먹는다"고 한다. 회의를 해야 조직을 장악할 수 있다는 상사의 관념은 잦은 회의를 만드는 이유라고 한다. 회의가 직원들을 압박하고 관리하고 통제하는 최고의 수단으로 변신하는 것이다. 이러한 회의에서는 당연히 소통의 물꼬를 트는 역할을 할 수 없다. 때로는 남들을 기다리게 함으로써 자기가 중요한 인물이라는 티를 내기 위해 회의에 일부러 늦게 오는 사람도 있다.

회의는 사안을 결정해 합의를 형성하는 '의사결정,' 새로운 정책과 사업 등을 고안하는 '아이디어 도출,' 모든 사람이 알아야 할 정보를 공유하는 '정보전달,' 결정사항의 시행상황을 확인하는 '진행관리' 등을 위해 열린다. 회의에서 드러나는 상사의 유형을 보면, "심사위원형"은 직원의 의견을 평가하고 피드백에 열중한다. 직원 입장에서는 숨 막히는 상사다. "가위형"은 '아 ~ 그건 됐고!'를 남발한다. 자신의 생각과 다르거나 관심이 없는 건 중간이고 처음이고 잘라버린다. "버럭형"은 자유롭게 의견을 개진하라고 해놓고 막상 직원이 반론을 제기하면, 무턱대고 소리부터 지른다. 직원의 침묵을 이끈다. 말해봐야 본전도 안 나온다. "답정너형"은 이미 결론은 나 있다. 강제 추인의 형식만 필요할 뿐이다. 왜 회의에 참석하라 한 건지 의문을 낳게 한다.[160)]

긴 회의보다는 효과적인 회의가 필요하다

경영의 핵심은 효율성이다. 우리 회의는 효율적으로 진행되고 있는가? 근로시간이 점점 단축되고 있는 상황에서 회의에 낭비할 시간도 없다. 경영학의 대가 피터 드러커(Peter F. Drucker)는 "회의 목적을 명확히 해 회의가 쓸모없는 시간 낭비가 되지 않도록 해야 한다"며, "경영자의 주요 덕목이 회의를 생산적으로 하는 것"이라고 제언하고 있다. 세계 최대의 반도체 회사인 인텔(Intel)은 "회의의 목적을 모른다면, 회의를 시작할 수 없다"고 한다.

먼저, 참석한 모든 사람이 막힘없이 이야기할 분위기인가? 참석자가 용기 내지 않고 발언할 수 있는가? 참석자들은 자기 의견을 적극적으로 펼치기를 꺼리는 경향이 있다. 반면, 자기가 무언가 기여하는 바가 있음을 알리기 위해서 대화에 끼어들어야 한다는 강박관념에 사로잡히는 사람도 있다. 그러나 끼어들어 한 푼어치도 안 되는 소리를 떠든다는 말을 듣기보다는, 필요한 때에만 말하는 사람이라는 평판을 듣는 것이 낫다. 그리고 회의 시간에는 입 다물고 눈앞에 있는 자료만 쳐다보고 내내 침묵하다가 회의실을 나오면, 동료에게 "야, 오늘 한잔하자" 하고서는 밤새 성토를 하는 사람도 있다.

다음, 예정된 시간 안에 회의가 끝나는가? 우리는 너무 많은 시간을 영양가 없는 회의에 소모한다. 공식적인 회의 종료 시간을 명시해야 한다. 시간 제한이 없는 회의는 늘어지기 십상이다. 회의에 자주 참석해본 사람이면 쓸데없는 말들이 얼마나 오가는지 안다. 회의를 효율적으로 주재하여 짧은 시간에 결론을 도출한다면, 사람들은 사회자의 역량을 높이 보게 될 것이고, 모두의 시간을 절약해주었다고 고맙게 생각할 것이다. 『탈무드』에는 "돈을 훔친 자만 도둑질이 아니고, 시간을 훔친 자도 도둑질"이라는 말이 있다.

다음, 결과물이 나오거나 방향성이 잡히는가? 회의마다 회의 주제에는 반드시 혁신을 주문하지만, 결론이나 결과 없이 끝나는 회의가 많다. 사공이 없는 배와 같은 회의가 많다. 초반에 한 사람이 어떤 주제를 꺼냈을 때 모두가 그 주제에 대해 이러쿵저러쿵하다 보면, 완전히 옆길로 새어 종잡을 수 없게 된다. 그렇게 결론이 나지 않은 채 회의가 어영부영 끝나 버린다. 중요한 결정을 내려야 하는 안건도 없는데, 사람들을 회의에 묶어 두는 것은 낭비다.

끝으로, 필요 없는 사람들까지 회의 참석 목록에 포함시키지 않는가? 1913년 프랑스 농업공학자 막시밀리앵 링겔만(Maximilien Ringelmann)은 "한 팀에 인원이 늘어날수록 그 팀의 1인당 생산성이 감소하는 경향이 있다"는 오늘날 '링겔만 효과'로 알려진 실험결과를 발표했다.[161] 어떤 일을 계획할 때 가능하면 그 일에 관련된 모든 이해당사자를 끌어들이는 이유는 계획 실행 전에 그들이 그 계획에 동의한다는 사실을 먼저 확인하려고 한다. 나중에 그 계획이 실수로 판명되는 상황에 대비해, 모든 사람을 회의에 초대함으로써 사전에 몸조심하는 것이다. 다른 이유는 자신이 현재 진행 중인 사안에 대해 충분한 통제력을 유지하고 있음을 입증하고, 조직 내에서 자신의 권력을 과시하려는 무의식적 또는 의식적 욕구도 있다.

회의는 강의나 발표회가 아니다

경영자의 경영철학을 전파하기 위한 회의도 있을 수 있다. 하지만 회의는 이슈 파악, 대안 제시, 의사결정, 결정에 따른 진행 점검 등을 위해서 해야 한다. 많은 회의를 들여다보면, 대부분 일방적이다. 한쪽에서 말하고, 참석자들은 계속 듣고 있고. 별 중요하지도 않은 안건을 가지고 바쁜 직원을 몇 시간 동안 잡아놓고 자기 생각만 일방적으로 이야기하는 경우가 많다. 리더는 회의에서 '말하기'보다 '듣기'에 매진해야 한다. 열린 대화 풍토에 리더가 관심을 두어야 한다. 직원들이 자기 생각이나 아이디어를 소신 있게 말하며 토론할 수 있는 개방적 소통 분위기를 조성해야, 창의적이고 다양한 아이디어가 싹 틀 수 있다. 그래서 리더는 직원들이 모두 말을 마칠 때까지는 자신의 의견을 아껴두어야 한다.

회의를 잘하기 위해서는 어떻게 해야 하나? 언제 말을 조리 있게 해야 하는지, 언제 상대의 말을 경청해야 하는지를 잘 아는 것이 중요하다. 노래를 길게 한다고 좋은 가수가 아니고, 양이 많다고 맛있는 음식이 아니듯이 길게 말한다고 해서 좋은 의견이 되는 것은 아니다. 자기 의견의 빈곤함을 감추기 위해 길게 이야기하는 사람도 있다. 그리고 토론은 중요 사안에 대해 머리를 맞대고 서로의 생각을 이해하는 과정이므로, 토론 때문에 등을 돌릴 이유는 없다. 회의는 '의견'과 싸우는 것이지 '사람'과 싸우는 것이 아니다.

회의 울렁증이 있는가?

직장생활을 하다 보면 회의와 토론은 필수다. 그런데 회의 준비를 열심히 했는데도 말 한마디 못하는 사람이 있다. 토론이 한창 진행될 때 언제, 어떻게 말을 시작해야 할지 막막하다. 내가 발언을 하면 사람들이 나의 의견을 무시하거나 공격할까 봐 위축된다. 핵심에서 벗어나는 질문을 던졌다가 바보 취급을 당하거나 핀잔을 들을까 겁이 난다. 회의에서 내 의견에 반론을 제기하는 사람이 있으면, 즉 "자네가 무슨 말을 하고 싶어 하는지 알겠네. 그렇지만 말이야", "지금 한 말은 좀 아니라고 생각하는데"라고 누군가가 당신의 말에 이런 식으로 반응한다면, 회의 후에 당신은 그 사람에게 좋지 않은 감정을 갖게 된다.

회의에서 어떠한 화법을 사용하느냐에 따라 상대방이 받아들이는 느낌이 다르기 때문에, 좀 더 세련된 화법을 사용하여 이의를 제기하는 방법을 익혀야 한다. 예를 들면, "당신의 의견은 훌륭하지만 다른 견해도 있지 않을까요?" 하고 한걸음 물러선 후에 이유를 말하려는 자세를 취하는 것이다. 이러한 화법은 무작정 상대방의 말을 부정하지는 않아 상대방은 불쾌감을 덜 느낀다. 단결과 조화를 미덕으로 여기는 우리의 직장 문화에서 이러한 방법을 사용하면 적(敵)이 생기지 않을 것이다.

회의 울렁증을 극복하기 위해서는 비판에 익숙해져야 하고, 가급적 핵심을 정확하게 전달하는 명확한 화법을 쓴다. 회의 시작 전에 무슨 말을 할지 미리 정리하여 중언부언을 경계한다. 현대인에게 중요한 덕목은 "간결함"이다. 발언을 위해서 사전에 연습을 하고, 짧게 결론부터 말하는 습관을 익힌다. 반면, 리더는 직원들이 용기를 내지 않아도 자유롭게 자기 생각을 표현하고, 서로 의견을 교환할 수 있는 분위기를 조성해야 한다.

우리는 회의 시간에 왜 침묵하는가

정상적인 회의에서 침묵은 '금'(金)이 아니라 소통을 방해하는 '독'(毒)이 될 수 있다. 혼나거나 거절당할 까봐(권위주의문화), 튀는 행동이 싫어서(집단주의문화), 모난 돌이 정 맞는다(한국 속담) 등의 이유로 침묵한다. 특히, 권위주의적인 상사가 주재하는 회의에서는 회의 때 말 안 하는 편이 낫다는 게 직원들의 생각이다. 말 안 하면 30분 정도 걸려 끝날 회의가, 말하는 순간 한 시간을 넘겨버리는 현실이기에 그렇다.

일반적으로 좋은 회의의 조건은 먼저, 회의는 짧아야 한다. 모두 다 바쁘다. 서로의 시간을 존중해서 간단히 마쳐야 한다. 다음, 안건은 분명하게 정리해서 준비해야 한다. 그래야 회의를 진행하면서 다루어야 할 문제들을 빠짐없이 다루었는지 확실하게 알 수가 있다. 그리고 안건에 대해 미리 알고 들어와 핵심 사안만 논의한다. 다음, 회의는 함께 모여서 이야기하는 자리다. 일방적인 설교나 훈시가 아니라 다른 사람의 의견을 듣는 시간이고, 서로를 평가하는 자리가 아니다. 회의에 창의성이 결여되면, 참석자들은 자신의 사무실에 앉아 있는 것이나 다름없다. 다음, 참석자는 최소한 한마디씩이라도 다 참여해야 한다. 참석자는 발언할 권리가 아니라 발언할 의무가 있다. 회의 시간에 침묵하거나 발언하지 않는 것은 결석과 같다. 다음, 잘 기록해야 한다. 각자의 해석과 기억은 다르다. 대개 자기에게 유리한 대로 해석한다. 끝으로, 분명한 결론이 나고 구체적으로 행동하는 항목이 나와 회의에서 합의한 것은 준수해야 한다. 기나긴 회의로 지쳐가던 참에 "그럼 못다 한 이야기는 다음 회의에서 마저 하자"고 결말이 맺어지면, 허탈해져 회의에 대한 회의(懷疑)를 느끼게 된다.[162)]

메신저 회의가 뜨다

코로나19를 계기로 온라인 거래와 화상회의·온라인 강의 등을 바탕으로 초연결사회가 가속화 할 것으로 보인다. 요즘 많은 회사에서 '메신저 회의'에 대한 선호도가 높아졌다고 한다. 직접 얼굴을 보고 마주 앉아 회의하는 대신에 온라인 메신저로 의견을 나누는 것이다. 이는 얼굴을 보고 얘기하면 상사 눈치가 보여 제대로 의견을 개진하지 못하는 데 비해, 메신저를 이용한 회의는 빠르고 자유롭다는 점이 순기능으로 꼽는다. 중년 이상의 임원급에게는 익숙하지도 않고 어색하게 느껴지는 방식이지만, 젊은 직원들 사이에서는 대면 회의가 없어져 홀가분하고 효율적이라는 반응이다. 밀레니얼세대가 점차 사회의 주된 층이 되어가면서 조직 내뿐만 아니라 일상생활에서도 대면 접촉을 줄이는 방식이 선호되고 있다. 그러나 거래처와 중요한 계약을 해야 하는 등 특별한 경우에는 비대면 화상회의로 소통하기에는 애로가 있을 수 있다.

밀레니얼세대는 10대 때부터 토론식 수업을 받았다. 말이 안 된다고 하더라도 모든 가능성을 열어놓고 의견을 말하고 교환해야 한다고 배웠다. 그래서 기성세대들이 싫어할 수도 있는 말이니까 입을 다무는 게 아니라 싫어하더라도 말을 꺼낼 수 있다는 것을 경험해 왔다. 진실에 다가가는 과정에서 모든 가능성에 대해 열어놓고, 의견을 교환하자는 생각을 갖고 성장했다. 직장 상사들은 이러한 밀레니얼세대의 토론문화를 이해해야 할 것이다.

22

일 잘하는 것과 승진은 별개인가?

인간은 등급을 매기려는 '위계조직의 본능'이 있다

우리가 사는 사회나 조직에서 더 나은 것, 더 좋은 것은 대체로 더 높은 지위에 있다. 그래서 모든 생각과 생활을 지위 상승에 쏟아붓는다. 질병, 은퇴, 죽음이 이 치열한 삶에서 떼어놓을 때까지 어떻게든 위로 올라가려고 한다. 미국 유타대학교 교수 프레드릭 허츠버그(Frederick Herzberg)는 "자리가 동기 유발을 시킨다"고 한다. 이론적으로는 사회적 지위를 놓고 경쟁할 때 모두가 공평한 기회를 가져야 한다. 어떤 조직이든 인사시스템은 공정하고 합리적이어야 한다. 기본과 원칙에 충실하고, 많은 사람이 납득할 수 있어야 제대로 된 인사시스템이다. 일한 만큼 승진하는 공정사회가 나아가야 할 방향이다. 온정주의 대신 합리주의를, 개인 이익 중심의 연고주의나 패거리 파벌문화 대신 공동체 문화를 지향해야 한다.

기성세대는 직장인의 행복은 인사고과와 승진을 통해서 채워진다고 믿고 살았고, 인정받기 위해 남들이 하지 않으려는 어려운 일을 도맡아

했다. 승진 인사나 보직 영전이 자신의 성공 여부를 판가름하고, 인생의 성패를 결정하기 때문이다. 그들의 행복을 인사가 결정한다고 해도 과언이 아니다. 그래서 아무리 능력이 뛰어난 인물이라 해도 인사권자 앞에서는 고개를 숙인다. 인사에는 장사도 없고, 초인도 없다. 조직의 중요한 자산이 아닌 부품으로서 종이에 박힌 숫자 취급을 받아도, 영혼 없는 복종과 침묵을 한다.[163)]

승진시스템이 설계된 피라미드 구조에서는 한정된 자리로 인해 승자가 많지 않다. 한국인은 자의식이 강한 민족이라 자존심을 지켜주는 문제가 중요하다. 그래서 실적 바탕의 승진시스템과 연공서열에 따른 자동승진시스템을 결합하여 가급적 낙오자를 만들지 않는 방안이 시행되고 있다. 우리나라는 기본적으로 나이와 입사연도, 즉 서열을 승진의 기준으로 삼는 방식인 아날로그적 인사제도를 채택해 왔다. 따라서 젊은 직원은 비범한 능력을 가졌다 하더라도 평범한 선배 직원에게 승진에서 밀릴 수 있다. 민간기업에서는 조직 전체에서 하나의 발탁, 즉 디지털적 조건의 인사를 관료조직보다는 많이 한다. 이는 몇 년을 일했다는 사실보다 어떤 일을 했느냐에 따라 평가를 하는 것이다.

누구도 자신의 무능력을 인정하지 않는다

직장은 성과와 역량 중심으로 직원을 평가한다. 역량은 문제해결 능력과 정보분석 능력, 의사소통 능력과 협의·조정 능력, 도전정신과 창의적 사고 등이 포함된다. 공무원의 경우 인사혁신처에서 실시하고 있는 역량 평가에서 고위 공무원인 실·국장급에 필요한 역량은 사고 역량(문제 인식과 전략적 사고), 업무역량(성과지향과 변화관리), 관계 역량(고객만족, 조정·통합)으로 구분하여 검증한다. 과장급은 정책 기획, 성과관리, 조직관리, 의사소통, 이해관계 조정, 동기부여의 역량을 검증한다.

대부분 직장인은 인사고과가 불공정하다고 생각한다. 성과는 상사의 눈으로 평가된다. 상사가 의도하는 대로 일이 완료되었는지, 결과물이 제대로 나왔는지가 평가의 척도가 된다. 상사는 직원의 역량과 노력만 보는 게 아니다. 조직 전체의 기여도까지 고려해서 직원을 평가한다. 물론 성과 평가의 신뢰성과 타당성은 높아야 하지만, 평가에서 완전한 객관성이 존재하기는 어렵다. 보통 직원들은 자기 실력보다 낮게 평가되고 있다는 불만으로, 자신의 예상과 다른 결과를 받아들이지 못한다. 자신의 능력·업적을 과신해, 동료들 사이에서 본인이 독선적으로 행동해서 자질면에서 점수가 깍이고 있는 사실을 모르는 경우도 있다. 평가를 좋게 받은 직원은 상사와 업무 외적인 관계가 있거나, 상사가 편애해서 그런 거라 여긴다.

최근 조사에 의하면, 응답자의 58.6%가 '인사제도에 불만이 있다'고 답했는데, 이유로는 평가기준이 명확하지 않음, 상급자 임의대로 이뤄짐, 달라진 요즘 세대의 업무 성향이 전혀 반영 안 됨 등이었다.[164] 여러 문제가 있다고 해도 기본적으로는 누가 시켜주고 누가 끌어주는 게 아니라, 인사는 결국 본인이 하는 것이다. 유능한 직원은 자신의 승진을 위해 누구에게 부탁하는 일이 없다. 뛰어난 역량과 리더십을 갖춘 유능한 직원은 조직 내에서 승진 후보로 이미 모두 알고 있기 때문이다.

물론 현실에서는 인사가 공정하게 이루어지지 않고, 합리적이거나 논리적으로 접근하기보다는 인맥과 학연·지연을 갖고 있는지 여부가 인사의 척도가 되는 경향이 있다. 인사에서 적이라면 무조건 배제하는 블랙리스트나, 아군이라면 무조건 챙기는 화이트리스트대로 한다면 공정성에 문제가 있다. 그런데 나를 좋게 평가해주면 공정한 평가이고, 그렇지 않으면 불공정한 것이라고 생각하는 것도 문제다.

회사는 일만 잘한다고 승진시키지는 않는다

승진은 조직의 미래를 책임질 핵심 인력을 결정하는 과정이다. 승진 제도의 목표는 이론상 성과에 따른 보상을 통해 동기부여를 하는 데 있다. 승진에서 내 편이라는 이유로 최고를 쓰지 않고 2, 3등을 쓰거나, 감동이나 파격 인사를 할 게 아니라 최적의 인재를 썼는지가 중요하다. 그러나 현실은 조직의 목표와 사명을 고려한 거시적 인사보다는 인사 업무의 사무적 집행의 내용이 많다. 인사원칙이나 기준이 자주 변경되는 경우가 많고, 그런 기준이 공개되지 않는 경우도 많다. 문제가 되면 추상적이고 원론적인 내용의 면피용 기준을 사후에 제시하기도 한다.

인사에 대해 중장기적 예고가 없어 인사의 전체 구도와 상황을 알기 어렵다. 그래서 현실에서는 흑색선전과 비방, 사적 관계 등이 인사를 왜곡하게 된다. 출신과 배경, 친소와 인맥, 파벌과 정실에 의한 결정이 이루어진다. 우리 사회에서 가장 심각한 인사 차별은 학력, 지역, 성차별이다. 공무원의 경우 인사 권한이 국민으로부터 나오는 권력이라고 본다면, 건강한 조직을 만들기 위해서는 '인사 민주주의'가 필요하다. 이슬람교 경전 『코란』에는 "자기 수하에 더 좋은 사람이 있는데도, 그렇지 못한 사람을 어떤 관직에 임명하는 지배자는 신과 국가에 죄를 짓는 셈"이라는 말이 있다.

승진은 실적보다 사내 정치가 중요하다?

이렇게 열심히 하는데 왜 몰라주지? "인사부서는 대체 뭘 보는 거야?" 노력하는데도 정당한 평가를 받지 못하는 것만큼 억울한 일도 없다. 살다 보면 불공평한 일들을 많이 보고 겪는다. 실적과 승진은 비례하지 않는다. 세상이 정의와 양심으로만 굴러가지 않듯이, 조직에서 묵묵히 자신의 일에 최선을 다하는 사람보다 친분관계와 아첨을 잘하는 사람이 더 빨리 승진하고, 능력이 없거나 이해할 수 없는 행동을 하는 사람이 승진하고 중요한 자리에 앉는 경우를 본다. 회사와 상사는 그 사람의 실체를 왜 모르는지 답답하다는 것이다. 일과 승진 결과가 서로 동떨어진다면, 인사 평정은 시간 낭비일 뿐이다. 연출이냐 노력이냐? 이런 경우 연출은 싫지만, 부러운 것이 된다. 세상과 직장은 그렇게 맑은 곳이 아니다.

우리가 조직의 꼭대기는 뭘 하고 있는지 알 수 없다는 측면에서 보면, 자기 일에 바쁜 상사가 올바른 판단으로 우리의 노력을 인정해 주기를 기대할 수 없는 부분이 있다는 것이다. 조직의 사다리를 타고 위로 올라갈수록 바쁘고 신경 쓸 일이 많아서, 위에서 보면 아무것도 보이지 않는다는 것이다. 외롭고 지치게 마련인 높은 지위의 상사들이 듣고 싶어하는 말을 누가 해주면, 그 사람에게 마음이 가지 않을 수 없다는 것이다. 불합리하지만 현실이 그렇다는 것이다.

전문가들은 "여전히 많은 기업에서 포장 잘하고 사내 정치 잘하는 사람들에게 높은 고과를 주는 인사평가가 이뤄지고 있다"고 지적한다. 공직사회도 이해하기 힘든 정치적 인사가 잇따르면, 공직사회가 행정이 아닌 정치의 장이 될 것이다. 회사에 영혼을 바쳐 일하는데 이상하게 승진은 더디다. 무능하다고 생각하면서 내심 얕보던 동료는 나보다 먼저 승진해 저만치 앞서 있다. 대체 뭐가 문제일까. 본인을 남보다 유능하다고 믿는 직장인들은 통상 기술적인 측면에 강하다는 것이다. 조직의 대소사를 책임져야 하는 높은 지위의 상사 입장에서는 기술적 능력을 믿으며 묵묵히 일하는 직원만이 해결책일 수는 없다는 것이다. 그보다는 오히려 그때그때 필요한 맞춤형 능력을 바로 발휘할 수 있는 직원을 선호하게 된다는 것이다. 이 때문에 현실적으로 겉으로는 잘 보이지 않는 조직 속의 인간에 대한 이해력을 키워야 한다는 것이다.

한국사회는 실력보다 태도를 중시하는 성향이 있다

조직에서 연공서열의 힘은 노력의 힘을 무산시킬 만큼 세다. 연줄도 노력보다 강할 수 있다. 능력이 아니라 충성심이 우선이라는 줄 세우기가 유행한다. 직장생활을 하면서 누구 사람이라는 말을 많이 듣는다. 공식 직책이나 직위 대신 형님·동생이나 선배·후배로 호칭하면서 끈끈한 우애를 자랑한다. 이들은 일이 아닌 '관계'에 집중하고, 일은 큰 사고만 나지 않을 정도로 관리한다. 일은 입으로 하고, 성과는 관계로 낸다. 묵묵히 일하는 것으로 성과를 내는 것은 바보나 하는 것이다. 묵묵히 가만히 있으면 그냥 묻힌다.165)

일 전문가가 아니라 관계 전문가이다 보니, 이런 사람들은 늘 상사의 마음에 쏙 드는 말만 골라 하고, 뛰어난 연기력으로 능수능란한 사교술을 구사한다. 회식 자리에서도 상사들의 기분을 잘 맞추고, 경조사며 각종 행사에 빠지지 않기 때문에 상사들의 예쁨과 신뢰를 받는다. 능력도 그저 그렇고 별로 성실하지도 않지만, 상사와의 관계 하나만큼은 누구보다 좋다. 승진에서 실적보다 사내 정치가 중요하게 작용하는 조직이라면 쟁탈전은 더 치열해진다. 이런 경우 개인 입장에서는 굳이 실패 위험이 큰 도전적 과제를 맡을 필요가 없다. 잘 굴러가고 있는 안정적인 프로젝트를 맡아 경력 관리를 하면서, 인맥 관리와 로비에 힘쓰는 것이 상책이다.

중국 화웨이(華為技術, Huawei) 창업자 런정페이(任正非)는 "상사에게만 잘하는 직원은 개인의 이익만 챙기는 노예와 같다"고 말한다. 아부 잘하는 사람은 윗사람에게는 필요 이상으로 아첨하고, 아랫사람에게는 윗사람 모르게 혹독하게 다루는 전형적인 기회주의 상사가 많다.[166] 네덜란드 레이던대학교 교수 루스 폰크에 따르면, "상사에게는 아부하면서, 부하 직원이나 후배에게는 인사도 하지 않거나, 이야기를 듣지 않는 아첨꾼들이 직장에서 가장 미움을 받는다"고 한다.[167]

요즘 직장인 절반, 승진에 관심 없다

요즘 젊은 세대는 취직을 한다고 해도 불안이 사라지지 않는다. 이들 눈에 비친 한국 사회는 정규직보다 비정규직이, 평생직장보다 상시해고가 일상이 된 모습이고, 상사가 하루아침에 정리해고되는 걸 직접 목도하기 때문이다. 이런 시대에 승진을 꿈꾸며 회사를 믿고 상사에게 충성하는 건 바보 같은 짓이다. 그들은 어차피 경영진으로 올라갈 확률도 낮은데, 그 낮은 확률을 위해 경쟁에 몰입하느니 차라리 오늘의 나의 삶을 더 중요하게 여기는 가치관을 갖고 있다.

기성세대의 직장인들은 가능한 한 모든 수단을 동원해서 승진하려고 했었다. 2021년 1월 『사람인』에 따르면, 직장인 상대로 「인사평가와 승진에 대한 생각」을 조사한 결과, 전체 응답자의 46.8%가 '승진에 관심 없다'고 답했다. 그 이유는 평생직장 개념이 희미해서, 승진이 회사생활을 유지하는 매력 요소가 아니어서, 승진 욕구보다 재테크·자기 계발이 더 중요해서' 등 이었다.

피터의 원리, 승진할수록 무능해지는 이유

미국 사회학자 로런스 피터(Laurence J. Peter)는 어느 조직에서나 구성원은 역량의 한계점까지 승진한 뒤 무능한 상태로 남는다고 하는데, 이를 "피터의 원리"라 한다. 『피터의 원리』는 사람들이 계속 위로만 승진하려는 욕구 때문에 마침내 자기 능력으로는 감당할 수 없는 무능의 단계에 도달하게 되어, 개인에게나 사회에게나 불행이 될 수 있음을 경고하는 원리다. 100의 능력을 지닌 사람을 예로 들면, 필요역량 50, 60 정도의 지위에 있을 때는 매우 유능해 보여 다음 단계로 승진해서 능력에 꽉 차는 지위까지 오른다. 문제는 그다음이다. 110의 능력이 필요한 지위에 가는 순간 뭔가 모자란 사람으로 돌변한다. 이때부터 이런저런 실책이 나온다. 이른바 "종점도달증후군"이다. 즉, 자기의 실력 이하의 지위에 앉으면 큰 인물로 보이지만, 자기 실력 이상의 지위에 앉으면 소인으로 보인다는 것이다.

승진한 이들도 새로운 지위가 자신에게는 벅차다는 사실을 안다. 그렇다고 잘못된 승진을 바로잡는 일은 거의 없다. 상사들은 무능한 승진자의 실수를 덮어준다. 무능한 사람을 승진시켰다는 비난을 듣고 싶지 않기 때문이다. 대신 유능한 부하 직원들이 무능한 승진자 일을 도맡고, 정말 중요한 업무는 다른 동료들이나 다른 부서로 넘어간다.[168]

팀원으로서는 유능했던 사람들이 위로 올라갈수록 능력이 뒤떨어지고 무능한 상사로 변하는 경우를 주위에서 흔하게 볼 수 있다. 권력이 탐나서 그 자리를 차지했지만, 그 자리에 걸맞은 역량, 리더십, 자질은 갖추지 못했다. 능력이 무르익지 않았는데 지나치게 높은 자리에 처했다는 것이다. 경단급심(綆短汲深)은 "두레박의 줄이 짧으면, 깊은 물을 길을 수 없다"는 뜻인데, 능력이 모자라서 일을 감당하기 어려움을 비유하는 말이다. 그래서 한 분야에서 정점에 오른 사람이, 다른 분야에서도 정점을 유지한다는 보장은 없다.

자기가 승진했다는 이유만으로 리더가 되었다고 생각하는 사람들이 있다. 그러나 리더의 자리에 있다고 모두가 우러러보지는 않는다. 민간이나 공공영역에서 리더 지위에 오른 사람들의 성공률은 얼마나 될까.

미국 하버드대학교 경영대학원 교수가 수년 전에 전 세계 인사전문가 1만여 명에게 각 분야 리더들에 대한 평가를 묻는 연구를 수행했는데, 리더십 성공률은 26%에 지나지 않았다. 우여곡절 끝에 리더 자리에 올라도 성공한 리더로 평가받기는 쉽지 않음을 보여준다.

승진하면 왜 변할까?

승진하더니 사람이 변했다고 한다. 봄 같은 사람으로 알고 있는데, 갑자기 겨울처럼 하니 당연한 반응이다. 팀장에 오르기 전에는 괜찮던 사람들이 왜 그 자리에만 가면 달라질까. 팀원들이 바라는 팀장과 조직에서 바라는 팀장의 역할이 다를 수 있기 때문이다. 팀원이었을 때와 팀장이 되고 나서는 일하는 방식, 대화 스타일, 생각의 방향이 같을 수 없다. 팀장은 직원들 입장보다 조직의 입장에 서야 하고, 조직의 요구에 따라야 한다. 자리가 변해야 하는 자리다. 상사와 직원은 일의 차원이 다르다. 예를 들면, 이사(理事)라는 직급부터는 정규직에서 계약직으로 신분까지 바뀐다. 상사의 관점에서 그가 처한 상황과 마음을 헤아려보는 것이다.

23

일은 잘하지만, 인망(人望)은 형편 없다

왜 능력보다 인성을 중시할까?

사회적 동물인 인간은 수많은 사람과 관계를 맺으며 살아간다. 인성(人性, human nature)은 사람(人)이 갖추고 있어야 할 성품(性品) 중 바람직한 것을 말한다. 성품은 사람의 본성(本性)과 품위(品位)가 합쳐진 단어다. 인간은 성장 과정을 통해 자기 성찰과 계발을 하면서 그리고 가족이나 학교, 직장, 사회 속에서 상호작용하면서 인성을 함양해 간다. 한국 전통에서는 자기 자신의 인성 함양을 위해 수신(修身)을 강조하였다. 수신은 자기 스스로 인성을 닦는 것이다. "인격은 꿈꾸듯 쌓을 수 있는 게 아니다. 망치로 두드리고 다듬듯 꾸준히 노력해 스스로 쌓아나가야 한다"고 제임스 A. 프루드(James A. Froude)는 말한다. 미국 정신분석학자 에릭 에릭슨(Erik H. Erikson, 1902~1994)이 제시한 8단계 인격발달과정은 성숙한 인격을 갖추려면 평생 쉬지 않고 인격을 연마해야 한다는 사실을 보여준다.

인성교육은 가정에서는 부모와 소통하면서, 학교에서는 도덕 체험과 친구와의 교류를 통해 이루어진다. 특히, 학교의 인성교육은 공교육의 본질적 사명이기도 하다. 교육의 목적은 기계를 만드는 것이 아니라 인간을 만드는 데 있다. 서울대 의대는 수년 전부터 신입생 선발에 인성평가를 도입했다. 의사가 되려는 학생은 최소한의 공감 능력과 앞으로 만나게 될 수많은 환자에 대한 배려심을 기본적으로 갖추고 있어야 한다는 취지에서 도입되었다. 수능 만점을 받은 학생이 면접을 통과하지 못해서 탈락한 경우도 있었다고 한다.[169)]

어떤 사람은 개인적 능력은 뛰어나도 인간미가 없어 평판이 나쁘다. 일은 참 잘하는데 화합이 안 돼서 전체 분위기를 해치고, 업무에 부정적인 영향을 미친다. 일만 잘하지 조직의 속성과 사람의 마음을 모르기 때문이다. 오늘날 일하는 데 있어 전문지식과 스펙보다 협업과 공감, 예절과 같은 인성 역량이 더 중요한 요소가 되고 있다. 지적 능력보다 인성이 더 중요하고, 실력보다 인품이 먼저다. 일만 잘해서는 리더가될 수 없다. 머리 좋은 사람이 조직에서 반드시 성공한다고 단언할 수 없다. 사람은 자기가 종사하는 직업에 맞춰 적합한 인성을 길러가야 한다. 상사는 상사다운 인성을 지녀야 하고, 부하 직원은 그 위치에 합당한 인성을 갖추어야 한다. 미국 리더십 전문가 존 맥스웰(John Maxwell)은 "많은 사람이 '지식'을 가지고 잠시 성공한다. 몇몇 사람들이 '행동'을 가지고 조금 더 오래 성공한다. 소수의 사람이 '인격'을 가지고 영원히 성공한다"고 말한다. 인격은 사람의 마음을 지배하기 때문이다. 인격은 정상에 머물 수 있게 해준다.

이기적인 사람은 타인과 사회의 이익에 관심이 없고, 오로지 자신의 이익에만 집착한다. 그런 상황에서 능력이 뛰어나 개인적으로는 훌륭한 성과를 내는 직원일지 모르지만, 훌륭한 리더는 되지 못한다. 혼자 하는 일은 잘하는데, 팀별로 협력해서 일하거나 팀원을 이끌어야 하는 리더의 자리에서는 능력을 발휘하지 못한다. 뛰어난 기술로 무장해도 서로 화합하지 못하는 팀은 최대 역량을 발휘할 수 없다. 그래서 일만 잘해서는 안 되고 사람이 됐다, 괜찮은 사람이라는 말을 들어야 한다. 무엇을 아는가 하는 것도 중요하지만, 어떤 사람인가 하는 것도 중요하다. 재주는 뛰어나지만, 덕이 모자라는 재승덕박(才勝德薄)이 되어서는 안 된다. 중심을 개인주의에서 공감에 더 가치를 두는 쪽으로 옮겨야 한다. 남의 어려움을 이해하고 남을 배려하는 것이 필요하다는 것이다.

겸손은 방대한 지식과 맞먹는 가치를 지닌다

이성에 철저하고 감정이 없는 사람은 일은 잘하는데 비인간적이다. 분석적이고 체계적이며 논리적인 성격은 공감 능력이 떨어지는 것으로 보인다. 덕(德) 없이 원칙만 따져가며 남을 부리려 하면, 결국 다 도망간다. 만일 당신이 직원들에게 따지고 상처 주고 반박한다면, 때때로 승리할 수는 있다. 하지만 그것은 공허한 승리에 불과하다. 왜냐하면 당신은 결코 상대방으로부터 좋은 호의를 얻어내지 못할 것이기 때문이다. 톨스토이(L. N. Tolstoy)는 "겸손한 사람은 모든 사람으로부터 호감을 산다"고 했다. 웃긴 명언으로 "실력은 있는데 겸손이 없으면, 삼겹살은 구웠는데 기름장과 쌈장이 없는 것과 같다"는 얘기가 있다. 중국 상고(上古) 시대의 정치를 기록한 『상서』 〈대우모편(大禹謨篇)〉은 "자만은 손해를 불러오고, 겸손은 이익을 거두게 해준다(滿招損, 謙受益)"고 한다.

지위에 따라 일의 성격이 달라진다. 리더는 자신이 일을 한다기보다 부하들이 일을 잘하게끔 해야 한다. 직원들이 불만에 가득 차서 "우리 팀장은 사람 다룰 줄을 몰라"라고 말하면 문제다. 이는 사람을 다독이며 동기부여를 하거나, 팀의 사기를 올릴 줄 모르기 때문이다. 결국 함께 일할 줄 모른다는 것이다. 일을 열심히 하는 것은 좋지만, 사람 됨됨이가 부족해서는 안 된다. 리더는 공감 능력과 이해력, 인정과 같은 감성을 지녀야 한다. 부하에 대해 성의가 없는 사람은 리더로 남을 수 없다.

일본 교세라 그룹 창업주 이나모리 가즈오(稲盛和夫)는 "리더는 항상 겸손해야 한다. 겸손한 리더만이 협조성 있는 집단을 구축해 그 집단을 조화롭고 영속적인 성공으로 이끌 수 있다"고 말한다. 영국 예술평론가 존 러스킨(John Ruskin, 1819~1900)은 "겸손하고 양보하는 마음은 인격을 완성하는 데 있어서 절대 필요한 양식이다. 이러한 인격 완성의 양식이 떨어지면 사람들은 교만하고 악해진다"고 한다. 『탈무드』는 "가장 훌륭한 지혜는 친절함과 겸손함"이라고 하고, 『주역(周易)』에서는 "사람의 도는 가득 찬 것을 싫어하며, 겸손한 자를 좋아한다"고 한다. 겸손은 사람을 머물게 하고, 칭찬은 사람을 가깝게 한다. 사람을 붙잡아 두려면 우선 그들의 마음을 잡아야 한다. 우리의 마음은 관심과 인정을 받아야 살 수 있다.

"인망이 없다"는 평판이 돌면, 리더에 등용될 수 없다

"인망이 없다"는 평판은 조직에서 살아나가는 데 치명적이다. 인성의 기본요소는 나눔과 배려, 포용의 정신이다. 능력이 조금 부족하면 계속 노력하면 된다. 하지만 인성이 부족한 사람이 한번 잘못되면, 평생 돌이킬 수 없게 된다. 똑똑하고 좋은 학교를 나왔지만, 남을 배려할 줄 모르는 이기적인 젊은이들이 있다. 그들은 오직 자기 자신에 대한 생각밖에 없어서 결국 다른 사람에게 피해를 주고, 스스로도 피해를 입는 지경에 이른다. 직원을 채용할 때는 교육과 기술을 기준으로 삼지만, 직(職)을 해고할 때는 거의 그 사람의 됨됨이를 문제 삼는다. 능력이 부족한 사람은 성과를 조금 덜 낼 뿐이지만, 인성이 부족한 사람은 회사에 엄청난 피해를 주기 때문이다.[170]

사람들은 누군가가 일을 잘한다고 해서 감동하지 않는다. 일만 잘한다고 해서 그 사람을 위해 충성을 바치지 않는다. 사람은 지식만으로 성장할 수 없다. 마음이 성장해야 한다. 그래서 지식의 자리는 머리에 있고, 지혜의 자리는 마음에 있다고 한다. 인간미가 느껴질 때 비로소 사람들이 다가온다. 사소한 행동, 말 한마디로도 직원의 마음을 얻을 수 있다. 존 맥스웰(John Maxwell)은 "리더십을 평가하려면 그의 머리에 자를 대지 말고, 그의 가슴에 자를 대라"고 말한다. 이스라엘 격언에 "마음으로부터 우러나온 말이라야 마음을 움직일 수 있다"는 말이 있다.

『명심보감』〈정기편(正己篇)〉에서 태공은 "자신을 귀하게 여김으로써 다른 사람을 천하게 여기지 말고, 스스로를 잘났다고 여겨 다른 사람을 멸시하고 하찮게 여기지 마라"고 한다. 미국 방위사업체 레이시언 CEO 빌 스완슨(Bill Swanson)의 『책에서는 찾을 수 없는 비즈니스 규칙 33가지』에서 '웨이터의 법칙'이 나온다. 이는 식당 종업원을 함부로 대하는 자는 절대 비즈니스 파트너로 삼지 말라는 경구다. 남을 깔보고 무시하는 지식을 갖기보다는 차라리 무식한 편이 그 사람을 더 행복하게 할지 모른다. 재능은 없더라도 인격은 갖추어야 한다. 단테(A. Dante)의 『신곡』〈지옥편〉은 "너의 근원을 생각하라. 너는 야수처럼 살도록 태어난 것이 아니라 덕과 지식을 추구하도록 태어났다"고 말한다.

지금 잘 나간다고 우쭐해하지 말고, 좋은 시절이 지나도 민망하지 않게 처신해야 한다. 인성 함양을 위해 포용력을 키운다. 포용력이 있는 사람은 속이 깊고, 그릇이 크며, 타인의 기분을 헤아릴 줄 안다. 중국 송나라 시대의 『통감절요(通鑑節要』에 "해납백천 유용내대(海納百川 有容乃大)"라는 글귀가 있는데, "바다는 모든 강물을 받아들이고, 이 때문에 더욱 커진다"는 뜻이다. 바다가 바다일 수 있는 이유는 단순히 넓고 깊어서가 아니다. 가장 낮은 곳에서 모든 물을 끌어당겨 제 품속에 담기 때문이다. 훌륭한 인재는 지식인이나 기술자가 아니라 지적 기반 위에 리더십과 인성을 겸비한 사람이다. 이제는 인적자본의 개념도 생산성을 높여 조직발전에 도움을 주는 지식이나 기술에 한정되는 생산요소로 보지 말고, 배려와 공감 등 인간의 기본소양인 인성을 포괄하는 개념으로 확장해야 한다.

사람이 명품이어야지, 옷만 명품이면 뭐하냐

사회인으로서 공동체 생활을 잘하기 위해서는 지식뿐만 아니라 인격과 덕성을 갖추어야 한다. 개인의 인격은 그 사람의 타고난 성격에 후천적으로 학습한 사람됨이 더해져 만들어진다. 인성 함양을 위한 교육은 개인적인 자아실현을 위한 가치교육이자 사회생활을 하면서 더불어 살아가기 위한 도덕교육이기도 하다.

마음을 닦는 사람에게는 넉넉함과 따뜻함의 향기가 풍겨진다. 입사 동기로서 지금은 강릉시장으로 있는 김한근 시장이 2012년 9월호 『국회도서관보』에 본인이 좋아하는 말 중에 인향만리(人香萬里)가 있다고 소개한 것이 기억난다. 말 그대로 사람과 맺은 인연의 향기가 만 리에 퍼진다는 뜻이다. 인정을 중히 여긴 우리 선조가 중국인들이 자주 쓰는 화향주향천리(花香酒香千里)에서 꽃향기가 백 리를 가는 화향백리(花香百里), 술 향기는 천 리를 가는 주향천리(酒香千里) 그리고 사람의 향기가 만 리를 가는 인향만리(人香萬里)로 바꾼 것이 아닐까 싶다고 말한다.

법정(法頂) 스님은 "향기 없는 꽃이 아름다운 꽃일 수 없듯이, 향기 없는 삶 또한 온전한 삶일 수 없다"고 한다. 스위스 철학자 앙리 아미엘(H. Amiel)은 "사람의 가치를 직접적으로 나타내는 것은 재산도 아니고, 그의 행적도 아니며, 그 사람 됨됨이"라고 말한다. 좋은 인품에서 풍기는 향기로 우리는 그가 어떤 사람인지 짐작할 수 있다. 명품 차를 사거나, 명품 가방을 가지고 다니면 뭐 하나요. 사람이 명품이 아니라면. 미국 시인 랠프 월도 에머슨(Ralph Waldo Emerson)은 "의복에만 마음이 쏠리는 것은 마음과 인격이 잠든 탓이다"고 한다. 스스로 덕을 닦아서 향기로운 삶을 살도록 해야 할 것이다.

덕장(德將)이 있는 곳에 사람이 몰리는 법이다. 『삼국지연의(三國志演義)』에서 천하의 덕장, 인군(仁君)으로 묘사된 유비(劉備, 161~223)가 그러한 예이다. 사람을 부릴 때 가혹하게 대하면, 결국 인심을 잃게 되어 충성스러운 사람마저 떠나보낸다. 역경 속에서도 따뜻함과 강인함을 보여줄 수 있는 사람이라면, 우리가 존경할 수 있는 사람이다. 존 루터(John Rutter)는 "좋은 인격은 탁월한 재능보다 더 칭송받을 만하다"고 하였다. 같이 있을 때 잘해야 한다. 평소에 쌓아둔 공덕은 위기 때 빛을 발한다. 인생에 향기를 주는 것은 넉넉한 마음, 심오한 이해심이다.

24

회식은 부장님만 원한다

박사 위에 '밥사'

상사들은 회식을 왜 자꾸 하자는 걸까? 평소에 회의도 많은데, 왜 퇴근 후에도 붙들고 앉아 개인 시간을 뺏어가며 먹기 싫은 술과 노래를 강요하는 걸까? 이것도 상사의 특권인가? 석사와 박사 위에 '밥사'라는 학위가 존재한다는 우스개가 있다. 때로는 지식보다 밥을 먹는 행위인 회식이 더 큰 힘을 발휘하기도 한다. 인생의 중대사 상당수가 식탁에서 이루어지는 경우가 많다. 오죽했으면 상가(喪家)와 회식 장소에서 운명이 결정된다고 했을까.

타인과의 공감대를 확보할 수 있는 시간, 복잡한 인간관계의 윤활유 역할을 하는 자리가 식사다. 식사 정치라는 것도 있다. "모든 정치는 밥상에서 시작된다"는 말이 나도는 배경이기도 하다. 미국에서 어떤 법안에 대해 반대가 심할 때마다 등장하는 단골 메뉴가 바로 '백악관에서의 만찬'이다. 전 미국 대통령 오바마(B. Obama)도 정치적 고비마다 비장의 보검을 꺼내듯 '백악관 만찬'이라는 식사 정치 카드를 뽑았다.

직장생활에서의 회식은 조직의 단합과 유대감을 형성하는 중요한 수단이었다. 직급과 상관없이 음식을 먹으면서 회사에 대한 회포를 풀었던 그 시간은, 고된 회사생활을 지탱해주는 존재였다. 그래서 회식을 자주 하고 노래방도 다니면서 친목을 다지는데 기성세대는 모두 기꺼이 참여했고, 때로는 즐겁게 했던 활동들이다. 부장님 가까이 가면 살고, 멀어지면 죽는 시절이기도 했다. 신입사원 시절에는 거의 매일 퇴근 후에 술자리에 끌려다녔다. 일단 먹었다 하면 밤 12시까지 가는 경우가 많았다. 아마도 독일 속담처럼 "만일 술처럼 지식이 들어온다면 누구나 박사가 될 수 있으리라". 집단주의적 사고방식이 무조건 좋다고 말할 수 없지만, 모두가 함께 어울리는데 자신만 빠지면 '교제가 서툰 사람'이라는 평가와 함께 따돌림을 당하기 때문에 어쩔 수 없이 개인사를 뒤로 하고 어울려야 하는 경우도 있다.

이제는 회식이 예전보다 많이 줄어들었다. "옛날에는 일주일에 서너 번은 회사에서 술 마시러 갔지만, 근래에는 일주일에 한 번 그것도 그냥 맥주나 한잔하는 수준 정도이다. 요즘은 코로나19로 인해 부장님과 함께 하는 수직적 문화의 '회식'은 줄거나 못하고 있지만, 수평적 취향 공동체들의 '홈파티'는 늘고 있어 변화가 있는 것으로 보인다. 한편, 코로나19로 회식 · 모임이 없어지면서 스트레스 해소 창구의 축소 등으로 조직에 적응을 못하고 겉도는 것 직원들도 있는 것 같다.

과거에도 술자리는 피하면 그만이다. 그런데 세상사가 어디 마음먹은 대로 되던가? 콜라라도 한 잔 마시고 가라는데 그것까지 거절할 수는 없는 일이다. 피할 수 없으면 즐기라고? 그것도 체력이 받쳐주고 입담 밑천이 두둑해야 가능하다. 직장 회식 자리에는 노래를 불러야 하는 경우가 자주 있다. 회식 자리에서 노래 부를 때 목소리가 떨리는 등 긴장이 심해 스트레스가 대단할 수 있다. 그래서 회식에 참석해야 하느냐

마느냐에 대해 의견이 다양하다.

포도주 속에 진리가 있다 (in vino veritas)

사람들은 '술이 없으면 잔치가 이루어지지 않는다'는 말을 한다. 그러나 술을 즐기는 사람들은 상관없겠지만, 술을 못 마시거나 즐기지 않는 사람에게는 술자리가 재앙의 장소다. 회식에 적극적인 입장은 사람들과 어울려 담소하면서 건설적인 피드백을 받을 수 있는 상사와 좋은 관계를 구축하는 것이 필요하다는 것이다. 다른 사람들과 함께할 기회가 많을수록 그들을 더 잘 이해할 수 있다는 논거다. 술맛의 10%는 술을 빚은 사람이고, 나머지 90%는 마주 앉은 사람이라고 한다. 술잔과 술잔이 쨍 부딪치는 건배가 아니라 가슴과 가슴이 쿵 부딪치는 건배를 하는 것이라고.[171] 식사 자리가 단순히 끼니를 채우는 시간이 아니라 마음을 채우는 시간이 될 수도 있다는 것이다.

"진실은 술병의 바닥에 있다"는 라틴어 격언이 있다. 술을 다 먹어 술병이 바닥날 때 쯤이면, 그때는 누구나 진실을 말한다는 것이다. 『탈무드』는 "술이 머리에 들어가면 비밀이 밖으로 밀려나간다"고 한다. 고대 그리스 시인 에우리피데스(Euripidēs, BC 484~BC 406)는 "한 잔의 술은 재판관보다 더 빨리 분쟁을 해결해 준다"고 한다. 그런데 회식 자리에서 사람이 술을 마시고, 술이 술을 마시고, 술이 사람을 마셔 술기운에 한마디 하는 것이다. 5세기 그리스 시인 팔라다스(Palladas)는 "술잔과 입술 사이에는 많은 실수가 있다"고 말한다. 말하는 사람은 뒤끝이 없지만, 듣는 상사는 뒤끝이 진하게 남는다는 것이다. 대드는 것 자체가 위험한 일인데, 그것도 만인이 보는 앞에서 잘못을 공론화한 것은 자살골을 넣는 것이다. 유럽 속담에 "술의 신 바카스(Bacchus)는 바다의 신 넵튠(Neptune)보다 많은 사람을 익사시켰다"는 말이 있다. 반론은 조용히 둘만 있을 때, 상사를 존중하는 방식으로 해야 한다.

회식도 업무라면 야근수당을 주세요

상사들이 참석하는 회식 자리에 꼬박꼬박 얼굴을 비치고 열심히 술자리를 주도하는 사람도 있고, 그냥 늘 어수룩하게 매번 참석하는 이도 있고, 이런저런 핑계와 변명으로 빠져나가는 미꾸라지도 있다. 회식은 사무실에서 못다 한 말들을 주고받으며 교감이 이루어지는 자리이기 때문에 참석해보는 것도 어떨까 한다. 특히, 무엇을 기념하기 위해서 혹은 어떤 정보를 전달하기 위해서, 분기별 친목을 다지기 위해서 등 회식을 왜 하는지 그 이유가 명확한 경우는, 회식의 필요성을 조금 더 이해하고 공유할 수도 있을 것이다.172)

회식에 소극적인 입장은 과거 어렵던 시절에 회식은 영양 보충을 할 기회도 되어 환영받았으나, 이제는 귀찮고 피하고 싶은 자리라는 것이다. 마음이 잘 맞는 동료와 상사라면 회식 자리가 조금 나을 수 있어도, 마음이 맞지 않는 동료나 싫어하는 상사라면 회식 자리가 가시방석이 될 수도 있기 때문이다. 그리고 '직원들은 나와의 회식을 좋아할 거야' 라는 부장님의 생각은 착각이라는 것이다. 퇴근 후 개인 시간을 가질 수 없다는 것, 회식이 지나치게 잦다는 것, 1차에서 끝나지 않는다는 것, 입에 맞지 않는 메뉴 선택, 분위기 띄우는 것에 대한 부담, 부장의 기분이나 스케줄에 따라 예정에 없는 번개 회식 등은 문제라는 것이다. 그래서 불필요한 음주와 아부로 몸 버리고, 간 버리고, 시간 버리는 자살 테러와 같은 회식을 해야 할 이유가 없다는 것이다.

회식을 한다면 다음 날 업무에 지장이 없는 수준으로 직원 위주의 회식이 되고, 퇴근 무렵 갑작스럽게 내리치는 상사의 번개 말고 사전 계획하에 직원이 먹고 싶은 걸로 먹는 회식이 되고, 9시까지 1종류 술로 1차로 끝내는 '911회식'이 되어야 한다는 것이다. 영국 소설가 제롬(J. K. Jerome, 1859~1927)은 "우리는 서로의 건강을 위해 축배를 들지만, 그로 인해 자신들의 건강을 해친다"고 말한다. 그래서 너무 자주 하지도 말고, 아예 안 하지도 말고 적당한 회식이 서로에게 좋다는 것이다.

상사들은 퇴근하고 함께 회식하면 술도 한잔하면서 같이 '돈독'해지자는 의미가 있는데, 회식을 거부하는 밀레니얼세대와는 도대체 어떻게 친해져야 하나? 하는 고민이 있고, 밀레니얼세대에게는 회식 자리가 불편하기만 하다. 퇴근 후에도 상사와 같이 있어야 한다는 건 고통이다. 얼른 퇴근해서 나만의 휴식 시간을 가지고 싶을 뿐이다. 『날카로운 상상력 연구소』 김용섭 소장은 회식에 대해 "젊은 세대는 회사 내 끈끈한 인간관계를 원치 않는다. 기성세대에게는 한 번 직장은 '평생직장'이었지만, 요즘 젊은이들은 있는 동안 빨리 배울 거 배우고, 재미가 떨어지면 다른 곳에 가 새로운 걸 배우겠다고 생각한다. 그만큼 자신의 커리어를 위해 뛴다"고 한다. 따라서 "변화를 빠르게 받아들이고, 새로운 흐름을 잘 포착하는 상사는 젊은 층이 잘 따른다. 그런데 5년 전, 10년 전 얘기만 해선 리더십이 생길 수 없다"고 말한다.

요즘 젊은 세대 눈치 살피는 게 진짜 감정 노동

회식은 '반기지 않는 행사'가 되어가고 있다. 젊은 세대에게 회사는 일하는 곳이다. 회식이나 야유회에 소극적인 것은 일과 직접적인 관련이 없다고 생각하기 때문이다. "장소 예약하고, 고기 굽고, 술잔 비면 따라 드리고, 공감도 안 가는 윗분들 이야기에 열심히 반응해 주는 회식은 솔직히 2~3시간을 가면 쓰고 연극하는 기분"이라는 것이다. 요즘 젊은 세대들의 속내를 기성세대들도 알고 있다. "직원들 싫어하는 티가

팍팍 나는데 나라고 기분이 나겠나"라며, "그래도 직원들 특성이나 장점을 파악하고 동료 의식도 높여주고 하려면, 회식이 필요하다"는 생각이다. 상사들은 반기지 않는 회식을 챙기느라 요즘 젊은 세대 눈치 살피는 게 진짜 감정 노동이라고 볼멘소리를 한다.

세대를 불문하고 '팀 빌딩'이 필요하다는 응답은 매우 높다. 기업들도 먹고 마시는 걸로 끝내는 게 아닌 방향으로 회식문화를 개선하려고 한다. 요즘은 술이나 음식을 얻어먹는 사실 자체에 그렇게 매력을 느끼지 않는다. 물질적으로 풍요해진 점도 있지만, 무엇보다 개인적인 삶이 더 중요해졌기 때문이다. 그래서 회식이 재미있는 이야기나 즐거운 분위기에서 즐길 수 있도록 하는 노력이 필요하다. 퇴근 후 개인 시간 보장을 위한 점심 회식, VR · 클라이밍 등 레저활동을 함께하는 레저 회식, 영화 및 연극 관람의 문화 회식, 자기 계발을 위한 기업 멘토링 회식 등이 요즘 뜨는 회식문화이다. 그러나 세상을 살면서 상사이든 동료이든 부하 직원이든 간에 "같이 밥 먹고 싶은 사람은 되어야 하지 않겠는가?"

건배사는 평상시 준비해 둔다

원하지 않는 술자리에 참석하는 것도 고역인데, 거기에 건배 제의까지 요구받는다면 더 곤혹이다. 돌아가면서 덕담이나 결의를 한마디씩 하며 '위하여'를 외치게 하는 건배사를 해야 하는 것에 부담을 느끼는 사람들이 많다. "부장님은 다른 건 다 괜찮은데, 회식할 때 제발 '한마디 해'만 안 시켰으면 좋겠어. 내일 회식인데 무슨 말을 해야 할지 걱정이 돼서 잠도 편히 못 잤어." 직원들에게 자기의 생각을 표현할 기회를 주는 거라 생각해 별것 아니라고 여겼던 그 '한마디 해'가 누구에게는 잠을 못 잘 정도로 심각한 고민거리가 된다.[173]

건배 제의는 음주자와 비음주자를 가리지 않는다. 회식 자리가 아니더라도 언제 어디서 맞닥뜨릴지 모를 행사에서 건배 제의가 왔을 때, 본인에게 돌아온 마이크를 손사래 치는 것도 난감하다. 갑자기 내 손에 건네진 마이크를 붙잡고 당황하면, 때는 이미 늦다. 그래서 평상시 이에 대해 한 번쯤 생각해 보는 준비가 필요하다. 건배사 제의에서 당신을 보여줄 수 있는 시간은 대개 30초 전후다.

건배사도 진화한다. 삼행시로 대표되는 건배사, 스토리 건배사 등이 있는데, 감동을 자아낼 수 있는 독창적 스토리가 있으면 더 좋을 것이다. 건배사는 우리가 지금 왜 여기에 모였는가? 이 질문에 답을 찾으면 할 수 있는 이야기가 있을 것이다. 건배사도 "우리의 문제는 현장에 답이 있다!"라는 말의 줄임말인 우문현답이다.[174)]

사람들은 겸손한 사람의 말에 귀를 기울인다. 행사장에서 주저리주저리 자신을 소개하는 것은 좋은 모양새가 아니다. 자신을 지목하여 기회를 준 사람에게는 감사 인사를 빠뜨리지 않는다. 건배사에서 사장이나 상사를 들먹이는 건 자폭행위이니 가급적 피하는 게 좋다. 조심해야 할 사항은 "잔을 가득 채워주십시오"라고 말하는 건 곧이어 잔을 들겠다는 예비신호인데, 건배사가 길어 잔을 든 팔이 저려온다면 그것은 실패한 건배사다.

25

위기 상황을 생각해 두면 여유가 생긴다

곤경에 빠지지 않는 비결은 평소에 대비하는 것이다

살다 보면 누구나 크고 작은 위기의 순간을 맞닥뜨리게 된다. 직장생활에서 위기 상황에 부닥칠 때 문제를 해결하는 과정에서 스트레스가 급증하는 경우가 있다. 매사가 잘 돌아갈 때일수록 위험을 피하려면, 최악의 사태를 대비해 두어야 한다. 위기관리란 개인이나 조직에 위기를 주거나 줄 수 있는 경우가 발생할 경우, 이에 적절하고 효율적으로 대처하여 바람직하지 못한 결과나 피해를 최소화하기 위해 신속한 조치를 취하는 활동이다. 이를 통해 기업이나 조직, 개인의 명성과 이미지에 미치는 부정적인 영향과 경제적 손실을 최소화하고, 기존의 이미지를 회복하는 데 필요한 시간과 비용을 줄이는 것이다.

미래의 어느 순간에 발생할 수 있는 최악의 상황이 무엇이건 흔들리지 않으려면, 대안이 될 만한 시나리오를 미리 준비해 두는 것이다. 유비무환(有備無患)이다. 미리 준비하면 유리한 입장에 서게 된다. 그러면 어떤 상황에 봉착할 때, 상황 자체가 낯설지 않을뿐더러 겁나거나 두렵지 않게 된다. 평소에 잘못될 가능성이 있는 최악의 일이 무엇인지 숙고해 보는 것이다. 잘못된 일은 수정하고 미흡한 부분은 보완한다. 위기는 준비하지 않은 자에게는 고난으로, 준비한 자에게는 기회로 다가올 수 있다. 전 미국 대통령 케네디(J. F. Kennedy)는 "중국인은 위기를 두 글자로 씁니다. 첫 자는 '위험'의 의미이고, 둘째는 '기회'의 의미입니다. 위기 속에서 위험을 경계하되, 기회가 있음을 명심하십시오"라고 말했다.

위기는 리더의 역량을 시험한다

현명한 리더는 위기를 기회로 만들지만, 무능한 리더는 위기에 무너진다. 평소에는 리더십이 잘 드러나지 않지만, 위기를 맞았을 때 어떠한 리더십을 발휘하느냐에 따라 능력이 검증된다. 위기에 빠지면 직원들은 리더의 얼굴만 바라보게 된다. 불확실성과 긴급성이 내재된 위기 발생 시 리더는 문제를 신속하게 인식하고, 상황을 재빨리 정리하여 위기의 본질을 정확히 구체화하는 능력이 필요하다.

위기의 순간, 최초의 메시지는 조직의 추후 방향을 좌우한다. 미국 하버드대학교 케네디스쿨 교수 아놀드 호윗(Arnold Howitt)은 위기가 닥쳤을 때 "알고 있는 사실을 투명하게 밝혀라. 현재 취하고 있는 조치와 대책에 관해 말하라. 사람들이 무엇을 해야 할지 말하라. 위기의 의미와 해석을 제공하라" 등의 초기 소통 원칙을 잊어서는 안 된다고 조언한다.

국가적 위기가 발생하는 경우, 국민은 국가 지도자가 어떻게 상황을 인식하고, 어떠한 대응 방안을 통해 위기 상황을 해소할 것인지를 알고자 한다. 지도자는 위기 소통 과정을 통해 위기 사건의 중요성과 문제점, 수호해야 할 가치 및 대응조치 등과 관련된 내용을 국민에게 시의적절하고 신뢰성 있게 전달해야 한다.[175] 위기 상황일수록 정부에 대한 신뢰가 중요하다. 사회에 퍼져있는 불안과 공포심을 줄일 수 있는 정확한 정보의 제공과 소통 노력이 필요하다. 원칙과 기준 없이 오락가락하면, 국민의 신뢰를 잃고 혼란을 부채질하게 된다. 정부가 큰 그림 없이 쫓기듯 계획을 내놓으면 대책은 중구난방이 된다.

위기의 최전방은 이해관계자 커뮤니티(community)

조직이 직면하는 위기의 상당수는 이해관계자들의 대응으로 나타난 결과다. 위기가 시작되고 끝나는 시점은 조직이 통제하는 것이 아니라 대개 이해관계자 집단들에 의해 결정된다. 그래서 위기 시에는 핵심 메시지를 얼마나 빨리 개발하고 이해관계자와 대중에게 그 메시지를 어떻게 소통하느냐가 중요하다.[176] 이해관계자들이 해결책을 받아들이고 승인할 때까지 위기는 계속된다. 조직이나 기업은 자신들의 사업을 적극적으로 주시하는 이해관계자 집단뿐만 아니라 이해관계자 집단을 지켜보는 다른 커뮤니티들의 동향도 파악해야 한다. 전통 미디어들이 담당했던 역할들이 점차 이해관계자 미디어에 그 자리를 내주기 시작했기 때문이다.[177]

소셜미디어 시대의 위기관리는 전통적 위기관리와 차원이 다르다. 소셜미디어가 등장하기 전만 하더라도 위기관리는 지금보다 수월했다. 확산 속도가 느렸고, 정보 근원지 추적도 비교적 쉬웠기 때문에 네트워크를 잘 활용한다면 통제할 수 있었다. 그러나 소셜미디어의 등장은 의사소통 틀의 전격적인 변화를 가져왔다. 차이점은 확산 속도가 매우 빠르고, 정보 근원지 및 제공자 파악이 어렵다. 그런데 아직도 홍보부서라고 하면 여전히 언론사 기자와 좋은 관계를 쌓아, 위기의 순간 좋지 않은 보도를 자제하도록 하는 부서 정도로 인식하는 경우가 많다. 그러나 과거 위기가 발생했을 때 주요 언론을 상대하던 기업들은, 이제 불특정

다수의 대중과 소통해야 하는 상황에 직면했다.[178]

사과할 땐 내용도 중요하지만, 타이밍도 중요하다

위기관리 의사소통의 궁극적 목적은 경영의 지속 가능 여부다. 사과할 일이 생겼을 때 이를 잘 처리하면, 불만이 가득했던 고객이 충성 고객으로 돌아올 수 있다. 그동안 쌓아온 브랜드 호감도가 있다면, 실수를 바로잡고 만회할 기회를 얻을 수 있다. 고객의 시선에서 상황을 바라보고 대응하면, 입소문 마케팅으로 지인들에게 이야기하고, 수백만 명이 볼 수 있는 인터넷이나 SNS 공간에 브랜드를 칭찬할 수 있다. 그래서 일시적으로 위기를 벗어나기 위한 사과는 바람직하지 않다. 요즘 소비자들은 많은 정보를 취득하여 검증할 수 있다. 정보가 갈수록 투명하게 공개돼 잘못을 덮고 넘어가기가 쉽지 않다.

그런데 충분히 사과했다고 생각했는데, 상대는 왜 받아주지 않는 걸까. 사과의 기본은 잘못을 인정하는 것이다. 김호의 『쿨하게 사과하라』에서는 사과의 핵심은 'I am sorry'가 아니라 'I was wrong'이 돼야 한다고 말한다. 그리고 잘못에 대해 구체적 진술 없이 미안하다는 말만 반복하면, 오히려 화를 불러일으킬 수 있다는 것이다.

사과 타이밍은 피해자 입장에서 고려돼야 한다. 혼란스러워 정리할 시간이 필요했다고 말하는 사람은 자신이 편한 시점을 정해 사과하는 것이다. 시기가 늦으면 이미 커질 대로 커진 의혹과 불신을 잠재우기에는 역부족이다. 영어 속담에 "제때 한 바늘은 나중 아홉 바늘을 덜어준다"고 한다. 실패한 사과의 공통점은 잘못을 축소하려는 발언이다. 그리고 조건을 달면 진정성이 떨어져 가해자가 잘못을 인정하지 않고 있다는 인상을 준다. 부담스럽더라도 조직 대표가 직접 사과하는 게 진정성 있게 다가갈 수 있는 방안이다. 진정성이란 듣는 사람이 판단하는 것이므로, 상대가 받아들일 수 있는 사과를 해야 한다.[179]

평판 회복의 첫단추, 사과의 기술

사과할 때는 문제의 초점이 상대방에게 옮겨가지 않도록 하고, 자신이 한 잘못과 과실에 집중하는 것이다. 사실 당신의 잘못은 어쩌면 정말 당신이 잘못해서 저지르게 된 일이 아닐 수 있다. 그래도 사과해야 하는 이유는 다른 사람에게 해를 끼쳤기 때문이다. 호주 퀸즈랜드대학교 교수 니콜 길레스피(Nicole Gillespie)와 영국 더럼대학교 교수 그레이엄 디츠(Graham Dietz)는 "미안하다는 말이 사과의 전부가 아니라고 말한다. 진정성 있게 유감을 드러내고, 책임을 인정하고, 보상을 제안하는 노력이 동반되어야 한다"고 한다.[180]

잘못이나 실수를 하였으나 적시에 진정성 있는 사과가 이루어지면 문제가 커지지 않고 수습되는 경우가 많다. 올바른 사과는 우선 "즉시" 사과하는 것이다. 위기관리에서 골든 타임(gold time)은 매우 중요하다. 곧바로 사과하는 것이 그나마 문제를 빨리 그리고 좋게 해결하기 위한 전제다. 다음은 "진정"으로 사과한다. 더 큰 문제를 일으키는 것은 어설픈 사과이며, 가장 문제는 "적반하장"식 대응이다. 어설픈 사과란 간단한 사과의 표현을 하기는 하나, 알고 보면 내용이 자기 입장에 대해서 변명을 하거나 오히려 상대방에게 책임을 돌리는 듯한 경우이다. 사소한 불씨에다가 기름을 부어 활활 타오르게 하는 부적절한 행동이다. 또 하나는 앞으로는 사과하는 척하면서 뒤로는 다른 행동을 취하는 "이중적 행태"다. 만약 진정성 있는 사과가 충분히 이루어진다면, 피치 못할 자기의 입장이나 "어쩔 수 없었던 이유에 대한 변명의 기회"는 오게 되어 있다. 조급한 마음으로 어설프게 사과하거나 적반하장 하였다가는 문제가 커질 수 있다.

사과를 잘하는 방법으로 잘못한 것보다 조금 더 사과하는 것이다. 이럴 경우 상대방도 부정적인 감정적 앙금을 쉽게 풀고, 상처도 덜 받으며 오히려 "괜찮습니다"라고 반응할 수도 있다. 대개 자기 잘못에 대해서 인정하는 것이 자신에게 상처가 되고 자존심이 상한다고 생각한다. 그래서 변명을 해서라도 자신이 잘못하지 않았다는 것을 증명하는 것이 나를 보호하는 길이라고 생각하지만 착각일 수 있다. 미국 하버드대학교 교수 아론 라자르(Aaron Lazare)에 따르면, "사과는 곧 해결책(solution)이다. 용기에 바탕을 둔 진솔한 뉘우침이야말로 상대방의 마음을 움직이는 유일한 해결책이며, 이해 당사자들이 갈등과 불신을 해소할 수 있는 가장 강력한 의사소통 도구라는 것이다."[181]

진정한 프로페셔널은 문제를 단순화시킨다

전(前) 일본 닛산 회장 카를로스 곤(Carlos Ghosn)은 "위기에 직면했을 때 아마추어는 문제를 복잡하게 만들고, 진정한 프로페셔널은 문제를 단순화시킨다"고 했다. 복잡한 상황을 "이건 이것이다"라고 단순화해서 보여줄수록 조직의 상황 이해도가 높아져 힘을 허튼 곳에 쓰지 않을 수 있다. 위기 때 진면목과 실력이 드러난다. 결단을 내려야 할 때 주저하게 되면, 초기에 뚫린 구멍들이 이제는 둑을 무너뜨리는 형국이 된다. 찔끔찔끔 뒷북 대책에 그쳐서는 상황을 극복하기 어렵다. 당단부단 반수기란(當斷不斷 反受其亂)은 "결단을 내릴 때 주저하게 되면, 반드시 화를 초래하게 된다"는 뜻이다. 전 미국 국무장관 키신저(H. Kissinger)는 "위기의 시기에는 가장 대담한 방법이 때로는 가장 안전하다"고 말한다.

위기 때 리더의 언어는 두루뭉술한 게 아니라 분명한 메시지와 구체적인 대안이 필수다. 그러기 위해서는 진단이 정확해야 거기에 유효한 정책수단을 동원하여 위기를 극복할 수 있다. 일반적으로 위기에 대처하는 방식은 위기에 대비한 계획 수립, 사전에 위기 징후를 인지할 수 있는 조기 경보, 위기와 여론 분석, 공략할 계층 규명, 손상된 이미지 회복, 조직의 이미지 개선을 위한 방안 제안 등이 있다.[182]

소비자들은 위기 문제보다 그 후의 행보에 더 관심을 갖는다

기업의 위기 때 부적절한 대처는 고객 불매운동, 매출 하락, 주가 폭락 등의 피해를 가져온다. 소비자들은 기업에 위기가 발생했을 때, 위기 사항에 대한 문제보다 위기가 발생한 이후의 기업 행보에 더 많은 관심을 갖는다. 대중과 소비자들은 위기 상황 시 기업의 대처방안을 보고 호평과 혹평을 쏟아낸다.[183]

과거 대량 리콜 사태에 휩싸인 일본 도요타 자동차의 진짜 허점은 '품질관리'가 아니라 '위기관리'에 있었다는 견해도 있다. 기업이 물의를 일으켰어도 실수나 운이 나빴던 것으로 이해된다면 쉽게 용서되고 잊혀지지만, 나쁜 기업으로 낙인찍히면 사정이 달라진다. 세계경영연구원은 「도요타 사태에서 배우는 위기관리 5원칙」을 제시했다. 첫째, "24시간 안에 입장 표명"을 한다. 위기 시 가장 빠지기 쉬운 함정이 '침묵'이다. 시간을 지체하는 사이 나쁜 여론은 무서운 속도로 확대 재생산된다.

둘째, CEO의 등장 여부이다. 위기가 발생했을 때 많은 리더가 뒤에 숨거나 책임을 회피하려 든다. 또한 상황을 정확히 파악할 때까지 판단을 미루고 싶어한다. 그러나 대중들의 분노와 실망이 누그러질 때까지는 리더가 직접 소통하려는 의지를 보여줘야 한다. 사건이 인명(人命)과 관련된 이슈라면, 가급적 CEO가 직접 나서 사과하고 해명하는 것이 좋다. '고객의 생명과 안전을 소중하게 여기는 회사'라는 이미지를 심어

줄 수 있다.

셋째, 'CAP 룰'을 활용한다. 'CAP 룰은 입장 표명의 30%는 '사과의 말'(Care & Concern), 60%는 '앞으로 취할 행동'(Action), 10%는 '다시는 반복하지 않겠다'(Prevention)는 내용을 담는 것이다.

넷째, 소셜 미디어로 소통한다. 위기 상황에서 언론보도보다 더 큰 영향력을 발휘하는 건 없다.

다섯째, 위기가 끝난 후도 중요하다. 사건이 종결된 것을 적극적으로 알리지 않으면, 사람들에게 각인된 부정적 뉴스를 지우기 쉽지 않다.[184]

바비 인형으로 유명한 세계 최대 완구업체 마텔(Mattel)사의 완구에서 납 성분이 검출되었다. 이에 CEO가 신문에 전면 사과문을 내고, '당신과 나는 똑같이 부모의 마음을 가졌다'는 말을 했다. 홈페이지에는 리콜 상품을 사진과 함께 게재하고 안내했다. 그리고 재발 방지 대책을 수립했다. 결과적으로 매출 하락을 막았고, 주가는 오히려 상승했다.

심리학에 '마음의 리허설'이라는 원칙이 있다. 이 원칙을 이용해 피할 수 없는 위기가 발생했을 때, 어떻게 대응해야 할지를 미리 준비할 수 있다는 것이다. "무슨 일이 일어나건 당신은 침착하고 냉정하고 스스로를 통제하며 문제를 해결한다"고 정신적으로 준비하는 것이다. 그러면 위기가 발생했을 때, 최선을 다해 대응할 수 있다는 것이다.[185]

위기 때 실의에 빠져 우울해하지 않고 담대하게 삶을 껴안는 해법으로, 유대 경전 주석서 『미드라쉬(Midrash)』 〈다윗 왕의 반지〉에서 나오는 말인 "이 또한 지나가리라!"는 말도 기억해 두면 좋을 것이다. "전쟁에서 승리해 환호할 때도 지나치게 들떠 너무 오만하지 않도록 하고, 패배를 겪었을 때도 너무 좌절하지 않도록 위로하는 글귀를 반지에 새겨오라"는 다윗 왕의 명령에 고민하던 반지 세공인이 다윗 왕의 아들 솔로몬을 찾아가 받은 가르침이자 경구가 "이 또한 지나가리라"의 유래다.

미국 시인 랜터 윌슨 스미스(Lanta Wilson Smith, 1856~1939)의 시 「이 또한 지나가리라」도 같은 맥락이다.

큰 슬픔이 거센 강물처럼 네 삶에 밀려와
마음의 평화를 산산조각 내고
가장 소중한 것들을 네 눈에서 영원히 앗아갈 때면
네 가슴에 대고 말하라
"이 또한 지나가리라"

끝없이 힘든 일이
네 감사의 노래를 멈추게 하고
기도하기에도 너무 지칠 때면
이 진실의 말로 하여금
네 마음에서 슬픔을 사라지게 하고
힘겨운 하루의 무거운 짐을 벗어나게 하라
"이 또한 지나가리라"

행운이 너에게 미소 짓고
하루하루가 환희와 기쁨으로 가득 차
근심 걱정 없는 날들이 스쳐 갈 때면
세속의 기쁨애 젖어 안식하지 않도록
이 말을 깊이 생각하고 가슴에 품어라
"이 또한 지나가리라"

너의 진실한 노력이 명예와 영광
그리고 지상의 모든 귀한 것들을
네게 가져와 웃음을 선사할 때면

인생에서 가장 오래 지속된 일도, 가장 웅대한 일도
지상에서 잠깐 스쳐 가는 한순간에 불과함을 기억하라
"이 또한 지나가리라"

26

말로 평가받는 시대, 말 잘하는 것은 능력이다

말은 타인과 세상을 이어주는 다리다

언어를 사용하여 생각을 표현하는 것은 인간의 대표적인 특징 중 하나다. 우리는 언어를 통해 생각이나 느낌을 표현할 수 있다. 생각을 전달하는 언어가 없었다면, 이전 세대가 이룩한 지식의 혜택도 받지 못했을 것이다. 인류의 지식과 역사를 공유할 수 있었던 것도 언어가 있었기에 가능한 것이었다. 언어는 신이 인간에게 준 선물이다.[186]

말은 사회적 관계 형성과 소통을 위한 중요한 수단이다. 사람 중에는 사전 준비를 하지 않아도 천성적으로 말을 조리있게 잘하거나, '입부터 먼저 태어났다'는 말을 들을 정도로 언변이 뛰어난 사람이 있다. 우리는 말을 잘 못해서 비웃음거리가 되거나, 상대방을 화나게 함으로써 교류 관계가 깨지는 것을 두려워한다. 우리가 말하기 능력을 키우기 위해 노력하는 것은, 갈등 처리 능력을 비롯하여 인간관계에서 소통의 기술을 강화하기 위해서다.[187]

중국 전국시대 묵자(墨子, BC 479~ BC 381)는 말에는 세 가지 법칙이 있다고 한다. 고찰이 있을 것, 근거가 있을 것, 실천이 있을 것 등이다. 말을 할 때는 먼저 깊이 생각하고 말해야 한다. 여과 없이 뱉은 말은 나를 해치고 타인을 해친다. 말은 근거가 있어야 한다. 고찰은 사실에 근거해야 의미를 갖는다. 그리고 말에는 실천이 따라야 한다. 말은 실천으로 완성되는 법이다.[188]

말은 목적에 따라 이야기의 구성뿐 아니라 스타일도 바뀐다. "상대가 행동으로 옮기도록 하는 것이 목적인가?", "정보를 전달하는 것이 목적인가?", "나의 이야기를 하는 것이 목적인가?" 이처럼 목적에 따라 이야기하는 쪽의 의도도 바뀌고 의도에 따라 표현도 바뀐다. 말은 간결하게 하는 것이 잘하는 사람이다. 공식 석상에서는 최소한의 말로 정확한 의미를 전달해야 한다. 말이란 표현과 치장도 중요하지만, 그 말을 하는 사람의 삶이 전달력을 만든다. 청중은 해당 분야에서 업적이 있는 사람의 강연을 듣고 싶어 한다. 그래서 같은 말도 해도 누가 하느냐에 따라 가치가 다르다. 실제 실적을 가진 사람의 말은 '의미 있는 언어'로 상대에게 전달된다.

타이거 우즈가 골프 레슨을 한다면, 그 레슨을 받는 사람에게는 타이거 우즈의 말 한마디가 '천 냥의 가치'가 있을 것이다. 이런 상황에서는 화술이 좋고 나쁨은 상관없다. 자기 발을 딛고 있는 분야에서 우선 최고를 지향하는 것이 전달력을 높이는 지름길이다.[189] 그래서 화술은 기술만으로 향상되는 것은 아니다. 성형외과를 한 번도 경영해본 적이 없는 컨설턴트가 이렇게 하면 성형외과 의사로서 성공할 수 있다고 한다면, 그런 사람의 컨설팅은 받아봐야 효과가 없다.

말을 잘한다는 것은 화려한 말솜씨가 아니라 상대방이 가장 듣고 싶은 말을 하는 것이다. 요즘 상대방을 생각하고 배려하는 부분이 부족한 것 같다. 자기중심적인 생각에 빠져 자기 말만 늘어놓고, 다른 사람의 말에 귀를 기울이지 않는 경향이 강해졌다. 하버드대학교 심리학자 니콜라스 레드는 "자기만 생각하는 사람에게는 어떤 약도 듣지 않는다. 그들이 받은 교육의 정도가 얼마나 높은지와 상관없이 절대 다른 사람의 존중을 받을 수 없다"고 말한다.

사람을 움직이기 위해서는 상대가 필요로 하는 말을 해야 한다. 그런데 대다수 사람은 상대가 바라는 말이 아닌 자기 관점에서만 말한다. 이를 두고 데일 카네기(Dale Carnegie)는 "당신은 낚시할 때 미끼로 무엇을 쓰고 있습니까? 자신이 버터나 치즈를 좋아한다고 해서 설마 그것을 미끼로 쓰지는 않겠지요? 자기가 싫더라도 물고기가 좋아하는 미끼를 사용할 겁니다. 물고기의 욕망을 자극하지 않으면 낚을 수 없습니다. 인간도 마찬가지입니다"라고 말한다.[190)]

말다툼은 시간과 힘의 오용이다. 늘 반박하고 언쟁(言爭)하기 바쁜 사람은 다른 사람의 존중을 받을 수 없다. 언쟁은 말로써 친구가 아닌 적을 만드는 것이다. 말은 사람의 심리를 반영한다. 대화할 때도 단어 선택이 적절한지, 격에 맞는 표현인지를 신중하게 따져야 한다. 언어 선택이 잘못되면, 서로 불편해지거나 오해나 갈등을 초래하기 쉽다.

말의 힘은 남을 축복하여 행복하게 하고, 사람을 움직이게 하고, 안 되는 일도 되게 하며, 실망한 사람에겐 용기를 북돋아 주고 남을 격려해 줄 수 있다. 친절한 말은 많은 수고가 필요하지 않지만, 많은 것을 이룬다. 반면, 충분히 가능했던 일도 파괴하고, 남을 깎아내리기도 하고, 인간의 마음을 찢어놓기도 하고, 하루아침에 남의 명성을 땅에 떨어뜨리기도 하고, 서로 이간을 붙여 분쟁하고 싸우게도 한다. 요즘 남을 파괴하고 죽이는 말, 상처 주는 말만 골라서 쉽게 사용하는 것 같다. 사람을 살리는 것보다 죽이는 일에 혈안이 되어 있는 것 같다. 항상 부정적인 말을 하며, 이웃에게 상처 입히고 짓밟는 말을 하고도 축복을 기대한다면, 그것은 욕심일 것이다.

화술은 기술에서 나오고, 경청은 그릇에서 나온다

우리는 말 잘하는 사람이 아닌, 잘 들어주는 사람에게 마음을 연다. 맞는 말을 하려면 잘 들어야 상대를 이해한 바탕 위에 나의 말을 할 수 있다. 상대에 대한 배려, 도량이 없으면 다른 사람의 이야기를 들을 수 없다. 우선 말하고픈 자기 욕구를 이겨내야 한다. 달변가였던 고 김대중 대통령은 관계의 비결로 경청을 꼽았다. 경청하려면 상대방의 말을 듣는 차분함과 여유, 집중력이 필요하다.191) 인간관계의 장애물은 상대방의 말을 들어보지도 않고 함부로 판단하고, 오해하는 것이다. 오해를 줄이는 길은 상대방의 말을 경청하는 것이다. 대개 자기와 대립하거나, 자기 일에 반대하는 사람의 의견은 들으려고 하지 않는다. 비판을 겸허하게 듣는 것은 자기를 아는 길이고, 키우는 길이기도 하다.

요즘은 온 국민 강사시대

어느 시대보다 말이 중시되는 요즘, 행사도 많아져 말할 기회가 열려 있다. 현대사회에서 말하기는 자신을 표현하는 중요한 수단이자, 상대가 나를 평가하는 중요한 기준이 된다. 요즘 한국 사회의 간부, 임원, CEO는 회의, 세미나 발표, 강연, 프레젠테이션, 축사, 모임의 인사말 등 다양한 소통의 과제를 처리하는 데 바쁘다. 초조함과 불안증, 떨림 때문에 사람들 앞에서 말할 기회를 놓치면 성공의 기회도 잃어버린다. 따라서 사람들은 어떻게 하면 말을 잘하고, 강의나 발표를 잘할 수 있을까 고민한다.

과거 프레젠테이션은 말이 중심이었다. 오늘날 프레젠테이션은 단순히 말로만 하는 것이 아니다. 현대는 '시각의 시대'인 만큼 청중에게 말로써 의사를 전달하는 한편, 시각을 통하여 말을 입증할 객관적인 데이터, 차트, 도표, 그림, 사진 등을 활용한다. 따라서 발표할 때 어떤 전달방법으로 보여줄 것인지에 대해서도 준비해야 한다. 연구에 따르면, 청중은 발표 내용 중에서 3가지 사항만을 기억한다고 한다. 그러므로 발표 자료에는 가급적 3가지 핵심적인 아이디어를 포함시킨다. 슬라이드 디자인 전문가 낸시 두아르테(Nancy Duarte)는 3초 규칙을 따를 것을 권한다. 청중이 슬라이드의 핵심을 3초 안에 파악할 수 없다면 너무 복잡하다는 것이다. 그런데 프레젠테이션이 본질적인 내용보다 디자인에 시간과 에너지를 과용하는 점은 문제다.

프레젠테이션이나 강의는 누군가에게 정보를 전하는 일이다. 그래서 청중에 대한 정보를 얻는 일이 중요하다. 지역이 어디인지, 직업 · 연령 · 관심사 등이 무엇인지 미리 파악해야 한다. 좋은 강의 또는 발표를 위해서는 사전 연습을 해야 하는데, 이는 무대 위에 섰을 때의 공포를 줄여주고 발표할 내용의 오류를 방지한다. 생전에 프레젠테이션을 잘하는 사람으로 유명한 스티브 잡스(Steve Jobs)도 1시간 발표를 위해 3개월 동안 지독하게 연습했다고 한다. 스피치는 타고난 사람보다 준비한 사람이 이긴다고 한다. 호로비츠의 손가락이 표현하지 못한 인간의 감성은 없다는 말이 있을 정도로 찬사를 받은 20세기의 위대한 피아니스트인 블라디미르 호로비츠(Vladimir_Horowitz, 1903~1989)는 "나는 날마다 연습한다. 하루라도 연습을 안 하면 나 자신이 그것을 안다. 이틀을 안 하면 비평가들이 알고, 사흘을 안 하면 청중이 안다"고 말했다. 다른 관점이지만 연습의 중요성을 말하고 있다. 거듭 연습함으로써 완전해 질 수 있다.

강의내용은 '왜?, 무엇을?, 어떻게 해야 하는가? 등을 제시하는 것이다. 강의를 통해 얻을 수 있는 점과 변화하여 이룰 수 있는 비전 등을 제시한다. 그러면 청중은 '맞아! 내가 지금 이 자리에 있는 이유는 이런 것 때문이었어' 하는 명확한 목적의식을 가질 수 있다. 프레젠테이션 등에서 '적절한 사례의 원용'은 강의하고자 하는 핵심을 상대방에게 효율적으로 이해시키고 전달할 수 있는 기법으로서 강의내용을 좌우할 수 있는 중요 요소이다. 마무리는 강의 핵심을 요약 전달하고, 그 핵심이 청중의 머릿속에 강하게 인식될 수 있도록 명언 등을 활용하여 강조하면서, 전체적인 결론을 맺으며 끝낸다. 그리고 질문을 받으면 이탈리아 속담처럼 "질문은 급하게 받더라도 대답은 천천히 하라"는 것이다.[192]

무대 위에 서거나, 사람들 앞에 서면 떨린다

교수나 목회자처럼 대중 앞에서 말하는 것이 일상화된 사람은 물론이고, 정부 기관이나 회사의 웬만한 간부 정도만 돼도 이런저런 자리에서 말을 해야 할 경우가 많아졌다. 그러나 막상 말하려 하면 어느 하나 쉬운 말이 없다. 그래서 직업, 학력 등을 불문하고 말은 누구에게나 부담으로 다가온다. 한국인은 틀린다는 것, 망신에 대한 공포심이 크다. 준비해도 막상 닥치면 머리가 하얘지고 말을 더듬기도 한다. 상대의 반응이 안 좋을까 봐 걱정도 많다. 그래서 두려움을 없애기 위한 의식적인 노력이 필요하다. 말할 기회를 자주 만드는 것이다.

남 앞에서 말하는 것이 어려운 이유는 말재주가 없기 때문이라기보다는 무슨 말을 해야 할지 스스로 정리가 안 되었기 때문인 경우도 많다. 그러니 말을 꺼내기 전에 '무엇을 전달할 것인가'라는 질문에 대한 답을 정리해야 한다. 어떤 말을 할지 준비하지 않으면, 곤란해지는 것은 누구나 똑같다. 누구나 많은 사람 앞에서 긴장하지 않고 당당하게 말하고 싶고, 말을 잘해서 직장에서 인기를 얻고 싶어한다. 화려한 입담을 선보이거나, 인문학적 내공에 세련된 동작을 곁들이면 말씨가 능수능란한 사람으로 부러움을 받는다. 바야흐로 말로 평가받는 시대, '말 잘하는 것'이 능력인 시대이다.

무대 공포증을 줄여라. 사람은 낯설고 새로운 것에 두려움을 느끼는 네오포비아(Neophobia) 성향이 있다. 나도 심장 떨려서 남 앞에 서는 일이 두려웠던 시절이 있었다. TV 생방송 행사의 사회를 담당과장으로서 맡았는데, 축사를 하기로 한 귀빈이 정시까지 도착하지 않아 5분 동안의 빈 시간을 메우는 멘트를 하느라 지옥을 드나든 악몽 같은 시간이 있었다. 그 일은 오랫동안 트라우마로 남아 극복하는 데 상당한 시간이 소요됐다. 발표나 강의에 앞서 내가 잘할 수 있을까? 왜 이렇게 떨리지? 긴상 때문에 손바닥은 땀으로 흥건하고, 입속은 말라붙고, 혀는 굳어지는 느낌을 경험한 적이 있을 것이다. 많은 사람 앞에서 말을 해야 할 때, 정도의 차이만 있을 뿐 누구에게나 두려운 일이다.

사람들이 인생에서 아주 두려워하는 세 가지가 있는데, 공포의 정도에 따라 순서를 나열하면 첫 번째 두려움은 '죽음'이다. 세 번째 두려움은 '비행'이다. 2위 자리를 지키고 있는 이것 때문에 많은 사람이 자신감을 잃기도 하고 성공한 사람들조차 신경과민에 걸리기도 한다. 이것은 바로 '사람들 앞에서 말하기'라는 연구 결과가 있다.[193] 결국 발표나 강의를 잘하는 방법은 많은 사람 앞의 무대 위에서 말하는 기회를 자주 갖는 것이다. 실수를 저지르면 창피하고 위축될 뿐만 아니라 무능하고 바보 같다는 생각이 들기도 한다. 그러나 그렇게 실수하면서 배우는 것이다. 실수에 비례한 경험이 축적돼 실력으로 이어지는 것이다.

강단에 자주 섰고 지금은 대학 강의를 하고 있지만, 여전히 말주변은 없어서 발표나 강의를 하고 나면, 늘 뭔가 아쉽고 허전하다. 그런데 이 정도로 오는데도 많은 시행착오와 두려움이 있었다. 사람들 앞에 자주 서보는 경험을 쌓음으로써 공포를 걷어내는 수밖에 없다. 『톰 소여의 모험』으로 유명한 미국 소설가 마크 트웨인(Mark Twain)은 "용기야말로 두려움에 대한 저항인데, 이는 두려움이 없다는 뜻이 아니라 두려움을 정복하는 것"이라고 했다. 공포를 이겨내려면 용기와 참을성과 배짱이 필요하다. 긴장될 때는 의식적으로 말을 또박또박 천천히 하라고 한다. 그러면 다음에 해야 할 말이 정리되면서 자신의 페이스를 찾아갈 수 있고, 점점 여유로운 강의를 할 수 있다는 것이다.

청중은 대개 비자발적이다

교육하면 누구나 일단 거부감을 갖는다. 대개의 교육은 자발적인 경우보다는 거의 끌려오다시피 한 경우들이 많다. 그래서 강연장 분위기를 즐겁게 만들 필요가 있다. 청중과 함께 즐거운 웃음을 나누기 위해 재미있는 이야기나 유머 등을 준비하여 한바탕 웃고 강의를 시작한다. 전 미국 부통령 엘 고어(Al Gore)는 "미국 대통령이 될 뻔한 엘 고어입니다"라는 멘트로 강연을 시작한다고 한다. 다음은 청중으로 하여금 강의에 대한 기대감을 갖게 하는 것인데, 기대감은 청중을 집중시키는 데 중요하다. '왜 내가 강의를 들어야만 하는지'에 대해 명확한 목적의식을 심어주기 때문이다.

방송 · 연극배우들은 무대에 서기 전에 철저히 준비한다. 강사도 강의 내용을 사전에 준비하고 연습하는 것은 필수요소다. 강의 자료 수집은 상대방이 듣고 싶은 내용으로 하고, 표면상의 개념만으로 설명하기보다 구체적인 비유를 들어 설명하여 전달력을 높인다. 강의가 물 흐르듯 유창하기는 하나 말에 알맹이가 없다면, 그건 장터에서 약을 파는 약장수처럼 그저 기계적으로 하는 말에 지나지 않을 것이다.

우리는 왜 감동을 주는 명문 연설문 하나 없을까

좋은 연설문은 세대를 뛰어넘어 시민 교육의 바탕이 될 수 있다. 고대 그리스 수사학에서 좋은 연설은 감동, 재미, 정보 3가지가 필수라고 한다. 간략하게 말하는 능력이 많이 요구되는 경우가 연설이다. 명연설은 모두 짧았다. 1961년 1월 20일 미국 케네디(J. F. Kennedy) 대통령의 취임 연설은 13분 42초 분량이었다. 링컨(A. Lincoln) 대통령은 역사상 가장 유명한 연설 중 하나인 1863년 게티즈버그(Gettysburg)에서 열린 전몰장병 추도식에 참석하여 272자로 구성된 연설을 읽는 데는 2분밖에 걸리지 않았다. 마틴 루터 킹(Martin Luther King Jr.) 목사는 17분짜리 연설로 인종 화합에 대한 꿈을 나누었다. 스티브 잡스(Steve Jobs)는 15분짜리 연설로 우리 시대 가장 유명한 졸업 축사 중 하나를 남겼다. 케네디 대통령은 15분짜리 연설로 달 탐사를 이끌었다.

20세기 최고 연설 중 하나로 평가받는 케네디 대통령의 취임연설에서 한 구절을 떠올려 보라면, 대표적으로 "국가가 여러분을 위해 무엇을 해줄지 묻지 말고, 여러분이 국가를 위해 무엇을 할 수 있을지 물어보십시오"일 것이다. 이 구절은 서로 대비되는 두 부분으로 구성된다. 케네디 대통령은 상반되는 내용을 한 문장에 담되, 음절 수를 비슷하게 맞추는 대조법이라는 화법을 활용했다. 마틴 루터 킹 목사는 1963년 링컨 기념관 계단에서 한 유명한 연설에서 "내게는 꿈이 있습니다"로 시작했다. 이 부분은 같은 단어나 구절로 일련의 문장을 시작하는 아나포라(anaphora) 기법을 활용한 사례다.[194)]

소학교 졸업이 학력의 전부지만, 토목기사로 시작해 수상까지 오른 입지전적 인물인 다나카 가쿠에이(田中角榮, 1918~1993) 전 일본 수상은 역설적인 연설의 달인이라는 평가를 받았다. 그는 한 연설에서 "토요일이라 해도 아이들 공부는 평소와 다름없이 확실하게 시키는 것이 좋습니다. 그리고 방학에는 아이들을 시골에 보내는 것이 좋습니다. 시골에 계신 할아버지, 할머니와 시간을 보내고 야생의 곤충이나 동물을 접하면서 진짜 자연 학습을 체험하는 것이지요. 요즘 도시 아이들에게 메뚜기가 어디에 사냐고 물어보면 백화점이라고 대답합니다. 이건 정말 말도 안 되는 일입니다"고 말했다.[195)]

케네디 대통령은 『달 탐사 프로젝트』를 알리는 연설을 통해 인류 역사에 손꼽히는 위업을 이룬 토대를 놓았다. 케네디 대통령은 언어학자들이 '개념 구체화(embodied concept)'라고 말하는 드문 기법을 활용했다. 이 기법은 구체적 사건(달 착륙)을 추상적 바람(과학의 진전)과 한데 묶는다. 케네디 대통령의 말은 사람들이 이전에는 가능하다고 생각해 보지 못한 일을 하게 만들었다. 펜실바니아대학교 교수 앤드류 카튼(Andrew Carton)은 케네디 대통령의 성공적인 소통 뒤에 놓인 수사적 공식을 파악해, 그의 연설능력이 집단적 행동을 촉발한 양상을 설명했다. 먼저, 케네디 대통령은 미국항공우주국 나사(NASA)가 품은 야심의 수를 하나로 줄였다. 나사는 1958년에 처음 설립될 무렵 우월한 항공우주기술을 구축하고, 우주 진출 부문에서 러시아보다 우위를 차지하고, 과학을 진전시키는 등 여러 목표를 추구했다. 하지만 케네디 대통령은 나사가 사람을 달까지 보낸 다음, 무사히 귀환시킨다는 단 하나의 목표에 집중하도록 했다.

그리고 케네디 대통령은 궁극적 바람에서 확고한 목적으로 주의를 돌렸다. 추상적인 목표를 가시적으로 만들었다. 케네디 대통령은 1961년 5월 25일 의회 연설에서 "우리는 이번 10년이 지나기 전에 사람을 달에 착륙시킨 다음 무사히 귀환시킨다는 목표에 매진해야 합니다"라고 말했다. 이 말은 확고한 목표와 함께 구체적인 기한까지 제시했다.

다음, 케네디 대통령은 일상 업무를 확고한 목적과 연결하는 이정표를 제시했다. 그가 제시한 이정표는 세 갈래로 나뉜 단계별 계획이었다. 머큐리(Mercury)계획은 우주 비행사를 지구 궤도로 보내기 위한 것이었고, 제미니(Gemini)계획은 우주 유영 및 우주선 도킹 방법을 파악하기 위한 것이었으며, 아폴로(Apollo)계획은 궁극적으로 달에 사람을 보내기 위한 것이었다.

끝으로, 케네디 대통령은 은유와 유추 그리고 독특한 비유를 통해 목표의 의미를 강조했다.[196] 아리스토텔레스(Aristotelēs)는 『수사학』에서 비유와 유추가 설득력을 높여준다는 사실을 지적한다.

기억에 남는 연설에는 '이야기'가 있다

미국에서 대학원 수업 때 독특하게 느낀 것이 연설에 관한 수업이 있다는 것이다. 당시 담당 교수는 수업 시간에 어떤 주제에 대해 생각하는 시간을 5분 주고서 앞에 나와서 2분 동안 연설하라고 했다. 한국말로 주어진 시간 동안 연설하라고 해도 쉽지 않은 판에, 나같이 영어가 능숙하지 않은 학생에겐 죽을 맛이었다. 하여튼 당시 교수는 자기가 볼 때 존 F. 케네디 대통령의 동생이자 당시 연방상원의원이었던 로버트 케네디(Robert Kennedy)의 인디애나폴리스 연설(마틴 루터 킹 목사의 암살을 듣고)을 가장 명연설문으로 본다고 하였다. 1968.4.4. 그날 밤 인디애나폴리스에서 로버트 케네디는 짧은 연설을 하기로 되어 있었다. 그러나 강단에 오르기 직전 굉장히 충격적인 뉴스를 전해 들었고, 이후 무슨 일이 벌어질지 짐작할 수 있었다. 이 백인 남자는 흑인들로 가득 찬 청중을 향해 마틴 루터 킹 목사가 총에 맞아 죽었다는 소식을 전해야 했다. 그 소식을 가지고 마이크 쪽으로 다가가는 것은 마치 성냥불을 들고 화약통으로 걸어가는 것과 다름없었다. 시(市) 경찰은 폭동이 일어나면 그의 안전을 책임질 수 없다고 단호하게 말했다.

강단으로 올라가서 로버트 케네디는 바로 말을 꺼냈다. “우리 모두에게 아주 슬픈 소식이 있습니다. 마틴 루터 킹 목사가 오늘 밤 테네시주 멤피스(Memphis)에서 총에 맞아 돌아가셨습니다.” 여기저기서 비명이 터져 나왔다. 군중들이 다시 조용해졌다. “마틴 루터 킹 목사는 자신의 삶을 인류의 사랑과 평등에 헌신하셨습니다. 그리고 그 과정에서 돌아가셨습니다. 지금 미국이 당면한 이 힘겨운 시대에 어떤 나라에 우리가 살고 있는지, 어떤 미래로 나아가고 싶은지 모두 생각해봐야 하겠습니다.”

그리고 청중들을 바라보았다. 많은 흑인이 다시 그를 바라봤고, 즉시 그는 말을 이었다. “여러 가지 증거들을 보면, 그곳에는 분명 잘못을 저지른 백인들이 있었습니다. 흑인 여러분들은 아마 비통하고 증오심을 느낄 것입니다. 그리고 복수하고 싶은 마음도 간절할지 모릅니다. 우리는 한 국가로서 그 방향으로 나아갈 수도 있습니다. 그럼 백인은 백인끼리, 흑인은 흑인끼리 뭉쳐서 서로를 미워할 것이고 분열이 커지겠지요. 하지만 킹 목사의 바람대로 서로를 이해하려고 노력한다면, 폭력과 이 나라 전역에 퍼져있는 유혈사태의 얼룩을 연민과 사랑으로 바꿀 수 있습니다. 흑인 여러분, 그리고 지금 모든 백인에 대한 증오와 정의에 대한 불신으로 괴로운 여러분, 저는 단지 진심으로 여러분과 똑같은 감정을 느낀다는 사실만 말하겠습니다. 제 가족 중에도 살인을 당한 사람이 있습니다. 제 가족을 죽인 사람 역시 백인이었습니다.”

로버트 케네디의 연설이 끝난 후 모든 사람은 집으로 돌아갔다. 그다음 며칠 동안 백여 곳이 넘는 도시들에서 폭동이 일어났고, 35명이 목숨을 잃었으며 수천 명이 넘는 부상자가 나왔다. 그러나 인디애나폴리스에서는 단 한 건의 폭동도 일어나지 않았다. 인디애나폴리스는 평화를 유지했다. 로버트 케네디는 최악의 뉴스를 군중에게 전달하는 외부인이었다. '전달자를 쏴라'라는 비유적 표현이 실제로 벌어질 수도 있는 상황이었다. 잘못된 단어나 구절은 삶과 죽음을 갈라놓을 수도 있는 분명 위험한 발언자였다. 자칫 최악의 상황이 벌어질 수 있었음에도 불구하고 인디애나폴리스의 사람들은 평정심을 잃지 않았다.[197] 1968년 대통령 선거 예비후보로 출마한 로버트 케네디도 마틴 루터 킹 목사가 암살당한 2개월 후인 6월 5일 캘리포니아주 로스엔젤레스에서 총격을 받아 다음 날 새벽에 사망했다.

일반적으로 훌륭한 연설은 자질이나 우연에 의한 것이 아니라 사전에 얼마나 구성을 잘해 놓았느냐에 따라 결정된다고 한다. 좋은 연설은 추상적인 것보다는 구체적인 사례나 자신의 경험을 덧붙임으로서 내용을 더욱 쉽게 전달한다. 연설 잘하는 방법은 강연 등과 마찬가지로 경험을 쌓는 것이다. 생전에 프레젠테이션 잘하는 것으로 유명한 스티브 잡스(Steve Jobs)도 졸업 연설 한 번 하는데 백 번이 넘는 연습을 했다고 한다.

27

혀가 칼보다 날카롭다

천하를 다스리기보다 혀 하나 다스리기가 더 어렵다

혀를 다스리는 것은 나지만, 나를 다스리는 것은 내뱉어진 말이다. 말은 사람을 죽이기도 하지만, 살리기도 한다. 말 때문에 상처받고 힘들지만, 말 때문에 위로받고 살아갈 힘을 얻기도 한다. 말은 세상에서 가장 무서운 독이 되기도 하고, 명약이 되기도 한다. 삶의 지혜는 듣는 데서 비롯되고, 삶의 후회는 말하는 데서 비롯된다.

말은 생각과 감정을 담는 그릇이다. 그래서 입에서 사람의 인격이 나온다. 말은 해야 맛이다. 말하지 않는 마음은 마음이 아니고, 표현하지 않는 감정은 감정이 아니라고 한다. 그러나 말해야 할 때와 침묵해야 할 때를 아는 것이 중요하다. 말을 어떻게 하느냐에 따라 사람이 따르기도 하고, 떠나기도 한다. 말을 많이 한다는 것과 잘한다는 것은 별개이다. "말 많은 집은 장맛도 쓰다"는 속담이 있다. 『탈무드』는 "항아리 속에 든 한 개의 동전은 시끄럽게 소리를 내나, 동전이 가득 찬 항아리는 조용하다"고 했다. 조금밖에 모르는 사람이 말이 많다. 말을 잘하는 사람은 상황에 맞는 말을 하는 사람이다. 아라비아 속담에 "말을 할 때는 그 말이 침묵보다 나은 것이어야 한다"고 한다. 그런데 예절과 상황에 맞는 적절한 말의 구사는 생각보다 쉽지 않다.

정치인, 연예인, 일반인 할 것 없이 잦은 말실수로 신뢰를 잃거나, 구설수에 오른다. 무심코 저지른 말실수 때문에 주변 사람들을 곤혹스럽게 만들거나, 자신이 곤경에 처했던 적이 한 번쯤은 있을 것이다. 우리가 내뱉은 그 말들이 데려올 미래를 생각해 보아야 한다. 한 발을 한번 헛디디면 금방 일어설 수 있지만, 한번 헛나온 말은 결코 되찾을 수 없기 때문이다. 한국사회에서 정책의 실패보다 그 당사자의 언행의 실수 때문에 국민적 저항을 받거나, 문제를 확대시키는 일을 자초하는 경우를 자주 본다. 문제된 상황에서 해명 또는 책임회피에 너무 서두른 나머지, 주위의 정황을 살펴보지도 않은 채 쏟아내는 말 때문이다.

중국 당(唐)나라 시대의 시를 모아 엮은 『전당시(全唐詩)』에는 풍도(馮道, 882~954)가 지은 〈설시(舌詩)〉라는 제목의 시가 실려 있다.

口是禍之門(구시화지문) 입은 재앙을 불러들이는 문이요
舌是斬身刀(설시참신도) 혀는 몸을 자르는 칼이로다
閉口深藏舌(폐구심장설) 입을 닫고 혀를 깊이 감추면
安身處處牢(안신처처뢰) 가는 곳마다 몸이 편안하리라

입은 재앙을 부르는 근본이므로, 말조심을 강조하는 뜻이다. 중국 송나라 초기 이방(李昉) 등이 편찬한 백과사서(百科辭書)인 태평어람(太平御覽)에는 "질병은 입을 통해 들어가고, 화근은 입을 쫓아 나온다"는 말이 있다. 모로코 속담처럼 "한마디 말로 입히는 상처가 칼로 한 번 휘두르는 상처보다 더 깊다." 입술의 30초가 가슴의 30년이 된다. 칼의 상처는 아물면 되지만, 말의 상처는 마음에 남는다. "귀로 망한 사람은 없어도, 입으로 망한 사람은 많다." 『탈무드』는 "물고기가 입으로 낚시 바늘을 물어 잡히듯, 인간 또한 언제나 그 입이 문제"라고 한다.

고대 그리스 철학자 제논(Zenon)은 "신은 인간에게 두 개의 귀와 하나의 혀를 선사했다. 인간은 말하는 것의 두 배만큼 들을 의무가 있다"고 말한다. 말이 많으면 자주 궁지에 몰린다(多言數窮). 말을 잘 쓰면 천 냥 빚을 갚기도 하지만, 말이란 돈과는 달라서 넘치면 넘칠수록 화를 불러오기 쉽다. '말이 씨가 된다'는 속담도 있다. 큰일은 작은 곳에서부터 시작된다(必作於細). 사람의 성공이 한순간에 무너지는 것도 조그만 발단에서 시작된다. 세 치 혀를 다스리지 못해 하루아침에 천 길 낭떠러지로 추락하는 사례를 많이 본다. 사불급설(駟不及舌)은 "네 마리 말이 끄는 수레도 혀에는 미치지 못한다"는 말로 소문은 빨리 퍼지니, 말을 삼가라는 뜻이다. 미국 매사추세츠공대(MIT) 연구팀 조사에 의하면, 가짜 뉴스가 진짜 뉴스보다 트위터에서 6배나 빨리 퍼지는 것으로 나타났다.[198)]

말은 가려서 한다

말은 때와 장소에 따라 가려서 해야 한다. 말은 생각한 후에 말하고, 과하게 말하지 않고, 배려하면서 말하는 등의 자세가 필요하다. 같은 말도 어떻게 표현하느냐에 따라 온도와 무게가 달라진다는 이치를 누구나 알고 있지만, 아무나 실천하지는 못한다. 사람은 말이 있기에 짐승보다 낫다. 그러나 바르게 말하지 않으면 짐승보다 나을 게 없다. 말은 인간관계 형성을 무너뜨리기도 하는데, 그 주범이 바로 '언어폭력'이다. 험한 말은 다른 사람을 분노에 떨게 한다. 험한 말을 내뱉을 때 잠시 맛보는 쾌감은 금세 사라지고, 그 말이 남긴 상처와 고통은 오래 맴돌다가 언젠가는 내게 되돌아온다. 목소리의 톤이 높아질수록 뜻은 왜곡된다. 다툼으로 얻는 것은 분열뿐이다. 낮은 목소리가 힘이 있다.

사전에 꼭 해야 할 말과 해서는 안 될 말을 점검해 본다. 예의에 어긋나는 말을 하지 않고, 꼭 해야 할 때 말해서 사람들이 싫어하지 않도록 해야 한다. 어떤 일도 단정적으로 말해서는 안 된다. 여지를 남겨두어야 일이 잘못되어도 다시 되돌릴 수 있고, 극단적인 상황을 피할 수 있다. 인간관계에서 여지를 남겨두지 않으면 진퇴양난의 위기에 빠질 수 있다.[199] '설화(舌禍) 사고'는 자동차 사고와 달리 명예와 능력을 회복시켜 줄 정비소가 없다.

침묵의 힘은 세다

인생을 살면서 끝없이 들리는 말의 홍수 속에서 어떤 때에는 침묵이 훨씬 더 강력한 무기가 될 때가 있다. 침묵이라는 '비언어 대화'의 힘은 세다. 침묵은 다양한 의미와 가치를 함축하고 있다. 종종 사람들에게 백마디 말보다 더 무겁고 깊게 받아들여진다. 침묵은 터무니 없는 말보다는 낫다. 생각이 깊은 사람은 말이 없다. 얕은 것은 소리를 내지만, 깊은 것은 침묵을 지킨다. 조용한 물이 깊이 흐른다. 미국 유머 작가 조쉬 빌링스(Josh Billings)는 "침묵은 반박하기 가장 어려운 논쟁 중 하나"라고 말한다. 당신이 아무리 뛰어나고 말을 잘한다 해도 침묵을 지키는 게 더 좋은 순간들이 있다.

멋진 답이 떠오르지 않을 때는 침묵이 금이다. 침묵은 무엇보다 말실수를 줄이는 지름길이다. 서양 격언에 "웅변은 은, 침묵은 금"이라는 말이 있다. 하염없이 말을 늘어놓다 보면, 절대 해서는 안 될 말을 거르지 못해 결국 화를 자초하고 만다. 침묵하면 화를 면할 수 있다. 내가 한 말에 대해서는 종종 후회하지만, 침묵한 것은 후회한 적이 없다. 미국 링컨(A. Lincoln) 대통령은 "침묵을 지킴으로써 바보가 아니냐는 의심을 사는 편이, 입을 열어 바보라는 사실을 증명하는 것보다 낫다"고 했다.

칭찬은 능력을 키우는 힘이 있다

칭찬은 상대방으로부터 열정, 행복, 자부심 등 좋은 감정들을 이끌어 내는 강력한 수단이다. 칭찬은 말로 사람을 움직이고, 능력을 발휘하게 만드는 좋은 비결이다. 칭찬은 부정적이고 소극적인 마음을, 긍정적이고 적극적인 사고로 바꿔준다. 사람은 누구나 타인에게 인정받기를 원하고 칭찬받고 싶어한다. 사람은 아주 작은 칭찬에도 큰 용기와 자신감을 얻어 더욱 분발할 수 있다. "칭찬은 평범한 사람을 특별한 사람으로 만드는 마법의 문장"이라고 러시아 작가 막심 고리키(Maxim Gorky, 1868~1936)는 말한다. 세계적인 경영가 전 GE 회장 잭 웰치(Jack Welch)의 일화다. 그는 어렸을 때 말을 더듬어서 친구들에게 놀림을 당했다고 한다. 속이 상한 그가 어머니께 말을 더듬어 친구들이 놀린다고 말했다. 그러자 어머니는 "네가 말을 더듬는 이유는 머리가 아주 좋아서 입이 못 따라오는 거야"라고 말했다고 한다. 인생을 바꿔준 칭찬의 힘이다. 전 미국 하버드대학교 심리학자 에이브러햄 매슬로(Abraham H. Maslow, 1908~1970)는 "모든 사람이 자신의 재능을 충분히 발휘하게 하는 방법은 칭찬과 격려"라고 말했다. 미국 소설가 마크 트웨인(Mark Twain)은 "나는 칭찬 한마디면 두 달을 살 수 있다"고 했다.

사람은 상대의 장점을 찾아내 칭찬하기보다 결점을 찾는 데 더 능숙하다. 사람들은 곱지 않은 시선으로 바라보고 있다가 상대방이 아주 작은 실수라도 하면, 그것을 꼬투리 삼아 신랄한 비판을 가한다. 마치 이렇게 남에게 상처를 주어야만 자신이 행복해지는 것처럼 말이다. 우리는 직장 상사가 던지는 말 한마디에 천국과 지옥을 오간다. 어떻게 말하는지에 따라 어떤 에너지를 모으는지를 결정한다. 미국 철강왕 앤드류 카네기(Andrew Carnegie, 1835~1919)는 "우리는 누구나 잘못을 저지르기 쉽다. 아홉 가지의 잘못을 찾아 꾸짖는 것보다는 단 한 가지의 잘한 일을 발견해 칭찬해주는 것이 그 사람을 올바르게 인도하는 데 큰 힘이 될 수 있다"고 말한다. 러시아 격언에도 "나는 큰 소리로 칭찬하고, 작은 소리로 비난한다"는 말이 있다.

인간의 본성은 사람들이 칭찬에 너무도 굶주려 있다는 것이다. 미국 철학자 윌리엄 제임스(William James 1842~1910)는 "인간의 본성 중 가장 인상 깊은 특성은 다른 사람에게 칭찬받는 것을 갈망한다"고 한다. 영국 소설가 서머셋 모옴(S. Maugham, 1874~1965)은 "사람들은 당신에게 비평을 구하지만, 사실은 칭찬받고 싶어 할 뿐"이라고 말한다. 미국 심리학자 로버트 콘클린(Robert Conklin)은 "칭찬은 인간의 마음을 만족시키고 풍요하게 하며 기쁘게 하여 따뜻한 심정을 북돋아준다"고 했고, 일본 속담에 "따뜻한 말 한마디가 3개월의 추위를 녹인다"고 한다. 힘들 때 건넨 한마디 말을 기억하며 이겨내고, 외롭고 쓸쓸할 때 속삭여주는 용기의 말에 힘을 낸다. 부처(Buddha)는 따뜻한 말 한마디, 언시(言施)가 재물 없이 베풀 수 있는 배려라고 가르친다. 좋은 말씨로 베풀라(言辭施)는 것이다.

사람은 밥으로만 사는 것이 아니다. 우리 사회는 칭찬이 부족한 것 같다. 칭찬하는 것을 어려워한다. 칭찬은 고래도 춤추게 한다는 데. 칭찬을 받으면 칭찬해 준 사람에게 호감이 간다. 칭찬받아 마땅한 사람을 칭찬하면, 남을 인정할 줄 아는 인물이라는 평판을 받는다. 그러나 칭찬은 받는 사람에 따라 효과가 다르다. 칭찬은 현명한 자를 겸손하게 하고, 어리석은 자를 거만하게 만들기도 한다. 그리고 까닭 없이 칭찬하는 사람은 경계해야 한다. 아부에는 진심이 담겨져 있지 않다.

칭찬은 마음의 문을 열 수 있는 열쇠다

프랑스 사상가 루소(Jean-Jacques Rousseau)는 "한 포기의 풀이 싱싱하게 자라려면 따스한 햇볕이 필요하듯이, 한 인간이 건전하게 성장하려면 칭찬이라는 햇볕이 필요하다"고 말했다. 누구든 능력은 비난 속에서는 시들고 말지만, 칭찬 속에서는 꽃을 피우게 된다. "칭찬의 언어는 바보라도 훌륭한 사람으로 만든다"는 영국 속담도 있다. 삶에 지친 사람의 상처나 허물을 웃음으로 그리고 칭찬과 격려의 말로 다독여주는, 가슴으로 안아주는 사람이 되도록 해야 한다.[200)]

인정을 받으면 동기가 부여되고, 인정을 못 받으면 의욕이 꺾인다. 절망 가운데 놓여 있는 사람에게 최고의 약은 격려와 칭찬이다. 칭찬과 격려를 하면 숨은 잠재적 능력이 발휘되어 몇 배의 업무능력을 발휘할 수 있다. 인정은 동기를 부여하는 강력한 요인이다. 인정받는다고 느끼는 사람들은 직장에서 더 적극적이고 더 생산적이고, 더 만족감을 느끼고, 더 많이 노력한다.[201)] 똑같은 칭찬이라도 간접적으로 제3자를 통해 건네 들으면, 직접 들은 것보다도 더 듣기 좋아진다. 제3자에게 전해 들은 칭찬이 더욱 감동적인 것은, 객관적으로 나의 장점을 인정받았다는 느낌이 들기 때문이다.

잡담의 힘은 강하다

최근 연구에 따르면, 사람들이 나누는 이야기의 3분의 2는 고상한 내용이 아닌 남에 대한 뒷담화나 가십거리에 불과하다고 한다. 영국 옥스퍼드대학교 교수 로빈 던바(Robin Dunbar)는 "인간은 이야기를 나누는 동물입니다. 세상을 돌아가게 만드는 것은, 아리스토텔레스나 아인슈타인이 남긴 지혜와 통찰에 관한 논쟁이 아니라 일상적인 잡담입니다"라고 말한다.[202] 사람들이 잡담을 나누지 못하는 것은 너무 사소하다고 여기거나, 쓸데없는 이야기라고 생각하기 때문이다. 잡담 따위는 할 필요도, 의미도 없고 시간 낭비일 뿐이라고 보는 생각이다.

우리는 새로운 사람과 만나는 자리에 갈 때면, 내내 쭈뼛거리고 아무에게도 말을 걸지 못하다가 별 소득 없이 집에 돌아오곤 한다. 회의 때 참가자 전원이 모이기를 기다리는 시간, 회식과 같은 자리에서 음식이 준비되기 전의 시간 등은 그다지 길지 않지만, 그 잠깐이라도 침묵이 흐르면 견디기 힘들 만큼 거북해진다.[203] 처음 만나는 사람과 편안하게 대화를 이어나갈 수 있다면 얼마나 좋을까?

잡담이란 함께 있는 동안 서로 간의 거리를 좁히고 화기애애한 분위기를 만들어가기 위한 화술이다. 많은 사람이 대수롭지 않게 여기지만, 잡담의 힘은 세다. 잡담은 어색한 침묵이나 따분함 같은 거북함을 없애고, 사람들과 동화되기 쉬운 분위기를 만든다. 잡담은 인간관계를 막힘없이 원활하게 풀어가기 위해 필요한 소통 요소다. 잡담으로 좋은 관계나 인연으로 발전하여 사람들로부터 호감을 사 일에서 큰 기회를 잡게 될 수도 있다. 잡담은 소통 전문가들이 흔히 이야기하는 스몰 토크(small talk)에 해당한다. 스몰 토크는 "날씨가 정말 좋죠?"처럼 일상의 대화 속에서 자연스럽게 등장하는 화젯거리다. 낯선 사람과 말을 하고, 관계를 맺는 단계에서 우리는 잡담이라는 징검다리를 놓는다. 스몰 토크는 인간관계의 시작이다. 반면, 목적의식이 뚜렷한 화젯거리는 빅 토크(big talk)로 분류된다.[204]

인사를 주고받은 후 대화는 잡담으로 이어져 소통에서 중요한 의의를 가진다. 인사 다음 알파는 간단하고 누구나 쉽게 시작할 수 있는 잡담이다. 상대와의 어색함을 없애고 분위기를 화기애애하게 만들어 서로

간의 거리를 좁히는 능력인 잡담을 익히면 인간관계도, 일도 쉽게 풀릴 수 있다. 높은 분을 우연히 만났을 때 그 짧은 시간을 기회로 활용할 줄 알아야 하는데, 어색함을 이기지 못하고 우물쭈물해서 기회를 날려 버리고 만다. 회의를 진행할 때도 곧장 업무 이야기로 넘어가는 대신 잠깐 날씨 등에 대해 이야기한 후 시작하면, 회의 분위기가 부드럽다.

말솜씨가 없어서 다른 사람과 이야기하는 걸 힘들어하는 사람이 의외로 많다. 인맥을 넓힐 절호의 기회지만 어떻게 말을 걸어야 좋을지, 대체 무슨 이야기를 해야 할까. 그 어색함이란 침묵이 길게만 느껴진다. 할 말이 없어서 꿔다 놓은 보릿자루처럼 앉아 있는 것이 너무 힘들다. 그래서 평소에 잠깐 말할 수 있는, 누구에게라도 활용할 수 있는 어떤 화제를 준비해 두면, 언제 어디서 누구와 갑작스레 마주쳐도 무난하게 넘어갈 수 있다. 잡담은 누군가와 이야기를 하는 것만으로도 사람은 구원받고, 타인을 고독에서 구할 뿐 아니라 알게 모르게 사람과 사람을 이어주는 멋진 고리가 된다.[205)]

잡담을 시작하기 위해 먼저 사소한 화제에서 상대방과의 공통점을 찾아 화제로 삼은 뒤 계속해서 확대시킨다. 사람은 차이점이 아니라 비슷한 점에 의해 가까워진다. 사람은 자신과 공통점이 있는 것에 더 많은 주의를 기울이는 경향이 있다. 미국 하버드대학교 사회학자 스펜서 레드는 “상대방의 흥밋거리를 이용하여 교류의 물꼬를 트면, 두 사람의 대화는 깊어지게 마련이다”고 한다. 잡담은 대부분 의미 없는 이야기, 실없는 이야기다. 잡담은 알맹이 없는 이야기를 하는 데 의의가 있다. 오랫동안 이야기할 필요도 없다. 결론을 내지 않아도 상관없다. 잡담은 기쁨이나 즐거움을 동반하는 이야깃거리를 하는 것이 좋다. 밝은 미소로 잡담을 하면 누구든지 마음을 열고 대화에 참여하고 싶어진다. 상대방에게 한 걸음 더 다가가려면 칭찬이 지름길이다.

초보는 본론부터 꺼내지만, 프로는 잡담으로 시작한다

진짜 일을 잘하는 사람들은 잡담으로 대화의 물꼬를 트고 분위기를 이끌며, 상대방이 자연스럽게 자신의 요구를 받아들이도록 만든다. 잡담은 어디까지나 본격적인 대화에 앞서 분위기를 부드럽게 만들기 위한 양념이다. 잡담의 1차 목적은 편안하고 화기애애한 분위기를 만드는 것이다. 더 나아가 잡담을 나눔으로써 상대방과 친숙해질 수 있다면 금상첨화이다.

잡담 훈련에는 '말 거는 법 배우기'부터 시작한다. 잡담 중 분위기를 가라앉게 만들지 않으려면, 말이 정체되지 않도록 하는 기술인 '적당한 맞장구'가 필요하다. 대화 상대가 기분 좋게 이야기할 수 있도록 배려하고 신경 써주는 것이다. 이야기를 '맞추어 가는' 기술이다.[206] 상대의 이야기를 끌어내고 잡담 내내 좋은 분위기를 유지하려면, 기분 좋은 질문의 기술도 필요하다.

잡담은 자신보다 상대에게 대화의 주도권을 쥐게 하는 편이 훨씬 분위기가 고조된다. 자신의 관심사가 아니라 상대의 관심사로부터 이야기를 끌어내는 것이다. 처음 만나는 누군가와 말할 때, 어색함을 해소하기 위해 상대방에 관한 질문을 해본다. 사람들은 자신에 관한 얘기를 듣기 좋아하기 때문이다. 그러면 당신에게도 말할 소재가 생길 것이다. 「앵무새 화법」이 있다. 이는 상대방이 한 말을 거의 똑같이 반복하여 말하는 것이다. 이 화법을 사용하면 말하는 사람은 자신이 하고자 하는 말을 상대방이 제대로 이해했다고 생각한다. 사람은 누구나 자신에게 흥미를 가져주는 사람에게 호감을 느낀다.[207] 전 영국 수상 벤자민 디즈렐리(Benjamin Disraeli)는 "사람들에겐 그들 자신에 관한 것을 말하라. 그러면 그들은 몇 시간이고 당신 말을 경청할 것"이라고 말한다.

28

유머는 인간관계의 윤활유다

웃음은 기호품이 아니라 주식이다

유머는 리더의 기본자질이다. 진지한 이야기도 중요하지만, 유머 감각이 없으면 분위기가 어색해지는 경우가 많다. 유능한 리더는 지루하고 엄숙한 회의에서도 상황에 어울리는 유머로 그 자리의 분위기를 밝게 만들고, 긴장된 공기를 완화시키며, 참석자 모두를 기분 좋게 만든다. 적당한 유머로 분위기를 띄운 후 본론으로 들어가는 것, 이것이 말잘하는 사람들의 비결이다.[208] 그런데 사람에 따라 기질적으로 남을 잘 웃기는 사람이 있는가 하면, 그렇지 못한 사람도 있다. 그래서 '소질'과 '재주'를 핑계 댈 수도 있다.

그러나 지위가 상승할수록 유머 능력의 필요성을 절감하게 된다. 업무능력도 능력이거니와 유머 능력을 갖추기 위해 노력해야 한다. 같은 사물이나 현상이라도 어떤 식으로 표현하면 유머가 되는지, 같은 말이라도 어떤 순서로 말해야 우스운 표현이 되는지 그 메카니즘을 이해하고 감각을 익히도록 해야 한다. 유머의 목적은 웃음이다. 웃음은 사람과의 관계를 더욱 윤기 있게 만들어준다. '웃음은 바람직한 인간관계의 바로미터'라고 한다. 웃음의 횟수가 줄어들 때 인간관계는 무너져간다. 웃음은 우리에게 건강한 삶을 준다. "많은 날들 중 가장 큰 손해를 본 날은 웃지 않은 날"이라는 프랑스 속담이 있다.

웃음은 조직의 단결력을 보여주는 지표다

요즘은 누구랄 것도 없이 유머 감각이 있는 사람을 좋아하며, 유머 있는 사람과 일하고 싶어 하고, 재미있게 말하는 사람에게 호감을 가진다. 웃음이 없는 곳에서는 일하지 말고, 또한 웃지 않는 리더를 위해서는 일하지 말라는 말이 있다. 유머 감각이 있는 사람은 집단과 조직에 생기를 불어넣어 왠지 유능해 보이고 여유 있어 보인다. 그래서 상사나 동료, 부하, 고객들에게 인기가 많다. 그러니 성공할 확률도 높아진다. 업무 환경에서의 웃음소리는 그 집단 구성원들의 마음과 정신에 신뢰감 같은 것을 심어주는 정서적 신호다.

『유머와 치유력』의 저자 캐나다의 캐트린 펜윅(Kathleen Fenwick)의 연구 결과에 따르면, 회사 안에서 웃음은 사기를 높여주고 의사소통을 원활하게 해준다. 또한 창의력을 증진시키고, 자신감을 갖게 해 좋은 인간관계를 이루고 생산성을 높인다. 즉, 유머를 단순한 흥미 차원이 아닌 삶의 에너지로 전환하여 직원들의 기를 살리고, 일할 맛이 나는 직장을 만들어 직원들의 자발적인 참여와 헌신, 창의력을 이끌어 낸다. 미국 코미디언 빌 코스비(Bill Cosby)는 "어떤 상황에서도 유머를 찾아낼 수 있다면, 당신은 어디서든 살아남을 수 있다"고 했다. 영국 작가 로버트 버튼(Robert Burton)은 "인간은 재미있는 이야기로 일단 함께 웃고 나면, 사이가 더욱 가까워진다"며 유머가 인간관계를 이끌어가는 힘이 있다는 웃음론을 펼쳤다.

오늘날은 연예인뿐 아니라 정치인, 교육자에게도 유머 감각은 중요한 덕목이 되고 있고, 유머가 경쟁력인 세상에 살고 있다. 그래서 재미있게 말하는 사람이 성공한다. "유머를 알면 인생이 바뀐다," "재치있는 말 한 마디가 인생을 바꾼다" 등으로 유머의 가치가 표현되고 있다.

유머는 그 쓰임새가 매우 다양하여 정의하기가 어렵다. 긍정적 유머는 다른 사람을 배려해서 함께 즐거워하는 유머지만, 부정적 유머는 다른 사람을 배제하거나 비난하면서 농담이었다는 말로 무책임하게 던져 버리는 문제가 있다. 『코미디 쓰는 비법』의 저자 멜빈 헬리쳐(Melvin Helitzer)는 "유머는 호감을 줄 수도 있지만, 누군가를 불쾌하게 할 수도 있다"고 한다. 이론상으로 우리가 웃는 이유에 대해 '방출 이론'은 유머의 근원을 과도한 긴장 상태에서 해방되는 것으로 본다. '우월 이론'은 유머는 다른 사람의 약점, 어리석음 등을 보고 느끼는 만족감 · 우월감에서 온다는 것이다. '부조화 이론'은 유머가 발생하려면, 뭔가 앞뒤가 맞지 않는 것이 있어야 한다는 것이다. 일반적으로 유머는 개인적으로는 기분을 좋게 하는 활력소가 되고 스트레스를 해소해 주며, 사회적으로는 서먹한 분위기를 좋게 하고 대인관계를 원만하게 해주며 집단의 결속력을 높여준다. 나아가 유머는 부조리한 사회와 불의를 비판하는 도구로 쓰이기도 한다.[209)]

잘 웃어주는 것도 능력이다

상사가 유머 같은 말을 할 때, 알아서 잘 웃어주는 것도 능력이다. 사장이 같은 내용의 썰렁한 유머를 과장급과 임원급에게 했을 때 어느 쪽 웃음소리가 더 클까? 지위가 올라갈수록 자신의 기분과 관계없이 호쾌한 웃음을 터뜨리는 데 익숙해져야 한다. 그것이 현실이다. 재미있어서 웃는 게 아니라 별일 없게 하기 위해서, 관계를 돈독히 하기 위해서 웃는 것이다. 상사 자리에 있다는 것은 아무리 썰렁한 농담을 던져도 아랫사람이 반드시 웃어야만 한다는 뜻이다. 내가 그보다 더 낮은 직급에 있다면, 귀에 못이 박히도록 들은 썰렁한 농담이라도 언제든지 재미있다는 듯 킥킥거려야 한다. 웃자. 좀 웃어준다고 돈 드는 거 아니다.[210]

유머는 적절한 말(Appropriate), 타이밍(Timely), 재미(Tasteful)가 있어야 한다는 AT&T 원칙이 있다. 유머 감각을 키우는 방법으로는 타이밍(Timing)이 맞아야 하고, 장소(Place)가 적합해야 하며, 상황(Occasion)이 맞아떨어져야 한다는 TPO 기법이 있다.[211] 이 중에서 타이밍이 모든 것을 결정하며, 좋지 않은 타이밍에 유머를 하면 모든 것이 엉망이 된다는 것이다. 유머 구사에서 발견할 수 있는 법칙은 '기지와 재치 그리고 의외성'으로 압축된다. 순간 포착의 기민함과 재치 그리고 예상을 뒤엎고 허를 찌르는 엉뚱한 의외성이 유머의 핵심 원리이다. 유머의 공통된 구성은 '뒤집기'와 '허 찌르기'다. 뒤집기는 반전이고, 허 찌르기는 황당함과 의외성을 말한다. 사람들은 반전, 의외, 황당함으로부터 웃음을 보인다.[212]

우리 사회는 위트와 유머가 부족하다

미국 제34대 대통령 아이젠하워(D. D. Eisenhower)는 "유머 감각은 리더십 기술이자 사람들과 잘 어울리고 일을 성사시키는 요령"이라고 말했다. 표를 먹고 사는 정치인들은 돈 들이지 않고 대중의 인기를 모으는 데 유머만큼 좋은 것도 드물다. 정치인들에게 유머는 국민과 소통하는 매개체이자 스트레스를 막아주는 장치이고, 정치를 정치답게 하는 '윤활유' 역할을 한다. 미국 제16대 대통령 링컨(A. Lincoln)은 남북전쟁의 암흑기에 "나는 웃지 않으면 죽는다"고 말해 사람들을 웃겼다. 그가 자살 충동까지 느낄 정도로 심각했던 우울증을 유머로 극복했다는 것은 잘 알려진 사실이다. 미국 제35대 대통령 케네디(J. F. Kennedy)는 그가 43세의 젊은 나이로 대통령 후보에 나섰을 때, 상대 후보는 노련한 정치 거물 닉슨(R. Nixon)이었다. 선거의 쟁점은 '경륜이냐 패기냐'로 모아졌고, 닉슨은 선거 유세기간 내내 케네디를 '경험 없는 애송이'로 몰아붙였다. 이에 케네디는 "이번 주의 빅 뉴스는 국제문제나 정치문제가 아니라 야구왕 테드 윌리엄스가 나이 때문에 은퇴하기로 했다는 소식입니다. 이것은 무슨 일이든 경험만으로는 충분하지 않다는 것을 입증하는 것입니다"라고 특유의 유머를 발휘하여 상황을 돌파하였다. 암살자의 총에 맞고 쓰러지고도, 수술실에 들어온 의사들에게 "당신들이 전부 공화당원이었으면 좋겠다"고 말한 미국 제40대 대통령 레이건(R. Reagan)의 능청스러운 유머도 유명하다. 유머 어록이 풍부한 외국과는 달리, 우리 정치권은 위트와 유머를 찾기가 힘들다. 사생결단의 자세만 보이는 것 같다. 프랑스 문호 빅토르 위고(Victor Hugo)는 "삶이 진지할수록 유머가 필요하다"고 말한다. 삶 속의 유머를 즐겨라.

미국 하버드 비즈니스 리뷰의 파비오 살라(Fabio Sala)는 "많은 연구조사에 의해 수행된 40년 이상의 연구 결과를 통해 다음과 같은 상식을 확인할 수 있다. 유머는 기술적으로 사용되면 기업경영의 윤활유가 된다. 유머는 적개심을 줄여주고 비판을 비껴가게 하며, 긴장을 완화시키고 사기를 높이며, 어려운 메시지의 의사소통을 도와준다"고 한다. 세계적인 기업 카운슬러 데브라 벤턴(Debra A. Benton)은 최고경영자들의 성공비결을 분석한 『최고경영자처럼 생각하는 법』에서 '유머감각'과 '이야기를 재미있게 하는 것'을 성공한 CEO들의 공통된 특징으로 꼽았다.

대화 유머의 특징은 즉석 유머이다. 그러나 말재주가 없는 사람은 '준비된 즉석 유머'의 전략을 세워야 한다. 유머는 자신의 지위나 처지를 고려해야 한다. 좀더 수준 높은 유머를 구사하려면, 평소에 많은 준비가 필요하다. 유머를 구사할 때도 예의는 반드시 지켜야 한다. 칭찬유머를 하면 상대방은 마음의 문을 열고 당신에게 호감을 가지게 되며, 당신과의 만남을 즐거워하게 된다. 반면, 남을 불쾌하게 하거나 상대에게 수치심을 유발하는 유머는 안 하느니만 못하다. 남을 비하하고 비웃고, 아프게 하고 약점을 헤집고, 비밀을 누설하는 유머는 바람직하지 않다.

사람들 앞에서 강의하는 사람들이 스트레스를 받는 것 가운데 하나가 유머이다. 강의 요청을 받을 때, 정작 강의내용에 대해서는 어느 수준으로 해달라 어떤 부분을 강조해 달라고 주문하지 않으면서, 재미있고 유머러스한 강의로 제발 졸음이 오지 않게 해달라는 요구는 많다. 장내 분위기를 장악할 만한 유머를 활용하면 금상첨화다. 그래서 유머는 자신의 이야기를 호의적으로 듣도록 유도하는 기술이 되어, 유머 능력은 강사들의 희망 사항이다. 그러나 학창 시절 이래 재미있는 사람으로 뽑혀본 적이 없다면 발표나 연설, 강의할 때 유머로 시작하라는 조언은 무시하라는 의견도 있다. 유머를 잘하기란 대단히 어렵다. 유머로 시작했는데 그 유머가 완전히 실패하면, 남은 시간 동안 청중을 마주해야 하는 공간보다 더 힘든 곳은 없을 것이다.[213]

성인 대상의 강의에서 중요한 것은 어떻게 하면 청중을 졸지 않게 하느냐이다. 청중을 졸지 않게 하고, 주의를 집중시켜서 강의 효과를 극대화하는 방법 중 유용한 것이 유머의 활용이다. 그러나 비속어, 욕설 등을 사용했을 때는 강의를 끝내기 전에 끝마무리를 잘해야 한다. 강의 효과를 위해 의도적으로 그렇게 했다거나, 농담이었다거나, 악의가 없었다는 등 양해를 구해야 강의 후에 뒤탈이 없게 된다.

29

인간다움은 지혜와 덕으로 빚어진다

인공지능(AI)은 가능해도, 인공지혜는 불가능하다

사람을 얻으면 천하를 얻는다고 했다. 그런데 어떤 사람은 뛰어난 지능을 가지고 있지만, 사람들과 화합하는 능력은 떨어진다. 어떤 사람은 성격이 부드럽고 착하지만, 업무능력이 떨어진다. 아는 게 많다고 지혜로운 것은 아니다. 주변에 지식인은 많은데, 지혜로운 사람은 적다. 지식은 객관적 사실을 설명해 주기도 하지만, 공부만이 다는 아니라는 것을 기억해야 한다. 체스터필드 경(Lord Chesterfield)은 "세상살이에 대한 지식은 세상과 벗했을 때 얻어지는 것이지, 다락방 책상 앞에서 얻을 수 있는 것이 아니다"고 하고, 몽테뉴(Montaigne)는 "학식 있는 자가 반드시 현명한 자는 아니다"고 했다. 지혜는 지식과 달리 경험과 연륜이 상호작용하는 가운데 쌓여간다.

지식(知識, knowledge)은 어떤 내용이나 사물을 인식하고 이해하는 것이고, 지혜(智慧, wisdom)는 사물의 이치와 인간 존재의 목적을 깨닫고 선악을 분별하는 지적 능력이다. 지식은 사실과 정보가 축적된 것이지만, 지혜는 사물의 이치를 통찰하여 현명한 선택과 결정을 내릴 수 있는 능력으로 경험으로 다듬어진 것이다. 정신적이고 감정적인 성숙에는 지름길이 없다. 지혜, 지성, 분별력, 안목은 세월과 경험을 통해 발전할 수 있다. 학비가 비싸기는 하지만, 경험은 훌륭한 스승이다. 경험이 없는 기백은 위험할 수 있고, 경험 없는 사람에게 중요한 일을 맡기기도 어렵다. 경험이 많을수록 말수가 적어진다. 그래서 지식은 자신이 많이 배웠음을 자랑하지만, 지혜는 아무것도 모른다고 고개를 숙인다. 지식은 머리에 집어넣기만 하는 것이 아니라 실천하는 것에 의미가 있다. 지식은 실천하지 않으면 잘난 체하는 것 말고는 쓸모가 없다. 조시 빌링스(Josh Billings)는 "지식은 도서관에서 잠을 자고 있지만, 지혜는 도처에서 눈을 크게 뜨고 조심스럽게 우리를 기다리고 있다"고 말한다.

경험은 훌륭한 스승이다

기성세대는 어릴 때 농촌에서 산 사람이 많다. 그래서 낫질, 삽질, 톱질 등을 할 줄 아니까 시골에 가면 할 수 있는 일이 많다. 경험의 중요성에 대해 "늙은 소가 가장 곧은 고랑을 만든다"는 말이 있다. 강을 거슬러 헤엄쳐 본 자가 강물의 세기를 안다. 그런데 요즘 젊은 세대는 그런 경험이 없으니까 귀농 · 귀촌을 하려고 해도 쉽지 않다. 물론 밀레니얼 세대들은 대학 생활에서 봉사활동, 해외연수, 인턴 등 각종 활동을 하면서 다양하고 재미있는 경험을 많이 한다고 한다. 그러나 어려움을 겪을수록 더 단단해지게 하는 실질적인 체험이나 경험으로 보기에는 여전히 부족한 점이 없지 않다. 아무튼 어떤 경험을 했던 그것을 교훈으로 삼아서 자산으로, 능력으로 만드는 게 중요하다.

학교를 벗어나 이제 막 사회에 첫발을 내딛는 사람들은 더 이상 선생님에게 가르침을 얻을 수가 없다. 선병자의(先病者醫)는 "먼저 병을 앓아 본 경험이 있는 사람이 같은 병을 앓는 다른 사람을 고칠 수 있다"는 뜻으로, 어떤 일에 경험이 많은 사람이 남을 가르칠 수 있음을 비유하는 말이다. 이제는 사회에서 이미 많은 경험과 지혜를 습득한 상사 · 선배를 모델로 삼아 그들의 행동과 말을 보고 들으면서, 또 그들과 함께 일하면서 살아 있는 현실의 지혜를 습득해야 한다.

경험은 세상의 이치를 알게 하고, 지혜롭게 사는 힘을 얻게 한다. 지혜의 근원은 경험에 있다는 말이다. 다양한 사람들을 만나는 경험들이 결국 삶이다. "젊어서 고생은 사서도 한다"는 말은 경험의 중요성을 일컫는 말이다. 그러니 가능한 한 다양한 경험을 해보고, 경험을 통해서 스스로 지혜로운 사람이 되도록 해야 한다. 중국 전국시대의 법치주의자 한비자(韓非子)의 『설림편(說林篇)』에 나오는 "늙은 말의 지혜"라는 노마지지(老馬之智)는 경험이 풍부한 사람이 일 처리를 잘할 수 있음을 비유하는 말이다. 스위스 철학자 칼 힐티(Carl Hilty, 1833~1909)는 "배우기 위해서는 직접 해보는 것을 당할 수 없다"고 한다. 미국 헌법에 정신적 기초를 제공한 영국 정치사상가 존 로크(John Locke, 1632~1704)는 "어느 누구의 지식도 그의 경험을 넘어설 수 없다"고 말한다.

과거로부터 이어져 온 지혜는 어렵게 얻은 것이다. 전통과 문화 속에는 삶에 유익한 지혜가 많다. 옛것을 배우는 이유는 사물과 세상의 이치를 그 속에 밝혀놓았기 때문이다. 인류가 수천 년 동안 축적한 지혜를 과거의 낡은 유산으로 치부해서는 안 된다. 시대를 초월하는 지혜를 쌓아 올바른 판단력을 기를 필요가 있다. 미국 역사학자 바버라 터치먼(Barbara Tuchman, 1912~1989)이 『바보들의 행진』에서 지적한 것처럼, 인류는 과거의 실수에서 배울 기회가 많음에도 여전히 그릇된 판단을 계속하고 있다.

세대 갈등을 줄이려면 젊은 세대도 기성세대의 지혜에 귀를 기울이고, 이해의 폭을 넓히려는 노력이 있어야 한다. 노마식도(老馬識途)는

"늙은 말이 길을 안다"는 뜻으로, 경험 많은 사람의 지혜를 비유한 말이다. "젊음이 알 수만 있다면, 늙음이 할 수만 있다면"이라는 프랑스 속담은 청춘에는 힘은 있으나 지혜가 없고, 노년에는 지혜가 있으나 힘이 없음을 아쉬워하는 내용이다.

"가족 가운데 노인이 있다면, 그 가족은 보석을 가지고 있는 것이다"라는 중국 속담이 있다. 아프리카 속담에는 "노인 한 사람이 죽으면 도서관 하나가 불에 타 없어지는 것과 같다"는 말이 전해진다. 생존에 필요한 정보를 연장자에게서 전수받아야 했던 시대에 노인이 가진 지식과 정보, 지혜를 칭송하는 말이다. 오늘날 기술적 지식은 잉크도 마르기 전에 쓸모가 없어져 오히려 젊은이들이 연장자를 가르쳐야 하는 상황이 되었다. 그러자 젊은이들이 모든 문제에 대한 해답을 갖고 있다고 생각하여, 노인들의 지혜나 경험의 가치를 존중하지 않는다. 젊은이들이 더 이상 연장자들에게 조언을 구하지 않는 오늘날 첨단시대에 "노인은 보석이다, 도서관이다"라는 말을 썼다가는 시대에 뒤떨어진 꼰대라고 할지 모른다.

세상은 덕을 갖춘 사람을 원한다

오늘날과 같이 직업교육, 단순 지식교육에만 치우치면 인성교육이 되지 못해 사회문제를 야기할 수 있다. 인간은 사람으로서 역할을 다할 때 인간답다. 우리가 사는 세상은 훌륭한 인격을 갖춘 사람을 원한다. 인간 노릇을 구성하는 요소 중 하나는 덕(德)이다. 성품으로서의 덕은 이론적으로 가르치고 배울 수 있는 것이 아니다. 도덕을 잘 알고 행동의 시시비비를 잘 가린다고 하여 덕 있는 성품을 보장하지 않는다. 아리스토텔레스(Aristoteles)는 "인간 됨의 교육은 교실이 아니라 삶의 현장에서 이루어져야 한다"고 말한다. 덕이 몸에 배게 생활 속에서 습관화하고 성숙하게 만들어 성품을 갖추어야 한다. 덕의 완성을 위해서는 사리를 분별하여, 덕을 가장 합리적으로 실천하는 지혜가 동반되어야 한다.

인간은 자신보다 능력이 뛰어난 사람을 싫어하고, 자신보다 위에 있는 것은 흠집을 내고 싶고, 자신보다 아래에 있는 것은 깔보는 것이 인간의 모습인지 모른다. 소설가 김훈은 "우리 사회는 지금 매일 욕지거리와 쌍소리 악다구니로 해가 뜨고 지는 세상이 됐다"고 한다. 무제한으로 펼쳐진 인터넷 공간을 통해 익명성 뒤에 숨은 사람들이 온라인을 저급한 표현의 분노와 증오 같은 감정 쓰레기의 탈출구로 삼고 있다. 이는 일시적인 카타르시스(catharsis) 효과는 보겠지만, 심각한 결과로 돌아오는 경우가 많다. 지극히 자기중심적으로 일그러진 개인주의, 남에게 폐가 되든 말든 아랑곳하지 않고 자기만 생각하는 사람, 보고 싶은 것만 보고, 듣고 싶은 것만 듣고 이것들만 기억하는 확증 편향의 왜곡된 가치관의 풍조가 요즘 우리 사회에 만연돼 있지 않은가.

『탈무드』는 "질투는 천 개의 눈을 가지고 있다"고 한다. 세상에는 틈만 있으면 다른 사람의 결점을 지적하는 사람들이 있다. 자기 자신을 인생의 중심에 두지 않고, 타인에게 집착하여 자신과 조금이라도 다르면 일단 무조건 저격하고, 남의 약점을 집요하게 찾아내 공격하고 트집잡고, 자신의 부정적 정서를 화풀이할 희생양을 찾고, 누군가 반대하면 그의 주장을 깎아내리거나 조롱하거나 왜곡하거나 하여 어떻게든 끌어내리는 데 혈안이 되어, 자신과 하등 상관없는 일에 시간을 허비하는 사람이 있다. 생각의 범위도 자기가 만들어놓은 울타리 안에만 머물러 있다. 편협한 우물 안의 개구리가 되는 것이다.

세상을 삐딱하게 바라보며 남을 질투하는 것만큼 초라한 일도 없다. 뚜렷한 목표가 있는 사람은 남을 흉볼 여유도 없고, 그럴 이유도 없다.

미국 하버드대학교 사회학자 헤리 베비스는 "다른 사람을 공격하는 것은 자신의 강함을 드러내는 것처럼 보이지만, 사실상 연약한 사람만이 이런 방법을 사용한다. 다른 사람을 공격할수록 자신의 부족함이 더 선명하게 드러난다"고 한다.[214)]

이제는 스마트폰을 들여다보는 대신 자신의 마음속을 들여다볼 필요가 있다. 자신의 내면으로 파고들어 숨겨진 자기모습과 억눌린 그림자를 볼 줄 아는 자기 관찰자가 되어야 한다. 사람은 자신을 통찰할 때 비로소 제대로 살아가는 법을 배울 수 있다고 한다. 무엇을 위해 살 것인지, 어떤 가치를 추구하며 살 것인지, 어떤 삶이 가치 있는 삶인지를 고민할 기회와 시간을 가져야 한다.

우리가 기억하고 싶지 않는 사람은 등 돌리게 하는 인정이 없었던 사람이다. 중국 송나라의 『경행록(景行錄)』은 "모든 일에 인정을 남기면 뒷날 서로 보기가 좋다"고 한다. 인정은 인간관계를 지속하게 하고 서로를 따뜻하게 하는 힘이다. 어려운 처지에 있는 사람들은 주변 사람들의 따뜻한 관심만으로도 어려움을 극복할 수 있는 용기와 힘을 얻을 수 있다. 이슬람교 창시자 마호메트(Muhammad, 570~632)는 "인간의 진정한 재산은 그가 이 세상에서 행하는 선행"이라고 한다. 사람들은 세상을 더 좋게 만들어가는 소양을 갖춘 사람을 우리 곁에 두기를 원한다. 그들 덕분에 더 나은 사람이 될 수 있고, 많은 사람과 좋은 관계를 맺을 수 있기를 바란다. 이러한 좋은 사회를 만드는데 필요한 사람들의 자질은 인격을 다듬는 문제다. 헬렌 켈러(Helen Adams Keller)는 "인격은 편안하고 조용하게 발달할 수 없다. 시련과 고통의 경험을 통해서만 영혼이 강해지고 비전이 분명해지며 꿈을 꾸게 되고 성공할 수 있다"고 말한다. 위대한 사람의 기준은 미덕으로 측정된다.

가장 빈곤한 인생은 곁에 사람이 없는 인생이다

공자(孔子)와 그 제자들의 언행을 기록한 유교 경전 『논어』 〈이인편(里仁篇)〉에서 공자는 "덕은 외롭지 않다. 반드시 그 이웃이 있다(德不孤必有隣)"고 말한다. 덕이 있는 사람일수록 자신의 주변을 활기 있게 만든다. 부드러운 관용이 있는 곳에 좋은 사람이 모인다. 미국 하버드대학교에서는 '관용'과 '겸손'을 가장 큰 지혜로 꼽는다. 유능제강(柔能制剛)은 "부드러운 것이 능히 강한 것을 누른다"는 뜻으로, 상대를 마음으로부터 복종시키려면 덕을 베푸는 것이 최선이라는 말이다. 맹자(孟子)는 "힘으로서 사람을 복종시키지 말고, 덕으로서 사람을 복종시키라"고 한다. 아리스토텔레스(Aristoteles)는 "행복한 생활은 덕에 의한 경우가 많다. 덕을 실천하는 사람, 덕을 생활 속에 베푸는 사람 그런 사람에게 행복이 따른다. 행복하고 싶거든 덕에 의한 생활을 하라"고 한다. 프랑스 속담에 "덕이 없는 아름다움은 향기 없는 꽃"이라고 한다. 덕은 뿌리를 내리면 오래가지만, 뿌리를 내리는 데 걸리는 시간은 만만치 않다.

다른 사람을 대할 때 가을바람처럼 냉랭하게 대하지 말고, 봄날의 따스한 마음으로 대해야 한다. 2005년 길상사 가을 법회에서 법정(法頂) 스님은 "사람의 문명은 직선이다. 그러나 자연은 곡선이다. 강물과 산맥, 해와 달을 보라. 다 곡선이다. 직선은 조급하고, 냉혹하고, 비정하다. 그러나 곡선은 여유와 인정과 운치가 있다. 곡선의 묘미에서 삶의 지혜를 터득할 수 있다"고 했다.[215] 네덜란드 작가 세스 노터봄(Cees Nooteboom)은 『산티아고 가는 길』에서 빠름을 지양하고 직선이 아닌 곡선의 미학을 강조한다. 중국 전한시대 역사가 사마천(司馬遷)의 『화식열전(貨殖列傳)』은 "1년을 살려거든 곡식을 심고, 10년을 살려거든 나무를 심으며, 100년을 살려거든 덕을 베풀어야 한다"고 한다.

30

분노를 잡아야 인생이 잡힌다

감정은 의사소통에 핵심적 역할을 한다

조직생활을 하면서 생기는 대부분의 문제는 이성이 아니라 감정에 기반한다. "감정을 억누르면 스트레스를 받고, 터뜨리면 후회가 따른다. 참으면 괴롭고, 터뜨리면 속은 시원한 데 과보를 받는다. 이게 우리들의 삶"이라고 법륜(法輪) 스님은 말한다. 마음은 감정이 머무는 곳이다. 어떠한 감정이 마음을 지배하는가에 따라 만들어지는 마음도 다르다. 생활의 중심에는 늘 감정이 있다. 우리는 매일 다양한 감정을 느끼며 살아가지만, 정작 그 감정에 대해 곰곰이 생각해 본 적이 없는 것 같다. 상황을 단순하게 이해하면, 모든 감정은 이원론의 바탕 위에 있다. 어떤 감정이 긍정적이어서 호감을 주던가, 부정적이어서 반감을 낳든가 둘 중의 하나다.[216] 감정에는 건설적인 것과 파괴적인 것이 있다.

사람은 자신이 이성적으로 움직인다고 생각하지만, 그건 본인의 생각일 뿐 사실은 감정적으로 움직인다. 우리의 감정적 삶은 대인관계를 통해 드러난다. 사람들은 감정을 통해서 자신의 마음을 표현하고 전달한다. 감정은 사람의 심리 내면에서 일어나는 주관적인 과정으로서 마음의 상태를 나타내는 심리적 지표다. 감정이란 내 마음의 단순한 느낌이나 상태 이상으로, 내 행동 전반에 영향을 미치는 중요한 심리적 요소다.[217] 감정은 인격 형성의 근본 요소로서 온갖 모습으로 나타나는 삶을 휘두르는 힘이다. 매 순간 느끼는 감정에 의해서 행복도 그리고 불행도 결정된다. 감정을 조절하지 못하여 상대방과 갈등을 일으키고, 감정 불화 때문에 치명적인 상처를 남기는 싸움을 하여 인생에 불행을 남긴다. 감정을 너무 억누르면 심장병, 고혈압 등의 증세도 생길 수 있다. 한국 사람은 화병이 많아 술을 많이 마시는 편이라고 한다.

루소(J. Rousseau)는 "인간을 만드는 것이 이성이라면, 인간을 이끄는 것은 감정"이라고 한다. 사람은 감정을 나누며 가까워진다. 감정을 나누지 않으면 누구와도 가까워질 수 없다. 기쁨은 나누면 배가 되고, 슬픔은 나누면 반이 된다. 감정은 선물이지만, 재앙이 될 수도 있다. 비행기 조종사의 기분에 문제가 생기면, 탑승한 모든 사람의 목숨이 위험해질 수 있다. 감정을 과도하게 통제하면 삶이 메마르고, 방치하면 파멸을 부른다. 적당량의 감정은 에너지가 되지만, 과다하면 감정의 노예가 된다.

감정을 규명하고 인식하면 정보를 얻을 수 있다. 감정은 그 사람의 자세, 말, 표정 등을 통해 다양한 정보를 전달한다. 그 과정에서 자기도 모르게 타인에게 감정적 영향을 미치는데, 심리학에서는 이를 '감정의 전염'이라고 한다. 우리는 상대 표정, 자세나 목소리를 바탕으로 그 감정을 추측하게 된다. 감정의 배후에 무엇이 있는지를 제대로 파악하는 일이 중요하다. 그런데 이런 신호를 읽고 상대의 마음을 알아내는 데 능숙한 사람이 있는 반면, 짐작 조차 못하는 둔감한 사람도 있다.

보통 상사가 출근하면 부하직원들은 상사의 '날씨'부터 체크하고 공유한다. 오늘 부장님 영 기분이 안 좋아 보이는데? 무슨 일이 있나? 혹은 오늘 몸조심들 해! 오늘 빨간불 들어왔어! 라는 메시지가 그들만의 단톡방에 돌아다니게 된다. 이런 메시지를 받게 되면, 오늘 중요한 결재를 받아야 하는 사람들은 가능한 한 결재를 미룬다. 왜냐하면 괜한 트집을 잡기나 시비를 하게 될 가능성이 높기 때문이다.

모든 분노에는 이유가 있지만, 좋은 이유인 경우는 드물다

하루 대부분을 같이 생활하면서 업무적으로 많은 상호작용을 해야 하는 직장에서 상사는 왜 부하직원에 대해서 화가 날까? "아마도 자신이 생각하는 기대에 못 미쳐서, 지시하는 대로 잘 따르지 않아서, 혹은 태도나 기본자세가 안 되어 있어서" 등이 이유가 될 것이다. 동료에 대해서 화가 나는 이유도 "내가 기대하고 원하는 방식으로 맞추어 주지 못해서, 혹은 업무를 신속하고 빠르게 처리하지 못해 나에게도 피해가 오니까" 등일 것이다.

현실에서 모나리자의 평정심을 유지하면서 살 수 있는 사람이 얼마나 있을까? 일이 틀어졌을 때 화가 나지 않는 사람은 없을 것이다. 화를 낼 수 있다. 그것은 쉬운 일이다. 그러나 화가 난다고 해서 바로 소리를 지르거나 상대방을 공격하면 안 된다. 성질이 불같은 사람은 만나는 것마다 태워버린다. 그렇게 조절되지 않은 채 격하게 표현되는 감정적인 분노는 어떤 상황에서도 그리고 누구를 대상으로 하더라도 파괴적이고 부정적인 결과를 가져와 타인의 감정에 큰 아픔을 주게 된다.

분노가 지나쳐 갑자기 튀어나온 말에 찔리면 평생 아프다. 그 뜻이 좋아도, 그 말이 맞아도 감정이 상처받는다. 머리는 알겠는데, 가슴으로 받아들이기가 힘들기 때문이다. 그리스 격언은 "분노의 결과가 그 원인보다 훨씬 더 심각하다"고 말한다. "지체해서 이득이 될 것은 아무것도 없다. 그러나 분노는 그렇지 않다"는 라틴 격언이 있다. 북아프리카 사하라사막의 투아레그(Tuareg)족의 속담에는 "후회 속에 밤을 새기보다 분노 속에서 밤을 새는 것이 낫다"는 말이 있다.

'분노는 독약'이고, 모든 것을 잃게 만드는 시한폭탄이다. 분노는 불길 같다. 무엇이든 태워서 재만 남긴다. 충동적 행위는 문제를 해결하기는커녕 심각한 파괴 작용만 일으킨다. 버럭쟁이가 되면 천하를 잃는다(暴怒爲戒)고 했다. 분노처럼 비싼 대가를 치르게 하는 감정은 없다. 분노는 다른 사람에게도 피해를 끼치지만, 분노를 드러낸 당사자에게는 더 많은 피해를 끼친다. 꿈을 위해 열정과 노력을 아끼지 않는 사람의 발목을 잡는 존재도 경쟁자, 타고난 환경, 불합리한 사회구조 모두 아니다. 그들을 가장 난처하게 만드는 건 바로 순간 맥없이 무너지게 하는 분노이다. 그로 인해 가능성이 있는 미래까지 잃게 된다. 평생을 후회하고 또 후회한다. 인생의 중요한 순간에는 더욱 자신의 감정을 통제할 수 있어야 하는데 그러하지 못해서다.

순간의 감정에 반응해 이를 따르면, 스스로 자신을 무너뜨리게 된다. 감정에 복받쳐 앞뒤 안 가리고 행동했던 자신에 대한 실망감도 견디기 힘들다. 사람은 잃고, 후회만 남는다. 『논어(論語)』 〈계씨편(季氏篇)〉에 공자(孔子)가 말하기를 군자(君子)는 생각해야 할 아홉 가지가 있는데(君子有九思), 그중에 하나가 "화가 날 때는 화낸 후에 겪게 될 어려움을 생각하라"는 것이다. 많은 사람이 순간의 분노를 이기지 못해, 그동안 힘들게 쌓아온 탑을 순식간에 무너뜨린다는 사실을 유념해야 한다. 분노하여 가하는 일격은, 종국에는 자신을 때린다. 분노를 가라앉힌 뒤에 문제를 처리한다면, 후회할 일은 일어나지 않을 것이다.

분노의 유형을 보면, 화가 나면 절대 그냥 넘어가지 않고 반드시 되갚아서 상대방의 기를 꺾어놓고 좌절시키는 '파괴성 분노,' 모든 잘못의 책임을 자신에게 돌리고 삶의 희망을 잃어가는 '자책성 분노,' 늘 습관적으로 화를 내고 불만을 직접적으로 드러내며, 각종 부정적 감정들을 자기도 모르게 겉으로 드러내는 '습관성 분노,' 그리고 내면의 분노가 이미 최고점까지 치솟았는데도 겉으로는 여전히 웃는 얼굴을 유지하며 진짜 감정을 숨기는 '은폐성 분노'가 있다.[218)]

분노는 참아야 하는 것이 아니라 잘 다스려야 한다

누구도 분노에서 벗어날 수 없다. 문제는 분노를 느낀다는 사실이 아니라 그 분노를 처리하는 방식에 있다. 순간적인 분노를 참지 못해 끔찍한 살인까지 저지르는 충동 범죄가 잇따라 발생하면서 부족한 자제력이 심각한 사회적 병리현상으로 대두되고 있다. 자제력은 위기의 순간에 평정심을 유지하는 힘으로, 우리의 생존과 성공을 좌우하는 필수조건이다. 성공의 시작은 '자제력'이다. 욕구를 억누르지 못하고 유혹에 무너지는 사람은 성공하기 어렵다.

대개 감정은 현실에서 일어나는 일보다는 현실을 바라보는 관점에 따라 결정된다고 한다. 화가 치밀었을 때 바로 행동하면, 결국 후회만 남는다. 인간관계의 장애물이며 여러 범죄의 원인이 분노다. 타오르는 분노를 다스리기 위해서는 참는 힘을 길러야 한다. "참을 인(忍)자 셋이면 살인도 면한다"는 속담처럼 화를 누르고 참는 동안에 올바른 이성적 판단을 할 수 있게 된다. 이슬람교 경전 『코란』은 "신은 참는 자와 더불어 있다"고 한다. 심리학적 연구 결과에 따르면, '화'라는 감정이 가장 격한 건 약 6초간이라고 한다. 물론 모든 화가 6초가 지나면 완전히 사라지는 건 아니지만, 가장 격해지는 6초를 잘 넘기면 곤경에 빠지는 것은 피할 수 있다는 것이다.[219] 감정에 휘둘릴 수 있는 상황은 사람의 인격이나 수양의 정도를 확인할 수 있는 기회가 되기도 한다. 개인의 성숙도와 감정의 안정은 밀접한 관계에 있기 때문이다.

분노하거든 그다음에 겪게 될 어려움을 생각하라

미국 제3대 대통령 토마스 제퍼슨(Thomas Jefferson, 1743~1826)은 『훌륭한 인생을 살기 위한 열 가지 규칙』에서 한 가지 규칙은 누군가가 우리를 화나게 할 때, 먼저 입을 열기 전에 10까지 수를 세라는 것이다. 아주 화가 많이 난 상태라면 100까지 세어야 한다. 화가 났을 때 10까지 수를 세면 그 사이에 분노가 가라앉아서 드디어 입을 열고 이야기를 꺼낼 때, 나중에 후회할 만한 말을 불쑥 내뱉지 않게 된다고 한다. 감정의 소용돌이 속에서는 논리가 통하지 않는다. 그 흐름에 편승하기보다는 우선 물러서는 것이 현명한 방법이다.

상사가 별것도 아닌 일에 불같이 화를 내며 소리를 지르면, 담담히 '화를 내는구나'라고 받아들인 다음 '저런 상황에 대한 특별한 이유가 있겠지'하고 그의 처지를 이해해주고서, '서류는 던지지 않아 너무 감사하네'라고 마무리하는 방법이다.[220] 화가 날 때 생각을 바꿔 포용하여 부정적인 감정을 떨쳐내는 것이다. 분노는 조직을 갈라놓는다. 상사가 감정을 현명하게 조절하지 못하면 팀의 성과도 떨어진다.

베트남 출신의 틱낫한(Thich Nhat Hanh) 스님은 "화는 참아야 하는 것이 아니라 다스려야 하는 것"이라고 한다. 감정을 그저 누르고 참는 것은 하수요, 때와 상황에 맞게 적절한 언어로 감정을 표현하는 것이 고수라고 한다. 분노를 잘 이겨내야 하는데, 그저 참기보다는 잘 다스리는 것이 필요하다. 감정을 댐처럼 가두어두었다 방출할 수는 있지만, 없앨 수는 없다. 억눌린 감정은 출구를 찾게 마련이다. 다스려지지 않은 분노는 언젠가는 결국 폭발하기 마련이다.

내면의 감정을 다스리지 못하는 사람은 감정을 거르지 않은 채 그대로 뱉어내 괜한 갈등을 일으킨다. 감정관리는 내면의 감정을 지혜롭게 풀어내는 것을 말한다. 그것은 정신 건강과 관계 지속을 위해서도 이롭다. 감정을 잘 관리할 수 있어야 분노에 찬 말, 공격적인 말 등을 줄일 수 있고 그럴 때 자신도 지키고 타인에게도 상처를 주지 않을 수 있다.[221] 우리는 순간의 분을 참지 못해 넘지 말아야 할 선을 넘고 만 사람들의 비참한 최후, 그리고 잘 참아오다가 마지막 순간 눈앞의 유혹을 이겨내지 못한 안타까운 실패담들을 알고 있다. 자기제어 능력이 있는 절제는 우리가 갖춰야 할 덕목이다.

감정관리, 일과 인생에서 성공하기 위한 열쇠다

우리는 내 안의 감정을 어떻게 다루고, 다른 사람들의 감정에 어떻게 대처해야 하는지에 대해 배운 적이 없다. 아이들이 험한 세상을 살아가면서 부딪치고 경험하게 될 감정적 상황에 대해서 가르치지 않는다. 주변에 깊은 슬픔이나 고통에 빠진 사람이 있으면 불편한 감정을 느낀다. 그런 상황에서 어떻게 말하고 행동해야 하는지 아무도 가르쳐 주지 않는다. 자칫 말을 잘못해서 상황을 더 악화시킬 수 있고, 상대의 감정을 더욱 아프게 할지도 모른다.[222] 자신의 감정을 관리하고 효과적으로 조절하는 방법을 제대로 알아야 한다. 순간적인 감정 때문에 인생을 망치거나 목숨을 잃는 가슴 아픈 사건이 발생해서는 안 되기 때문이다. 1915년 노벨문학상 수상자인 프랑스 소설가 로망 롤랑(Romain Rolland)은 "격한 분노는 하루의 수명을 갖고 있을 뿐이다. 하지만 하루 동안 파괴한 것은 백 년이 지나야 회복될 수 있다"고 말한다. 감정을 잘 다룰 수만 있다면, 보다 성공적이고 행복한 사회생활을 할 수 있다.

천하를 다 얻어도 자기 마음 하나 못 다스리면, 모든 것을 순식간에 잃을 수 있다. 당신이 쌓아 올린 명성도, 경력도 물거품이 될 수 있다. 자기 마음을 다스리지 못하면, 건강도 잃고 사람도 잃는다. 자신의 감정을 현명하게 다루지 못하면, 사람들이 멀어져 주변 사람들을 잃고 중요한 정보 교류의 장에서도 소외된다.[223] 감정을 현명하게 다루는 능력이야말로 오늘날 성공을 꿈꾸는 사람들이 갖추어야 할 핵심 역량이다.

달라이 라마(Dalai Lama)는 "누가 맞고 누가 틀린 게 아니라 서로 다른 것일 뿐이고, 그냥 다르다고 생각하면 화낼 일이 적을 것"이라고 말한다. 맞는지 틀리는지를 기준으로 생각하면, 바꾸려 들고 분쟁이 시작된다는 것이다. 감정을 다스리는 일은 성공적인 직장생활을 위해 꼭 필요하다. 감정관리를 잘 해야 성공한다. 사람들은 자신의 감정에 따라 자신의 인생을 만들어간다.

흘러보내야 할 감정은 빨리 흘러보낸다. 그래야 자신을 상처 내지 않고 앞으로 나아갈 수 있다. 용서는 나를 자유롭게 한다. 쓰라린 심정은 단지 나만 갉아 먹을 뿐이다. 잘못한 것을 용서할 때, 그 일이 더 이상 내 삶에 자리잡지 않고 시달리지 않는다. 그리하여 내 삶을 온전히 살 수 있다.[224] 결국 용서는 타인이 아니라 자신에게 주는 선물이다. 스스로 자신을 풀어주어야 비로소 진정한 자유와 행복을 맛볼 수 있기 때문이다. 원한과 보복의 늪에 빠진 인생에 무슨 즐거움이나 행복이 있겠는가? 보복을 하더라도 마음의 평화는 찾을 수 없다. 이 늪을 멀리해야만 아름다운 인생을 살 수 있다. 분노는 당신을 더 하찮게 만드는 반면, 용서는 당신을 예전보다 더 뛰어난 사람으로 성장하게 할 것이다.

31

자기관리, 나중에 발목 잡힐 일 하지마라

자기관리는 모두의 인생 문제다

정상에 오르려는 자는 다른 사람에게 지탄의 대상이 되지 않도록 자기관리를 철저히 해야 한다. 자기관리에서는 평판 관리가 필요하다. 평판(reputation)이란 세상 사람들의 비평으로서 당신 주위 사람들이 아는 당신의 모습으로 업무능력과 리더십, 자질이나 인품 등에 대해 사람들이 말하는 것이다. 평판은 세상이 나를 바라보는 시선으로, 사람들이 당신 등 뒤에서 하는 말이 그 사회에서의 당신의 명망이라는 것이다. 당신의 평판이 당신의 모든 것을 말해준다.

평판에는 어떤 일을 수행하는 능력을 평가하는 역량(competence)에 대한 평판과 도덕적 책임이나 태도를 평가하는 인성(character)에 대한 평판이 있다. 역량 평판은 지속적이지만, 인성 평판은 가변적이다. 인성과 역량은 함께 가야 한다. 뛰어난 재능과 훌륭한 인품을 겸비한 사람이야말로 이상적인 인재이다.[225] 소크라테스(Socrates)는 "당신이 가질 수 있는 보물 중 '좋은 평판'을 최고의 보물"로 생각하라고 한다. 유대인 격언에서는 "평판은 최선의 소개장"이라고 한다. 행동 하나하나가 평판은 물론 인사청문회(hearing)와 같은 인생의 결정적 순간에 영향을 미친다. 법망은 피할 수 있어도, 평판은 피할 수 없다. 평판은 출신 지역, 출신 학교처럼 꼬리표가 되어 따라다닌다. "평판은 우리가 겪는 어느 폭군보다도 더 악독하고 지독하게 다가온다"고 영국 사회학자 스펜서(H. Spencer, 1820~1903)는 말한다. 평판이라는 것은 날개를 갖고 있어서 미처 생각지도 못한 곳까지 날아갈 수 있다.

소셜미디어 세상에서는 나와 관련 없는 사람도, 우리 조직과 연관 지을 게 없는 사람도 나와 조직의 평판을 만드는 주체가 될 수 있다.[226] 이제 평판 조회는 평범한 직원들도 피해갈 수 없는, 인재 채용에서 당락을 가르는 주요 요소가 되고 있다. 취업포털 『잡코리아』가 국내 기업 인사담당자들을 대상으로 경력직 채용시 평판 조회 현황에 대해 조사한 결과, 응답자의 55.6%가 직원 채용 때 평판 조회를 한다고 답했다.

과거 문제가 미래의 발목을 잡지 않도록 해야 한다. 원한을 품은 사람이 등을 돌리면, 언젠가는 재앙으로 다가온다. 평판 관리는 발생확률이 낮다고 하더라도 발생시 손실을 최소화하기 위해 사전에 대비하는 활동이다. 주변 사람과도 조화롭게 어울리고, 평소 적을 만들지 않는 인간관계를 유지해야 한다. 평판은 단기간에 만들어지는 것이 아니기에 꾸준함이 필요하다. 그래서 평판 관리는 생각보다 쉽지 않다. 행동과 말투 하나하나가 평판의 대상이 되기 때문이다.

과거가 현재와 미래의 발목을 잡다

큰일을 도모하려면 긴 안목을 가지고 자기관리에 투자해야 한다. 과거가 현재와 미래의 발목을 잡는 일은 소셜네트워크서비스(SNS)가 위세를 떨치게 되면서 허다해지고 있고, 아주 사소한 위선도 즉각적으로 드러나고 있다. 아무 생각 없이 SNS에 올렸던 글 때문에 앞길이 막히거나 비난을 받는 일이 많아졌다. 지난날의 잘못된 행동이 부메랑이 되어 뒤통수를 때리며, 이제 책임을 묻는 것이다. 과거의 글들이 오늘날 다시 살아나 말과 행동이 다른 위선자라는 비난을 듣게 한다. 당시에는 별문제 없던 일인데, 시간이 흘러 비인간적이라는 비난을 받는 경우도 있다. 그래서 과거는 추억하기보다 삭제하고 싶은 기록으로 만들고 싶은지 모른다.[227)]

남에 대해 부정적인 말을 하거나 안 좋은 소문을 내지 마라. 그것은 그 사람의 평판뿐만 아니라 당신의 평판도 깎아 내린다. 이전에 SNS에 올렸던 본인의 많은 글이 '본인의 적은 본인'으로 돌아오는 것이다. 남을 비난하려면 자기 자신의 발자취부터 꼼꼼하게 살펴야 한다. 우리는 인사청문회에서 과거에 숱한 말빚을 남겨 스스로 발목 잡힌 후보자를 많이 본다. '기록은 기억보다 힘이 세다'는 말이 나오는 이유다. 나쁜 상처는 고칠 수 있지만, 나쁜 평판은 고칠 수 없다고 한다.

정치인은 법 이전에 정치적 책임을 지는 존재다. 우리 사회가 정치인에게 요구하는 덕목은 도덕성과 깨끗한 사생활, 철저한 자기관리이다. 그래서 공직을 검증하는데 법률 위반만 따지는 건 아니다. 오히려 불법행위는 인사청문이 아니라 수사 대상이다. 우리나라 인사청문회는 후보자의 정책 소신을 듣는 것보다는 여야 정치 공방의 장으로 변질되어 파행이 잦다. '더 좋은 인재'를 발탁하자는 취지의 청문회가 하나 마나 한 인사청문회, 무늬만 청문회, 답이 정해져 있는 요식행위에 가깝다는 지적이 있다. 인사에서 좋은 사람을 등용하면 민심이 복종하지만, 굽은 사람을 쓰면 민심이 돌아서는 것이다.

갑질로 인한 낙인은 지워지지 않는다

갑질은 피할 수 없는 권력관계를 기초로 우월한 지위를 바탕으로 한 권한 남용이다. 갑질은 계약 권리상 쌍방을 의미하는 '갑을' 관계에서 상대적으로 우위에 있는 '갑'의 특정 행동을 폄하해서 일컫는 '~질'이라는 접미사를 붙여 부정적 어감이 강조된 용어이다. 도둑질, 노략질 등 어떤 행동을 뜻하는 접미사인 '질' 자 붙은 것 치고 긍정적인 것은 없다지만, 갑질만큼 공분을 부르고 지탄받는 단어도 없다. 갑질의 형태는 막말·폭언과 같은 언어폭력의 인격적 모욕과 신체적 폭행, 성희롱과 성폭력, 인사 불이익과 따돌림, 임금 착취 같은 경제적 피해와 가맹점에 제품 밀어내기와 같은 불공정거래 행위, 집안 경조사에 직원 동원 등 다양하게 나타나고 있다.[228)]

갑질의 본질은 자신의 우월한 지위를 바탕으로 상대방에게 부당한 일을 강요하는 것이다. 우리 속담에 "종로에서 뺨 맞고 한강 와서 눈 흘긴다"는 말이 있듯이, 자신의 분노를 자기보다 약한 이들에게 전가하는 것이다. 갑을 관계는 먹이사슬 구조에서 당한 사람이 또 자신보다 약한 누군가를 찾아 진상을 떠는 악순환이 계속되는 꼬리에 꼬리를 물고 확장된다. 갑질은 한국사회의 거의 모든 대인관계에서 나타난다. 상하, 남녀, 노소, 고용 그리고 가진 자와 없는 자의 사이에서 그야말로 만인의, 만인에 의한, 만인에 대한 갑질로 발생하고 있다.

갑질이 사회문제로 대두된 것은 2013년 1월 남양유업의 밀어내기 대리점 강매 때였다. 그러나 갑질은 사회의 강자들만의 문제는 아니다. 상류층이 아닌 일반 서민들도 나는 고객이니까! 손님은 왕이기 때문에 갑으로 군림해도 된다는 그릇된 권리 의식으로 자신의 지위를 핑계 삼아 타인에게 상처를 주기도 한다. 직장인이 생각하는 최고의 갑질은 '묻지도 따지지도 말고 시키는 대로 하라는 윽박지르기'로 나타났다. 갑질을 당하면 겉으로는 괜찮은 척 웃으면서도, 속으로는 몰래 서럽게 운다. 그런데 갑질의 오묘함은 사건이 터졌을 때 피해자는 있지만, 가해자는 없다는 것이다. '했다'는 사람은 없고 '당했다'는 사람만 있고, '맞은 사람'은 있는데 '때린 사람'은 없다는 것이다.

직장 갑질은 다른 말로 바꾸면 직장 내 괴롭힘이다. 조직의 상사라는 이유로 화가 나서 고래고래 소리지르고 책상을 내리치며 큰 소리로 많은 사람 앞에서 호통을 치는 데도 참고 견디어야만 한다. 뭐라도 안 집어던지면 다행이다. 부하 직원은 억울하다. 그렇다고 하여 눈 부릅뜨고 대들 수도 없다. 상사의 부당함을 지적하고 항의하다가는 자칫 '조직 부적응자'라는 꼬리표가 붙고 따돌림의 대상이 되기 때문이다.[229] 마음을 다잡고 상사의 꼴통 짓이 끝나기를 기다리는 게 상책이다. 그나마 실력이 있으면 수긍이라도 가지만, 이런 상사들에게서는 신기하게도 실력도 찾아볼 수가 없다. 이와 같이 감정 조절을 못해 상대방과 갈등을 일으켜 치명적인 상처를 남기는 싸움을 함으로써 갑질하는 사람으로 낙인이 찍힌다면, 인생의 불행이 아닐 수 없다.

수많은 갑질이 자행됨에도 불구하고 갑질하는 사람들은 정작 자신이 '갑질을 했는지'에 대해 자각조차 못하는 사람들이 많다. 설령 갑질을 했다고 뒤늦게 인식했을지라도 "상황에 따라 어쩔 수 없었다, 그 상황에서라면 누구라도 그렇게 행동할 것이다." "성과향상을 위해서 어쩔 수 없었다고 얘기하며 부하 직원의 역량향상을 위해서 독려한 것일 뿐이라고 한다. 그래서 각성하고 잘되라는 의미에서 큰 소리를 좀 냈다" 등으로 피해자의 입장은 헤아리지 않은 채 자기 입장에서 얼버무리거나 정당화하는 경우가 흔하다.

이러한 갑질은 상사의 부당한 행동에 대해 반박하고 싶거나, 되갚아

주고 싶은 마음을 꾹 참느라고 더욱 큰 심리적 에너지를 소비하게 된다는 점, 우울감으로 인해 출근 자체를 힘들어하며 소위 가해자들과 얼굴을 보는 것 자체가 부담스러운 문제가 있다. '을'이라는 이유로 '갑'의 과도한 분노를 일방적으로 감당해야 했던 사람들은 정서적·심리적 괴롭힘을 경험하게 된다. 당사자들은 그 상처로 인해 평생을 씻지 못할 굴욕과 정신적 트라우마에 갇혀 살아가게 된다.

한국의 '갑을 관계' 문화는 위아래를 구분 짓고, 나보다 조금이라도 더 아랫사람이라고 생각하는 사람에게는 함부로 해도 된다는 무례함이 깃들어 있다. 당신의 갑질은 감정적 대응과 호통이 상대로 하여금 일을 잘할 수 있도록 지원해주는 기능을 하는가, 아니면 위축되고 긴장해서 일을 더 못하게 될 것 같은가? 갑질하지 마라. 당신도 어느 순간에는 을(乙)이 된다. 사회구조가 복잡하게 되면서 한 번 갑을 관계가 영원한 갑을 관계가 아니고, 갑과 을의 위치가 바뀔 수 있다. 어떤 관계에서는 갑이 되고, 또 다른 관계에서는 을이 되기도 한다. 어제의 적이 오늘 함께 일하는 경우도 있고, 오늘 내가 딱 잘라 거절했지만 내일 거꾸로 내가 부탁할 일이 생길 수도 있다. 그래서 가급적 상대방의 직업적 자존감을 지켜주고 존중하도록 해야 한다.

갑은 강하고, 을은 약하기 때문에 갑이 나쁘다는 결론으로 쉽게 갈 수 있다. 물론 이 공식이 맞을 때가 많다. 하지만 을이 잘못할 때도 있다. 그래서 을이 과연 을인지를 봐야 한다.[230] 상대적 약자 위치에 있는 을이 갑의 정당한 권리행사를 방해하고, 갑을 곤경에 빠뜨리는 경우를 '을질'이라 한다. 약자인 '을'이 다른 더 약자인 '병'에게 횡포를 부리는 경우도 '을질'이라 부르기도 한다. 따라서 사회적 약자라고 해서 무조건 절대 선으로 봐서는 안 된다는 것이다. 전 미국 대통령 링컨(A. Lincoln)은 "만약 당신이 누군가의 인격을 시험해 보고 싶다면 그에게 권력을 줘보라"고 한다.

갑질이 횡행하고 수많은 '을'들이 억울함을 당하는 사회를 공정하고 정의로운 사회로 바꾸어 나가야 한다. 근원적으로 사람들의 인식과 가치관이 바뀌지 않는다면 갑질문화가 근절되는 것은 불가능하다 시민의식의 성숙을 통하여 남을 배려하고 협력하며 살아가는 자세가 일상화되어야 한다. 서로가 인격체로서 존중하고, 따뜻하게 포용하고 나누는 행복한 사회를 만들어나가야 한다. 괴테(Goethe)는 "타인의 마음을 이해하는 일에는 요령이 있다. 누구를 대하든 자신이 아랫사람이 되는 것이다. 그러면 저절로 자세가 겸손해지고, 이로써 상대에게 좋은 인상을 안겨준다. 그리고 상대는 마음을 연다"고 말한다.

평판은 가까운 곳에서부터 퍼져나간다

예수님도 우리나라 인사청문회는 통과하지 못할 것이라는 우스개 소리가 있다. 물론 청문회는 성불(成佛)한 사람이나 성인(聖人)을 뽑는 자리는 아니다. 공인의 깨끗한 사생활은 도덕성 요건 중의 하나이다. 만약 인도의 간디(M. Gandhi)나 무소유를 강조한 법정(法頂) 스님이 공직자였다면, 가장 이상적인 청렴한 관리가 되었을지 모른다. 공인의 사생활과 관련하여 국민의 알 권리와 사생활 보호의 경계를 규정하기 위한 근거로 '공적 인물론'과 '권리 포기론'이 있다. 악의적인 사생활 공개가 아니면 공인들의 사생활은 일반 국민보다 보호받기 어렵다. 공인의 경우 사생활 보호보다는 국민의 알 권리가 중요하다고 보기 때문이다.

미국의 마틴 루터 킹((Martin Luther King Jr.) 목사는 "흠이 있는 이도 옳은 일을 할 수 있고, 옳은 일을 했음에도 대단한 흠이 있는 이가 있을 수 있다. 인간성은 복잡하며 인간계도 복잡하다"고 했다. 기회가 주어진다면 인사 후보자와 함께 일하겠는가? 라는 질문에, 좋은 평판을가지고 있다면 사람들은 함께 일하고 싶어할 것이다. 그러나 그 상사에게 수없이 무시당하고 질책받은 경험뿐인 직원은 그 상사와의 근무 경험은 그저 지우고 싶은 과거일 뿐일 것이다. 자기관리를 잘하려면 책임감을 키우고, 성과만 챙기지 말고 다른 사람들의 감정도 챙겨야 한다. 상대방에 대한 배려가 필요하다. 고위공직자 국회 인사청문회 때 제보는 경쟁자도 많이 하지만, 같은 부처의 부하직원이나 해당 공직자로부터 인정받지 못했거나 마음의 상처를 받은 사람들이 많다고 한다.[231]

좋은 평판은 오랜 시간과 노력의 많은 행동으로 얻어지지만, 하나의 좋지 않은 행동으로 순식간에 잃을 수도 있다. 개인적으로 신상 문제에 관해 엄격한 자기성찰이 필요하고 상식과 인간의 염치(廉恥), 정의, 국민 정서 등을 유념해야 한다. 독일 소설가 발터 뫼르스(Walter Moers)가 "나쁜 아이디어가 지름길로 가라 해도 넘어가지 말라. 인생은 굽은 길이니 때로는 돌아서 가야 한다"고 한 말을 곱씹어 볼 필요가 있다. 세상 평판이 좋지 않은 일에는 손대지 말아야 한다.

평판은 생존수단이다

평판이라는 신뢰 계좌의 잔고는 직장이나 일상에서 사람들을 어떻게 대하느냐에 따라 늘어나거나 줄어든다. 개인과 기업, 조직을 막론하고 누구나 평판의 잣대 위에 놓인다. 평판은 개인과 기업, 조직의 최대 생존수단이다. 이제 평판은 시장에서 유통되는 제품·서비스뿐만 아니라 인간 개개인과 사회 속의 조직과 기업에 대해서도 성립하는 성공함수가 되었다. 평판은 현재의 나를 지키고, 미래의 성공을 창출하는 경쟁력 있는 자산이다. 이제 평판 관리에 시간을 투자해야 한다. 평판 관리는 훌륭한 위기관리전략이다. 이제 명성, 인기는 자산이다. 유명 인사나 유명

연예인들은 그것만으로도 돈을 벌고 영향력을 행사한다. 개인의 경우 평소 몸가짐과 행동거지에 각별한 주의를 기울여야 한다. 기업도 평판이 '보이지 않는 힘'이라는 사실을 자각하고, 명성 관리는 물론이고 위기 관리의 근원으로서 평판 관리의 새로운 전략을 모색해야 한다.[232)]

조직에서 쌓은 평판은 조직 내에서의 처우에 그치는 것이 아니라, 전직한 이후 조직 밖에서 활동하는 데에도 영향을 미친다. 평판이 좋으면 정보도 쉽게 모이고, 발언에도 설득력이 있어서 교섭도 수월하게 이루어지고, 누구에게 어떤 부탁을 해도 우선적으로 처리해 주어 일이 효율적으로 진행된다.[233)] 평판이 좋은 기업은 우수 인재를 끌어들이고, 소비자에게 높은 가격을 요구하며, 강력한 시장 점유율을 기반으로 수익의 선순환을 이룬다. 그동안 소비자들에게 호평을 받았다면, 리콜 같은 예상치 못한 충격도 보다 쉽게 극복할 수 있다.

평판을 잃는 순간 개인의 경우 자신에 대한 신뢰와 존경은 사라지고, 하늘의 별에서 한순간 나락으로 떨어지며, 대중이 돌아서는 것을 경험하게 된다. 기업의 경우 회계부정행위, 고객에 대한 불공정거래행위, 거래처에 대한 갑질 사례, 안전을 위협하는 제조과정에서 일어나는 실수 등으로 인해 평판이 추락하면 최악의 위기로 고객과 매출 등을 잃을 수 있다.[234)]

'놈'이 될 것인가? '분'이 될 것인가?

일정한 지위에 오른 리더라면 평판을 신경 써야 하는 것이 현실이다. 지위가 올라갈수록 장기계획을 수립하여 대인관계, 인격 관리에 신경 써야 한다. 지위가 높을수록 기대도 높아지기 때문에 평판을 관리하는 것이 까다로워진다. 우리는 '놈'이 아닌 '분'이 되기 위한 전략을 세워야 한다. 흔히 지위와 평판은 비례한다고 생각하지만, 꼭 그렇지는 않다. 지위가 높은 사람도 평판이 낮을 수 있고, 지위는 낮지만 평판은 높은 사람도 있다. 아무리 사회적 지위가 높을지라도 인격이 좋지 않다는 평판을 받으면, '센 놈'에 불과하다. 하지만 능력과 훌륭한 성품을 지녔다면, '센 분'이다.[235]

인생은 짧지만, 좋은 평판은 사람을 오래오래 살게 해준다. 평판은 죽을 때까지 내 뒤를 따라다니고, 요즘에는 내가 죽은 뒤에도 인터넷에 남는다. 평판 관리는 평생 계속되어야 한다. 일과 관련한 경력관리보다 더 중요한 것이 '인격 관리'다. 지위가 올라갈수록 인격 관리의 필요성은 더욱 커진다. 특히, 사람이 상품인 경우 인성만큼 중요한 게 없다. 실제 오랫동안 인기를 유지하는 연예인들의 공통점은 철저한 자기관리로 좋은 평판을 유지해 팬들에게 실망을 안기지 않는 데 있다. 지금은 디지털 기술이 만드는 초연결사회다. 비밀이 보장되지 않는다.[236]

32

아군은 아니더라도 적은 만들지 마라

인간은 다른 사람과의 관계 속에서 존재 의미를 갖는다

인간은 혼자서는 살 수 없는 존재이다. 인생은 관계로 가득 차 있다. 우리는 모두 누구의 부모이고, 자식이며, 남편(아내)이고, 또 누군가의 친구이고, 직장동료이다. 이처럼 우리는 수많은 인간관계를 맺고 사회생활을 영위하게 된다. 이 관계들의 중심에는 내가 있고, 그 각각의 관계를 어떻게 바람직한 방향으로 이끌어나가고 올바르게 실천해 내느냐가 과제이다.[237] 인생의 기쁨과 고통은 대부분 사람과의 "관계"에서 비롯된다. 우리의 가장 즐거웠던 순간, 가장 소중했던 순간, 가장 힘들었던 일, 가장 사랑스러운 기억들은 사람과 함께했던 순간들이다. 우리가 가장 많은 것을 배운 것도 사람들과 함께 있을 때였다.[238]

인간은 사회적 동물이다. 그래서 로빈슨 크로소(Robinson Crusoe) 처럼 무인도에서 혼자 살 수 없다. 인간이 진화해 오면서 사회성과 대인관계는 생존을 위해 중요한 요소였다. 미국 다트머트대학교 교수 마이클 가자니가(Michael Gazzaniga)는 최근 자신의 책에서 질문 하나를 던졌다. 인간의 뇌는 도대체 무엇을 하기 위해 설계되었을까? 일평생의 연구를 토대로 그가 내린 결론은 '인간관계를 잘하기 위해서'다. 인간을 가장 인간스럽게 만드는 뇌, 한마디로 사람들과의 관계를 잘 맺기 위해 뇌가 발달했다는 것이다. 호모사피엔스라는 동물의 진화 여정에서 집단으로부터의 소외나 고립은 죽음을 뜻했기 때문이다.[239)]

인간관계를 원활하게 하고, 일상생활을 능숙하게 소화하기 위해서 필요한 기능을 사회적 기술(social skill)이라고 한다. 사회적 기술은 생활의 윤활유다.[240)] 우리가 사는 동안 사람과의 관계에서 갈등을 피하기는 어렵다. 오스트리아 심리학자 알프레드 아들러(A. Adler)는 "모든 고민은 '인간관계'에서 비롯된 고민"이라고 한다. 현대사회는 가슴과 가슴이 따뜻하게 만나는 사람과 사람 사이의 관계가 소원하고 사회가 비인간화되면서 인간관계가 척박해졌지만, 우리가 직장 등에서 유대감을 갖지 못하면 우리의 일과 삶 모두 덜 의미 있게 느껴진다는 점에서 인간관계 맺기는 중요하다. 특히, 우리나라는 유교적 인간관계의 영향으로 직장과 사회의 모든 인간관계가 상하 관계로 되어야 하는 듯이 생각하는 경향을 만들었다. 이러한 오랜 전통 때문에 직장에서 직책의 상하는 조직생활에서의 편의를 위한 구분일 뿐, 인생에서 상하 관계를 의미하는 것은 아닌데도 인간 및 인격의 상하 관계로 만드는 결과를 초래했다.[241)]

인터넷과 소셜미디어 사용 이전의 사람들은 보기 싫어도 봐야만 하는 사람들과 부대끼며 살았다. 싫은 사람과도 어쩔 수 없이 대화해야 했다. 관계는 대화에서부터 시작된다. 대화가 없으면 인간관계는 급격히 단절된다. 사이버 세상의 등장으로 인간관계에 대한 인식의 전환이 예상된다. 오늘날 원격근무·재택근무 등으로 비대면 업무가 많아지면서 관계지향성이 줄어들고 있다. 그렇다고 관계의 중요성이 사라지는 건 아니다. 요즘 젊은 세대들은 '개인'으로 성장해서 인간관계에 취약하고, 인간관계의 많은 부분을 온라인에서 해결한다. 그래서 동기·선배들과 친해지지 못해 고민인 것 같다. 사람과의 부대낌을 피하지 말고 어울리는 법을 학습해야 한다. 인간주의 철학은 친밀한 인간관계를 구축하는 것이 바로 사람이 살아가는 의미라고 한다.[242)]

젊은 세대는 인간관계에 대한 이해가 부족한 것으로 보인다

현대사회는 연결성과 상호 의존성이 매우 높은 시대로, 관계 자산이 중요하다. 오늘날 고도로 발달한 기술 덕에 사람 간의 사교는 '전자화', '대량화'로 관리되고 있다. 그렇다면 우리는 연결되어 있는가, 아니면 그저 연결된 것처럼 보일 뿐인가? 프랑스 사회학자 도미니크 볼통(Dominique Wolton)은 "연결성에 대해 착시현상을 느끼게 하는 것이 SNS의 폐해"라고 한다. 인터넷을 기반으로 한 사교의 장에서는 실체가 없는 허상 같은 소통이 되고 있다. 과학정보통신기술이 발달하면서 교류는 더 빠르고 빈번해졌지만, 사람과 사람 사이의 거리는 멀어지고 있다. 젊은 세대는 타인과 직접적으로 장시간 교류하기를 꺼린다. 동시에 완전히 혼자 있는 것도 무섭다. 이때 휴대폰은 '관계 욕구와 고독'이라는 상반된 심리 두 가지를 해결해 주는 최고의 도구다.[243)] 이런 사회적 환경은 젊은 세대의 공동체 감각에 영향을 미친다.

사이버 세상에서는 좋아하는 사람과 좋아하는 정보만 접하기 쉽다. 비슷한 생각을 하는 사람들끼리 그룹을 형성하고, 좋아하는 정보만 접하게 된다. 다른 생각을 하는 그룹은 멀리하게 되고, 그룹들 사이의 간격이 커지기 쉽다. 많은 사람이 편을 갈라 나와 '다른 편'에 선 사람을 배척한다. 옳고 그름을 가리지 않고 "자기와 같은 무리는 편들고, 자기 편이 아니면 배척"하는 당동벌이(黨同伐異)는 사회 갈등의 원인이 될 수 있다.

인간관계는 삶의 기술이다

미국 하버드대학교 비즈니스 스쿨의 로버트 카츠(Robert L. Katz) 교수는 직장인에게 필요한 기술을 3가지 관점에서 분류했다. 먼저 테크니컬 스킬(technical skills)은 어느 정해진 분야에서 특정 업무를 소화하는 데 필요한 정형적인 업무능력으로, 휴먼 스킬(human skills)은 다른 사람들과 업무를 소화하는데 필요한 대인관계를 원활하게 처리할 수 있는 능력으로, 그리고 컨셉추얼 스킬(conceptual skills)은 일의 큰 틀을 이해하고 개념화해서 받아들이는 능력(문제 발견력, 상황 판단력, 통찰력, 전략 입안능력 등)을 가리킨다.[244]

인생의 거의 모든 문제는 '사람과의 문제'로 시작된다. 인간이 경험하는 가장 강력한 고통과 기쁨은 모두 사람에게서 비롯된다. 그래서 인간관계만큼 어려운 것도 없다. 우리의 삶은 '누구'와 만나고 그 사람과 '어떤 관계'를 맺었으며, 그 관계 속에서 '무엇을 주고받는가'에 의해 결정된다. 우리가 맺는 관계는 우리의 삶을 지옥으로 만들 수도 있고, 천국으로 만들 수도 있다.[245] 미국 카네기-멜론 대학교에서 성공에 영향을 미치는 요인을 분석한 결과, 기술과 능력은 15%에 불과했고, 85%는 좋은 인간관계와 공감 능력이 좌우하는 것으로 나왔다. 따라서 인간관계는 최고의 경쟁력이 된다. 아시아 문화권에서는 돈독한 인간관계를 형성하는 것이 사업의 필수조건이다.

우리는 어디에 가든 사람에 둘러싸여 관계를 맺으며 살아간다. 인간관계의 그물망에서 벗어날 수 없다. 좋아하지도 않은 사람과 어울려야 하고, 싫어하는 상사의 기분도 살펴야 한다. 가능하면 누구에게도 미움을 사지 않고 상처받지 않고, 인정받고 싶은 욕구를 충족시키며 살기를 바란다. 만사가 그렇듯이 인간관계도 공짜로 누릴 수는 없다. 대신 같은 시간과 에너지·비용을 들이면서 가장 효과적인 인간관계를 맺는 방법이 무엇인지에 관심을 두고 행동한다. 인간관계에서 얻는 것은 경험, 시야, 인맥이다. 이러한 인간관계를 구축하는 데는 시간이 걸린다. 진실하고 호혜적인 인맥을 유지하려면 적지 않은 시간과 노력을 투자해야 한다. 리더는 인간관계가 좋아야 결정된 일을 효율적으로 추진할뿐더러 실행과정에서 빚어지는 다양한 이해관계도 능동적으로 관리할 수 있다.[246)]

많은 사람이 인맥을 성공의 첫 번째 요소로 꼽는다. 지금은 아니더라도 언젠가는 이들이 내게 큰 도움이 될 날이 있을 것으로 기대한다. 무라자와 시게루(村澤滋)는 『샐러리맨 13가지 대죄』에서 "인맥이 없는 사람은 무리에서 쫓겨난 원숭이와 같다"고 말한다. 우리나라는 끼리끼리 뭉치는 '인연'사회로 학연이든 지연이든 인간관계로 얽힌 '연'에 끼지 못하면 기회가 별로 없는 듯하다. 한국 사회는 언론, 법조계, 정치계, 기업인, 학계 등 서로 다른 분야의 사람들이 좀 과하다 싶을 만큼 너무도 잘 알고 지낸다는 것이다. 이러한 인맥을 형성하는 데 학교, 군대, 대학, 고향 등 온갖 것들이 다 동원된다.[247)]

우리는 많은 시간과 비용을 투자해 자신의 생존과 발전에 도움이 될 수 있는 사람들에 대해 인맥 관리를 한다. 수많은 전화 통화와 접대를 하고, 틈나는 대로 SNS를 훑고, 문자 메시지와 이메일을 보내고, 정기적인 모임에도 빠짐없이 참석한다. 눈과 귀에서 멀어지면 마음에서도 멀어지기 때문이다. 싫어하는 사람이나 내 마음을 상하게 한 사람에게도 정중히 대한다. 억지웃음을 보이며 되도록 무난하게 지내려고 애쓴다. 평상시 관계를 유지·관리하지 않고 급할 때 찾으면 이미 늦다.

인간관계에서 신뢰는 중요하다. 신뢰는 인간관계의 깊이와 미래를 결정하는 동시에 그 사람의 평판을 결정한다. 그래서 인간관계를 잘하는 방법은 신(信)으로 시작해서 신(信)으로 끝내는 것이라고 한다. "내가 사람을 잘못 봤어"라는 말이 나오는 관계는 '잘못된 만남'이다. 인간관계에 대해서 전혀 준비가 없으면, 올바르지 못한 사람을 사귀게 되어서 사업의 실패, 우정의 배신, 결혼의 파경과 같은 인생이 잘못 꼬이거나 낭비될 위험이 있다.[248] 처음 만났을 때는 괜찮은 사람 같아 보였는데, 시간이 흐르면서 전혀 아니었다는 이야기는 흔하다. "열 길 물속은 알아도 한 길 사람 마음속은 모른다"는 것처럼, 그 사람의 진면목은 세월을 거쳐야 알 수 있다. 이러한 인간관계는 한 번의 실수로 어그러지면 복구하기가 쉽지 않다.

나의 고상한 이미지를 지키기 위해, 관계를 망치지 않기 위해 타인에게 상처 주지 않으려고 싫은 말이 있어도 하지 못하는 사람이 있다. 이는 주변 사람들에게 인기 있고 그를 싫어하는 사람이 적을지는 몰라도 자신의 인생을 살기는 어렵다는 문제가 있다. 진짜 감정을 감추고 남들 앞에서 억지로 쿨하게 보이지만, 뒤로는 골병이 드는 것이다. 유대교 교리에 "열 명의 사람이 있다면 그중에서 한 사람은 반드시 당신을 비판한다. 당신을 싫어하고 당신 역시 그를 좋아하지 않는다. 그리고 그 열 명 중 두 사람은 당신과 서로 모든 것을 받아주는 더 없는 벗이 된다. 남은 일곱 명은 이도저도 아닌 사람들"이라고 말한다.[249]

원한을 남기지 마라

인간관계는 성공에 있어서 필수조건이다. 직장생활에서 인맥관리 방안 중 하나가 원수를 만들지 않는 것이다. 인간적으로 대하면 좋은 사람인데, 일로 엮였을 때 원수가 되는 경우가 있다. 일하면서 서로의 생각이 다를 때, 부서 간의 이해관계가 대립할 때 언쟁은 있을 수 있다. 하지만 감정의 앙금이 남지 않도록 원만한 관계를 유지하는 것이 중요하다. 벤자민 플랭클린(Benjamin Franklin)은 "모든 사람에게 예절 바르고, 많은 사람에게 친절한 사람은 아무에게도 적이 되지 않는다"고 한다. 예의가 사람을 만든다. 예의 바른 사람은 적에게도 칭찬받는다. 칭찬에 앞장서라. 그러면 적군도 내 편이 된다. 적이 될 것 같은 사람을 자기 편으로 끌어들이면 더 좋을 것이다. 어진 사람에게는 적이 없다(仁者無敵).

인간은 세상을 '우리'와 '그들'로 구분하는 성향이 있다. 사람은 공정하게 하려고 애를 써도 자신이 속한 무리를 우대하고, 다른 집단은 소홀히 한다. 인간은 같은 뜻을 가진 사람을 긍정적인 시각으로 바라보고, 낯선 사람을 불신의 눈으로 바라본다. 우리는 같은 뜻을 가진 사람에게서 나타나는 모순이나 위선적 행동, 과실 등은 너그럽게 봐준다. 유유상종(類類相從)하면서 자기 편만 든다. 나와 뜻을 함께하지 않는 사람은 적이다. 심리학자 조셉 마크스(Joseph Marks)와 탈리 샤롯(Tali Sharot)은 학술저널 『인지』에서 "기본적으로 사람들은 자신의 견해와 일치하고 이를 뒷받침해주는 정보를 옳다고 생각한다. 그래서 대부분의 사람은 자신의 입장에 근거를 마련해주는 정보를 소비하며, 다른 정보들은 가짜 뉴스라고 비방한다"고 한다.[250)]

미국 사회심리학자 스탠리 밀그램(Stanley Milgram 1933~1984)은 '여섯 다리의 법칙'을 통해 여섯 단계만 거치면 세상의 모든 사람과 연결된다고 한다. 세상이 그만큼 좁다는 뜻이다. 사람이 살다 보면 어느 곳에서든지 서로 만나게 된다. 앞으로 절대 보지 않을 것이라는 근시안적 생각에 원수로 만들면, 나중에 그것이 칼날이 되어 다시 나에게 돌아올 수 있다. 길이 좁은 곳에서 만나게 되면 피하기 어렵다. 세상은 넓은 것 같지만, 좁아서 외나무다리에서 원수를 만난다. 중국 송나라 때의 『경행록(景行錄)』은 "은혜와 의리를 널리 베풀어라. 인생의 어느 곳에서든 서로 만나지 않으랴? 원수와 원한을 맺지 마라. 길이 좁은 곳에서 마주치면 회피하기 어렵다(恩義廣施, 人生何處不相逢, 讐怨莫結, 路逢峽處, 難回避)"고 한다. 사람들에겐 저마다의 역린(逆鱗)이 존재한다. 역린은 절대로 건드리지 마라. 친구 관계가 불가능한 상황에서도 적으로는 남지 말라. 친해질 것까지는 없지만, 그렇다고 원수 사이가 될 것도 없다. 터기 속담에 "천 명의 친구들, 그것은 적다. 단 한 명의 원수, 그것은 많다"라는 말이 있다.

인간관계는 마음에서 시작된다

소통이 잘 안 되면 인간관계의 갈등뿐만 아니라 일조차 제대로 진행되지 않는다. "일이 재미없다"고 말하는 사람의 말을 그대로 믿어서 문제를 일 그 자체에 있다고 단정하면 안 된다. 진짜 이유는 직장에서의 인간관계가 원만하지 못한 경우가 의외로 많기 때문이다.[251] 직장생활의 갈등은 동료·후배보다는 상사와의 관계 속에서 만들어지는 것이 대부분이다. 회식 자리에서의 안주거리, 휴게실이나 화장실에서의 뒷담화 소재가 대부분 상사인 이유가 그것이다. 한편, 구관은 다 명관인가? 전임 상사와 각별했던 직원일수록 신임상사와 불편한 관계 때문에 고민한다. 직장생활을 하는 동안 다양한 상사 밑에서 일하게 된다. 싫은 상사 하나 없이 나랑 꼭 맞는 상사들만 있는 직장은 결코 있을 수 없다. 그런 사람들과 마주치게 되리라는 것을 미리 각오해야 한다. 현명한 처신은 새 업무 코드에 맞추는 것이다. 그리고 굴러 들어온 돌과의 관계를 돈독히 한다. 전임 상사를 신임상사보다 후하게 평가하는 이유는 능력 때문이 아니라 대개 익숙하고 편해진 관계 때문이다. 신임상사도 시간이 지나면 구관이 된다.[252]

직원들과 식사를 한 번씩 하면 인간관계를 넓힐 수 있다. 이는 편하게 대화하며 조직과 업계 전반의 상황을 이해할 수 있고, 조직 안팎으로 시야를 넓히는 데 도움이 된다. 상사들과 함께 하면 그들과의 대화 속에서 그들의 경험과 노하우와 성공 전략을 배울 수 있다. 직장에서 업무상 혼난 경우에도 말끔히 갠 표정으로 일할 의지를 드러내는 게 좋다. 혼난 후 감정의 앙금이 남아 있으면, 결국 돌아오는 건 '잰 같이 일하기 불편한 사람'이라는 인식이다. 어떤 제안에 대해서도 직접적으로 "아니요"라고 말하는 것도 권장할 만한 행동은 아니다. 단순 무식하게 거절 의사를 표하는 것은 무례한 일이다. "그건 좀 어려울 수도 있습니다" 정도의 표현으로 하면, 갈등을 덜 일으킬 수 있다.[253)]

좋은 인간관계를 지속하는 대화법은 상대방의 말을 끝까지 차분하게 들어주고, 공감 가는 내용은 표정으로 상대방에게 전한다. 의견 충돌이 생겨 긴장이 고조되면, 곧바로 가벼운 화제로 전환한다. 모임에서는 참석자 평균보다 내가 말하는 시간이 길지 않도록 한다. 내 말에 상대방이 무관심하거나 지루해할 때는 멈추도록 한다. 그리고 명백한 근거 없이 단정적인 의견을 말하지 않는다.

이해가 떠나면 발길을 돌린다

하버드대학교 협상전문가 키아누 네리몬드는 "사람과 사람 사이의 관계의 본질은 이익"이라고 한다. 인간관계에는 보상의 법칙이 존재한다. 이해관계에 얽혀 맺은 인간관계는 이해가 엇갈리면 얼마든지 멀어질 수 있다. 그토록 가깝던 사람도 이해가 떠나면 가차 없이 발길을 돌리는 것이 요즘 세태이다. 그들에게는 사람 냄새가 나지 않는다. 『사기(史記)』 〈염파인상여열전(廉頗藺相如列傳)〉에 "천하는 장사꾼의 도로써 사귀니 당신에게 권세가 있으면 당신을 따르고, 당신에게 권세가 없으면 떠나갑니다(天下以市道交, 君有勢我則從君, 君無勢則去)"라는 말이 있다. 현재의 권력 앞에 머리를 조아리던 직원들이 당신이 떠난 후에도 계속 잘해 줄 것이라 생각하면 바보다. 그들은 자신에게 편익을 가져다줄 만한 지위나 권력을 가진 사람들에게 적극적으로 접근하여, 무언가를 요구하여 각종 편의와 이익을 누린다. 그러다가 이용 가치가 없다 싶으면, 언제 그랬나 싶게 떠난다. 그래서 힘 있을 때 친구는 친구가 아니다. 우리 속담에 "달면 삼키고 쓰면 뱉는다."

중국 당나라 때 당송팔대가(唐宋八大家)로서 대문장가인 유종원(柳宗元, 773~819)의 묘비명에는 "사람이란 곤경에 빠졌을 때야 비로소 참다운 우정이 나타나는 법이다. 평온하게 살아갈 때는 서로 그리워하고 칭찬하며 사양하곤 한다. 또 술자리를 마련해 놓고 초청하여 웃고 즐기면서 서로 간이나 쓸개라도 꺼내 보여줄 것처럼 생사를 같이하자며 하늘을 우러러 맹세하기도 한다. 그러나 일단 털끝만큼이라도 이해관계가 얽히게 되면 얼굴을 붉히며 언제 그랬느냐는 듯 안면을 바꾼다"는 글이 있다. 공자(孔子)도 "술과 음식을 나눌 때, 형이니 아우니 하는 친구는 천으로 많아도, 위급할 때의 벗은 하나도 없다"고 했다.

『사기(史記)』 〈한안국열전(韓安國列傳)〉에는 '다 타버린 잿더미에 다시 불이 붙다'라는 사회부연(死灰復燃)이라는 말이 있는데, 그 속뜻은 권세를 잃었던 사람이 다시 득세를 하거나, 실패했던 사람이 재기하는 것을 비유하는 말이다. 꺼진 불도 다시 살펴본다는 생각은 있어야 한다.

좋은 친구는 인생의 큰 자산

독일 염세주의 철학자 쇼펜하우어(A. Schopenhauer)는 고슴도치를 통해 사람과 사람 사이의 심리적 거리를 이야기한다. 한겨울이 되자 고슴도치들은 서로의 체온으로 추위를 견디기 위해 가까이 다가간다. 하지만 서로의 가시에 찔려 상처를 입지 않으려면 일정한 거리를 유지해야 한다. 몇 차례 시도 끝에 그들은 서로의 체온을 느끼면서도 상처를 주지 않는 적당한 거리를 찾았다. 쇼펜하우어는 인간관계도 마찬가지라고 한다. 심리학에서는 이를 '고슴도치 딜레마'(Hedgehog's dilemma)라고 한다. 고슴도치 딜레마의 핵심은 친구와 가까운 관계를 유지하는 동시에 '안전거리'를 지켜야 한다는 것이다.[254)]

기쁨을 함께 나눌 사람이 없고, 슬픔을 덜어 줄 벗이 없이 산다면, 우리의 삶은 얼마나 삭막하겠는가. 스페인 소설가 세르반테스(M. de Cervantes, 1547~1616)는 "친구를 가지지 못한 사람은 그의 일생을 반밖에 못 산 셈"이라고 하였다. 친구와 포도주는 오래될수록 좋다고 한다. 미국의 인간관계 전문가들은 현대인의 인간관계를 피라미드 모양으로 분석했다. 피라미드의 꼭대기 층에 있는 사람은 '진짜 친구'로 수가 많지 않고 가장 소중한 존재다. 두 번째 층은 '보통 친구'로 평소 잘 어울리며 함께 맛있는 음식을 먹고 이야기를 나눌 수 있는 대상이지만, 보통의 사교 대상일 뿐 마음을 터놓는 수준은 아니다. 세 번째 층은 '협력형 친구'로 대부분 일하면서 만나는 사람들로 직장에서 생겨나는 관계다. 서로 성격이 딱 맞을 필요는 없고, 그저 일하는 데 협력하면서 성과를 내기만 하면 된다. 네 번째 층은 '실리형 친구'로 오직 편익을 위해서 함께 하는 관계다. 피라미드 전체에서 가장 많은 수를 차지하며 취할 편익이 있으면 오고, 없으면 가기 때문에 관계를 유지하려고 시간과 에너지를 투입할 필요가 없다.

인내와 분노는 복(福)과 화(禍)의 경계선이다

잘되는 사람을 비난하는 진짜 이유는 부럽고 탐이 나서다. 일도 잘하고 유머 감각도 있으며 외모도 훌륭한 동료를 보면, 부러운 것은 사실이다. 세상에는 노력하는 사람을 무책임하게 흠집 내는 부정적인 말만 해대는 사람들이 있다. 이렇게 욕을 하거나 비웃는 식의 인신공격이 인간관계를 가장 위태롭게 한다고 한다. 현실을 있는 그대로 바라보지 못하고, 자기 안의 부정의 창을 통해 보니 모든 게 부정적일 수밖에 없다. 이런 경우 사람들은 더러워서 피하지 무서워서 피하나 하는 말로 행동한다. 우리는 '편견과 선입견'을 버려야 한다. 그래야 예쁜 식견을 기를 수 있다. 아무래도 좋을 상대방의 작은 약점들은 적당히 눈감아준다. 사소한 약점 하나로 그 사람 전체를 파악하려고 하지 말고 유연하게 처신한다. 문제를 냉정하게 바라보고 참을 줄 알아야 한다. 사람에 휘둘리는 강한 호불호는 나중에 후회할 일을 많이 만들게 된다.

다른 사람의 약삭빠른 술책에 당해 억울함이 밀려올 때 따질 것인가? 강력한 말로 따지는 것은 당장은 시원할지 몰라도 그 결과는 대개 비극으로 끝난다. 따지며 세월 보내는 것보다 그냥 흘려보내고 마음 편한 쪽을 택하는 것이 낫다. 당장은 용서하기 힘든 일도, 시간이 지나면 그냥 한때의 골치 아팠던 문제로 그친다. 누군가를 용서하는 일은 그 사람보다는 정말로 곤경에 처할 수 있는 나 자신을 사면해 주는 것이다.

남보다 위에 있으려 한다면, 상대방 보다 낮추어야 한다. 상대방보다 먼저 있으려 한다면, 몸은 뒤에 있어야 한다. 그러면 위에 있어도 사람들이 버거워하지 않고, 앞에 있어도 사람들이 해롭다고 여기지 않는다. 사람들이 그를 앞세우고도 싫어하지 않는다. 중국 춘추시대 노나라의 좌구명(左丘明, BC 556~BC 451)이 지은 것으로 전해지는 『춘추좌전(春秋左傳)』은 "모든 것을 두려워하고 겸손할 줄 알면, 그 사람은 결코 망하는 법이 없다"고 하였다. 성공하려면 사람을 얻어야 한다. 사람을 얻고 싶다면, 그 사람의 마음을 얻어야 한다. 내가 높아지려면 내 주변 사람부터 높여야 한다. 겸손한 사람은 성공하고, 거만한 사람은 실패한다.

영국 워릭대학교 교수 청웨이 리우(Chengwei Liu)는 "능력과 노력 덕에 성공했다고 공공연히 말하는 것은 사람들이 당신에게 갖는 호의를 견고히 하는 데 도움이 되지 않는다. 한 연구 결과에 따르면, 성공 이유를 자신의 능력과 노력으로 돌리는 것은 이기적이고 오만하며 자아도취적이고 신뢰할 수 없는 사람으로 보이게 한다고 한다. 당신의 성공 비결을 운으로 돌리면 어떨까요? 오히려 사람들은 당신에겐 성공할 자격이 있다고 믿을 것이고, 당신을 겸손하고 신뢰할 수 있는 사람이라 생각할 것"이라고 한다. 지금의 자신이 있기까지 곁에서 도와주었던 많은 사람을 기억하기란 쉽지 않다. 성공한 순간 자신의 힘으로 모든 것을 이루었다는 합리화가 시작되기 때문이다. 우리는 어떤 일이 잘되면 모두 자신의 공으로 돌리고, 잘못되었을 때는 남 탓으로 돌리는 데에 익숙하다.

살다 보면 크고 작은 오해가 생긴다. 이때 순간적인 감정에 사로잡혀 다투고 원한을 만들면 안 된다. 일단 한번 싸움을 시작하면, 이후에 또 다른 싸움의 원인이 되고 결과적으로 늘 불안한 생활을 하게 된다. 한 번 참으면 큰일을 작게 만들 수 있고, 작은 문제를 없앨 수도 있다. "사람을 때리더라도 얼굴은 피하고, 남을 비난하더라도 단점을 들추어내지 마라"는 속담이 있다. 원만한 대인관계를 형성하고 싶다면, 최대한 타인의 입장에서 이해하고 상대방의 자존심을 살려주어야 한다. 남에게 손가락질할 때마다 세 개의 손가락은 항상 자기 자신을 가리키고 있음을 잊지 말아야 한다. 한 걸음 뒤로 물러서서 굴욕을 참는 것은 원만하게 일을 해결하는 비결이며, 또한 인생의 지혜이기도 하다. 인내와 분노 두 가지 감정 중 어떤 것을 선택하느냐에 따라 화(禍)와 복(福)의 경계선이 그어진다. 화와 복에는 문이 없고 오직 사람이 자초하는 일이다. 선택하는 능력이 인생을 좌우한다.

33

사람은 능력보다 배려로 자신을 지킨다

따뜻함은 강인함을 이긴다

삶이 순풍에 돛 단 듯이 흘러가지는 않는다. 실직과 파산, 극단적인 곤경에까지 내몰리기도 한다. 이런 일들이 생기면 혼자 힘으로만 벗어나기가 쉽지 않다. 다른 사람의 도움과 응원과 지지가 필요하다. 다시 새롭게 일어날 힘이 필요하다. 그래서 내가 가장 힘들 때 필요한 도움을 준 사람은 평생 잊지 못한다. 그들이 건넨 따뜻한 말 한마디가, 잡아 준 손이 우리를 절벽에서 돌려세우고 일으켜 세운다. 우리는 사람을 평가하는 기준 중에서 '차갑다' '따뜻하다' 등의 온도 언어를 사용하면서 온화함이 으뜸이라고 말한다.[255)]

중국 명나라 홍자성(洪自誠, 1573~1619)의 어록인 『채근담(菜根譚)』은 "생각이 너그럽고 두터운 사람은 봄바람이 만물을 따뜻하게 기르는 것과 같으니 모든 것이 이를 만나면 살아난다. 생각이 각박하고 냉혹한 사람은 삭북(朔北)의 한설(寒雪)이 모든 것을 얼게 함과 같아서 만물이 이를 만나면 곧 죽게 된다"고 온도 언어를 사용하여 성품을 말하고 있다. 누구나 사람이 가는 곳은 어디든지 무의식적으로 인간적인 따스함을 원한다. 우리는 평생을 같이 할 수 있는 사람으로, 그리고 인생에서 가장 중요한 사람의 조건으로 자상함, 배려심이 있는 사람을 원한다. 배려라는 개념에는 관용과 이해, 역지사지가 포함되어 있다.

이솝 우화 『나그네의 외투 벗기기』는 따뜻함과 강인함을 비교하는 이야기다. 바람은 자기 힘만 믿고 계속 강경함을 고집하며 나그네에게 바람을 보낸다. 그럴수록 나그네는 외투를 벗지 않으려 움켜쥔다. 반면, 해님은 온화한 미소와 함께 따뜻한 햇볕으로 나그네 스스로가 외투를 벗도록 만든다. 따뜻함은 작은 실수에 대해 관대하다. 실수는 실패가 아니다. 실수를 두고 비웃고 조롱하면, 상대는 자신감을 잃게 되고 심지어 화도 낸다. 실수한 상대도 자신의 실수를 안다. 자기 스스로가 실수를 줄이고 제대로 일할 수 있도록 작은 것은 그냥 넘어가도 괜찮다. 사람들은 큰일에 감동하지 않는다. 예상 밖의 큰일이 생기면 오히려 놀랄 뿐이다. 사람들은 의외로 작은 것에 감동한다. 작은 것이지만 그 안에는 커다란 마음이 들어 있기 때문이다.[256] 주변 사람들과 원만한 관계를 유지하려면, 그들의 자아를 세심하게 배려해야 한다.

정상까지 올라간 사람은 실력은 말할 필요가 없고 남을 배려하는 세심한 점에서 비범한 면이 있다. 프란치스코 교황(Pope Francis)은 이러한 배려의 자세에 대해 "자신의 방식대로 인생을 살되, 타인의 인생을 존중하십시오. 그리고 타인에게 마음을 여십시오"라고 말한다. 종교에 의해 부과되었던 가장 중요한 문제는 "네 이웃을 사랑하라"는 것이었다. 자기 일을 열심히 수행하면서도 남을 배려해 주는 마음이 인(仁)의 마음이다. 남을 배려하고 공감하는 마음이 있으면 인간은 행복할 수 있고, 사회는 행복한 사회가 될 것이다.

배려는 공존의 법칙이다

인생을 하나의 게임으로 보면, 누군가가 승리하면 누군가는 반드시 패한다는 제로섬 게임(Zero-Sum Game)이 성립한다. 경쟁과 배려는 이율배반적이지만 우리의 삶을 지탱시켜주는 기본 틀이다. 숨 막히는 경쟁 심리는 타인에 대한 배려가 없는 이기적인 사회를 만들고 사회 전반에 갈등을 심화시키게 된다. 사회에서 가장 밑바닥의 사람들에게 얼마나 관심과 배려가 있는가로 그 사회의 건강성을 측정할 수 있다고 한다. 건강한 사회로 성장하려면 소외된 사람, 가난으로 상처 입은 사람들에 대한 배려와 관심이 필요하다.[257] 사회적 위화감이 깊어지면, 안정적인 사회 유지가 어렵다. 사회는 경쟁이 아니라 배려로 유지된다.

인간관계에서 상대방에 대한 배려는 중요하다. 항상 상대에 대한 배려를 잊지 않는 것이 인간관계의 기본이다. 인간관계의 갈등은 상대가 내 마음을 몰라준다고 생각하는 것에서 시작한다. 상대방을 이해하라는 것이 무조건 그쪽 의견에 동의하거나, 당신이 틀리고 그 사람이 옳다고 말하는 게 아니다. 상대가 나와 다를 수 있음을 인정하는 것이다. 그 사람의 말과 행동을 인격적으로 존중해 주라는 뜻이다. 상대방의 입장, 그 사람이 옳다고 믿고 있는 사실을 충분히 그럴 수 있다고 귀 기울이고 받아들이라는 것이다.

배려는 받기 전에 주는 것이며, 사소하지만 위대한 것이다. 행복은 작은 배려로부터 시작된다. 배려는 사소한 관심에서 출발한다. 역지사지의 자세로 상대방의 입장을 헤아리다 보면, 배려의 싹이 탄생하는 것이다. 사소한 것들이 늘 사람 사는 길을 가르쳐 왔다. 누구나 할 수 있는 일에 약간의 배려를 첨가하면, 그 작은 차이가 나에 대한 평가를 좌우한다. 사람은 배려를 통해 상대방뿐만 아니라 자신을 지킨다. 인격에 투자하는 사람들은 세속적인 의미의 부자는 되지 못하더라도 존경과 행복이라는 보상을 받는다. 배려의 말과 행동은 인격을 밖으로 표현해줄 수 있다. 우리가 사용하는 언어에 주의를 기울인다면, 배려와 공감이 넘치는 문화를 만들 수 있다. 배려가 없는 무한 질주는 많은 적을 만들 수 있다. 성공하는 사람은 다른 사람에게 요구하기 전에 먼저 베풀어야 한다는 것을 알고 있다.

마음을 다스리는 것이 두뇌를 다스리는 것보다 소중하다

마음과 마음이 직접 통할 수 있는 채널을 열어두는 것이 배려다. 배려가 부족한 사람의 특징은 자기중심적이라는 것이다. 인간에 대한 의무를 생각지 못하고, 오로지 자신의 일과 의무만을 중요시한다. 딱딱한 규정의 적용이 사람보다 앞서서 사람의 향기라는 것이 없다. 배려는 인생을 아름답게 가꾸고 인간관계를 원활하고 윤택하게 하는 힘인 동시에, 직장생활과 일상생활을 편리하게 하는 힘이다. 배려는 고귀하고 커다란 힘으로 사람을 모으고 세상을 움직일 수 있다. 배려는 강요하거나 권력을 행사하지 않아도 많은 사람이 자발적으로 배려자의 말과 행동에 동조하고, 때론 그의 뒤를 따르기도 한다. 프랑스 속담에 "사람들은 친절을 통해 서로를 이해하게 된다"는 말이 있다. 사람의 일이란 모두 사람으로 시작해서 사람으로 끝난다는 것을 알고 실천한다면, 의외로 일들이 쉽게 풀리는 것을 경험하게 될 것이다.258)

배려는 남을 위해 무언가를 해주는 것도 중요하지만, 하지 않아야 할 것을 하지 않고 참는 것도 중요하다. 다른 사람의 감정과 신념을 배려하면서 자기의 감정과 신념을 표현할 때 사람은 성숙해진다. 사실 타인을 배려하는 것은 나를 위한 것이다. 미국 언론인 윌리엄 아더 워드(William Arthur Ward, 1921~1994)는 "아첨해 보아라. 그러면 당신을 믿지 않게 될 것이다. 비난해 보아라. 그러면 당신을 좋아하지 않게 될 것이다. 무시해 보아라. 그러면 당신을 용서하지 않게 될 것이다. 격려해 보아라. 그러면 당신을 잊지 않게 될 것이다"라는 말을 남겼다.

남을 위한 배려는 사람의 마음을 얻는 힘이다

인간에게 중요한 욕구 중 하나는 인정받는 것이다. 근대 심리학의 아버지 윌리엄 제임스(William James, 1842~1910)는 "인간의 가장 뿌리 깊은 본성은 인정받고 싶은 욕구"라고 했다. 소셜미디어의 근본도 인정받고자 하는 사람의 욕구에 있다. 자신의 근황을 소셜미디어에 올림으로써 타인에게 자신의 존재를, 자신의 가치를 인정받고자 하는 것이다. 사람은 누구나 관심을 받길 원하고 자신이 중요한 사람이라 여기고 싶다. 미국 철학자 존 듀이(John Dewey, 1859~1952)는 "중요한 존재가 되고자 하는 소망은 인간의 가장 간절하고도 원시적인 욕망"이라고 했다.

좋은 이웃, 환영받는 동료, 사랑받는 가족 구성원, 존경받는 어른이 되려면 내 의견을 앞세우기보다는 상대방 이야기에 귀를 기울이는 인내심과 인품을 가져야 한다. 모든 대화의 기본은 상대방에 대한 존중과 배려에서 시작된다. 전 영국 수상 디즈레일리(B. Disraeli)는 "타인에게 사랑받는 비결은 간단하다. 단 한 가지만 실행하면 된다. 바로 그의 이야기를 잘 들어주는 것"이라고 한다. 경청의 미덕은 배려와 존중하는 마음에 있다. 상대방에 대해 관대하면서도 포용력 있는 태도가 필요하다. 중국 전한시대 사마천이 지은 『사기(史記)』 〈이사열전(李斯列傳)〉에 나오는 "태산은 흙을 사양하지 않는다"라는 태산불사토양(泰山不辭土壤)은 너그럽고 포용력이 커야 큰 인물이 될 수 있음을 비유하는 말이다. 이어령 전 교수는 일찍이 우리 '보자기' 문화의 우수성을 말했다. 보자기는 실용적이면서 어떤 형태도 포용할 수 있는 유연함이 있기 때문이다.

'좋은 직장'을 만들기 위해서는 서로를 존중하고 배려하는 조직문화가 필요하다. 타인의 입장을 배려하여 말을 건네고, 좀 더 관용적인 태도를 베풀고, 또 일 처리 방식을 유연하게 바꾼다면 다른 사람에게 상처를 입히는 행동을 줄일 수 있다. 모든 일은 관심에서 시작된다. 리더는 사람의 마음을 읽을 줄 알고, 마음 씀씀이가 느껴지는 배려를 해야 한다. 직원들의 기분이나 아픔을 헤아려 배려함으로써 오히려 자신이 더 많은 것을 얻기도 한다. 배려는 사람들 간에 충성심과 헌신을 끌어내는 방안이기도 하다. 동료에게 베푼 작은 친절 하나가 얼마나 광범위한 결과를 만들어내는지 예상해볼 수 있다. 직장 분위기는 완전히 달라지고, 성과도 한결 증대될 것이다. 우리는 직원에 대한 배려로, 조직에 등장할 때보다 퇴장이 더 행복해지도록 해야 할 것이다.

사람들은 누군가와 관심사나 걱정거리를 공유한다는 사실을 인지할 때 따뜻함을 느낀다. 포용력이 있는 사람은 일방적으로 결정하는 일 없이 상대의 상황을 먼저 살핀다. 주의를 기울인다는 것은 관심을 가지고 보살피며 배려한다는 뜻이다. 관찰은 배려를 익히는 첫걸음이다. 우선 주위 사람에게 관심을 갖고, 그들을 지켜봐 주려는 마음에서 시작한다. 배려심이 많은 사람은 흔히 눈썰미가 남다르다는 소리를 듣는다. 최근 우리 사회는 이기적으로 행동하는 사람들에게 "남과 주위를 배려하라"고 요구한다. 코로나19 사태로 인한 '사회적 거리두기' 운동은 바이러스 전염 기회를 줄이는 방법이다. 이것의 중요한 의미는 남을 배려하는 데 있다. 자신의 이기심을 억제하고 남에게 피해를 주지 않도록 노력하라는 것이다. 이것은 코로나19 사태가 우리에게 주는 교훈일 수 있다.

34

소통의 핵심은 공감이다.

진심으로 수용하게 하려면 감정을 움직여야 한다

우리 시대에 '소통'이라는 단어가 자주 등장하는 것은 갈등이 심화되고 있다는 징후다. 한 가정 내 부부간·고부간 갈등, 조직내 갈등과 조직간 갈등, 노사 갈등, 영·호남 지역갈등, 진보와 보수간 갈등, 남·북한 체제 갈등 등으로 우리는 살면서 갈등에서 자유롭지 못하다. 점점 세계화되고 있는 오늘날의 경제 체제 속에서 다양한 성향의 동료들과 호흡을 맞추고, 서로 다른 문화권의 사람들과 거래하기 위해서는 감정이입의 능력이 중요하다.[259] 최근 사회적 문제로 떠오르고 있는 '갑질'을 비롯하여 각종 갈등이나 분쟁의 원인은 소통의 부재에서 찾을 수 있다. 소통은 단순히 정보를 교환하는 것이 아니라 '감정'을 공유해야 한다.

소통은 상대방의 입장에서 상대의 말을 듣고 이해하는 것이다. 소통은 말을 잘하는 것과는 다르다. 원활한 소통을 위해서는 따뜻한 언어와 격려가 필요하며 베풀고 배려하는 마음가짐이 중요하다. 로마 시대 정치가 키케로(Cicero)는 "당신이 나를 설득하고자 한다면 당신은 반드시 나의 생각을 생각하고, 나의 느낌을 느끼고, 나의 말을 말해야 한다"고 한 것처럼, 소통은 상대의 언어로 말해야 한다. 최근 인터넷이 발전하면서 다양한 사교 플랫폼이 우리 생활 속으로 들어왔다. SNS는 초기에는 일상의 단편을 올려서 공유하였다. 그러나 지금은 초기와 달리 누가 더 화려한 삶을 사는가를 다투는 장이 되어 SNS는 '나눔과 소통'이라는 초심을 잃고, 서로의 삶을 비교하는 각축장으로 변질되었다.[260]

발진한 매체가 소통을 원활히 해주기보다는 소통을 거부한 상태로 특정한 성향만 강화하는 결과를 초래하고 있다. 사회 전반으로 사람들은 이웃들과 보내는 시간이 예전보다 적거나 아예 소통이 없다. 이웃 사람과 아무런 편견 없이 사이좋게 지낼 때는 사소한 문제가 생겨도 같이 웃고 지나갈 수 있다. 그러나 소통이 없는 상황에서 감정이 생기면 별 뜻 없이 한 말에도 의미를 부여하여 기분 나쁘게 받아들이고, 별것 아닌 일에도 큰 소리가 난다. 요즘 아파트 층간 소음 다툼이 그렇다. "집을 사지 말고, 이웃을 사라"는 유럽 속담을 소환해야 할 것 같다.

소통, 공감의 단어가 자기중심적으로 오용되는 경우를 경계해야 한다. 소통은 "내 말을 제대로 잘 들어"로, 공감은 "당신은 내 마음을 알아줘야 해"로 사용되는 경우다. 소통은 자신만 옳다는 아집으로 자기 뜻을 관철하는 것이 아니고, 다른 사람들과 공유할 수 있는 의미를 만들어가는 과정이다.[261] 소통 방식은 일방적으로 자기의 생각과 주장을 전달하는 일방통행이 아닌, 다른 사람의 말을 경청하고 그들의 입장을 이해하려고 노력하는 진정한 의미의 소통이 이루어져야 한다.

공감은 다른 사람의 입장에 서서 그 사람의 감정을 느끼는 능력이다. 자신의 이야기를 남에게 털어놓는 가장 큰 목적은 상대방에게 근본적인 문제 해결책을 기대해서가 아니다. 마음속 상처나 분노 등을 충분히 발산시켜 내면을 정화하고 싶은데 있다. 내 의견에 상대방이 공감을 표시하면, 나는 혼자가 아니며 함께 하는 사람이 존재한다는 사실에 위안을 받아 심리적 안정을 찾기 때문이다. 그래서 정신의학에서는 훌륭한 상담자가 되려면, 조언을 하기보다 환자가 하고 싶은 말을 다 털어놓을 때까지 묵묵히 들어줘야 한다고 강조한다.

소통은 조직의 혈액순환이다

현대 경영학의 아버지 피터 드러커(Peter Druker)는 "과거에는 내 분야에서 업무를 잘하면 최고가 되는 줄 알았다. 하지만 현대사회는 그 복잡성이 높아지면서 다른 사람들과의 유기적인 소통을 기반으로 효율적인 업무 처리를 하느냐가 중요하게 되었다. 지식 근로자 개개인은 각각이 CEO처럼 사고할 줄 알아야 한다. 사람은 세계를 자신만의 기준으로 해석하기 마련이다. 그럴수록 상대방의 관점에서 생각할 수 있어야 하고, 그것을 나의 무기로 만들어야 한다"고 한다.

조직의 갈등은 소통의 문제에서 비롯된다. 나와 다른 집단에 속하는 사람들을 대하며 '저 사람이랑은 어차피 말이 안 통해'라는 한계를 그으면, 소통이 어려워질 수밖에 없다. 조직 내에서도 '저 세대, 저 직급은 원래 그래'라는 벽을 쌓으면, 더 이상 소통의 장으로 나아가기는 어렵다. 조직은 구조분화와 전문화 현상으로 일반직과 전문직 간의 갈등, 계선과 참모 간의 갈등이 나타난다. 조직 내 한정된 자원을 공동으로 사용해야 하거나, 업무평가 기준의 차이도 갈등을 초래한다. 정보가 충분히 공유되지 않거나, 왜곡된 정보가 전달되어 소통에 장애 · 왜곡이 나타나는 경우에도 당사자 간에 오해를 일으켜 갈등의 원인이 된다.

조직에서 소통의 기본은 상사와 부하 사이의 의사소통이다. 직원들은 상사의 지지와 이해가 제일 많이 필요하다. 동료, 부하직원, 고객 등과 생산적인 관계를 맺으려면 공감하는 마음으로 접근해야 한다. 공감은 더 효과적이고 빠른 해결책을 생각해낼 수 있어 생산적인 관계가 형성된다. 이러한 관계는 성공에 결정적인 역할을 하며, 당신이 가진 훌륭한 자산이 된다. 감정을 열고 소통해야 직장생활이 건강해진다. 감정의 문제가 일 문제로 연결되어 팀워크를 느낄 수 없는 사람과는 좋은 성과를 낼 수 없다. 직원들이 갖고 있는 정확한 정보가 위쪽으로 올라가지 못하면, 상사는 실패할 수밖에 없고 결국 조직 전체가 실패한다. 군(軍)의 경우 소통이 잘못되면, 적을 놓치고 임무에 실패할 뿐만 아니라 죽을 수도 있다.

안데르스 살만(Anders Sahlman)은 "지금은 의사소통이 그 어느 때보다 중요합니다. 물리학자, 사회과학자, 생물학자가 같이 협력해야 하니까요. 과거에는 모두 자기 분야에서 혼자 개별 프로젝트에 매달렸죠. 이제는 전 세계의 과학계가 열린 과학, 열린 접근, 열린 데이터를 향해 나아가고 있습니다"라고 말한다. 세계의 저명한 대학들도 점차 교과목을 융합해나가는 추세를 보이고 있다. 세계 최고의 공과대학인 MIT는 공학 못지않게 인문 · 예술 수업을 강조하고 있다.[262)]

뛰어난 소통 능력을 개발하는 것은 일과 삶에서 성공하는 데 중요하다. 하버드대학교에서 1930년대 졸업생을 60년 동안 관찰한 결과, 성적이 좋은 학생보다 소통에 능하고 사람들과 어울릴 줄 알고 훌륭한 유머감각이 있는 학생이 성공할 가능성이 훨씬 크다는 사실을 밝혀낸 바 있다.[263)] 피터 드러커(Peter Drucker)는 "인간에게 가장 중요한 능력은 자기 표현이며, 현대의 경영이나 관리는 커뮤니케이션에 의해 좌우된다"고 말하고, "경영상 발생하는 모든 문제의 60%가 잘못된 소통 때문"이라고 한다. 미국 택배회사 페덱스(FedEx) 창업자 프레드 스미스(Fred Smith)는 "오늘날 훌륭한 최고경영인이란 모름지기 뛰어난 의사소통 능력을 지닌 사람"이라고 말한다.

소통은 비즈니스의 핵심이다. 관리도 소통, 세일즈도 소통, 마케팅도 소통이다.[264] 권력도 관료제에서가 아니라 소통과 공감에서 나오는 시대로 변하고 있다. 정치권은 미래를 지향하는 진정한 소통으로 협력하는 정치를 해야 한다. 우리 정치는 소통의 다리가 끊기고, 불통의 장벽만이 우뚝하다. 중국 노나라의 좌구명(左丘明)이 춘추시대 8국의 역사를 기록한 『국어(國語)』엔 "백성의 입을 막는 것은 물 길을 막는 것보다 위험하다(防民之口 甚於防川)"는 말이 있다. 국민과의 소통이 그 무엇보다 중요함을 강조한 말이다.

중국 당나라 태종(太宗)이 위징(魏徵, 580~643)에게 명군과 혼군의 차이를 물었을 때, 위징은 "겸청즉명(兼聽則明) 편신즉암(偏信則暗)"이라고 간결하게 답했다. 널리 견해를 구하면 명군이 되고, 치우쳐 들으면 어리석은 군주가 된다는 말이다. 지도자란 자만하지 않고 항상 여러 의견을 경청해야 한다. 입은 닫고 귀를 여는 것이 대화의 시작이다. 차이와 다양성을 긍정하고, 대화와 질문을 통해 사회적 공동선을 모색하는 화쟁(和諍)의 정치가 요구된다.[265]

스마트폰을 선물하는 순간 너를 잃을 수 있다

서로 다른 세대의 사고방식과 처지를 이해하는 소통도 중요하다. 그런데 요즘 가족이 오랜만에 한자리에 앉아 식사해도 각자의 휴대전화를 들여다보기에 바쁘다. 2019년 프란치스코 교황(Pope Francis)은 "식사 시간에 스마트폰을 내려놓고 가족과 다시 소통하라"고 당부해 화제가 됐다. 교황은 바티칸 성베드로 광장에서 열린 송년 기도회에서 "우리는 우리의 가족 사이에서 소통으로 돌아가야 한다"면서 "서로가 핸드폰만 들여다보느라 미사 때처럼 침묵이 감도는 식탁에 앉아있지 않은가"라고 지적했다.

자녀들이 스마트폰을 접하는 순간부터 부모와의 대화, 야외활동, 독서량이 줄고 있다. 그래서 스마트폰을 선물하는 순간 자녀를 잃을 수 있다는 것이 가장 두렵다고 한다. 뉴욕타임스 칼럼니스트 닉 빌턴(Nick Bilton)은 과거 스티브 잡스(Steve Jobs)를 비롯한 실리콘 밸리의 주요 경영자들과 만남에서 가장 충격을 받은 것이 그들의 가정 교육이었다고 한다. 그는 실리콘 밸리의 경영자들은 우리가 모르는 것을 알고 있는 것 같다고 했다. "당신의 아이들이 아이패드를 좋아하느냐"는 질문에 "우리 아이들은 아이패드를 사용하지 않는다"고 답했던 스티브 잡스의 유명한 일화는 그에 국한된 얘기가 아니라는 것이다.

'틀리다'가 아니라 '다르다'

소통을 통해 교류하지 않다 보니, 차이에 대해 서로의 '다름'을 '틀림'으로 인식할 수 있다. '틀리다'가 아니라 '다르다'고 인식하면, 갈등의 요소는 사라진다. 상대방은 나와 성장 배경이 다르기에 신념과 생각의 기준, 준거의 틀도 나와 다를 수밖에 없다는 차이를 인정하면, 소통의 길이 뚫린다.[266] 소통에서 표현은 중요한 요소이다. 공감은 적절한 언어를 사용하는 데서 소통의 첫걸음이 시작된다.

언어는 우리를 하나로 만들어주고 특정 목적 아래 단결된 느낌을 받게 해줄 수도 있지만, 사이를 멀어지게 하거나 우리 의견을 양극단으로 몰아세울 수도 있다. 위협적인 언어 사용은 금물이다. 말이란 토끼와 같이 부드러울수록 좋다. 베트남 속담에 "깊이 듣고 다정하게 말하는 것이

의사소통의 기술이다. 다정하게 말하는 것에는 돈이 들지 않는다"는 말이 있다. 가혹하고 부정적 뜻이 함축된 징후의 말들은 피한다. 직설적인 표현은 가급적 하지 않는 게 좋다. 상대의 감정을 상하게 하고 갈등의 씨앗이 될 수 있기 때문이다. 은유나 비유를 통해 상대가 스스로 깨닫게 하는 것이 좋다.

역지사지(易地思之), 이청득심(以聽得心)

소통을 위한 전제조건은 역지사지(易地思之)이다. 상대방의 입장과 시선으로 사물과 현상을 바라보는 자세야말로 소통의 핵심이다. 상대방이 처한 상황을 얼마나 잘 읽고 대응하는가에 대화의 성패가 달려 있다. 사실 경험해 보지 않은 것에 대해 역지사지하는 것은 생각보다 쉬운 일이 아니다. 리더가 되어 본 적이 없다면, 진정으로 그의 입장과 어려움을 공감하기는 어렵다.

경청은 상대에 대한 배려이자 소통의 비결이다. 훌륭한 화자(話者)가 되기 위해서는 먼저 훌륭한 청자(聽者)가 되어야 한다. 열린 마음으로 귀는 커지고, 입은 작아져야 한다. 그만큼 듣는 것을 중시하고, 말은 적게 하되 신중해야 한다는 것이다. 세심하게 들어주는 능력 없이는 상대에게 공감을 얻기는 어렵다. 달라이 라마(Dalai Lama)는 "말하기는 자신이 아는 것만 말하게 되지만, 듣기는 더 많은 것을 알 수 있도록 해준다"고 한다. "70 대 20 대 10 법칙"이 있다. 이것은 시간의 70%는 듣고, 20%는 질문하고, 나머지 10%는 정리하는 것이다. 성공하는 사람과 실패하는 사람의 차이 중 하나가 경청하는 습관이라고 한 것도 듣기를 잘 해야 성공할 수 있다는 이야기다.[267] 미국 시인 홈즈(O. W. Homes)는 "말하는 것은 지식의 영역이고, 듣는 것은 지혜의 특권"이라 했다.

가족, 친구, 동료들과 좋은 관계를 유지하려면 반드시 다른 사람의 말을 경청하는 법부터 배워야 한다. 경청에는 높은 수준의 성품인 인내심, 이해심이 필요하다. 귀를 기울이면 마음을 얻을 수 있다는 뜻인 이청득심(以聽得心)은 상대는 당신의 입이 아니라 귀를 원한다는 것이다. 나아가 진정한 소통이란 입에서 나오는 소리를 귀로 듣는 것이 아니라, 마음에서 나오는 소리를 마음으로 듣는 것을 말한다. 사람의 마음을 읽는 기술은 연마해야 할 귀중한 자산이다.

인간은 자기주장과 의견을 말하기는 좋아하지만, 상대의 말을 진지하게 들으려 하지 않은 경향이 있다. 우리는 다른 사람들의 상황이나 그들의 행동 뒤에 깔린 이유를 이해하려 하기보다는, 자신의 경험과 상황을 그들에게 투영시키려고 한다. 상사들은 직원과 대화하면서 듣기보다는 말하는 데 치중한다. 사람들은 이야기하는 동안 이해하려는 의도를 갖고 진정으로 듣는 게 아니라 다음 차례에 내가 하고 싶은 말을 정리하는데, 답을 준비하는데 바쁘다. 따라서 다른 사람의 의견에 귀 기울여 경청하고, 그들이 무엇을 중요하다고 생각하는지 이해하려는 노력이 필요하다. 고객의 의견이나 목소리를 전혀 반영하지 않고 현실과 동떨어진 결정을 내린다면, 누구도 사고 싶지 않은 제품을 만들게 될 것이다.

공감의 기본요소는 이해와 존중, 경청이다

우리가 가장 말하고 싶은 상대는 자신의 말에 공감하는 사람이다. 소통은 화자(話者)와 청자(聽者)가 함께 교감할 수 있는 지점을 찾을 때 가능하다. 겉으로 드러나는 이야기만이 아니라 상대방 마음의 목소리에도 귀를 기울인다. 상대방의 말에서 느껴지는 감정을 이해하고 진심으로 공감하기 위해 노력한다. 공감은 맹목적 동조가 아닌 상호작용이다. 서로 공감하고 신뢰할 수 있는 환경을 만들려면, 열린 대화를 장려해야 한다. 개방성은 다양한 시각으로 세상을 이해하는 데 도움을 준다. 공감 문화가 자리잡은 조직은 직원들의 이직률이 낮으며, 업무 성과와 몰입도가 높다.

미국 경제학자 제러미 리프킨(Jeremy Rifkin)은 "이제는 적자생존 시대는 끝나고 공감 생존 시대"라고 말한다. 최근 리더십의 중요한 덕목으로 일컬어지는 것이 '공감 능력'이다. 미국 리더십 전문가 사이먼 사이넥(Simon Sinek)은 "공감 능력이 성공적인 리더십의 필수조건"이라고 강조한다. 그는 공감이 타인의 감정을 인지하고 나누는 힘이라고 정의하며, 리더가 갖추어야 할 가장 중요한 덕목으로 꼽는다. 공감형 리더는 지속적으로 조직 구성원의 열정과 일체감과 충성심을 고취시키며, 바로 그 충성심이 유의미한 성과로 이어진다는 것이다.[268] 사람들을 한 팀으로 묶고 조직을 위해 헌신하도록 만드는 힘은 그들이 함께 느끼는 감정에 있다. 리더가 공감의 분위기를 조성하지 못한다면, 직원들은 일하는 시늉은 하겠지만 최선을 다하지 않고 적당히 하게 된다. 마음에서부터 우러나는 건전한 영향력을 발휘하지 못하는 리더는 관리자일 뿐이지 진정한 리더가 아니다.[269]

고객과의 상호작용도 공감을 바탕으로 이뤄져야 한다. 고객들이 무엇을 원하는지 알려면, 그들의 시각에서 바라봐야 한다. 공감은 고객의 원츠(wants)와 니즈(needs)를 파악할 수 있게 해준다. 고객들과 소통하면 할수록 그만큼 더 빨리, 그리고 경쟁자보다 앞서 소비자의 기대에 부응하는 제품이나 서비스를 생산할 수 있다. 고객은 고객을 이해해주는 기업을 신뢰한다. 또한 고객을 존중한다고 생각하는 기업을 존중한다.

사업에서 중요한 요소라고 할 수 있는 고객관리는 직원들이 고객에게 감정적으로 어떤 분위기를 전하느냐에 달려 있다고 해도 과언이 아니다. 직원이 만족해야 고객이 만족할 수 있다. 오래된 속담처럼 “직원 만족이 곧 고객 만족”인 셈이다. 직원들이 고객들을 친절하게 대하는 것만으로도 돈을 많이 벌 수 있다. 매일 해야 하는 감정 노동의 고단함을 이해하고 존중받는다고 느꼈을 때, 직원들은 고객들에게 더 나은 서비스를 제공한다. 사내 조직에 이러한 공감 문화를 장려하면, 소송을 걸지도 모르는 성난 고객들로부터 회사를 지킬 수 있을 뿐 아니라 고객이 좋은 후기를 남기고 주변 사람들에게 추천하는 행동을 하게 만들어, 기업의 고객 생애 가치를 공고하게 만드는 충성 고객까지 확보할 수 있다. 장기적으로 높은 고객 충성도를 형성할 수 있다.

35

부탁을 거절하는 일은 어렵다

부탁도 거절만큼이나 힘들다

우리는 자신의 이익만 챙기는 이기적인 사람으로 보이는 게 마음 내키지 않아 부탁을 꺼린다. 그래서 남에게 부탁할 때도 적절한 방법을 익힐 필요가 있다. 어떻게, 어디서, 언제 부탁 할건지? 특정한 사람에게 부탁할 때 약속을 할 것인가, 무작정 찾아갈 것인가? 문자로 할 것인가? 전화로 할 것인가? 이메일을 보낼 것인가? 미국 코넬대학교와 워털루대학교의 공동 연구에 따르면, 대면 부탁이 이메일보다 34배나 더 효과적이라고 한다.

다른 사람에게 도움을 청할 때는 상대방의 입장을 헤아려야 한다. 도와줄 수 없는 부탁을 달가워하는 사람은 아무도 없다. 상대방이 들어줄 수 없는 부탁을 할 경우, 좋은 관계에 상처를 입힐 수도 있다. 적절한 시기를 파악하여 상대방이 시간적으로 여유가 있고 마음이 편안할 때 도움을 구하면 승낙할 가능성이 크다. 남에게 부탁할 때는 무엇보다 예의를 갖추어야 한다. 태도를 단정히 하고, 말투에도 각별히 주의해야 한다. 상대가 부탁을 거절하면, 또다시 부탁하겠는가? 대부분 사람은 그러지 못한다. 연구에 따르면, 사람들은 두 번째 부탁은 들어주려는 경향이 강하다고 한다. 처음 거절한 것에 미안함을 느끼기 때문이다.[270)]

거절은 왜 그토록 힘들까

거절은 인간관계에서 중요한 덕목이다. 거절은 부탁하는 사람보다 거절하는 사람에 대해 더 많은 것을 말해준다. 부탁을 입 밖에 내기도 굉장히 힘들지만, 부탁을 거절하는 일도 정말 어렵다. 부탁에 대해 "싫다"고 말하기가 왜 어려운가? 부탁을 거절하는 이유를 분명히 말해주는 것이 관계에 도움이 되지만, 말을 하면 상대방이 기분 나빠하진 않을까, 다른 사람들이 나를 싫어할까 봐 두려워서 거절하는 것이 고민스럽다. 특히, 위계 조직 내에서 누군가 내 능력 밖의 일을 시키려 할 때, 직접적인 거절은 불복종으로 간주하기 때문이다.

평소 친분 있는 사이라면 찾아가 부탁도 할 수 있고, 돈을 빌릴 수도 있는 게 사람의 관계다. 그런데 우리는 거절에 익숙하지 않다. 사소한 거절의 순간이 관계의 의미를 쉽사리 무너뜨릴 수 있기 때문이다. 대개 우리가 부탁을 거절하지 못하는 이유는 거절이 나에 대한 상대방의 인식에 영향을 줄 수 있기 때문이다. 상대방 앞에서 거절하느니 차라리 자신이 힘든 게 낫다고 생각할 수 있다. 그래서 원치 않는 요청을 거절하지 못하고, 자기가 부담을 떠안고 끙끙댄다. 원치 않는 부탁을 어쩔 수 없이 들어주다 보니 스트레스도 받게 된다. 다른 일에 쓸 수 있는 에너지와 시간을 그 사람의 부탁을 들어주기 위해서 써야 한다. 체면을 차리느라 요구에 마지못해 따르다 보면, 부탁받은 일뿐만 아니라 기존에 하던 일을 포함해 모든 일에 지장이 생긴다.

때로는 무언가를 부탁하고 요청하는 사람들에게 "안 되겠습니다" 라고 말할 용기를 가져야 한다. 거절할 때는 짧고 분명하게 거절한다. 부당한 요청을 받거나 들어줄 수 있는 상황이 아니라면, 거절할 수밖에 없는 이유를 솔직하고 분명하게 의사 표현을 한다.

거절은 관계 단절의 말이 아니다

누군가 당신에게 도움을 요청한다면. 당신은 시간이 맞지 않거나 당신이 할 수 없는 일에 대해서 거절하는 법을 배워야 한다. 거절한 후에 교제가 끊기거나 원한을 살 가능성이 있지만, 거절은 적을 만들거나 관계를 단절시키는 말하기가 아니라 이해시키는 말하기 요령이다.[271] 그래서 거절하는 법을 배우는 것이다. 금전 부탁에 대해서 독일 철학자 쇼펜하우어(A. Schopenhauer)는 "돈 빌려달라는 것을 거절함으로써 친구를 잃는 일은 적지만, 반대로 돈을 빌려줌으로써 도리어 친구를 잃기 쉽다" 고 했다.

상대의 부탁과 요구를 들어주지 못하면, 왠지 모를 미안함에 마음이 아플 때가 많다. 그래서 거절을 잘하는 것은 응낙을 잘하는 것만큼 중요하다. 누군가 찾아와 도움을 청할 때, 내가 부탁을 들어줄 수 있는 상황이라면 자신의 존재감과 보람을 느낄 수 있을 것이다. 자신의 한계를 파악한 후 부탁을 확실하게 도와줄 방안이 있으면 실행에 옮긴다. 그러나 미처 힘이 닿지 않는다면, 도중에 포기해야 할 가능성이 크다면, 처음부터 고려하지 않는 것이 좋다. 서로 원수보다 못한 사이가 될 수도 있으므로, 차라리 처음부터 거절하는 것이 현명하다.

상대방이 나에 비해서 높은 지위를 가지고 있을 때, 은근한 압력도 있어서 거절이 어렵고, 등을 돌리기도 어렵다. 상사에게 나쁜 인사고과를 받거나, 향후 업무상 불이익을 당하거나, 어떤 공적이지 않은 혜택에서 제외되는 불이익을 받을지 모른다는 두려움 때문이다. 그러나 모두에게 호감을 얻는다는 것은 어려운 일이다. 성인군자에게도 그들을 싫어하는 반대파는 항상 존재했다.

거절에도 타이밍이 있다

직장 동료나 친구가 어떤 일을 부탁해올 때 혹은 직장 상사가 어떤 일을 맡기려 할 때, 깊이 생각해 보고 대답해야 한다. 바로 답을 하지 말고 생각해 보겠다고 하고 시간을 확보한다. 즉각적 거절은 어떤 상대방이라도 기분 좋을 리 없다. 그리고 애초부터 안 될 것은 안 된다고 말해야 한다. 그래야 상대방도 큰 기대나 미련을 갖지 않는다. 덴마크 속담은 "지킬 수 없는 약속보다는 당장의 거절이 낫다"고 한다.

많은 사람이 거절하기 미안하다는 이유로, 사실대로 설명하지 못하고 자신이 해결하지 못하는 일을 계속 지연시키곤 한다. 시간이 흐르다 보면 상대방도 눈치채고 알아서 물러설 거라는 기대에서. 그런데 이렇게 문제를 피하기만 하는 방법은 좋지 않다. 레오나르도 다빈치(Leonardo da Vinci)는 "마지막보다 처음에 거절하는 것이 더 쉽다"고 했다. 정말 들어줄 수 없는 부탁이라면 "생각해 볼게요" 등으로 여운을 남기지 말아야 한다. 여운을 남기면 상대방은 부탁을 거절당한 것이 아니라 어쩌면 들어줄지도 모른다는 희망을 품을 수도 있다. 거절했다면 다른 방법을 찾았을 텐데 부탁만 믿고 기다리다가 성과가 없으면, 상대는 시간을 낭비하게 되고 다른 기회도 놓칠 수 있다. 신속하고 분명한 거절은 자신뿐만 아니라 상대에게도 도움이 된다.

거절은 최대한 완곡하게 한다

다른 사람의 부탁을 경직된 표정으로 상대방이 말을 꺼내자마자 딱 잘라 거절하는 것은 가장 효과적인 거절 방법이 될 수도 있지만, 최악의 방법이 될 수도 있다. 지혜롭게 거절하면 상대방도 기꺼이 받아들일 테지만, 적절한 방법으로 거절하지 못한다면 상대는 불만을 느끼고 속으로 원망할 것이다. 도움이 필요한 사람 중에는 여러 가지 이유로 직접 도와달라고 부탁하지 못하고, 암시적으로 넌지시 의사를 묻는 경우가 있다. 그럴 때는 인정을 잃지 않으면서도 합리적인 암시법으로 거절하는 것이 좋을 것이다.[272)]

거절 태도는 기분이 안 좋더라도 예의 바르고 공손해야 한다. 부탁하는 사람을 얕잡아 봐서는 안 된다. 어쩔 수 없이 거절해야 한다면, 바로 거절하지 말고 상대방을 배려하여 그의 이야기를 끝까지 경청한다. 그리고 먼저 상대방에 대한 관심과 동정심을 표현하고, 상대방의 요청을 받아들일 수 없는 이유를 설명한다. 그러면 당신이 일단 상대방에게 공감을 표시했기 때문에 당신이 어쩔 수 없이 거절하는 것이라고 생각하고 이해할 것이다.[273)]

정중하게 거절하되 지나친 죄책감은 갖지 않는다. 사람들은 자신이 부탁을 들어주지 않으면 상대가 희망을 잃을까 봐 걱정하기도 하는데, 실제로 부탁하는 사람은 자신이 부탁한 일이 얼마나 어려운 것인지 누구보다 잘 알고 있다. 의외로 많은 사람이 거절당하고 난 뒤에 우리가 생각하는 것처럼 상처받기보다는 "그럴 수도 있지"라고 대수롭지 않게 생각한다는 것이다.[274)] 그래서 당신이 못할 것 같은 일을 섣불리 승낙해서는 안 된다. 그럴 경우 상황이 오히려 더 곤혹스러워질 수 있다. 아무튼 남에게 부탁하거나 거절하는 요령을 터득할 필요가 있다. 미국 희극 대가 채플린(Charlie Chaplin, 1889~1977)은 "거절하는 법을 배워라! 당신의 삶이 더욱 아름다워질 것이다"고 했다.

36

잘못된 판단은 인생을 한순간에 무너지게 할 수 있다

우리는 왜 판단력을 길러야 할까?

우리의 삶은 매 순간 무엇인가를 받아들이고 순간순간 내리는 판단과 결정으로 이루어진다. 매일 숱한 판단을 내리며 살지만, 그 근거가 무엇인지, 사실인지에 대해서는 깊이 생각해 보지 않는 것 같다. 하나의 판단이 성공과 실패를 가르고, 삶과 죽음을 가를 수 있음에도 우리는 어쩌면 매일 일상화된 판단 때문에 판단력의 중요성을 잊고 사는 것 같다. 프랑스 고전작가 라 로슈푸코(La Rochefoucauld, 1613~1680)는 "세상 사람은 모두 자기의 기억력을 개탄한다. 그러나 누구도 자기의 판단력을 개탄하지는 않는다"고 말한다.

미국 리더십 전문가 존 맥스웰(John Maxwell)은 "대부분의 사람이 자신을 판단할 때와 남을 판단할 때 완전히 다른 이중 잣대를 적용한다. 남을 판단할 때는 그의 '행동'을 기준으로 삼으며 그 기준은 가혹하기 이를 데 없다. 반면에 자신을 판단할 때는 '의도'를 기준으로 삼는다. 우리가 잘못을 범하더라도 우리의 의도가 훌륭했다면 쉽게 용서한다"고 한다. 남의 눈에 들어있는 티끌은 보면서도, 내 눈에 있는 들보는 못 보는 것이다.

판단력은 개인적으로는 올바른 삶을 위해서 그리고 훌륭한 사회적 지도자가 되기 위해서도 필요하다. 의사가 오진하면 환자는 죽을 수 있다. 음주운전은 한순간 잘못된 판단으로 자기 생명뿐만 아니라 가족 또는 다른 사람의 생명까지 잃게 한다. 군 지휘관의 잘못된 판단은 수십 명, 수천 명 부하의 목숨을 좌우한다. 치매에 걸리면 판단력을 잃게 되어 가족들이 많은 고생을 하게 된다.

좋지 않은 소식으로 세상의 관심을 끄는 사건은 무슨 일로 발생하는가? 여러 요인이 복합적으로 작용하겠지만, 주요 요인의 하나는 판단을 그르친 데서 유래한다. 우리는 가끔 뛰어난 역량으로 사회에서 성공한 저명인사들이 평생 쌓아온 업적과 명예를 한순간에 허공에 날리고 나락으로 떨어지는 사례를 본다. 어리석은 판단 하나로 명예가 실추되어 공든 탑이 한순간에 무너지는 것이다. 평생 일구어 온 인생이 비참한 말로로 종결된다. 그렇게 어이없세 사라지고 파멸의 구덩이로 빠진다. 왜 그런 막말을, 행동을, 먼 나라 얘기하듯 달나라 발언들을 그렇게 쏟아내는가? 심하게 이야기하면 어떻게 하여 저 정도 발언 수준과 판단력으로 저 정도의 위치에까지 올라갔는지 신기할 따름이다.

왜 그들이 형편없는 판단을 하는가? 부와 명예를 누리다가 하루아침에 망하는 경우의 대부분은 겸손하지 않은 처신 탓이라고 한다. 배움이 바로 지혜가 되는 것이 아니라는 사실을 확인하게 된다. 많이 배운다고 올바른 판단을 하는 것은 아니다. 그래서 지식보다 지혜가 중요하다고 할 수 있다. 고도원의 『아침편지』는 "능력, 재능을 뛰어넘는 것이 있습니다. 아니, 뛰어넘어야 할 것이 있습니다. 올바른 판단력과 그 안에 담긴 진실성입니다. 그런 판단력과 진실성을 갖춘 사람이어야 그가 가진 능력과 재능도 더욱 빛나게 됩니다"라고 말한다.

정확한 판단이 인생의 성공을 결정한다

인생은 판단과 선택의 연속이다. 판단과 선택은 표리일체다. 현명한 판단 없이 현명한 선택은 없다. 현명한 판단 능력에 따라 그 사람의 삶의 질이 결정된다. 인간의 행복은 올바른 판단을 기초로 한 올바른 선택 속에 있다. 인생은 그 사람의 판단, 선택, 책임으로 성립된다.[275] 제2차 세계대전 당시 미국 해군 제독이었던 레이몬드 A. 스프루언스(Raymond A. Spruance, 1886~1969)는 "사람은 자기 자신을 돌아보지 않을 때, 그리고 자기가 얻을 수 있는 명성을 생각하지 않을 때 가장 올바른 판단을 내릴 수 있으며, 올바른 결정을 내리는 데 온전히 집중할 수 있다"고 말한다.

고(故) 노무현 대통령은 2007년 호주 FOX-TV와의 기자회견에서 "무엇이 옳으며 무엇을 추구해야 하는가에 대한 '판단력'이 차세대 지도자의 가장 중요한 덕목"이라고 강조한 바 있다. 리더에게 많은 자질이 필요하지만 그 모든 것의 바탕을 이루는 것은 판단력이다. 어떤 조직이든 기술적으로는 뛰어나지만, 판단력은 떨어지는 사람이 적지 않다. 리더가 얼마나 현명하게 결정하느냐에 따라 조직의 성공과 실패가 엇갈린다. 신규 사업을 한다거나, 인수합병을 한다거나 할 때 경영층의 판단 하나에 기업의 존망이 걸리는 경우가 적지 않은 시대이다. 지금까지의 성공이 단 한 번의 실패로 모두 사라질 수 있는 것이다.[276] 그래서 리더들은 '판단'의 어려움과 부담감 탓에 스트레스가 상당하다.

그렇다면 무엇이 판단을 왜곡시키는가? 먼저 잘난 사람만 선택하는 것의 위험성이다. 현장에 있는 평사원의 의견은 아무리 좋은 의견이라도 귀 기울이지 않고, 저명한 컨설턴트의 의견은 뭐든지 들으려고 하는 경우다. 회사는 소비자한테서 떨어진 본사가 아니라 고객과의 접점에서 지식을 구해야 한다. 현장의 판단력은 실적 향상과 고객 만족, 지식 창조와 직결된다. 본사 관리자들이 현장 상황도 제대로 모르고 섣부른 판단을 내린다면, 그 조직의 미래는 뻔하다. 또한, 우리는 보이는 것이 전부라고 생각하지만, 그것은 일부에 지나지 않는다는 것을 염두에 두어야 한다. 수박 겉핥기식으로 표면상의 사건만을 보고 판단할 것이 아니라 수면 밑에 거대한 모습으로 숨겨져 있는, 잠재된 문제점까지 밝혀내어 판단해야 한다.[277)]

어려운 판단을 해야 하는 상황에는 언제나 반대자들이 있게 마련이다. 중요한 판단에는 언제나 위험이 함께 한다. 중요할수록 위험도 커지는 법이다. 주관적인 판단을 배제하기 위해 구체적이고 객관적인 정보를 최대한 수집하고, 그것을 정확하게 분석하여 정확한 판단이 이루어지도록 해야 한다. 가능한 한 다각적인 관점에서 보고, 선택 시 발생할 위험 등을 객관적으로 평가한다. 주변에 어떤 사람을 배치하고, 어떤 사람에게 자문할 것인지 정하는 것도 중요한 판단 대상의 하나다. 조직을 변화시켜야 할 판단의 기로마다, 매번 같은 사람의 조언만 듣는 한계도 극복해야 할 것이다.[278)]

머리는 냉철한 그러나 가슴은 따뜻한 가치관 교육이 필요하다

우리가 직면하고 있는 도전의 하나는 올바른 판단력을 갖추는 것이다. 우리의 인생을 바꿀 수 있는 판단력은 많은 경험과 시행착오를 겪으면서 배양된다. 영국 철학자 베이컨(F. Bacon)은 "젊은이는 판단하는 것보다 발명하는 것에 더 적합하고, 조언하는 것보다 실행하는 것에 더 적합하며, 안정적인 비즈니스보다 새로운 비즈니스에 더 적합하다"고 했는데, 판단력에 경험의 중요성을 부여한 것으로 보인다. 요즘 밀레니얼 세대는 부모의 과잉보호 등으로 스스로 판단하고 결정하는 능력이 부족한 것 같다. 오죽하면 '헬리곱터 맘'(Helicopter Mom)이라는 말까지 나왔을까? 자녀는 성인이 되면 스스로 자기의 삶을 개척해 나가고, 모든 일을 스스로 해결해 나가야 한다. 그 과정에서 삶의 시행착오 또는 실패를 줄이기 위해서 가장 중요한 것은 무엇인가? 그건 상황에 맞게 슬기롭게 대응해가는 능력, 즉 정확한 판단력이다.

돈 때문에 친어머니를 청부 살해하고, 돈만 된다면 엄청난 피해가 예상되는 첨단기술도 유출한다. 2009년 SBS 방송 설문조사에서 "돈 10억원이 생긴다면 가족, 양심도 버리겠다"는 응답이 50.7%였다. 돈 앞에서 가족, 친구, 양심도 없다. 삶이 어려워지면 돈이 사람 위에 행세하려 하는 속성이 있다고 하지만, 어처구니가 없는 응답이다. 이는 윤리 또는 가치관의 문제로 연결된다. 소크라테스(Socrates)는 "자기 부모를 섬길 줄 모르는 사람과는 벗하지 말라. 왜냐하면 그는 인간의 첫걸음부터 벗어났기 때문"이라고 말한다. 로마시대 작가 발레리우스 막시무스(Valerius Maximus)는 "어버이를 공경함은 으뜸가는 자연의 법칙"이라고 하고, 『탈무드』는 "돈에 대한 탐욕은 영혼을 썩게 한다"고 했다. 그리고 "1악을 행할 때는 일시적인 쾌락을 주는 즐거움과 그것에 뒤따르는 불행을 함께 저울에 올려 보라"고 한다. 돈을 버는 데 그릇된 방법을 썼다면, 그만큼 그 마음 속에는 상처가 나 있을 것이다. 스코틀랜드 작가 사무엘 스마일즈(Samuel Smiles, 1812~1904)는 "악의 근원을 이루는 것은 돈 바로 그것이 아니라 돈에 대한 애착"이라고 한다.

고도의 산업성장 과정에서 인간성을 존중하는 가치관 교육을 소홀히 해 판단력이 많이 흐려진 것 같다. 오늘날 삶의 방향을 설정해 주는 교육이나 훈련은 그 필요성에 비해 오히려 줄어들고 있다는 게 문제다. 아인슈타인(A. Einstein)은 "우리들 대부분은 초라한 옷차림과 엉터리 가구들을 부끄럽게 여기지만, 그보다는 초라한 생각과 엉터리 철학을 부끄럽게 여길 줄 알아야 한다"고 질타한다.

모든 인간은 판단하고 결정을 내리기 위해 무의식적으로 자신의 감정을 참고한다. 사람들은 자신의 감정을 뒷받침하는 정보들을 대부분 아무런 검증 없이 옳다고, 그리고 매우 중요하다고 받아들인다. 영국 고고학자 존 러벅(John Lubbock, 1834~1913)은 "충분히 증거가 확보되지 못한 것에 대해서는 판단을 미루는 것이 우리의 의무"라고 말한다. 사람들은 자신의 견해를 만물의 척도라고 생각한다. '내 말을 이해하지 못하는 쪽이 이상하다'라는 자기중심적이고 배타적인 감정을 버려야 한다. 자신의 지나친 주관성이 객관적이고 정확한 판단에 영향을 미치지 않게 해야 한다. 감정에 얽매이지 않고 제3자의 눈으로 문제를 바라보고 살핀다면, 훨씬 냉철하고 이성적인 판단을 내릴 수 있다.

앞으로 나아가려고 서두르기만 해서는 안 된다. 급할 때일수록 시간을 두고 한발 물러서서 상황을 파악하고, 감정에 방해받지 않고 결정하는 능력이 필요하다. 과도한 욕심에 얽매이면 평정 유지가 어렵고, 결국 무리수를 두게 되어 패착을 이끈다. 병법(兵法)에서처럼 장수는 나아갈 때는 물론, 물러날 때를 알아야 한다. 영웅호걸의 도전에는 상황을 정확히 판단하여 굽힐 때 굽힐 줄 알고, 일어설 때 일어설 줄 아는 지혜가 깔려 있다.

즉흥적으로 판단하여 섣불리 내던지고 뒷수습에 급급해서는 신뢰를 얻기 어렵다. 라틴 격언에 "판단을 서두르면 후회도 빠른 걸음으로 달려

온다"고 한다. 그리고 우리가 직면한 문제들이 상호 연계되어 있다는 점을 감안하면, 판단할 때 칸막이식 사고방식에서 벗어나야 한다. 남에 대해서도 함부로 판단해서는 안 된다. 남의 입장이 되어보지 않고는 그 속이 어떨지 알 수 없다. 타인의 입장에 서서 생각해 보아야 한다.

집단사고를 경계하라

지식은 입장과 사회적 지위에 따라 달라진다. 지식도 유유상종(類類相從)의 경향이 있다. 미국 사회심리학자 어빙 재니스(Irving Janis, 1918~1990)는 미국의 「쿠바 피그만 침공작전」을 분석했다. 1961년 4월 미국은 피그만에서 은밀한 CIA 작전을 통해 쿠바를 침공하여 피델 카스트로 정권을 전복시키려고 했다. 하지만 이 작전은 참담하게 실패했다. 어빙 재니스는 이 작전의 실패 원인을 무엇보다도 계획단계에서 모든 관계자가 똑같은 의견을 갖고 있었기 때문으로 보았다. 아무도 이 작전에 대해 비판하거나 대안을 제시하는 등 '악마의 변호인' 역할을 하지 않았다. 어닝 재니스는 이 현상을 집단사고(Groupthink)라고 불렀다.

집단사고는 집단의 모든 구성원이 같은 의견을 지닌다. 다른 사람의 의견에 맞추려는 심리가 발동하여 같은 답을 내는 것이다. 그렇게 되면 어떤 계획에 의구심이 들어도 아무도 목소리를 내서 비판하지 못한다. 비판이 결여되고, 모두가 서로에게서 자신의 입장이 옳음을 확인하는 경우에는 그러한 입장이 더 강화된다. 이때 악마의 대변인은 다수파의 의견이 통합되어 가는 과정에서 세세하게 캐내어 결점을 찾는다. 이 결점을 통해 그때까지 간과했던 문제를 깨달음으로써 잘못된 의사결정으로 흘러가지 않도록 막는다.

왜 머리 좋은 사람이 판단을 그르칠까? 아무리 지적 수준이 높은 사람이라도 비슷한 의견이나 지향성을 가진 사람들이 모이면, 지적 생산의 질이 더 낮아진다고 한다. 좁은 인간관계에만 의존하면, 집단적 사고와 동조 현상이 일어날 위험이 존재한다는 것이다. 미국 언론인 데이비드 할버스탐(David Halberstam, 1934~2007)은 『최고의 인재들』에서 존 F. 케네디 대통령이 호화찬란한 학력의 소유자들로 내각을 꾸렸던 사례가 나와 있는데, 그들의 뛰어난 전문성에도 불구하고 미국은 베트남 전쟁의 늪에 뛰어들고 말았다는 것이다.

사회심리학에 "모험적 이행"(risky shift)이 있다. 이것은 여러 명이 의논하면, 혼자 결정할 때보다 더 위험한 결론으로 이끌려가는 현상을 말한다. 예를 들어, 제2차 세계대전을 앞두고 열린 일본의 어전회의에서 참석한 사람 중에는 '미국과 전쟁을 해서는 이길 수 없다'라고 생각하는 사람이 적지 않았다고 한다. 그러나 천황과 다른 사람들 앞에서 이런 말을 하면, 겁쟁이로 낙인찍힌다고 생각하여 경솔한 의견을 마구 내놓는 상황이 벌어졌다고 한다. 집단이 합의하는 상황이었기에 미국을 상대로 전쟁을 벌인다는 위험한 결론을 초래했다는 것이다. 따라서 집단적으로 판단할 때는 모험적 이행에 관해 생각해 봐야 한다.[279)]

요즘은 두 개의 삶을 산다고 한다. 하나는 현실의 삶이요, 또 하나는 사이버 공간, 즉 가상의 삶이다. 이중 페이스북, 트위터, 카카오톡 같은 소셜네트워크 서비스의 가상현실 속에 사는 사람들의 정서 황폐화가 문제되고 있다. 소셜미디어 중독이나 그에 따른 균형 잡힌 사고를 막는 확증 편향 같은 부작용이 나타나고 있다. 이들은 공론의 장으로 나와 자기 생각을 이야기하고 비판하고 설득하기보다는, 듣기 싫은 말과 보기 싫은 것들은 밖으로 밀어내고 자신만의 높은 성(城)을 쌓는다. 성 밖에서 무슨 일이 벌어지는지는 알고 싶지도 않고 관심도 없다. 입맛에만 맞는 것들을 보며 마음의 평화를 찾는 대가로, 인식에 대한 교정은 포기한다. 이렇게 집단화된 개인은 집단화된 감정과 집단화된 사고에 지배당한다.

뉴미디어 시대의 상황에 필요한 판단력은 유용한 정보와 그렇지 못한 정보를 가릴 수 있는 인지적 판단 능력, 현실 세계는 물론 가상세계 내에서 자신의 언어와 행위에 대해 책임질 수 있는 책임 의식, 행위의 옳고 그름을 분별할 수 있는 도덕적 판단력, 남에게 해를 끼치지 않으면서도 자신의 자유를 최대한 누릴 수 있는 도덕성, 그리고 아름다움과 추함을 구별할 수 있는 미적 판단력 등이 그것이다.[280)]

집단응집성은 판단을 왜곡시킬 수 있다. 집단응집성이 높아지면 외부의 정보나 가치관을 받아들이기 어려운 집단이 될 위험성이 높다. 벤처기업은 창업 때부터 모두가 고생을 함께 했기 때문에 동료 의식이 강하다. 집단응집성이 높은 상태에서 정신적 폐쇄성이 강해지면, 귀에 따가운 조언이나 정보는 받아들이지 않게 된다.[281)] '우리'라는 감정이 강하게 작용하는 집단의 구성원들은 가치 이념을 공유하여 서로 비슷한 방식으로 정보를 해석한다. 이러한 한 집단이 가지고 있는 가치들은 자신의 집단 너머의 세상을 바라보는 시각을 흐리게 만든다. 미국 뉴욕대학교 교수 조너선 하이트(Jonathan Haidt)는 "도덕 이념은 사람들을 뭉치게도 만들고, 눈멀게도 만든다"고 한다. 반대편의 정보를 냉철하게 고려하지 못하고, 내가 옳고 상대는 틀리다는 전제하에서 우리라는 감정이나 집단 소속감이 판단을 흐리게 만드는 것이다.

37

뭐니 뭐니 해도 머니(money)가 최고다

이 세상에서 민생(民生)만큼 큰 이데올로기는 없다

프랑스 소설가 앙드레 말로(Andre Malraux)는 "가난하면 적을 선택할 여지가 없다"고 한다. 배고픈 사람은 자유로운 사람이 아니다. "굶주린 사람은 찬밥 더운밥 먹을 것을 가리지 않는다"는 기불택식(飢不擇食)도 같은 말이다. 맹자(孟子)도 무항산 무항심(無恒産 無恒心)이라 했다. "생활이 안정되지 못하면, 마음에 여유가 없다." 최근 코로나19는 빈자와 부자를 가리지 않으나, 경제 위기는 사회 취약계층부터 공격했다. 바이러스보다 더 무서운 밥벌이의 고단함이 경제적 약자를 벼랑 끝으로 몰고 있다. 요즘 민생은 청년들에겐 일자리, 30~40대엔 집과 양육, 50대 이상에겐 먹고사는 문제가 아닐까.

가난은 자존심을 잃게 하고, 사람을 공포와 비굴함으로 몰아넣는다. 세상에는 빵 한 조각 때문에 죽어가는 사람도 있다. 가난이 주는 좌절감과 불편함은 마음의 여유를 앗아간다. 불편을 넘어 삶의 장애가 된다. 이럴 땐 돈이 최소한의 관점에서 인격(人格)이 될 수 있다. 설교에서는 가난을 좋은 것으로 찬양하지만, 생활에서는 싫은 것이다. 경제적 안정은 생존의 기본적 요소이다. 다른 욕구는 기본적 욕구가 최소한이나마 해결되기 전에는 고려 대상이 되지 못한다. 그래서 계층적으로 배열된 욕구 단계에서 하위 단계의 욕구인 기본적인 생존에 대한 욕구로 육체적 건강과 안전에 대한 욕구가 충족되어야 소통, 사랑, 존중, 의미 있는 관계에 대한 사회적 욕구로, 그리고 창의성, 자치, 능력 계발의 욕구인 자아실현 욕구가 발생한다. 진정한 개인의 자유도 경제적 안정 없이 존재하지 않는다.

소크라테스, 공자는 위대한 사상가였지만, 돈벌이에는 무능해서 가족들로부터 비난의 대상이었다고 한다. 가난으로 겪는 고통은 평생 간다. 내가 가난하게 살면 내 자식도 가난하게 살 확률이 높다. 자식들이 가난 때문에 불행을 겪으면, 부모는 고통을 받는다. 가난을 물려주지 않도록 어쨌든 내 대에서 가난의 고리를 끊으려고 노력한다. 현대는 경제가 최우선시되는 시대다. 경제의 중요한 역할은 먹고 사는 문제를 제대로 챙겨 주는 것이다. 평범한 서민들, 가난한 사람들에게 중요한 것은 실질적인 삶의 평안과 행복이다.

돈은 있고, 인간은 없는 사회

2019년 한국은 미국 · 프랑스 · 영국 · 독일 · 일본 · 이탈리아에 이어 세계에서 7번째로 '30 · 50클럽'(1인당 소득 3만 달러, 인구 5,000만명 이상)에 가입했다. 이런 지표에도 불구하고 왜 요즘 한국적 삶은 고단하고, 곤궁하고 힘겨운가? 여기다가 코로나19까지 덮쳤다. 한국은행은 소득 3만 달러가 실감 나지 않는 이유를 빈부 격차와 실업으로 진단했다. 경제가 성장하며 기업과 정부의 주머니는 두둑해졌지만, 가계소득이 늘어나는 속도는 상대적으로 느려 국민이 피부로 느끼는 소득수준과는 괴리가 존재하기 때문이다. 전체 파이가 커져도 빈부 격차가 벌어지면, 이전보다 풍요로워도 불행하다고 느낀다. 미국 프랭클린 루즈벨트(Franklin Roosevelt) 대통령은 "발전의 기준은 우리가 부유한 사람들에게 더 많은 것을 주는 것이 아니고 없는 사람들에게 충분히 주는데 있다"고 말한다. 청년취업난이 심해지면서 젊은이들은 희망을 잃고 '흙수저' '헬조선' 같은 냉소적 신조어를 유행시킨다. 지금 한국경제는 계층이동이 어려운 자본주의 체제 위기, 노동시장과 소득의 양극화가 깊어 지고 있는 분배 위기를 겪고 있다. 빈부 격차가 지나치면 민주시민에게 요구되는 연대 의식도 약해진다.

그동안 자본주의의 성장 위주 정책은 양극화 현상과 이에 따른 분배의 정의 문제, 인간 소외, 자본의 횡포, 극단적 개인주의와 물질만능주의가 정신적 가치를 압도하여 많은 문제를 노정하고 있다. 이 과정에서 가치체계의 꼭대기에 돈이 올라앉고, 돈이 인간에게 봉사하는 도구가 아니라 인간의 지배자로 바뀌었다. 가난하지만 정의로운 사람보다는 불의를 행하더라도 부자가 되고 싶다고 생각하는 사람들이 많은 사회, 그래서 돈 앞에서는 우정이나 결혼도, 가정도 쉬이 깨져 버리는 사회, 돈만 있고 인간은 없는 사회, 모든 것을 돈의 잣대로 재는 사회, 유전무죄(有錢無罪) 무전유죄(無錢有罪)의 사회, 이것이 우리 사회의 현주소이다. 모든 것을 경제 논리로만 해석하려 들고, 돈이 권력을 크게 흔들 수 있는 곳에서는 국가의 올바른 정치나 번영은 바랄 수 없다. 사람들이 부의 축적에 너무 과도하게 집착하고 있지는 않은지?

돈은 야누스의 두 얼굴

돈은 할 이야기가 많은 주제이다. 오직 돈을 버는 데만 신경을 쓴다면 한낱 물질주의자일 뿐이고, 만일 모든 노력에도 불구하고 돈을 벌지 못한다면 패자가 되고, 벌고도 쓰지 않는다면 구두쇠가 되고, 버는 대로 쓴다면 방탕한 삶을 살게 되고, 버는 데 아무런 관심이 없다면 야망이 없는 것이고, 많이 벌더라도 죽을 때까지 지니고만 있다면 그는 죽어서까지 가져가려는 바보인 것이다.[282)]

돈은 직업, 건강과 함께 현대인들의 가장 중요한 관심사다. 부자가 되려는 욕구는 인간의 욕구 중 가장 강렬한 특성이다. 돈은 이 세상의 물질적 성공을 측정하는 수단이다. 돈이 펼치는 세계가 너무도 방대하여 돈의 본질을 단칼에 규명하기가 어렵다. 돈은 축적의 수단, 부의 증식 수단, 권력 지배의 수단으로 사용되면서 전방위적으로 막강한 지위를 누린다. 돈은 유일한 해답은 아니지만, 차이를 만들어낸다. 우리가 돈을 높이 평가하는 이유는 그것이 우리가 원하는 활동을 마음대로 할 수 있는 자유를 주어, 삶의 제약에서 우리를 어느 정도 해방시켜 주기 때문이다. 돈은 자유와 풍요와 세련됨을 나타낸다. 벤자민 프랭클린(Benjamin Franklin)은 "돈의 가치를 알고자 하거든 가서 돈을 조금 빌려보라. 돈을 빌리러 가는 것은 슬픔을 빌리러 가는 것"이라고 했다.

균형 잡힌 삶을 살기 위해 중요한 돈의 실체는 양날의 칼이다. 돈은 희망과 절망, 행복과 불행을 동시에 갖는 야누스(Janus)이다. 돈은 풍요의 은총과 궁핍의 저주를 통해 행복과 불행을 좌우한다. 돈이 없으면 할 수 없는 일이 늘어나서 가난하면 멋진 인생을 사는 것이 불가능한 시대이다. 여러 가지 가슴 아픈 사연에 아무리 선한 마음을 가지고 있다고 해도 그저 마음만으로는 아무것도 해결할 수 없다. 이는 우리가 조금만 기부하면 운명에 버려진 많은 아이가 미래를 얻을 수 있다는 사실에서 알 수 있다.[283)] 프랑스의 풍자적 모랄리스트 라 브뤼에르(Ra Bruyere, 1645~1696)는 "부자의 큰 행복은 자선을 할 수 있다는 것에 있다"고 하였다. 서양 속담에 "아버지의 덕행은 최상의 유산이다"고 한다.

노년도 돈이 중요하게 느껴지는 시기다. 노년에 경제적 여유가 있어야 품위 있고 안락한 노후를 보낼 수 있다. 여행도 가고 친구도 만나려면 돈이 있어야 한다. 자식이나 다른 사람들로부터 업신여김을 당하지 않으려면 돈이 필요하다.

전가통귀(錢可通鬼)는 "돈이면 귀신과도 통한다"는 뜻으로, 돈의 위력은 일의 결과를 좌우하고 사람의 팔자까지도 바꿀 수 있다는 말이다. 돈이면 불가능도 가능하게 한다는 "뭐니 뭐니 해도 머니(money)가 최고"라는 것이다. 돈이면 뭐든지 할 수 있다는 사고방식이다. 그러나 이러한 돈도 인간의 존엄성은 살 수 없으며, 돈은 집을 윤택하게 하고 외형을 화려하게 장식하지만, 내용상의 사람 자체를 귀하게 만들지는 못한다고 한다. 마음의 상처나 건강 문제도 돈으로 해결할 수 없다. 죽음을 기다리는 사람들에게는 모두 별거 아니라며 한숨을 내쉰다는 것이다. 빈 손으로 왔다가 빈 손으로 가는 것이다(空手來 空手去).

돈은 상상력에서 나온다?

농경시대에는 농부가 이웃보다 밭을 더 잘 갈아도 큰돈을 벌 수 없었다. 산업화 시대에는 동료보다 기계를 더 빨리 조립해도 큰돈을 벌지 못했다. 지금은 어디에 있든 자신의 생각을 조금 더 잘 표현할 수만 있으면, 인류 역사상 유례가 없는 수준으로 순식간에 막대한 부를 쌓을 수 있다. 21세기 지식경제사회에서는 생각이 곧 그 사람의 가치를 말해준다. 미국 일리노이대학교 교수 디어드리 맥클로스키(Deirdre McClosky)는 "우리의 부는 벽돌을 쌓거나, 학사 학위를 따거나, 은행 잔고를 늘린 데서 나온 것이 아니라 생각에 생각을 더한 데서 나왔다"고 말한다.[284) 상상력에는 합성적인 것과 창조적인 것이 있다. 돈을 많이 버는 사람은 대부분 상상력으로 뭔가를 창조하는 사람들이다. 코카콜라의 신화를 창조한 아서 캔들러(Asa Candler, 1851~1929) 처럼 돈이 상상력에서 나오는 거라면, 무조건 열심히 일한다고 더 많은 돈을 벌 수 있는 것은 아니다. 부는 간단한 아이디어에서 시작된다. 특별히 이렇다 할 새로운 발명을 하지 않더라도 생각을 조금 다르게 하는 것만으로 거대한 부를 이룰 수 있다. 그 아이디어는 바로 상상력에서 나온다.[285)]

"돈이 얼마나 많아야 부자라고 할 수 있는가" 하는 질문에 바로 답하기는 힘들다. 부유한 사람이 있으면 가난한 사람도 있다는 것은 오랜 옛날부터 항상 있어 온 일이지만, 지금처럼 그 경계선이 뚜렷하게 그어진 시대는 없었다. 부자의 세계와 가난한 사람의 세계는 하늘과 땅만큼의 간격이 있다. 그렇다면 부를 어떻게 쌓을 것인가? 부를 쌓는 비법을 부자들에게 물어보면 어떨까? 축재법에 대해 부자들이 쓴 책이라도 있으면 좋겠지만, 의외로 없다는 것이다. 부자들의 자서전 · 회고록은 많은데, 돈벌이에 대한 내용은 없다. 어떻게 부자가 됐는지 물어보면, 그저 '열심히 성실 · 근면하게 살았다'는 대답이 전부다. 전 애플 CEO 스티브 잡스(Steve Jobs)는 "돈을 위해 열정적으로 일한 것이 아니라 열정적으로 일했더니 돈이 생겨 있더라"고 말한다.

어떻게 돈을 벌 것인가에 대해 어떤 부자가 밝힌 돈 버는 비결은 돈을 번다는 것은 다른 사람들의 돈이 내 호주머니로 옮겨오는 것이다. 그러기 위해서는 고객을 섬기는 자세가 필요하다. 양반 정신을 버리고 머슴 정신을 가져야 한다. 돈을 벌지 못하는 이유는 '머슴 정신'이 없기 때문이라고 한다. 허리를 굽히지 않으면 돈을 주울 수 없다는 것이다.[286)] 미국 석유왕 존 D. 록펠러(John D. Rockefeller, 1839~1937)는 "진정으로 부유해지고 싶다면, 소유하고 있는 돈이 돈을 벌어다 줄 수 있도록 하라. 개인적으로 일해서 벌 수 있는 돈은 돈이 벌어다 주는 돈에 비하면 지극히 적다"고 말한다.

돈을 아등바등 모아도 부자 되기가 어려운 현실이다. 그러나 아무리 시대가 바뀌어도 평범한 사람들은 그나마 절약이라도 하지 않으면 부자가 되기 어렵다. 흔히 "큰 부자는 하늘이 내리고, 작은 부자는 근면에 있다"고 한다. 부자에 성공한 사람들은 장기적인 이득과 단기적인 고통 사이에 균형을 맞출 줄 안다고 한다. 가난에서 벗어나려면 돈을 저축해야 한다. 저축은 미래의 달콤함을 위해 기꺼이 현재의 고통을 감수하는 행위다. 돈의 과거는 땀이어야 하고, 돈의 미래는 꿈이어야 한다는 것이다. 스코틀랜드 작가 사무엘 스마일즈(Samuel Smiles, 1812~1904)는 『검약론』에서 "자기가 버는 것을 전부 쓰는 사람은 거지가 되어 가는 도중에 있다"고 했다. 남들의 눈을 의식한 분수에 맞지 않는 화려한 생활은 곤궁으로 이끄는 지름길이다. 결국 부는 수입보다 지출에 좌우된다는 것이다.

개같이 벌어서 정승처럼 쓰라

위의 우리 속담과 비슷한 뜻으로 알바니아 속담에 "노예처럼 일하고 귀족처럼 먹어라"는 말이 있다. 부를 얻는 데 따르는 굴욕은 능동적이지만, 가난이 주는 굴욕은 수동적이다. 수동적인 고통이 능동적인 고통에 비해 더 심각하게 여겨지는 것은, 선택의 여지가 없다는 것이다. 부자가 보기에 부를 얻는 데 따르는 굴욕은 부가 주는 안도감에 비해 한시적이다. 자본주의 사회를 살아가는 데 있어서 1순위는 돈이다. 그래서 우리는 돈을 제대로 다룰 줄 알아야 한다. 우리는 가진 돈을 어떻게 쓰느냐에 따라 행복할 수도, 불행할 수도 있다. 일본 ㈜ 마루한 창업자 한창우(韓昌祐) 회장은 "돈을 버는 건 기술, 쓰는 것은 예술"이라고 했다. 돈은 소유가 아닌 어떻게 사용하느냐에 그 의미가 있다. 돈은 목적에 따라 얼마든지 좋게도 나쁘게도 쓰일 수 있다. 우리는 인생을 돈이 목적인 삶으로 끝나게 할 것이 아니라 가치 있게, 의미 있게 만드는 법을 찾아야 한다. 소크라테스(Socrates)는 "부자가 재산을 자랑하더라도 그 부를 어떻게 쓰는가를 알기 전에는 칭찬하지 마라"고 했다.

공자의 제자 자공(子貢)은 처음 공자를 스승으로 모신 그해에는 스스로를 공자보다 낫다고, 2년째에는 스스로를 공자와 같다고 여겼으나, 3년이 되자 자신이 공자에 미치지 못함을 그리고 공자가 성인임을 알았다. 자공은 부유해진 뒤, 그 부로써 공자의 주유(周遊) 천하를 지원하여 공자의 학문과 철학 그리고 정치 주장을 널리 알리고 실현되도록 힘썼다. 사마천은 『사기』〈화식열전(貨殖列傳)〉에서 "공자의 이름이 능히 천하에 떨칠 수 있었던 데에는 자공의 도움이 결정적인 역할을 하였다. 이야말로 부자가 세력을 얻으면 명성과 지위가 더욱 빛난다는 것이 아니겠는가?"라고 기술하고 있다.[287)]

몇억 원짜리 자동차가 실생활에서 필요할까? 그렇게 비싼 만큼 쓸모없는 걸 갖고서도 잘 살 수 있다는 것 자체가 '가치'가 된다는 것이다. 현대인들은 비싼 자동차나 명품 브랜드 옷과 같은 재화의 소비를 통해 남들에게 신분을 과시하는 것을 즐긴다. 주변 사람들도 이를 따라가야 한다는 압박을 받는다. 디드로 효과(Diderot effect)라는 것이 있다.[288)] 비싼 물건이 하나 생기면, 그에 보조를 맞춰야 한다는 것이다. 이는 명품 옷을 사면 그에 맞춰 명품 구두, 명품 가방도 사야 하는 식이다. 남이 한다고 하여 제힘에 겨운 일을 억지로 해 나가다가는 도리어 큰 화를 입게 된다. "다리가 짧은 뱁새가 큰 황새를 따라가려다 가랑이가 찢어진다"는 우리 속담이 있다.

수단이 목적으로 상승한 가장 완벽한 예가 돈

'재네 집 되게 잘살아'라고 하면 부자라는 뜻이다. 그런데 부자가 잘

사는 것인가? 부자는 돈이 많은 거고, 잘사는 것은 행복하게 사는 것이다. 돈 많은 부자들도 못사는 사람이 있다. 우리는 돈이 목적인 삶을 살아왔는지 모른다. 수단에 불과한 돈이 목적이 되어 버리고, 일생을 돈의 획득을 목표로 살아가면서 성공의 기준을 소유하고 있는 돈의 양, 즉 부에서 찾는다. 독일 사회학자 짐멜(G. Simmel, 1858~1918)은 "수단이 목적으로 상승한 가장 완벽한 예가 돈"이라고 규정했다.[289)]

돈이 없으면 힘겹고 고달프다. 돈이 있다면 자신이 원하는 것을 자신이 원할 때 언제라도 손에 넣을 수 있으며, 심지어 권력을 행사하고 타인을 지배할 수도 있다. 욕망을 채워준다는 면에서 볼 때, 물질적 부는 행복의 중요한 요소가 된다. 그렇다고 부가 무조건적으로 행복을 가져다주는 것은 아니다. 어느 정도까지의 부는 행복의 조건이지만, 이후에는 부가 행복과 정비례하지 않는다. 돈이 일정 액수를 넘어서면, 행복에 미치는 영향은 더 이상 커지지 않는다.

돈이 유일한 가치 척도인 "돈이면 다 된다!" 이 구절은 사업에서 정치, 연애에 이르기까지 모든 것을 나 해결하는 돈의 능력을 표현하는 말이다. 모든 것을 돈으로 계산하고, '돈이면 다'라는 졸부 근성은 자신이 가진 것으로 우월감을 과시하려는 진상이 되어, 가난한 사람들에 대한 부자들의 횡포와 멸시 등 속칭 '갑질'로 나타난다. 『성경』은 "부자가 천당에 가는 것은 낙타가 바늘구멍을 빠져나가는 것과 같다"는 가르침을 통해 부자에게 겸손하고 베풀 것을 일깨운다. 졸부들이 사회적 범죄라 볼 수 있는 '투기' 활동을 하면서도 분에 넘치는 명성을 누리는 현실은, 실물경제에서 유용한 재화와 용역을 생산하며 생계를 이어가는 사람들의 존엄을 조롱하는 것이 아닐 수 없다.

"부자가 부자인 까닭은 남보다 열심히 일해서일까, 살다 보니 운이 좋아서일까" 하는 문제가 제기될 수 있다. 부자는 남의 희생이나 대가 위에서 누군가의 덕분에 부를 이룰 수 있었다. "사업? 그건 아주 간단하다. 다른 사람들의 돈이다"라는 말이 있다. 다른 사람의 힘을 전혀 빌리지 않고 거대한 부를 구축할 만한 재능이나 지식을 가진 사람은 없을 것이다. 미국 정치철학자 존 롤스(John Rawls, 1921~2002)는 그것은 개인의 능력으로 제공할 수 있는 것과 시장의 수요가 우연히 맞아떨어진 덕분이라고 한다. 시장경제에서의 성공이 운에 크게 좌우된다면, 자신이 번 돈이 모두 자신의 탁월한 능력 또는 자격 덕분이라고 주장하기 어렵게 된다.[290] 일본 교세라 명예회장 이나모리 가즈오(稲盛和夫)는 "교세라의 발전으로 나도 모르는 사이에 늘어난 내 자산은 사회의 많은 사람의 지원과 노력의 결과인 만큼, 그것을 내 개인의 것으로 여길 수는 없다. 사회로부터 받은 혹은 사회가 내게 맡겼던 자산을 사회에 도움이 되도록 환원하는 것은 너무나 당연한 일"이라고 했다. 요즘 우리 사회는 '리세스 오블리주(Richesse Oblige, 부자의 도덕 · 사회적 책임과 의무)'를 묻고 있다. 회사 규모, 보유한 재산에 걸맞은 책임과 의무를 요구한다.[291]

돈이 판치는 세상에서 바람직한 삶이 무엇인지를 찾아야 한다. 인생의 가치는 얼마나 소유하느냐가 아니라 얼마나 의미 있는 삶을 사느냐에 있다고 한다. 진정한 부자는 자신이 살고 싶은 인생을 자유롭게 원하는 대로 사는 사람이라고 한다. 사람은 부자가 되기 위해서 사는 것이 아니라 진정한 행복을 누리기 위해서 사는 것이기 때문이다. 돈이 아무리 위력을 갖고 있다 하더라도 그것이 최고의 가치가 될 수 없는 이유는, 돈에는 늘 탐욕과 그로 인한 파멸이 도사리고 있기 때문이다. 벤자민 프랭클린((Benjamin Franklin)은 "탐욕과 행복은 결코 서로를 보지 않는다. 그런 둘이 어찌 친구가 되겠는가?"라고 말한다. 돈은 행복의 원천인 동시에 불행의 근원이다. 온갖 사건과 문제 뒤에는 돈이 도사리고 있다. 범죄와 부정부패를 일으키고, 부자지간을 원망으로 바꾸고, 형제를 원수로 만들고, 부부를 갈라놓고, 죽마고우를 견원지간으로 만든다. 터기 격언에 "형제 사이도 돈에 있어서는 남"이라는 말이 있다.

세익스피어(W. Shakespeare)는 "아비가 누더기를 걸치면 자식은 모르는 척하지만, 아비가 돈주머니를 차고 있으면 자식은 모두가 효자"라고 말한다. 우리는 다른 사람의 돈을 가질 권리가 없다. 부모님의 돈도 마찬가지다. 자기 노력으로 얻지 않은 재물은 자신의 신세를 망치고 집안을 몰락으로 이끌고, 세상을 혼탁하게 만들 수 있다. 돈이 오히려 재앙의 원인이 되어 자신을 파멸로 이끄는 것이다. 일이라는 대상이 없는 부(富)는, 신(神)이라는 대상이 없는 종교와 마찬가지로 무기력하다.[292]

미국의 빌리 그레이엄(Billy Graham, 1918~2018) 목사는 "만약 돈에 대한 태도만 올바르게 갖춘다면 삶의 거의 전반이 바로 잡힌다"고 했다. 사람들이 돈에 대해 건강한 태도를 취하면, 사회가 정화되고 많은 사회적 병리현상이 사라질 것이다. 돈에 과도하게 집착하면 그리고 지나치게 이익을 탐하다 보면, 사리를 분별하는 판단력이 떨어져 오히려 인간을 망친다. 『사기(史記)』〈평원군열전(平原君列傳)〉에는 "잇속을 너무 차리다 보면 지혜가 어두워진다"라는 이령지혼(利令智昏)이라는 말이 있다. 삶의 끝에 이르면 그것이 아무런 쓸모도 없는 것이고, 자신의 삶이 내용 없는 수단에 함몰되어 많은 가치를 놓쳐버린 비참한 삶이었음을 깨닫고 회한 속에서 삶을 마감한다고 한다.[293]

돈과 나의 관계를 정립하다

사람은 누구나 풍요로운 인생을 보내기를 바란다. 돈이 목적 같은 문화에 살면서 우리는 돈과 관계를 맺고 있다. 시간과 돈을 어떻게 소비하는지를 보면 그 사람이 어떤 사람이고, 무엇을 중요하게 여기는지 알 수 있다고 한다. 풍족한 삶을 살지만, 궁극의 목적이나 이상이 없는 사람들도 있고, 길을 찾지 못하고 혼란을 느끼는 부유한 상속자들도 있다.[294]

돈을 더 많이 벌려는 이유는 돈에 끌려다니는 종속 상태에서 나를 해방시켜서 돈 걱정 없이 나답게 살 수 있는 자유를 누리기 위해서이다. 그런데 우리가 행복해지기 위해 돈에 집착할수록, 정작 행복의 원천이 되는 사람으로부터는 멀어지는 모순이 발생한다.[295] 돈과 나의 잘못된 관계를 바로잡는 데 집중한다면, 돈과 나의 관계는 어떻게 정립할 것인가? 내 삶에서 무엇이 돈과 맞교환하고 있는지 알아야 한다. 우리는 돈을 벌기 위해 시간을 바쳐 힘들게 일한다. 만약 내 시간의 대부분을 팔아 돈을 번다면 정말로 마음이 든든할까? 돈은 우리 자신의 시간이라는 생명력과 맞바꾼 것이다.

더 이상 돈벌기 위해 일할 필요가 없다면 무엇을 하고 싶은가? 인생은 한 가지 척도로만 평가될 삶은 아니다. 나에게 가장 중요한 것은 무엇인가? 우리는 삶을 진정으로 의미 있게 만드는 것을 위해 더 많은 시간을 쓰기를 원한다. 돈을 위해 자기 시간을 바치기보다는 자신이 가치 있다고 여기는 것들을 위해 인생을 바치고 싶어한다. 그런데 우리는 돈을 벌기 위해 일하는 삶에서 현실적으로 벗어날 수 있을까? 유감스럽게도 많은 직장인에게 돈과 삶에 대한 진정한 선택권은 별로 없는 듯하다.[296]

38

삶을 들여다보는 여행을 하라

여행은 재미도 있고, 의미도 있어야 한다

길은 인간이 여행을 낙으로 삼기 위해 만들었다고도 한다. 이제 그 길이 지상을 여행하는 수준에서 우주여행의 수준까지 발전했다. "재미있고 의미 없는 건 오락, 재미없고 의미 있는 건 일, 재미도 있고 의미도 있는 것은 여행"이라는 말이 있다. 코로나19 사태로 사람이 죽고, 이동이 봉쇄되고 있는데도 어디론가 떠나고 싶은 인간의 본성은 숨길 수 없나 보다. 독일 사회학자 짐멜(G. Simme)은 "인간은 '방랑'에 대한 동경과 '고향'에 대한 동경을 동시에 가지고 있다"고 한다. 사람은 늘 어디론가 떠나고 싶어하는 지리적 동물이다. 인간을 '호모 지오그래피쿠스'(Homo Geographicus, 지리적 존재)라고 부르는 이유다. 프랑스 철학자 가브리엘 마르셀(Gabriel Marcel, 1889~1973)은 인류를 '호모 비아토르'(Homo Viator, 여행하는 인간)로 정의한다.

인간은 왜 여행을 꿈꾸는가. '집 떠나면 고생'이지만 여행은 배움이라는 인류의 오랜 믿음 때문인 것 같다. "세상은 한 권의 책입니다. 그리고 여행을 하지 않는 사람들은 책의 한 장만 읽는 것일 뿐입니다"라고 성 아우구스티누스(St. Augustinus)는 말한다. 진정한 여행은 새로운 풍경을 보러 가는 것이 아니라 세상을 바라보는 또 하나의 눈을 얻어 오는 것이라고 한다. 프랑스 작가 아나톨 프랑스(Anatole France, 1844~1924)는 여행이란 "우리가 사는 장소를 바꿔주는 것이 아니라 우리의 생각과 편견을 바꿔주는 것"이라고 했다. 헨리 밀러(Henry Miller)도 "여행의 목적지는 어떤 장소가 아니다. 사물을 바라보는 새로운 방식이 그 목적지"라고 말한다. 여행은 삶을 위한 교육이다.

여행은 단순한 관광이 아니다

이탈리아 베네치아 출신의 상인 마르코 폴로(Marco Polo, 1254~1324)는 "여행은 내 학교다. 내 눈으로 보고, 내 머리로 생각한다"고 했다. 나도 지구상의 주요 나라는 가보았다. 처음에는 몰랐는데 가보는 횟수가 많아지면서 큰 도시 여행은 같은 기독교 문명권과 이슬람교 문명권, 불교 문명권 국가에 가면 다 비슷비슷해서 문화적 삶의 차이를 크게 느끼지 못해 무료한 감이 있다. 한국 사람들은 중국 자금성이나 이탈리아 베니스(Venice) 같이 오래된 곳을 즐겨 찾는다. 그런데 정작 한국사회 안에서는 오래된 것들이 용납되지 않는다. 한국사회는 과거의 흔적을 너무 쉽게 지워버린다.[297)]

가끔은 멕시코 유카탄 반도에 있는 칸쿤(Cancun) 같은 해변에 앉아 햇살을 즐기며 칵테일 한잔하는 시간을 보낼 수 있으면 좋겠다는 생각이 든다. 그런데 이런 이국적인 해변으로의 낭만적인 여행은 여행을 유혹하는 관광포스터에 불과하지, 사실 1주일만 지내도 심심해서 괴롭고 1년을 보내라면 아예 무기력증에 빠져버릴 것이다.

세계 여행은 그 나라의 도시나 관광지가 아니라 오히려 시골을 가보면, 거기에 진짜 그 나라가 있다는 말이 있다. 사실 세계가 획일적이면 볼 게 없다. 세계의 아름다움이란 그 삶의 다양성에 있다. 결국 여행은 그 나라의 삶을 들여다보러 다니는 것이다. 프랑스 소설가 마르셀 프루스트(Marcel Proust, 1871~1922)는 "진정한 탐험은 새로운 땅을 찾는 것이 아니라 새로운 시야를 찾는 것"이라 했다.[298] 관광 가이드 책에 나오는 명승지만 찾아 사진 찍으러 돌아다니는 여행이 아니라, 우리 자신을 만나러 떠나는 그런 여행이 되어야 한다. 여행을 통해 자신과 세계에 대한 깨달음을 얻게 되는 그것이다. 여행은 단순히 '수동적인 봄(gazing)'이 아니라 낯선 곳에서 나를 만나는 자기 발견의 경험이다. 자신을 발견하고 사유하고 재창조하는 과정을 통해 삶의 의미를 발견하는 작업이 여행이다.

여행에서 지식을 얻어 돌아오고 싶다면, 떠날 때 지식을 몸에 지니고 가야 한다. 그렇지 않으면 여행은 단순히 관광이 될 것이다. 여행에서 돌아올 때, 우리는 '새로운 시작'이라는 선물을 들고 온다. 일상의 시작과 끝이 자연적 시간의 흐름에 의해 규성된다면, 인생의 시작과 끝은 의미 있는 경험에 의해 규정된다. 여행은 새로운 시작을 알리는 일종의 의식이다. 아쉽게도 코로나19로 인한 지금의 일상은 시간이 어떻게 흐르고 있는지 느끼지 못할 정도로 단조롭다. 시간에 리듬이 없고, 맺고 끊는 맛이 없다 보니 자연적 시간만 존재할 뿐 의미의 시간은 멈춰 섰다.

생계를 위한 단조로운 일상의 반복으로 무뎌진 감각들은 여행을 통해 깨울 수 있다. 여행은 오감을 자극하여 자신이 살아있는 느낌을 경험하는 것이다. 여행은 어쩔 수 없이 지어야 하는 웃음 같은 감정노동으로 인해 지친 자신의 마음과 영혼을 자유롭게 하는 응급치료가 될 수 있다. 여행은 인간이 의미를 추구하고 진정한 자기를 추구하는 존재라는 점에서 그 가치를 지닌다. 지금 여행이 그리운 건 마음의 경지를 넓히고, 자기의 상황을 새로운 눈으로 바라볼 수 있는, 그리고 잔뜩 움츠린 우리의 감각들을 소생시켜줄 기회가 없기 때문이다.[299]

여행은 우리 자신에 대한 발견이다

여행은 젊은이에게는 교육의 일부가 된다. 그래서 서양 속담에 "자식을 성공시키려면 일찍부터 여행을 시켜라"는 말이 있다. 『보바리 부인』으로 유명한 프랑스 소설가 플로베르(G. Flaubert, 1821~1880)는 "여행은 인간을 겸허하게 합니다. 세상에서 인간이 차지하고 있는 부분이 얼마나 하찮은가를 두고두고 깨닫게 하기 때문입니다"라고 말한다. 우리는 여행지에서 어쩔 수 없이 '아무것도 아닌 자'가 되는 순간을 경험한다. 여행은 어쩌면 '아무것도 아닌 자'가 되기 위한 것인지도 모른다.[300] 네덜란드 작가 세스 노터봄(Cees Nooteboom)은 여행을 자신과의 싸움이라고 한다. "여행은 자신과 직면하는 일이다. 내가 할 수 있는 것이 무엇인지, 할 수 없는 것이 무엇인지 여행을 통해 판단한다"고 말한다.

사람을 젊게 만드는 것이 둘 있다고 한다. 하나는 사랑이요, 또 하나는 여행이다. 그래서 젊어지기를 원한다면 될수록 여행을 많이 하라는 것이다. 덴마크 아동문학가 안데르센(H. C. Anderson, 1805~1875)은 "나에게 있어서 여행은 정신을 다시 젊어지게 하는 샘"이라고 하였다.

여행은 가슴 떨릴 때 떠나야지, 다리 떨릴 때는 갈 수도 없다. 노래도 있지 않은가. 노세 노세 젊어서 노세, 늙어지면 못 노나니. 우리가 여행을 떠나는 이유는 휴식을 통한 재충전을 위해, 새로운 아이디어를 얻기 위해, 새로운 세상을 경험하기 위해, 좋은 추억을 만들기 위해, 답답한 일상을 벗어나기 위해, 나 자신을 돌아보기 위해 등 다양하다. 인도 철학자 오쇼 라즈니쉬(B. O. Rajneesh, 1931~1990)는 여행은 우리에게 적어도 세 가지의 유익함을 준다고 한다. "하나는 타향에 대한 지식, 다른 하나는 고향에 대한 애착, 마지막 하나는 우리 자신에 대한 발견"이라고 한다.

가장 의미 있는 여행은 우리 내면을 향한 여행일 것이다

오늘날 항공산업의 발달로 세계는 여행의 일상화라는 인류 사상 초유의 꿈같은 시절을 누렸다. 그러나 굴뚝 없는 첨단산업으로 불리는 관광산업에서, 코로나19로 인해 깃발 들고 우르르 몰려다니는 패키지여행의 대중관광 시대는 저물 것 같다. 포스트 코로나 시대가 열리면 우리는 다시 여행할 수 있을까. 아마도 우리의 여행은 이전과 같지는 않을 것 같다. 테러가 난무하는 시대를 겪고 나서 전 세계 공항의 보안 검색이 강화됐던 것처럼, 바이러스를 겪은 세계는 더 성가신 위생 검색을 할 수 있다. 앞으로 해외여행을 가기 위해서는 코로나19 백신 접종 사실을 입증하는 백신 여권(Vaccine Passport)이 필요할지 모른다.[301] 이제는 낯선 이들과 어깨를 맞댄 채 차를 타고, 낯선 이들과 섞여 밥을 먹는 여행은 힘들 것 같다. 이제 여행은 목숨을 담보해야 하는 모험이 되고, 지금보다 훨씬 비싸지고 개인화할 가능성이 있다. 여행의 양보다 경험의 질이 우선시되면서 '어디 놀러가는 것'보다는 '왜 여행을 떠나고 무엇을 할 것인가'로 전환될 것 같다.[302]

여행이라는 이름은 갖다 붙이는 단어에 따라 내용이 다양하다. 국내여행이나 해외여행이 아닌 "책은 지적 여행"이라거나, 신달자 시인의 시집 『간절함』에는 "커피 여행"이란 제목의 시(詩)가 있다. 인생은 그 자체가 여행에 비유되기도 한다. "작고 푸른 행성에 머물러주셔서 대단히 감사합니다. 당신의 여행은 여기까지입니다. 내리십시오"라고 지구가 말하

면, 이제 지구에서의 삶은 끝난다.[303)]

가장 의미 있는 여행은 우리의 내면을 향한 여행이라고 한다. 마음의 여행이다. 산과 바다와 해외로 가는 것도 좋지만, 자기 마음속으로 떠나는 '마음 여행'은 그 못지않다. 인도의 정신적 지도자 간디(M. Gandhi)는 "가장 위대한 여행은 지구를 열 바퀴 도는 여행이 아니라, 단 한 차례라도 자기 자신을 돌아보는 여행"이라고 했다. 삶도 결국 머무름이 없는 여행이다. 지금 있는 그 자리에서 최선을 다하면서 있어야 할 자리로 끊임없이 떠나는 여행이다. 아무리 그 자리에 안착하려 해도 계속해서 떠날 수밖에 없다. 때가 되면 우리 안의 욕구가 꿈틀대고, 밖의 상황이 우리를 가만두지 않으니까 말이다.[304)]

국경 제한과 자가 격리, 경제봉쇄를 완화하는데 필요한 개인의 건강 상태를 보여주는 믿을 만한 인증 모델이 개발된다면, 국경은 다시 열리고 여행은 재개될 것이다.[305)] 기존에는 1년에 한두 번, 비행기를 타고 해외 관광지를 찾는 게 보편적인 여행이었다. 그런데 최근에는 코로나19로 인해 가족 단위로 인근, 특히 전원 지역으로 떠나는 패턴이 눈에 띄게 늘었다.[306)] 독일계 스위스 작가 헤르만 헤세(Hermann K. Hesse, 1877~1962)는 "여행을 떠날 각오가 되어 있는 사람만이 자신을 묶고 있는 속박에서 벗어날 수 있다"고 한다. 여행은 삶에서 도망치기 위해서 하는 것이 아니라, 도망가지 않도록 하는 삶을 위해 여행한다. 바보는 방황하고, 현명한 사람은 여행을 떠난다고 한다. 코로나19가 퇴치되면 여행을 하라. 삶은 한 곳에서만 사는 것을 의미하지 않는다. 할 수 있는 만큼 많이, 갈 수 있는 만큼 멀리, 될 수 있는 만큼 오래 여행하라.

39

노년, 꿈은 나이를 먹지 않는다

늙었다고 단정할 수 있는 기준은 무엇인가?

무엇이 노화의 시작인가? 첫눈이 내려도 가슴이 떨리지 않으면 늙어 간다는 징조인가? 노년은 생물학적 노화와 사회적인 쇠퇴, 앞날에 대한 불안과 무기력감, 죽음에 대한 두려움까지 좋을 게 별로 없다. 미국의 저명한 언론인이었던 고(故) 마빈 배럿(Marvin Barrett)은 노년에 대해 "노년은 끝없이 아득하게 펼쳐진 평원에 서 있는 것과 같다. 눈앞에 보이는 거라고는 아무것도 없고, 걸어온 발자취마저 사라져버렸다. 그저 그곳에 할 말을 잃고 놀란 채로 서 있을 뿐이다. 스무 살 이후로는 한 번도 느껴보지 못했던 그 막막함과 공포에 질린 채로 말이다"라고 썼다.[307)]

영국 아동문학가 존 버닝햄(John Burningham, 1936~2019)은 『내 인생의 가장 행복한 날』에서 "언젠가 당신의 인생에도 오늘부터 너는 혼자 힘으로 양말도 못 신게 되리라고 말하는 신의 목소리가 벼락처럼 울리는 그런 날이 꼭 올 것"이라고 하였다. 고령화 사회가 진행되면서 가난하고, 아프고, 외로운 노후로 삶의 의미를 찾지 못하고 힘들어하는 사람들이 많다. '재수 없으면 100살까지 산다'는 자조적 농담은 공포의 현실로 다가온다. 장수와 행복이 불가분의 관계를 맺고 있지도 않다. 고령화 시대를 인구가 짐이 되는 '인구 오너스(Onus)' 사회라는 말도 나온다. 노인 시대의 삶에서 안정을 찾을 수 있는 사람이 소수에 불과한 현실이 '한 세기를 사는 축복받은 시대의 비극'이다. 현대의학이 가져다준 장수(長壽)라는 선물이 인간에게 저주가 아니라 축복이 되어야 할 것이다.

침몰할 배에서 시간을 허비하기엔 남은 인생이 길지 않다

베이컨(F. Bacon)은 "젊은 시절에는 하루가 짧고 1년은 길다. 노년 시절에는 1년은 짧고 하루는 길다"고 노년의 시간을 함축한다. 『사기(史記)』 〈오자서열전(伍子胥列傳)〉에 나오는 "날이 저물어 가는데 가야 할 길은 멀기만 하다"라는 일모도원(日暮途遠)은 해야 할 일은 많은데, 시간이 없음을 비유하는 말이다. 어느덧 내일(來日)이 없는데 시간을 헛되이 많이 보냈다. 어제는 가버렸다. 내일은 오지 않을지도 모른다. 오직 오늘만이 당신이 살 시간이다.

프랑스 격언에 "젊은이는 희망에 살고, 노인은 추억에 산다"는 말이 있다. 이젠 은퇴 후 40년, 한 번의 생을 더 살아야 하는 시대다. 그런데 물리적 생존이 아닌 존재와 존엄으로서의 삶을 살아야 한다. 100세 철학자 김형석 명예교수는 "친구들과 살면서 가장 행복한 때가 언제였느냐를 이야기한 적 있는데 60~75살이라는 데 의견이 일치했다. 내가 만약 환갑 이후 시기를 늙었다고 포기해서 놓쳤다면 어땠을까. 아찔할 때가 있다. 인생에서 가장 행복한 시기는 바로 60부터"라고 말한다.[308)]

은퇴는 끝이 아닌 새로운 시작이다

당나라 시인 하지장(賀知章, 659~744)이 수십여 년간의 관직 생활에서 물러나 백발이 성성해진 뒤, 고향으로 돌아가 느낀 감회를 적은 세월의 무상함을 뜻하는 시(詩)인 「회향우서(回鄕偶書)」의 내용이다.

젊어서 고향 떠나 늙어서야 돌아오니 (少小離鄕老大回)
시골 사투리는 변함없으되 머리털만 희었구나. (鄕音無改鬢毛衰)
아이들은 서로 바라보나 알아보지 못하고 (兒童相見不相識)
웃으면서 어디서 온 나그네냐고 묻네. (笑問客從何處來)[309)]

퇴직하면 생기를 잃기 쉽다. 회사라는 공동체에서 떨어져 나와 지위도 명함도 없는, 그저 평범한 사람이 되는 것을 받아들여야 하기 때문이다. 열심히 올라와 정상에 도착했는데, 남은 건 허공뿐이다. 삶이 참 부질없다. 내려놓음과 현실 사이에서 갈등을 겪게 된다. 자신의 존재가치, 인생의 의미가 상실된 느낌을 받는다. 내가 가치 있는 사람이었는지 회의가 든다. 그러나 내가 나를 퇴출시킬 수는 없는 것이다. 끊임없이 바깥을 향해 질주하던 삶을 멈추었을 때, 허탈함이 몰려오지만 은퇴는 일을 그만둔다는 의미는 아니다. 돈을 벌기 위해 하는 일을 그만둘 수 있다는 의미다. 일의 의미를 재정립하면 무보수 활동도 존중하게 된다. 무보수 활동이 보수를 받는 활동보다 가치가 없는 것은 아니다.[310)] 아무튼 오늘이라는 날은 지금부터의 인생에 있어서 첫 날이다.

은퇴 이후의 삶에서 중요한 것은 더 현명해지고 충만하게 사는 일이다. 우리의 삶에 의미를 주는 목표를 계속 추구하는 것이다. 건강하다면 퇴직 이후가 제일 행복하다는 얘기도 있다. 자녀교육, 조직생활 다 마무리하고 더는 남 눈치 안 보고 부질없는 욕망에도 벗어나 진짜 나를 위한 삶이 가능하다는 것이다. 뭔가를 자꾸만 더해가는 것이 아니라, 빼고 내려놓고 비워갈 수만 있다면. 그야말로 은퇴 뒤에 자유롭게 살 권리이다.

젊음은 아름답지만, 노년은 찬란하다

잘사는 것은 오래 사는 게 아니라 잘 늙는 것이라고 한다. 세월의 흐름을 따라 잘 익어가는 것이다. 옛말에 "사람을 보려면 후반부를 보라"고 했을 만큼 인생 후반부도 중요하다. 아누크 에메(Anouk Aimee)는 "연륜이 쌓여 갈 때, 비로소 그 사람의 진정한 아름다움을 알 수 있다"고 한다.[311] 진정한 아름다움은 젊은 혈기나 육체적인 매력이 아니라 경험과 지식, 지혜의 토양에서 자라난 내면의 성숙함에 있다는 것이다. 늙음이 천천히 익어가는 좋은 포도주처럼 그윽한 인생의 향을 품어내야 할 것이다. 스위스 정신의학자 칼 융(C. G. Jung)은 "인류에게 수명이 아무런 의미를 지니지 못했다면, 인간은 분명 70세나 80세까지 성장하지 않았을 것이다. 인생의 후반기는 그 자체로도 중요한 의미를 지니는 것이 틀림없으며, 단순히 인생의 초반기에 덤으로 부여받은 보잘 것 없는 세월이 아니다"고 말한다.[312]

가을에 잘 물든 단풍도 무척 곱고 예쁘고 아름답다. 아무리 꽃이 예뻐도 떨어지면 아무도 주워가지 않지만, 가을에 잘 물든 단풍은 책 속에 고이 꽂아서 오래 보관도 한다. 우리의 인생도 나고 자라고 나이 들어가는데, 잘 물든 단풍처럼 늙어가면 나이 듦의 서글픔이 덜할 것이다.[313] 된장도 숙성해야 맛이 나고, 밥도 뜸이 푹 들어야 맛이 있듯이 인생도 늙어야 제멋이 난다는데, 내 인생의 12월은 어떤 모습일까. 아직 만회할 시간과 기회가 남아 있는가? 노후가 과거의 나를 정리하는 것을 넘어 다시 꿈꾸는 사람으로 살도록 만드는가? 정점에서 내려오는 노후가 아닌, 내 인생을 완성하는 두 번째의 인생을 살도록 하는가?

죽음은 가장 확실한 우리의 미래다

인도의 정신적 지도자 마하트마 간디(Mahatma Gandhi)는 "삶은 죽음에서 생긴다. 보리가 싹트기 위해서는 씨앗이 죽지 않으면 안 된다"고 한다. 이어령 전 문화부장관은 "죽음만큼 절박하고 중요한 게 없다. 그래야 산다는 게 뭔지 안다. 사막의 갈증, 빈 두레박의 갈증을 느낀 자만이 물의 맛, 삶의 맛을 아는 것과 같은 이치다. 젊기 때문에 더 죽음을 생각해야 한다. 그게 삶을 인식하는 가장 빠른 길이고, 앞을 찾아갈 수 있는 올바른 길"이라고 말한다. 인간은 언제 어떻게 세상을 떠날지 모르게 해준 신(神)에게 감사해야 한다. 죽음을 미리 알면 삶이 얼마나 지루하고 무미건조할까?[314)]

인간의 삶에는 오복(五福)이 있다고 한다. 오복은 중국 춘추시대에 쓰인 『서경(書經)』에서 처음 언급됐다. 오복은 첫째, 수(壽)는 오래 살고자 하는 염원이다. 둘째, 부(富)는 부유하고 풍족하게 살기를 바라는 소망이다. 셋째, 강녕(康寧)은 사는 동안 건강하게 살고자 하는 욕망이다. 넷째, 유호덕(攸好德)은 이웃이나 다른 사람을 돕고 베풀어서 덕을 쌓는 삶이다. 다섯째, 고종명(考終命)은 죽음을 편안하고 깨끗이 하자는 소망이다. 건강하게 오래 살고 깨끗하게 죽고 싶다는 희망은 요즘 말로 표현하면 '건강 장수 웰다잉(Well-dying)'이다.

퇴직 전에는 천년만년 살 것 같았고, 인생이 많이 남아 있는 줄 알았다. 그래서 삶을 놓아야 하는 시간이 다가오고 있음을 체감하지 못했고, 죽음은 내 일이 아니라고 생각했다. 우리는 세상의 체류기간이 끝났음을 통보받았을 때, 아무런 두려움도 떨림도 없이 지상의 텐트를 걷고

미지의 세계로 조용히 따라갈 수 있을까?[315] 우리는 죽음을 두려워한다. 사후 세계를 전혀 모른다는 것에서 오는 불안이 죽음에 대한 두려움의 실체다. 고대 그리스 스토아학파 철학자 에픽테토스(Epictetos)는 "두려운 것은 죽음이나 고통이 아니라 그에 대한 공포"라고 했다. 『논어』〈선진편(先進篇)〉은 계로가 "죽음이 무엇입니까?하고 묻자 공자가 "삶의 도리도 아직 모르는데 어떻게 죽음을 알겠는가?(味知生 焉知死)"라고 대답한 내용이 나온다. 서구의 연금술도 동양의 불로초도 모두 죽음을 극복하고자 하는 인간의 염원이 만들어 낸 것이다.[316]

누구에게나 최종 도착지는 죽음이다. 죽음은 한번 가면 되돌아오지 못한다. 법정(法頂) 스님은 2009년 길상사 법회에서 "봄 법회에 설 때마다 가슴이 설렌다. 우리 생애에서 이런 기회가 영원히 주어지는 게 아니다. 언젠가는 나도 이 자리를 비우게 되리란 걸 안다"고 하였다. 삶은 죽음보다 나은 것이다. 말똥에 굴러도 이승이 좋다는 것처럼 천국에 가기를 원하는 사람들조차도 그것 때문에 죽고 싶어 하지는 않는다. 그런데 내가 이 세상에 잠시 들른 방문자로서 졸업해야 할 시간이 찾아오면 어떻게 할 것인가? 로마시대 철학자 키케로(M. T. Cicero)는 "지혜로운 사람은 삶 전체가 죽음의 준비"라고 말했다. 레오나르도 다 빈치(Leonardo da Vinci)는 "그날 하루를 알차게 보내면 편히 잘 수 있고, 주어진 삶을 알차게 보내면 행복한 죽음을 맞이할 수 있다"고 한다.[317]

메멘토 모리(Memento Mori), "나의 죽음을 매일 생각하라"는 말이다. 일상 속으로 나의 죽음을 끌어들이면 내 삶이 유리처럼 투명하게 보이고, 내게 남은 유한한 시간을 어떻게 보낼지 더욱 숙고할 수 있게 된다는 것이다. 그래서 아스피체 모르템(Aspice Mortem), 즉 죽음을 직시하는 용기를 가져 보자는 것이다.[318]

생과 사는 경계를 그을 수 없다?

생(生)과 사(死)는 연속적 흐름이라고 한다. 생과 사의 한가운데 서서 그것을 보면 생 속에 사(死)가, 사(死) 속에 생이 함께하며 끊임없이 돌고 도는 자연의 순환일 뿐이라고 한다. 그런데 왜 우리는 생사에 얽매여 살아가는 걸까? 그것은 인간의 지식구조 때문이라고 한다. 흐름을 흐름으로 인식하지 못하고 분별하여 인식할 수밖에 없는 인간의 지식으로는 "생은 생(生)이고, 사는 사(死)"라는 것이다.

그릇은 분명 '유'이지만 그릇의 텅 빈 부분 즉 '무'가 없다면 그릇으로 존재할 수 없다. 실상 그릇은 유와 무가 함께 어우러져 있는 것이다. 그러나 우리의 지성은 이렇게 상생하는 양자를 나누어서 인식한다. 유와 무를 분별한다. 그래서 인간의 지식을 분별지(分別智)라 한다.[319] "바다 전체를 보면, 파도가 일어나고 사라지는 것이 아니라 다만 물이 출렁거릴 뿐이다. 바다 전체를 보듯이 인생을 관조하면, 삶도 없고 죽음도 없다. 파도 하나하나를 보면 분명히 파도가 생기고 사라지듯이, 인생도 언뜻 보면 생하고 멸한다고 볼 수 있다는 것이다."[320]

사람들이 겪는 고통과 번뇌는 모두 '나'라는 집착에서 비롯된다는 것이다. '나'라는 집착에서 벗어나기만 한다면 태어나고, 늙고, 병들고, 죽는 것은 더 이상 고통이 아니라는 것이다. 삶도, 죽음도, 고통도 자연의 전체성에서 봐야지 그 자체만 보아서는 안 된다는 것이다. 자연의 전체성에서 보면 삶과 죽음, 기쁨과 고통은 연속적으로 이어져 있는 작은 요소들이라는 사실을 깨닫게 된다는 것이다. 죽음까지도 대자연의 섭리와 과정으로 관조할 수 있다고 하나, 보통 사람들이 이 경지에 이르기는 어렵다.[321]

꿈은 나이를 먹지 않는다

미국 맥아더(D. MacArthur, 1880~1964) 장군은 "세월은 피부를 주름지게 하지만, 열정을 저버리는 것은 영혼을 주름지게 한다"고 했다. 길어진 인생은 행복을 주는가? 10년을 더 살게 해준다면 구체적인 계획은 있는가? 할 일 없는 노년은 지옥이다. 나이가 한계일 수는 없다. 사람은 나이와 관계없이 성장할 수 있다. '이 나이에' 하고 자신의 한계를 정하는 순간, 우리의 나머지 인생은 단지 죽음을 기다리는 대기 시간이 되고 만다.[322] 마음은 은퇴하는 법이 없다. 법정(法頂) 스님은 "두려워할 것은 늙음이나 죽음이 아니다. 녹슨 삶이다"고 했다.

생각이 젊음을 결정한다. 생각에 따라 젊은이가 될 수도, 늙은이가 될 수도 있다. 전 미국 크라이슬러 회장 아이아코카(Lee Iacocca, 1924~2019)는 "80대 노인처럼 행동하는 40대와 40대가 할 일을 넉넉히 해결하는 80대를 동시에 봤다"고 말한 적이 있다. 그렇다면 80의 젊음은 40의 늙음보다 더 생기있고 희망적일 것이다. 성공한 사람들을 25,000명 이상 분석한 결과, 40세 이전에 성공한 사람은 거의 없고 대부분 50세를 지나고부터 자기 재능을 발휘하기 시작했다는 연구가 있다.[323] 미국 심리학자 웨인 데니스에 의하면, 세계 역사상 최대의 업적은 35%는 60대에, 23%는 70대에 그리고 6%는 80대에 이루어져 전체의 64%가 노년기에 위업을 달성한 것으로 나타났다.

괴테(Goethe, 1749~1832)는 죽기 1년 전 원고를 마무리하여 81세에 『파우스트』를 완성했다. 고려 승려 일연(一然, 1206~1289)도 78세에 『삼국유사』를 펴냈다. 『왜 회사에서는 이상한 사람이 승진할까?』의 저자 제프리 제임스(Geoffrey James)는 자기 할머니는 칠순을 넘긴 나이에 대학 공부를 다시 시작했고, 유스호스텔에 묵으며 유럽 전역을 여행했고, 일본 미술을 공부했다고 하면서, 할머니가 그에게 남긴 마지막 말은 "제프리, 인생은 아흔부터란다"라고 소개한다.[324] 배움에는 나이가 따로 없다. 세익스피어(W. Shakespeare)는 "학생으로 계속 남아 있어라. 배움을 포기하는 순간 우리는 폭삭 늙기 시작한다"고 말한다. 세네카(L. A. Seneca)는 "역사를 장식한 수많은 위인도 삶을 마감하는 순간까지 제대로 사는 법을 배우지 못했다고 고백하며 세상을 떠났다. 어느날 갑자기 찾아오는 인생의 마지막 날까지 배우기를 게을리하지 말라"고 한다

고대 그리스 시인 소포클레스(Sophocles, BC 496~BC 406)는 "늙어가는 사람만큼 인생을 사랑하는 사람은 없다"고 했다. 100세 철학자 김형석 명예교수는 사람은 늘그막에 빛을 보는 것이 가장 좋다며 시간의, 세월의 축복을 받은 뒤 빛을 보아야 별 탈 없는 삶을 살 수 있다고 한다. 아름다운 노을을 위하여 나 자신을 위한 시간, 나 자신을 위한 이야기가 필요한 시기이다. 우리가 소망하는 곱게 나이가 들도록 해야겠다.[325] 고려 말의 고승인 나옹혜근(懶翁惠勤, 1320~1376)의 선시(禪詩)처럼 살다 가는 사람은 얼마나 될까?

청산은 나를 보고 말없이 살라하고	靑山兮要我以無語
창공은 나를 보고 티없이 살라하네.	蒼空兮要我以無垢
사랑도 벗어놓고 미움도 벗어놓고	聊無愛而無憎兮
물같이 바람같이 살다가 가라하네.	如水如風而終我

청산은 나를 보고 말없이 살라하고	靑山兮要我以無語
창공은 나를 보고 티없이 살라하네	蒼空兮要我以無垢
성냄도 벗어놓고 탐욕도 벗어놓고	聊無愛而無憎兮
물같이 바람같이 살다가 가라하네.	如水如風而終我

이제 이 책의 종착역에 도착했다. 아름다움에는 이유가 없다고 한다. 아름다운 것! 그것은 마음의 눈으로 보여지는 미(美)이기도 하다. 바램은 그대들이 지나가는 자리는 아름답기를, 눈부시게 아름답기를 기도한다. 그대들은 즐거움과 기쁨을 주는 아름다움과 더불어 살고, 아름답게 살며, 아름다움을 인생의 기반으로 삼고 살아가기를 바란다.

참고한 서적

강준만, 「글쓰기가 뭐라고」, 인물과 사상사, 2018.
공병호, 「10년 후, 한국」, 해냄, 2004.
김난도, 「아프니까 청춘이다」, 쌤앤파커스, 2010.
김수현, 「나는 나로 살기로 했다」, 마음의 숲, 2017.
김영하, 「여행의 이유」, 문학동네, 2019.
김의환, 「명상사 유상사」 , 인터북스, 2021.
김재구 · 배종태 · 이정혁 · 이무원 · 양대규 · 강신형, 「포스트 코로나 시대 사회가치경영의 실천전략」, 클라우드나인, 2020.
김종래, 「CEO 칭기즈칸」, 삼성경제연구소, 2005.
김형석, 「젊은 세대와 나누고 싶은 100세 철학자의 인생, 희망이야기」, 열림원, 2019.
김희영, 「승자(勝者)의 기획」, 갈라북스, 2016.
남궁 석, 「사회이동의 충격」, 랜덤하우스 중앙, 2005.
노주선, 「감정 존중」, 플랜비디자인, 2019.
류석우, 「세계 최고의 명강사를 꿈꿔라」, 씨앗을 뿌리는 사람, 2004.
박완서, 「못 가본 길이 더 아름답다」, 현대문학, 2014.
박원익 · 조윤호, 「공정하지 않다」, 지와인, 2019.
박재희, 「3분 고전」, 작은 씨앗, 2012.
박형준, 「한국사회 무엇을 어떻게 바꿀 것인가」, 메디치, 2014.
박홍식 · 박주근, 「평판이 미래다」 , 미다스북스, 2020.
법륜, 「인생 수업」, 한겨레출판, 2014.
비키 로빈 · 조 도밍후에즈, 「부의 주인은 누구인가」 , 도솔출판, 2019.
송호성, 「독서의 위안」, 화인북스, 2020.
서광원, 「사장이 차마 말하지 못한 사장으로 산다는 것」, 흐름 출판, 2012.
서광원, 「그렇게 일하면 아무도 모릅니다」, 중앙 books, 2020.
서은국, 「행복의 기원」 , 21세기북스, 2014.
신도현 · 윤나루, 「말의 내공」 , 행성B, 208.

신동기, 「독서의 이유」, 지식공작소, 2006.
신동기, 「오래된 책들의 생각」, 아틀라스 북스, 2017.
신정철, 「메모 독서법」, 위즈덤하우스, 2019.
심혜경, 「밀레니얼에 집중하라」, 북스고, 2019.
양원근, 「책쓰기가 이렇게 쉬울 줄이야」, 오렌지 연필, 2019.
윤석철, 「삶의 정도」, 위즈덤하우스, 2011.
윤종모, 「치유 명상」, 정신세계사, 2010.
윤태영, 「위기관리 리더십」, 진영사, 2019.
윤태진, 「아들아, 삶에 지치고 힘들 때 이 글을 읽어라」, 다연, 2019.
왕경국, 「유식의 즐거움(동양편)」, 휘닉스, 2004.
이근후, 「나는 죽을 때까지 재미있게 살고 싶다」, 갤리온, 2013.
이기주, 「말의 품격」, 황소북스, 2017.
이란우, 「빵 터지는 건배사」, 오래, 2018.
이민규, 「실행이 답이다」, 더난출판, 2011.
이범용, 「습관의 완성」, 스마트북스, 2020.
이영석, 「인생에 변명하지 마라」, 쌤앤파커스, 2012.
이은재, 「하는 일마다 인정받는 사람들의 비밀」, 다연, 2019.
이은형, 「밀레니얼과 함께 일하는 법」, 메디치미디어, 2019.
이종선, 「멀리 가려면 함께 가라」, 갤리온, 2009.
이창길, 「대한민국 인사혁명」, 나무와 숲, 2020.
이철환, 「'을'의 눈물」, 새빛, 2019.
임붕영, 「1% 리더만 아는 유머 학습법」, 미래지식, 2019.
임석민, 「돈과 삶」, 펭귄, 2017.
임재춘, 「한국의 이공계는 글쓰기가 두렵다」. 마이넌, 2003.
임홍택, 「90년생이 온다」, 웨일북, 2018.
정병태, 「소통의 기술」, 넥스웍, 2015.
정윤 외 8인, 「2030년, 미래전략을 말한다」. 이학사, 2013.
정재승 외 9인, 「미래를 생각한다」, 비즈니스맵, 2013.
정지욱, 「부의 철학」, 세창미디어, 2018.
조관일, 「깔깔깔 강의유머 기법」, 위즈덤하우스, 2006.
조관일, 「깔깔깔 대화유머 기법」, 위즈덤하우스, 2007.
조한규, 「무엇이 인생을 바꾸는가」, 스노우폭스북스, 2016.
지동직, 「배려」, 북스토리, 2016.
진희정, 「내 인생 최고의 조언」, 이지북, 2005.
최정화, 「첫 마디를 행운에 맡기지 말자」, 리더스북, 2018.
하우석, 「기획 천재가 된 홍대리」, 다산북스, 2004.
하완, 「하마터면 열심히 살 뻔했다」, 웅진지식하우스, 2018.

한상복, 「배려」, 위즈덤하우스, 2006.
함규정, 「감정을 다스리는 사람, 감정에 휘둘리는 사람」, 청림출판, 2010.
홍국주 · 최익성, 「The MEETING」, 플랜비디자인, 2020.
홍자성 저, 김원중 역, 「채근담」, Humanist, 2017.
황경식, 「존 롤스 정의론」, 쌤앤파커스, 2018.
혜민, 「멈추면, 비로소 보이는 것들」, 수오서재, 2017.
M. 데이비드 딜리 · 앤드류 R. 토마스, 「위대한 보스」, 간디 서원, 2006.
가미오카 신지, 「떨지 않고 자신있게 말하는 기술」, 넥서스 BIZ, 2012.
가오위엔, 「자제력」, 인플루엔셜, 2014.
가오위안, 「모두에게 좋은 사람일 수 없다」, 와이즈맵, 2020.
공자, 소준섭 역, 「논어」, 현대지성, 2018.
기시미 이치로 · 고가 후미타케, 「미움받을 용기」, 인플루엔셜, 2015.
나폴레온 힐, 「놓치고 싶지 않은 나의 꿈 나의 인생」 ①, ②, ③, 국일미디어, 2015.
나이토 요시히토, 「직장의 고수」, 매일경제신문사, 2017.
니시무라 아키라, 「퇴근 후 3시간」, 해바라기, 2004.
니시무라 아키라, 「CEO의 다이어리엔 뭔가 비밀이 있다」, 디자인 하우스, 2005.
니콜 슈타우딩거, 「다들 그렇게 산다는 말은 하나도 위로가 되지 않아」, 갈매나무, 2019.
다니엘 골먼 · 리처드 보이애치스 · 애니 맥키, 「감성의 리더십」, 청림출판, 2003.
다니엘 튜더, 「기적을 이룬 나라 기쁨을 잃은 나라」, 문학동네, 2013.
다니엘 핑크, 「새로운 미래가 온다」, 한국경제신문, 2012.
다카이 노부오, 「3분력」, 명진출판, 2004.
대니얼 클라인 · 토마스 캐스카트, 「하버드 철학자들의 인생 수업」 길벗, 2020.
덴 애리일리 외, 「루틴의 힘」, 부키, 2020.
데일 카네기, 「자기관리론」, 베이직북스, 2020.
데이비드 월러 · 루퍼트 영거, 「평판 게임」, 웅진 지식하우스, 2018.
도몬 후유지, 「사람을 이끄는 힘 인망력」, 한스미디어, 2006.
도쓰카 다카마사, 「세계 최고의 인재들은 왜 기본에 집중할까」, 비즈니스북스, 2015.
래리 보시디 · 램 차란, 「실행에 집중하라」, 21세기 북스, 2005.
래리 킹, 「대화의 신」, 위즈덤하우스, 2015.
로런스 피터 · 레이먼드 헐, 「피터의 원리」, 21세기북스, 2019.
로렌 헨델 젠더, 「어떻게 나로 살 것인가」, 다산북스, 2018.
로버트 치알디니, 「설득의 심리학」, 21세기 북스, 2004.
류리나, 「하버드 100년 전통 말하기 수업」, 리드리드출판, 2020
리사 보델, 「심플, 강력한 승리의 전략」, 와이즈맵, 2018.
린다 피콘, 「매일 읽는 긍정의 한 줄」, 책이 있는 풍경, 2012.
마리아 로스, 「공감은 어떻게 기업의 매출이 되는가」, 포레스트 북스, 2020.

마이클 베넷, 「빌어먹을 감정 날려버리기」, 위즈덤하우스, 2019.
마이클 샌델, 「정의란 무엇인가」, 김영사, 2010.
마이클 샌델, 「공정하다는 착각」, 미래엔, 2020.
마크 맨시니, 「시간을 길들이는 기술」, 지식공작소, 2006.
미하이 칙센트미하이, 「몰입의 즐거움」, 해냄, 2010.
브라이언 트레이시, 「당신의 무기는 무엇인가」, 와이즈맵, 2018.
빌 맥고완, 「세계를 움직이는 리더는 어떻게 공감을 얻는가」, 비즈니스북스, 2014.
사이먼 사이넥, 「왜 함께 일하는가」, 살림, 2017.
사이토 다카시, 「잡담이 능력이다」, 위즈덤하우스, 2014.
사이토 다카시, 「혼자 있는 시간의 힘」, 위즈덤하우스, 2015.
사이토 다카시, 「메모의 재발견」, 비즈니스북스, 2017.
세바스티안 헤르만, 「감정이 지배하는 사회」, 새로운 현재, 2020.
쉬셴장, 「하버드 감정수업」, 와이즈맵, 2019.
쉬하오이, 「지금 나를 위로하는 중입니다」, 마음책방, 2020.
스가와라 게이, 「부의 철학」, 책들의 정원, 2020.
스샤오옌, 「내 편은 아니라도 적을 만들지 마라」, 다연, 2016.
스웨이, 「인생은 지름길이 없다」, 정민미디어, 2019.
스티브 디거, 「잠들기 전에 읽는 긍정의 한 줄」, 책이 있는 풍경, 2019.
스티븐 존슨, 「탁월한 아이디어는 어디서 오는가」, 한국경제신문, 2012,
스티븐 코비, 「성공하는 사람들의 7가지 습관」, 김영사. 2017.
스펜스 존슨, 「선택」, 청림출판, 2005.
아들러·H. 오글러, 「A. 아들러 심리학 해설」, 선영사, 2015.
아사다 스구루, 「한 줄 정리의 힘」, 센시오, 2019.
아이하라 다카오, 「평판이 스펙이다」, 더난 출판, 2012.
아오키 사토시, 「울림이 있는 말의 원칙」, 나무 생각, 2019.
아카바 유지, 「세계 최고 인재들은 어떻게 읽는가」, 이퍼블릭, 2017.
야마구치 슈, 「철학은 어떻게 삶의 무기가 되는가」, 다산북스, 2019.
앤드류 매튜스, 「그럼에도, 행복하라」, 좋은책 만들기, 2011.
앤드류 매튜스, 「지금 행복하라」, 랜덤하우스 코리아, 2007.
앤드류 매튜스, 「관계의 달인」, 북라인, 2008.
앨런 클라인, 「마음을 치유해 주는 유머의 힘」, 밀라그로, 2019.
앨런 클라인, 「유머를 알면 인생이 바뀐다」, 밀라그로, 2019.
앨빈 토플러, 「부의 미래」, 청림출판, 2006.
에밀리 에스파하니 스미스, 「어떻게 나답게 살 것인가」, RH Korea, 2019.
오가와 마치코, 「내 판단에는 항상 문제가 있다」, 예문, 2002
요시다 유코, 「말 잘하는 사람은 잡담부터 합니다」, 다산북스, 2020.

우메다 사토시, 「말이 무기다」, 비즈니스북스, 2017.
우쥔, 「어떻게 살아야 할지 막막한 너에게」, 오월구일, 2019.
워렌 베니스 · 노엘 티시, 「판단력」, 21세기북스, 2009.
윌리엄 B. 어빈, 「좌절의 기술」, 어크로스, 2020.
웨인 베이커, 「나는 왜 도와달라는 말을 못할까」, 어크로스, 2020.
와다 히데키, 「결정의 기술 판단의 기술」, 두리미디어, 2010.
이나모리 가즈오, 「왜 일하는가」, 다산북스, 2021.
지오지에, 「말을 잘하는 사람 행동을 잘하는 지혜,」 꿈과 희망, 2013.
조던 B. 피터슨, 「12가지 인생의 법칙」, 메이븐, 2018.
조셉 머피, 「마음 수업」, 청림출판, 2010.
조지 베일런트, 「행복의 조건」, 프런티어, 2010.
존 네핑저 · 매튜 코헛, 「어떤 사람이 최고의 자리에 오르는가」, 토네이도, 2014.
존 맥스웰, 「리더의 조건」, 비즈니스북스, 2012.
제레미 딘, 「굿바이 작심삼일」, 위즈덤하우스, 2013.
제임스 클리어, 「아주 작은 습관의 힘」, 비즈니스북스, 2019.
젠 신체로, 「사는 게 귀찮다고 죽을 수는 없잖아요」, 홍익출판사, 2019.
카민 갤로, 「말의 원칙」, 알에이치코리아, 2020.
카이 롬하르트, 「지식형 인간」, 넥서스 북스, 2003.
켄 블랜차드 외, 「칭찬은 고래도 춤추게 한다」, 21세기 북스, 2003.
켄 블랜차드, 「춤추는 고래의 실천」, 청림출판, 2009.
코치 알버트, 「착한 갑이 되는 기술」, 북스고, 2019.
클라우디아 해먼드, 「감정의 롤러코스터」, 사이언스 북스, 2007.
클라우디아 해먼드, 「어떻게 시간을 지배할 것인가」, 위즈덤하우스, 2014.
클라우스 슈밥, 「클라우스 슈밥의 제4차 산업혁명」, 새로운 현재, 2017.
키스 페인, 「부러진 사다리」, 미래엔, 2017.
탈 벤 샤하르, 「완벽주의자를 위한 행복 수업」, 슬로디미디어, 2020.
테리 이글턴, 「유머란 무엇인가」, 문학사상, 2019.
톰 피터스, 「사장은 어떻게 일해야 하는가」, 메디치미디어, 2018.
필리프 바르트, 「작은 시작의 힘」, 와이즈맵, 2020.
헤더 레어 와그너, 「열등감을 희망으로 바꾼 오바마 이야기」, 명진출판, 2009.
헬렌 레이저, 「밀레니얼은 왜 가난한가」, 글담출판사, 2020.
후지마라 마사히로, 「100억짜리 기획서」, 새로운 제안, 2004.
히구치 유이치, 「사람이 따르는 말, 사람이 떠나는 말」, 대교 베텔스만, 2005.

미 주

1) 윤경재, "바른 말도 폭력이 될 수 있다는 걸 그땐 몰랐네," 중앙일보, 2018.11.12.
2) 나폴레온 힐, 「놓치고 싶지 않은 나의 꿈 나의 인생」 ②, 국일미디어, 2015, p.155.
3) KBS1, 다큐 온 "별에 빠지다", 2021.3.19.
4) 카민 갤로, 「말의 원칙」, 알에이치코리아, 2020. pp.97~98.
5) 임석민, 「돈과 삶」, 펭귄, 2017. p.333.
6) 사이토 다카시, 「혼자 있는 시간의 힘」, 위즈덤하우스, 2015. p.52.
7) 탈 벤 샤하르, 「완벽주의자를 위한 행복 수업」, 슬로디미디어, 2020, p.260.
8) 오가와 마치코, 「내 판단에는 항상 문제가 있다」, 예문, 2002, p.76.
9) 베르나르 베르베르, 「죽음」, 열린 책들. 2019.
10) A. 아들러·H. 오글러, 「아들러 심리학 해설」, 선영사, 2015, p.36.
11) 대니얼 클라인·토마스 캐스카트, 「하버드 철학자들의 인생 수업」, 길벗, 2020, pp.10~24, p.230.
12) 최인철, "의미형 인간이 저력있다," 중앙일보 [마음읽기] 2019.3.13.
13) 다니엘 핑크, 「새로운 미래가 온다」, 한국경제신문, 2012. p.227.
14) 서은국, 「행복의 기원」, 21세기북스, 2014, p.49, pp.145~146, p.186.
15) 최인철, "예술과 행복의 뜻밖의 공통점", 중앙일보 2021.8.25
16) 임석민, 「돈과 삶」, 펭귄, 2017. pp.249~250.
17) 조지 베일런트, 「행복의 조건」, 프런티어, 2010. p.36.
18) 윤종모, 「치유 명상」, 정신세계사, 2010, p.16.
19) 앤드류 매튜스, 「그럼에도, 행복하라」, 좋은책 만들기, 2011, p.46.
20) 기시미 이치로·고가 후미타케, 「미움받을 용기」, 인플루엔셜, 2015. pp.155~157.
21) 젠 신체로, 「사는 게 귀찮다고 죽을 수는 없잖아요」, 홍익출판사, 2019. p.186.
22) 이나모리 가즈오, 「왜 일하는가」, 다산북스, 2021. p.26.
23) 나폴레온 힐, 「놓치고 싶지 않은 나의 꿈 나의 인생」 ②, 국일미디어, 2015, p.189.
24) 오종남, "초중고에서 21세기 필수 언어 코딩을 가르치자," 중앙일보 2021.10.4.
25) 이정민, "2030의 이유있는 반란", 중앙일보 2021.4.9.
26) 이은형, 「밀레니얼과 함께 일하는 법」, 메디치미디어, 2019. pp.17~18, p.257.

27) 강준만, 「글쓰기가 뭐라고」, 인물과 사상사, 2018. p.191.
28) 서정민, "파이어족", 중앙일보 2021.3.11.
29) 린다 피콘, 「매일 읽는 긍정의 한 줄」, 책이 있는 풍경, 2012.
30) 노주선, 「감정 존중」, 플랜비디자인, 2019. p.204.
31) 최훈, "꼰대들 엿되다", 중앙일보 2020.5.12.
32) 윤종모, 「치유 명상」, 정신세계사, 2010, p.294.
33) 비키 로빈·조 도밍후에즈, 「부의 주인은 누구인가」, 도솔, 2019, p.262.
34) 데일 카네기, 「자기관리론」, 베이직북스, 2020, pp.210~216
35) 딜 벤 샤하르, 「완벽주의자를 위한 행복 수업」, 슬로디미디어, 2020, p.116.
36) 정철, "회사", 중앙일보 [사람사전] 2020.5.20.
37) 서은국, 「행복의 기원」, 21세기북스, 2014, p.125.
38) 쉬셴장, 「하버드 감정수업」, 와이즈맵, 2019. p.66.
39) 스샤오옌, 「내 편은 아니라도 적을 만들지 마라」, 다연, 2016, p.20.
40) 진중권, "오징어 게임 단상," 중앙일보 2021.10.7.
41) 윤종모, 「치유 명상」, 정신세계사, 2010, p.289.
42) 나폴레온 힐, 「놓치고 싶지 않은 나의 꿈 나의 인생」 ②, 국일미디어, 2015, p.21.
43) 탈 벤 샤하르, 「완벽주의자를 위한 행복 수업」, 슬로디미디어, 2020,
44) 김규항, "그의 가치, 그의 가격," 중앙일보 2021.4.6.
45) 양선희, "부모 찬스, 지너에게도 인생 찬스일까," 중앙 SUNDAY 2020.9.12~13.
46) 장하석, "하버드 중퇴생이 이끄는 기술문명," 중앙일보 2021.4.12.
47) 나폴레온 힐, 「놓치고 싶지 않은 나의 꿈 나의 인생」 ②, 국일미디어, 2015, p.122.
48) 헤더 레어 와그너, 「열등감을 희망으로 바꾼 오바마 이야기」, 명진출판, 2009. p.211.
49) 최훈, "꼰대들 엿되다," 중앙일보 2020.5.12.
50) 양선희, "청년이여, 야망을 버려라?," 중앙SUNDAY [선데이 칼럼] 2018.12.1~2.
51) 탈 벤 샤하르, 「완벽주의자를 위한 행복 수업」, 슬로디미디어, 2020, p.153.
52) 스티브 디거, 「긍정의 한 줄」, 책이 있는 풍경, 2019.
53) 진희정, 「내 인생 최고의 조언」, 이지북, 2005.
54) 쉬셴장, 「하버드 감정수업」, 와이즈맵, 2019. p.274.
55) 데일 카네기, 「자기관리론」, 베이직북스, 2020, p.94.
56) 가오위안, 「모두에게 좋은 사람일 수 없다」, 와이즈맵, 2020. p.11, p.220.
57) 이나모리 가즈오, 「왜 일하는가」, 다산북스, 2021, p.145.
58) 스마트폰(smart phone)과 좀비(zombie)의 합성어, 스마트폰을 들여다보며 길을 걷는 사람들
59) 나폴레온 힐, 「놓치고 싶지 않은 나의 꿈 나의 인생」 ①, 국일미디어, 2015. pp.277~278.
60) 최준호, "2시간씩 쪽잠 자며 18년, 치료제 나오면 은퇴," 중앙경제 2020.11.24.
61) 제레미 딘, 「굿바이 작심삼일」, 위즈덤하우스, 2013, p.145.

62) 세바스티안 헤르만, 「감정이 지배하는 사회」, 새로운 현재, 2020. p.268.
63) 마크 맨시니, 「시간을 길들이는 기술」, 지식공작소, 2006, pp.92~93.
64) 이철환, 「'을'의 눈물」, 새빛, 2019, p.145.
65) 노경목·서민준, '부모 재력이 스펙'…국민 60% "한국, 공정하지 않다", 한국경제 2020.10.4.
66) 윤석만, "말로만 진보, 행동은 물질적 욕망 좇고 계층세습," 중앙일보 2020.11.6.
67) 황경식, 「존 롤스 정의론」, 쌤앤파커스, 2018. pp.33~36, p.62, pp.122~123.
68) 한민선, "짐 로저스의 경고, '주가 이미 최고치...끝이 다가오고 있다," 머니투데이 2021.1.9.
69) 키스 페인, 「부러진 사다리」, 미래엔, 2017, p.147.
70) 박원익·조윤호, 「공정하지 않다」, 지와인, 2019. p.63.
71) 엘런 클라인, 「마음을 치유해 주는 유머의 힘」, 밀라그로, p.218.
72) 박원익·조윤호, 「공정하지 않다」, 지와인, 2019. pp.31~32
73) 마이클 샌델, 「공정하다는 착각」, 오이즈베리, 2020, p.124. p.196, p.272.
74) 배정원, "능력주의가 공정? 과하면 속임수 된다", 중앙일보 2021.7.15.
75) 황경식, 「존 롤스 정의론」, 쌤앤파커스, 2018. p.69.
76) 키스 페인, 「부러진 사다리」, 미래엔, 2017. p.248.
77) 이철환, 「'을'의 눈물」, 새빛, 2019, p.55.
78) 진중권, "바보" "돌대가리"…대깨문 4050은 20대를 이렇게 불렀다, 중앙일보 2021. 4.7.
79) 신정철, 「메모 독서법」, 위즈덤하우스, 2019, p.71, p.222.
80) 신도현·윤나루, 「말의 내공」, 행성B, 2018, p.188.
81) 장은수, "'한 입 콘텐트'는 산만한 뇌를 진정시키지 못한다", 중앙일보 2020.7.6.
82) 카민 갤로, 「말의 원칙」, 알에이치코리아, 2020. p.128.
83) 사이토 다카시, 「메모의 재발견」, 비즈니스 북스, 2017, p.5, p.17.
84) 차상균, '전략적 변곡점'서 신속 대응, 중앙SUNDAY 2021.5.22.
85) 공병호, 「10년 후, 한국」, 해냄, 2004.
86) 윤석철, 「삶의 정도」, 위즈덤하우스, 2011, p.254.
87) 카민 갤로, 「말의 원칙」, 알에이치코리아, 2020. p.158, p.315.
88) 신동기, 「독서의 이유」, 지식공작소, 2006, pp.93~94.
89) 손해용, "팬데믹 후폭풍…'10명 중 한 명은 10년내 직업 바꿔야'", 중앙일보 2021.3.2.
90) 다니엘 핑크, 「새로운 미래가 온다」, 한국경제신문, 2012. pp.74~97, pp.98~132.
91) 김종래, 「CEO 칭기즈칸」, 삼성경제연구소, 2005.
92) 서은국, 「행복의 기원」, 21세기북스, 2014, p.145.
93) 나이토 요시히토, 「직장의 고수」, 매일경제신문사, 2017, p.150.
94) 최인철, "내성적인 사람이 온다," 중앙일보 [마음 읽기] 2020.7.1.
95) 서광원, "무리 안 짓고 '혼밥'…전략 바꿔 살아남은 에티오피아 늑대", 중앙SUNDAY 2020.7.25.

96) 전병유, "접촉은 감소, 접속은 확대…" 중앙일보 2020.6.30.
97) 조영지, ""환상'이 아니라 '환장'의 재택근무입니다", 오마이뉴스 2020.11.13.
98) 김창규, ""재택'의 그늘", 중앙일보, 2021.8.18.
99) 장원석, "코로나 끝나도 집·사무실 하이브리드형 근무 늘 것," 중앙경제 2020.12.14.
100) "'왠지 불안해 … 직무능력 키우자' 직장인 온라인 열공중," 중앙일보 2020.5.11.
101) 브라이언 트레이시, 「당신의 무기는 무엇인가」, 와이즈맵, 2018. p.153.
102) 다니엘 골먼·리처드 보이애치스·애니 맥키, 「감성의 리더십」, 청림출판, 2003, p.6.
103) 전상직, "빠삐용의 독백 '나는 유죄입니다'," 중앙일보 2021.1.5.
104) 최명원, "너무도 상대적인 시간 이야기" 중앙일보 2021.4.6.
105) 대니얼 클라인·토마스 캐스카트, 「하버드 철학자들의 인생 수업」, 길벗, 2020, p.28.
106) 윌리엄 B. 어빈, 「좌절의 기술」, 어크로스, 2020. p.200.
107) 마크 맨시니, 「시간을 길들이는 기술」, 지식공작소, 2006, p.56.
108) 스티브 디거, 「긍정의 한 줄」, 책이 있는 풍경, 2019.
109) 아오키 사토시, 「울림이 있는 말의 원칙」, 나무 생각, 2019, pp.190～191.
110) 김의환, 「명상사 유상사」, 인터북스, 2021, p.22.
111) 한상복, 배려, 위즈덤하우스, 2006.6.
112) 신동기, 「독서의 이유」, 지식공작소, 2006, pp.85～87.
113) 서광원, "사냥 능력 탁월한 늑대들 떼지어 '합창'하는 까닭," 중앙SUNDAY, 2019.10.12～13.
114) 이종화, "제갈량의 비단 주머니와 우리 시대의 지식", 중앙일보 2021.6.24.
115) 백성호, [종교의 삶을 묻다] 원불교 좌산 이광정 상사 "자기 진영 맹신하고 상대편 불신하면 다 같이 공멸," 중앙일보 2020.11.13.
116) 다니엘 핑크, 「새로운 미래가 온다」, 한국경제신문, 2012. p.176.
117) 사이먼 사이넥, 「왜 함께 일하는가」, 살림출판사, 2017, p.102, p.138.
118) A. 아들러·H. 오글러, 「A. 아들러 심리학 해설」, 선영사, 2015, p.316.
119) 제프리 제임스, 「왜 회사에서는 이상한 사람이 승진할까?」, 비즈니스북스, 2014, pp.6～7.
120) 아이하라 다카오, 「평판이 스펙이다」, 더난 출판, 2012, p.270.
121) 이은재, 「하는 일마다 인정받는 사람들의 비밀」, 다연, p.33, pp.188～194.
122) 스가와라 게이, 「부의 철학」, 책들의 정원, 2020. p.28.
123) 나폴레온 힐, 「놓치고 싶지 않은 나의 꿈 나의 인생」 ②, 국일미디어, 2015, p.131.
124) 이창길, 「대한민국 인사혁명」, 나무와 숲, 2020, p.149.
125) 고승덕, 「고승덕의 ABCD 성공법」, 개미들출판사, 2011.
126) 김종민, "피하고 싶은 직장 동료 1위는 '은근슬쩍 숟가락형'", 뉴시스, 2018.9.27.
127) 심혜경, 「밀레니얼에 집중하라」, 북스고, 2019. p.203.

128) 빌 맥고완, 「세계를 움직이는 리더는 어떻게 공감을 얻는가」, 비즈니스북스, 2014, p.165.

129) 나이토 요시히토, 「직장의 고수」, 매일경제신문사, 2017, p.31.

130) 이재길, "직장인 절반, 승진에 관심 없어, '평생 직장 개념 희미'," 이데일리 2021.1.12.

131) 마리아 로스, 「공감은 어떻게 기업의 매출이 되는가」, 포레스트북스, 2020, p.170.

132) 아오키 사토시, 「울림이 있는 말의 원칙」, 나무 생각, 2019, pp.60~62.

133) 지동직, 「배려」, 북스토리, 2016, p.208.

134) 이소아·배정원, "MZ세대가 유리 멘털이라고요? 섬세하고 민감한 저울 지닌 거죠," 중앙일보 2021.4.5.

135) 이훈범, "제화공의 소명", 중앙일보 2018.11.12.

136) 다니엘 핑크, 「새로운 미래가 온다」, 한국경제신문, 2012. p.273.

137) 다니엘 튜더, 「기적을 이룬 나라 기쁨을 잃은 나라」, 문학동네, 2013. p.139.

138) 브라이언 트레이시, 「당신의 무기는 무엇인가」, 와이즈맵, 2018. p.62.

139) 서광원, 「사장이 차마 말하지 못한 사장으로 산다는 것」, 흐름 출판, 2012.

140) 도몬 후유지, 「사람을 이끄는 힘 인망력」, 한스미디어, 2006, p.77.

141) 세바스티안 헤르만, 「감정이 지배하는 사회」, 새로운 현재, 2020. p.120.

142) 가오위안, 「모두에게 좋은 사람일 수 없다」, 와이즈맵, 2020. p.143.

143) 오가와 마치코, 「내 판단에는 항상 문제가 있다」, 예문, 2002, p.125.

144) 이성연, "부분이 전체를 규정한다," 「Next economy」 No. 145, 넥스트미디어, 2016.5.25, pp.78~79.

145) 이나모리 가즈오, 「왜 일하는가」, 다산북스, 2021, pp.203~213.

146) 신동기, 「독서의 이유」, 지식공작소, 2006, p.60.

147) 카민 갤로, 「말의 원칙」, 알에이치코리아, 2020. p.110, p.295.

148) 이은재, 「하는 일마다 인정받는 사람들의 비밀」, 다연, p.94.

149) 김희영, 「승자(勝者)의 기획」, 갈라북스, 2016, p.43.

150) 송숙희, "한 장으로 끝내라", 국회 e-의정아카데미.

151) 서광원, 「그렇게 일하면 아무도 모릅니다」, 중앙 books, 2020, p.297

152) 나이토 요시히토, 「직장의 고수」, 매일경제신문사, 2017, p.55.

153) 오가와 마치코, 「내 판단에는 항상 문제가 있다」, 예문, 2002, p.69.

154) 스티븐 존슨, 「탁월한 아이디어는 어디서 오는가」, 한국경제신문, 2012, p.46.

155) 쉬셴장, 「하버드 감정수업」, 와이즈맵, 2019. p.162.

156) 서광원, 「사장이 차마 말하지 못한 사장으로 산다는 것」, 흐름 출판, 2012.

157) 브라이언 트레이시, 「당신의 무기는 무엇인가」, 와이즈맵, 2018. p.35.

158) 톰 피터스, 「사장은 어떻게 일해야 하는가」, 메디치미디어, 2018. p.208.

159) 홍국주·최익성, 「The MEETING」, 플랜비디자인, 2020, p.10, p.24, p.30, p.67, p.99, p.190.

160) 이은재, 「하는 일마다 인정받는 사람들의 비밀」, 다연, 2019, pp.115~118.

161) 도나 맥조지, 「25분 회의」, 미래의 창, 2020, p.69.
162) 송인한, "회의(會議)주의에 대한 회의(懷疑)주의", 중앙일보 2019.1.29.
163) 이창길, 「대한민국 인사혁명」, 나무와 숲, 2020, p.6, p.117.
164) 이재길, "직장인 절반, 승진에 관심 없어, '평생 직장 개념 희미'," 이데일리 2021.1.12.
165) 서광원, 「그렇게 일하면 아무도 모릅니다」, 중앙북스, 2020, pp.6~42, pp.105~118.
166) 한애란, "승진", 중앙일보 [분수대] 2020.12.31.
167) 나이토 요시히토, 「직장의 고수」, 매일경제신문사, 2017, p.99.
168) 로런스 피터·레이먼드 헐, 「피터의 원리」, 21세기북스, 2019, p.186.
169) 강대희, "미래에는 어떤 인재가 필요할까," 중앙일보 2021.10.15.
170) 우쥔, 「어떻게 살아야 할지 막막한 너에게」, 오월구일, 2019, p.113.
171) 정철, "한잔" 중앙일보 [사람사전] 2020.3.25.
172) 심혜경, 「밀레니얼에 집중하라」, 북스고, 2019, p.99.
173) 이은재, 「하는 일마다 인정받는 사람들의 비밀」, 다연, 2019, pp.37~38.
174) 김의환, 「명상사 유상사」, 인터북스, 2021, p.140.
175) 윤태영, 「위기관리 리더십」, 진영사, 2019, p.267.
176) 박홍식·박주근, 「평판이 미래다」, 미다스북스, 2020, p.285.
177) 마크 리 헌터, 루크 N. 반 바센호브, 마리아 베시우, "위기의 최전방은 이해관계자 커뮤니티 비밀은 없다, 투명하게 해결하라," 동아비즈니스리뷰. Issue 2 No. 209, 동아일보 미래전략연구소 2016.9.15., pp.96~105.
178) 이동언·장정현, "'미디어 레볼루션 시대' 위기관리 커뮤니케이션 전략," 「혁신 리더」 통권 제351호(2019년 2월), KMAC. pp.18~29.
179) 채지선, "I'm sorry"라고요? 당신의 사과는 틀렸습니다", 한국일보 2020.7.4
180) 데이비드 월러·루퍼트 영거, 「평판 게임」, 웅진 지식하우스, 2018, p.215.
181) 이기주, 「말의 품격」, 황소북스, 2017, p.187.
182) 워렌 베니스·노엘 티시, 「판단력」, 21세기북스, 2009, p.325.
183) 이동언·장정현, "'미디어 레볼루션 시대' 위기관리 커뮤니케이션 전략," 「혁신 리더」 통권 제351호(2019년 2월), KMAC. pp.18~29.
184) "위기 땐 CEO가 나서 24시간 내 사과하라." 중앙일보 2010.2.20.
185) 브라이언 트레이시, 「당신의 무기는 무엇인가」, 와이즈맵, 2018. p.194.
186) 나폴레온 힐, 「놓치고 싶지 않은 나의 꿈 나의 인생」 ②, 국일미디어, 2015, p.69.
187) 류리나, 「하버드 100년 전통 말하기 수업」, 리드리드출판, 2020, p.57, p.229.
188) 신도현·윤나루, 「말의 내공」, 행성B, 2018, p.140, pp.161~162.
189) 아오키 사토시, 「울림이 있는 말의 원칙」, 나무 생각, 2019, p.5, p.83.
190) 정병태, 「소통의 기술」, 넥스웍, 2015, p.62, pp.241~242.
191) 신도현·윤나루, 「말의 내공」, 행성B, 2018, p.102.
192) 린다 피콘, 「매일 읽는 긍정의 한 줄」, 책이 있는 풍경, 2012.

193) 빌 맥고완, 「세계를 움직이는 리더는 어떻게 공감을 얻는가」, 비즈니스북스, 2014, p.89.
194) 카민 갤로, 「말의 원칙」, 알에이치코리아, 2020. p.253.
195) 가미오카 신지, 「떨지 않고 자신 있게 말하는 기술」, 넥서스 BIZ, 2012, pp.174~176.
196) 카민 갤로, 「말의 원칙」, 알에이치코리아, 2020. pp.28~29, pp.30~35.
197) 존 네핑저·매튜 코헛, 「어떤 사람이 최고의 자리에 오르는가」, 토네이도, 2014. pp.204~218.
198) 박신홍, "관종의 시대," 중앙SUNDAY 2021.5.29.
199) 스샤오옌, 「내 편은 아니라도 적을 만들지 마라」, 다연, 2016. p.18.
200) 정병태, 「소통의 기술」, 넥스웍, 2015, p.34, p.41.
201) 웨인 베이커, 「나는 왜 도와달라는 말을 못할까」, 어크로스, 2020, p.213.
202) 데이비드 월러·루퍼트 영거, 「평판 게임」, 웅진 지식하우스, 2018, p.127.
203) 요시다 유코, 「말 잘하는 사람은 잡담부터 합니다」, 다산북스, 2020. p.86.
204) 이기주, 「말의 품격」, 황소북스, 2017, p.168.
205) 사이토 다카시, 「잡담이 능력이다」, 위즈덤하우스, 2014, p.198.
206) 아오키 사토시, 「울림이 있는 말의 원칙」, 나무 생각, 2019, p.128.
207) 가미오카 신지, 「떨지 않고 자신있 게 말하는 기술」, 넥서스 BIZ, 2012, pp.144~145.
208) 요시다 유코, 「말 잘하는 사람은 잡담부터 합니다」, 다산북스, 2020. p.145.
209) 테리 이글턴, 「유머란 무엇인가」, 문학사상, pp.250~254.
210) 제프리 제임스, 「왜 회사에서는 이상한 사람이 승진할까?」, 비즈니스북스, 2014, p.310.
211) 임봉영, 「1% 리더만 아는 유머 학습법」, 미래지식, p.181.
212) 조관일, 「깔깔깔 대화유머 기법」, 위즈덤하우스, 2007. p.92.
213) 존 네핑저·매튜 코헛, 「어떤 사람이 최고의 자리에 오르는가」, 토네이도, 2014. p.236.
214) 류리나, 「하버드 100년 전통 말하기 수업」, 리드리드출판, 2020, p.250.
215) 윤태진, 「아들아, 삶에 지치고 힘들 때 이 글을 읽어라」, 다연, 2019.
216) 미하이 칙센트미하이, 「몰입의 즐거움」, 해냄, 2010. p.30.
217) 노주선, 「감정 존중」, 플랜비디자인, 2019. p.48.
218) 쉬셴장, 「하버드 감정수업」, 와이즈맵, 2019. p.98, pp.219~223.
219) 스가와라 게이, 「부의 철학」, 책들의 정원, 2020. pp.195~196.
220) 이종선, 「멀리 가려면 함께 가라」, 갤리온, 2009. p.46.
221) 신도현·윤나루, 「말의 내공」, 행성B, 2018, p.18, p.142.
222) 빌 맥고완, 「세계를 움직이는 리더는 어떻게 공감을 얻는가」, 비즈니스북스, 2014, p.265.
223) 함규정, 「감정을 다스리는 사람, 감정에 휘둘리는 사람」, 청림출판, 2010. p.8, p.55, p.165.

224) 스티브 디거, 「긍정의 한 줄」, 책이 있는 풍경, 2019.
225) 데이비드 월러·루퍼트 영거, 「평판 게임」, 웅진 지식하우스, 2018, pp.30~54.
226) 박홍식·박주근, 「평판이 미래다」, 미다스북스, 2020, p.121.
227) 홍병기, "과거로부터의 복수", 중앙SUNDAY 2019.9.7~8.
228) 김우룡, "땅콩회항·라면상무 등 옥스퍼드 사전에도 올라간 '갑질'", 중앙SUNDAY 2020.12.12~13.
229) 이철환, 「'을'의 눈물」, 새빛, 2019, p.28.
230) 전영선, "감자빵 갑질 비난 전 유의사항", 중앙일보 [노트북을 열며] 2020.10.15.
231) 김태완, "평판을 적극 관리해야 보호받을 수 있다," 「월간조선」 통권 제415호(2014년 10월), 조선뉴스프레스, pp.180~195.
232) 박홍식·박주근, 「평판이 미래다」, 미다스북스, 2020, p.11, p.243.
233) 아이하라 다카오, 「평판이 스펙이다」, 디넌 출판, 2012, p.88, p.267.
234) 데이비드 월러·루퍼트 영거, 「평판 게임」, 웅진 지식하우스, 2018, p.29.
235) 허은아, "리더의 평판 관리는 '곱셈'이다," 「품질경영」 통권 제548호(2019년 5월), 한국표준협회, pp.76~79.
236) 김광태, "세상에 비밀은 없다, '인성 리스크'도 관리하자," 「THE PR」 Vol. 108(2019년 4월), 온전한 커뮤니케이션, p.12.
237) 정지욱, 「부의 철학」, 세창미디어, 2018, p.154, p.238.
238) 앤드류 매튜스, 「관계의 달인」, 북라인, 2008, p. 49.
239) 서은국, 「행복의 기원」, 21세기북스, 2014, pp.85~87.
240) 오가와 마치코, 「내 판단에는 항상 문제가 있다」, 예문, 2002, p.176.
241) 김형석, 「젊은 세대와 나누고 싶은 100세 철학자의 인생, 희망이야기」, 열림원, 2019, pp.86~87.
242) 다니엘 골먼·리처드 보이애치스·애니 맥키, 「감성의 리더십」,청림출판, 2003, p.209.
243) 가오위안, 「모두에게 좋은 사람일 수 없다」, 와이즈맵, 2020. p.202.
244) 오가와 마치코, 「내 판단에는 항상 문제가 있다」, 예문, 2002, pp.104~106.
245) 코치 알버트, 「착한 갑이 되는 기술」, 북스고, 2019. pp.5~7.
246) 워렌 베니스·노엘 티시, 「판단력」, 21세기북스, 2009, p.41, p.482.
247) 다니엘 튜더, 「기적을 이룬 나라 기쁨을 잃은 나라」, 문학동네, 2013. p.87.
248) 신동기, 「오래된 책들의 생각」, 아틀라스 북스, 2017, pp.30~38.
249) 기시미 이치로·고가 후미타케, 「미움받을 용기」, 인플루엔셜, 2015. p.280.
250) 세바스티안 헤르만, 「감정이 지배하는 사회」, 새로운 현재, 2020. p.204.
251) 오가와 마치코, 「내 판단에는 항상 문제가 있다」, 예문, 2002, p.121.
252) 김용전, 「처세의 기술」 <구관은 명관인가?>, sericeo
253) 다니엘 튜더, 「기적을 이룬 나라 기쁨을 잃은 나라」, 문학동네, 2013. p.278.
254) 가오위안, 「모두에게 좋은 사람일 수 없다」, 와이즈맵, 2020. p.93, p.122.
255) 최인철, "관계의 온도", 중앙일보 2020.10.21.
256) 한상복, 「배려」, 위즈덤하우스, 2006.

257) 홍성남, "명동 밥집", 중앙일보 2021.3.18.
258) 지동직, 「배려」, 북스토리, 2016, pp.20~28, p.73.
259) 다니엘 골먼·리처드 보이애치스·애니 맥키, 「감성의 리더십」, 청림출판, 2003, p.94.
260) 가오위안, 「모두에게 좋은 사람일 수 없다」, 와이즈맵, 2020. p.251.
261) 송인한, "구세대 지혜와 신세대 잠재력, 만나야 꽃 핀다", 중앙일보 2019.7.29.
262) 이철환, 「'을'의 눈물」, 새빛, 2019, p.243.
263) 이종선, 「멀리 가려면 함께 가라」, 갤리온, 2009. p.134.
264) 제프리 제임스, 「왜 회사에서는 이상한 사람이 승진할까?」, 비즈니스북스, 2014, p.180.
265) 조성택, "역사에 반복은 없다…그러나 반복되는 어리석음은 있다." 중앙일보 2020.6.8.
266) 이종선, 「멀리 가려면 함께 가라」, 갤리온, 2009. p.251.
267) 스티븐 코비, 「성공하는 사람들의 7가지 습관」, 김영사. 2017.
268) 마리아 로스, 「공감은 어떻게 기업의 매출이 되는가」, 포레스트북스, 2020, p.46, p.93.
269) 다니엘 골먼·리처드 보이애치스·애니 맥키, 「감성의 리더십」, 청림출판, 2003, p.48.
270) 웨인 베이커, 「나는 왜 도와달라는 말을 못할까」, 어크로스, 2020, p.30, p.106.
271) 류리나, 「하버드 100년 전통 말하기 수업」, 리드리드출판, 2020, p.169.
272) 자오지에, 「말을 잘하는 사람 행동을 잘하는 지혜,」 꿈과 희망, 2013, p.138.
273) 스샤오옌, 「내 편은 아니라도 적을 만들지 마라」, 다연, 2016, p.146.
274) 이민규, 「실행이 답이다」, 더난출판, 2011. p.220－223.
275) 아오키 사토시, 「울림이 있는 말의 원칙」, 나무 생각, 2019, p.174.
276) 와다 히데키, 「결정의 순간 판단의 기술」, 두리미디어, 2010, p.13.
277) 오가와 마치코, 「내 판단에는 항상 문제가 있다」, 예문, 2002, p.132.
278) 워렌 베니스·노엘 티시, 「판단력」, 21세기북스, 2009, p.462.
279) 와다 히데키, 「결정의 순간 판단의 기술」, 두리미디어, 2010, p.116~117.
280) 손승남, "뉴미디어 시대의 판단력 '도야'에 관한 고찰," 「교육과정평가연구」 제8권 제1호(2005), 한국교육과정평가원, 2005, p.86.
281) 와다 히데키, 「결정의 순간 판단의 기술」, 두리미디어, 2010, p.127.
282) 앤드류 매튜스, 「지금 행복하라」, 랜덤하우스 코리아, 2007, p.120.
283) 스가와라 게이, 「부의 철학」, 책들의 정원, 2020. pp.205~209.
284) 카민 갤로, 「말의 원칙」, 알에이치코리아, 2020. p.9, p.50.
285) 나폴레온 힐, 「놓치고 싶지 않은 나의 꿈 나의 인생」 ①, 국일미디어, 2015. p.121.
286) 임석민, 「돈과 삶」, 펭귄, 2017. p.50.
287) 공자, 소진섭 역, 「논어」, 현대지성, 2018, p.376.
288) 프랑스 철학자 디드로(1713~1784)가 서재용 가운을 선물 받은 뒤, 옷에 맞춰 책

상 등을 교체했다는 일화에서 유래했다.
289) 임석민, 「돈과 삶」, 펭귄, 2017. p.12, p.121, p.142.
290) 마이클 샌델, 「공정하다는 착각」, 와이즈베리, 2020, pp.214~227. p.338.
291) 김창규, "리세스 오블리주", 중앙일보 2021.6.23.
292) 송호성, 「독서의 위안」, 화인북스, 2020, pp.179~181.
293) 정지욱, 「부의 철학」, 세창미디어, 2018. p.33.
294) 비키 로빈·조 도밍후에즈, 「부의 주인은 누구인가」, 도솔, 2019, pp.163~164.
295) 서은국, 「행복의 기원」, 21세기북스, 2014, p.175.
296) 비키 로빈·조 도밍후에즈, 「부의 주인은 누구인가」, 도솔출판, 2019, p.18, p.38.
297) 다니엘 튜더, 「기적을 이룬 나라 기쁨을 잃은 나라」, 문학동네, 2013. p.132.
298) 린다 피콘, 「매일 읽는 긍정의 한 줄」, 책이 있는 풍경, 2012.
299) 최인철, "여행이 그리운 건 삶의 의미가 필요하기 때문," 중앙일보 [마음 읽기] 2020.7.29.
300) 김영하, 「여행의 이유」, 문학동네, 2019. p.87, p.179.
301) 전승엽, "백신 여권이 있어야 해외여행 갈 수 있는 세상 오나?," 연합뉴스 2021.1.5.
302) 김이재, "굴뚝 없는 첨단산업 여행·관광업, 판이 완전히 바뀌고 있다," 중앙일보 2020.12.1.
303) 필리프 바르트, 「작은 시작의 힘」, 와이즈맵, 2020. p.198.
304) 김은종, "내가 앉은 자리가 꽃자리가 되려면," 중앙일보 2010.2.6.
305) 정재영, "경제" vs "차별"...'백신 여권', 또 다른 불평등 부를까?, 세계일보 2021.1.5.
306) 김정민, "코로나에 원격근무시대, 일하면서 여행 늘었다," 중앙일보 2021.6.18.
307) 조지 베이런트, 「행복의 조건」, 프런티어, 2010, p.234.
308) 김형석, "돈 끌어안고 살면 인격을 잃는다", 중앙일보 2019.2.15.
309) 홍자성 저, 김원중 역, 「채근담」, Humanist, 2017. p.324.
310) 비키 로빈·조 도밍후에즈, 「부의 주인은 누구인가」 , 도솔, 2019, pp.274~275.
311) 린다 피콘, 「매일 읽는 긍정의 한 줄」, 책이 있는 풍경, 2012.
312) 조지 베일런트, 「행복의 조건」, 프런티어, 2010. p.210.
313) 법륜, 「인생 수업」, 한겨레출판, 2014. p.212.
314) 매경Economy, 데스크칼럼 "떠날 때와 남을 때", 2006.11.8.
315) 나폴레온 힐, 「놓치고 싶지 않은 나의 꿈 나의 인생」 ②, 국일미디어, 2015, p.110.
316) 정지욱, 「부의 철학」, 세창미디어, 2018. p.173.
317) 린다 피콘, 「매일 읽는 긍정의 한 줄」, 책이 있는 풍경, 2012.
318) 유은실, "메멘토 모리, 나의 '웰다잉'을 매일 생각하라", 중앙일보 2021.3.5.
319) 정지욱, 「부의 철학」, 세창미디어, 2018. p.178.
320) 법륜, 「인생 수업」, 한겨레출판, 2014. p.73.
321) 윤종모, 「치유 명상」, 정신세계사, 2010, p.58.
322) 이근후, 「나는 죽을 때까지 재미있게 살고 싶다」, 갤리온, 2013. p.270.

323) 나폴레온 힐, 「놓치고 싶지 않은 나의 꿈 나의 인생」, 국일미디어, 2015. p.212.
324) 제프리 제임스, 「왜 회사에서는 이상한 사람이 승진할까?」, 비즈니스북스, 2014, p.178.
325) 이근후, 「나는 죽을 때까지 재미있게 살고 싶다」, 갤리온, 2013, p.30, pp.179~180.

저자 소개

연세대학교 행정학과와 미국 미주리주립대학교 대학원을 졸업하였다. 입법고시에 합격하여 국회에서 교육문화체육관광위원회 전문위원, 법제실장, 정보위원회 수석전문위원으로 일했다. 상훈으로는 대통령 표창과 홍조근정훈장을 받았다. 저서로는 『한국재정』이 있다.
현재는 한국문화재재단 이사와 경상국립대학교 초빙교수로 있다.

그대들의 삶은 아름다워야 한다

1판 1쇄 발행 | 2021년 4월 15일
2판 1쇄 발행 | 2021년 11월 30일
지은이 | 박 기 영
펴낸이 | 황 영 성
펴낸곳 | 법 우 사

주 소 | 서울시 관악구 봉천로 485 우진빌딩 4층
전 화 | (02) 876-2261
팩 스 | (02) 875-2263
e-mail | hys8009@hanmail.net

등 록 | 2001년 4월 30일, 제301-10-1747호

ISBN 978-89-97060-67-2 03810

정가 17,000원